Gerhard Stadler

Auf rotweißroten SPUREN

EIN REISEFÜHRER DURCH DIE DONAUMONARCHIE

Ueberreuter

Die Deutsche Bibliothek – CIP-Einheitsaufnahme

Stadler, Gerhard:
Auf rotweißroten Spuren : Ein Reiseführer durch die Donaumonarchie /
Gerhard Stadler. – Wien : Ueberreuter, 1997
ISBN 3-8000-3644-4

AU 0398/1

Umschlagbild: Eisenbahnzug der Gloggnitzer Bahn, Aquarell von Leander Russ, 1847. Historisches Museum der Stadt Wien.

Printed in Austria
1 3 5 7 6 4 2

INHALT

Vorwort

Österreichs Geschichte ereignete sich zu einem Gutteil außerhalb unserer heutigen Staatsgrenzen, österreichische Kultur finden wir in vielen Ländern, und viele »Österreicher« wurden außerhalb des heutigen Österreich geboren. Dieses Buch ist eine Sammlung von Spuren der österreichischen Geschichte und Kultur, die wir in den Gebieten des ehemaligen Österreich-Ungarn noch finden, von berühmten Österreichern und ihrem Wirken in der alten Donaumonarchie.
Es ist ein Lesebuch und ein Reiseführer für Österreicher. Herkömmliche Reiseführer ergänzt es um die wichtigen »Austriaca«, die es in der Tschechischen Republik, in der Slowakei, Südpolen, der Ukraine, in Ungarn, Kroatien, Slowenien und Norditalien mit Südtirol noch zu finden gibt. Mit diesem Buch und einem Stadtplan bzw. einer Landkarte können Sie auf Entdeckungsfahrten gehen. Neben den bekannten Sehenswürdigkeiten werden Orte, Gebäude, Plätze, Denkmäler, Kunstwerke genau beschrieben und in Beziehung zur österreichischen Geschichte und Kultur, zum heutigen Österreich gestellt, ergänzt durch Anekdoten oder literarische Zeugnisse.
Man beginnt sich in den neuen Staaten Zentraleuropas zwar wieder der gemeinsamen Geschichte zu erinnern, und manche Bauten werden renoviert, aber vieles ist bereits verblaßt, oft sind Inschriften an Denkmälern kaum mehr zu entziffern. Da auch zu befürchten ist, daß weitere Austriaca durch die Neuerungen in diesen Staaten verschwinden werden, soll dieses Buch auch ein wenig »zum Aufbewahren für alle Zeit« von Österreichischem dort beitragen.
Das Buch will aber auch zum Nachdenken anregen: Wie wenig von dem, was wir als »österreichisch« kennen, hat sich wirklich innerhalb der Grenzen unserer heutigen Bundesländer ereignet, wie sehr war Österreich von Ereignissen abhängig, die sich nicht zwischen Boden- und Neusiedler See abspielten, und wie viele von uns als »Österreicher« reklamierte Persönlichkeiten stammen aus dem heutigen Ausland, wo ihnen nun oft eine andere Nationalität zugesprochen wird.
Jedes Kapitel ist einer Stadt oder einer Region gewidmet und enthält einen abgeschlossenen Reisevorschlag für eine Fahrt mit dem Auto, dem Zug bzw. in den Städten für Fußwege, die meist auch die »herkömmlichen« Sehenswürdigkeiten einbeziehen. Einige Kapitel enthalten Anre-

gungen für Wanderungen, Bergtouren und Mountainbike-Fahrten. Dabei kann man Sport mit Kulturerlebnissen verbinden.
Seit dem Fall des Eisernen Vorhanges und der kommunistischen Regime ist das Reisen in die meisten Teile der ehemaligen Donaumonarchie wieder leicht geworden. Touristische Infrastruktur wird aufgebaut, so daß unser »naher Osten« als Ziel für Wochenendreisen, aber auch für einen Kultururlaub attraktiv wird. Touristische Hinweise am Schluß jedes Kapitels enthalten technische Angaben (z. B. Reise- und Öffnungszeiten) sowie Hinweise auf Unterkünfte, womit eine detaillierte Reiseplanung möglich wird. Das Buch will auch damit zum Reisen verführen.
Kapitel über Czernowitz, über Siebenbürgen, über Zagreb/Agram und Sarajevo – Regionen, die hoffentlich auch bald wieder leicht zu bereisen sind – wären ebenso wie Reisevorschläge nach Süd- und Westeuropa einem Folgeband vorbehalten, für den die Vorarbeiten weit gediehen sind.
Dieses Buch ist im Private Computer nach zahllosen Reisen entstanden, vorbereitet durch die Lektüre historischer Werke, von Biographien, durch den Vergleich historischer Reiseführer und alter Landkarten mit heutigen und nach der Überprüfung zahlreicher Hinweise, die ich von Freunden oder Bekannten erhielt – all ihnen und meinen Lieben für technische Hilfe, aber auch Toleranz sei an dieser Stelle gedankt. Das Buch enthält konzentriertes Wissen, aus einer nicht immer genauen Quellenlage deduziert und über sich rasch verändernde Gebiete, so daß trotz archivalischen Fleißes Ungenauigkeiten nicht ausgeschlossen werden können. Hat ein Leser Vorschläge für Ergänzungen, so wäre ich für Hinweise dankbar.

Wien, im Februar 1997 Gerhard Stadler

Im Böhmerwald

Ein Stift, Adalbert Stifter, Glas und viel Wald

Der Šumava/Böhmerwald, der sich in Südböhmen ca. 100 km entlang der österreichisch/bayrischen Grenze erstreckt, ist eines der größten zusammenhängenden Waldgebiete Europas. Allein der Nationalpark westlich des Dreiländerecks beim Plöckenstein umfaßt 1 600 km^2, durchsetzt mit kleinen Seen als Augen der Nadelwälder. Daß die Landschaft hier so unberührt ist, verdankt sie auch der kommunistischen Ära: Nach 1945 wurde die fast gänzlich deutschsprachige Bevölkerung vieler grenznaher Dörfer abgesiedelt, das Gebiet zum Sperrgebiet erklärt, und Straßen wurden nur für Panzer gebaut. Nun gibt es wieder eine Vielzahl von Grenzübergängen, auch solche, die nur für Fußgänger und Fahrradfahrer geöffnet sind, und in den kleinen Orten beginnen Private touristische Infrastruktur aufzubauen. Dem Naturschutz kommt weiterhin große Bedeutung zu.

Es ist die Landschaft Adalbert Stifters, in der er geboren wurde, wohin er immer wieder zurückkehrte und deren Geschichte er beschrieben hat. Seine Naturschilderungen sind bis heute unübertroffen. Den »Genius loci« können Sie am Ufer eines Böhmerwaldsees spüren oder an einem Bach in der Abgeschiedenheit sanft rauschender Wälder unter tiefblauem Himmel. Vielleicht lesen Sie dazu eine von Stifters Novellen, etwa die erste Seite des »Hochwalds«:

> »An der Mitternachtsseite des Ländchens Österreich zieht ein Wald an die dreißig Meilen lang seinen Dämmerstreifen westwärts, beginnend an den Quellen des Flusses Thaya, und fortstrebend bis zu jenem Grenzknoten, wo das böhmische Land mit Österreich und Bayern zusammenstößt. Dort, wie oft die Nadeln bei Kristallbildungen, schoß ein Gewimmel mächtiger Joche und Rücken gegen einander, und schob einen derben Gebirgsstock empor, der nun von drei Landen

weithin sein Waldesblau zeigt, und ihnen allerseits wogiges Hügelland und strömende Bäche absendet. Er beugt, wie seinesgleichen öfters, den Lauf der Bergeslinie ab, und sie geht dann mitternachtwärts viele Tagreisen weiter. ... Möchte es uns gelingen, nur zum tausendsten Teile jenes schwermütig schöne Bild dieser Waldtale wieder zu geben, wie wir es selbst im Herzen tragen, seit der Zeit, als es uns gegönnt war, dort zu wandeln, und einen Teil jenes Doppeltraumes dort zu träumen, den der Himmel jedem Menschen einmal und gewöhnlich vereint gibt, den Traum der Jugend und der ersten Liebe...«* (1)

Mit Český Krumlov/Krumau (s. S. 28 ff.) im Norden und Vyšší Brod/Hohenfurth im Osten bietet der Böhmerwald aber auch dem Kunsttouristen einiges. Im Böhmerwald waren einst die wichtigsten Herstellungsorte von Jugendstilglas (u. a. von Loetz). Auch eine Rarität der Technikgeschichte finden wir: den bis nördlich von Aigen im oberösterreichischen Mühlviertel reichenden Švarcenberský kanál/Schwarzenberger Schwemmkanal. Mit fast 50 km Länge wurde er um 1800 erbaut, um das Holz aus den Wäldern des Fürsten Schwarzenberg – dieser Familie (s. S. 18) gehörte auch der Großteil des Böhmerwaldes – bis zur Großen Mühl und dann ab Neuhaus auf der Donau nach Wien zu transportieren. Das Holz, das im 19. Jh. in Linz und Wien verheizt wurde, war zu einem Gutteil aus dem Böhmerwald; erst ab 1875 wurde es durch Kohle aus Österreichisch-Schlesien ersetzt. Im Westen endet der Böhmerwald bei Domažlice/Taus, in dessen Nähe, in Hostouň/Hostau, unsere Lipizzanerpferde das Ende des Zweiten Weltkrieges überlebten. Oberst Alois Podhajsky gelang es, sie mit amerikanischer Hilfe nach Österreich zurückzuführen.
Die Region bietet sich auch für einen längeren Aufenthalt an. Im folgenden soll ein zweitägiger Autoausflug als »Einstieg« beschrieben werden. Von Linz sind es nur 41 km über Bad Leonfelden nach *Vyšší Brod/Hohenfurth* am östlichen Ende des Böhmerwaldes. Über der Moldau erhebt sich das Zisterzienserkloster, 1259 von Wok von Rosenberg gegründet und von Mönchen aus Wilhering/OÖ besiedelt. Das Stift überstand den Hussitensturm, den Dreißigjährigen Krieg, die Josephinischen Klosteraufhebungen, doch nicht die kommunistische Machtübernahme: Die letzten Mönche flohen 1948 nach Österreich, nach Stift Rein in der Steiermark, das sich ab 1959 Stift Rein-Hohenfurth nennt.

---

* Die Ziffer nach einem literarischen Zitat verweist jeweils auf den Quellenvermerk in der nach Kapiteln gegliederten Literaturauswahl.

Nach dem Fall des Kommunismus kann nun das klösterliche Leben in Hohenfurth wieder beginnen, und die Verbindungen zwischen Rein, Heiligenkreuz und Hohenfurth sind wieder eng. Die Hallenkirche und der Kapitelsaal sind hochgotisch, der Bibliotheksaal ist barock. Kunstschätze des Klosters können zwar besichtigt werden, doch die bedeutendsten Werke befinden sich heute in Prag (insbes. der »Hohenfurther Altar«, ein Meisterwerk gotischer Malkunst, in der Nationalgalerie, Prag-St.-Georgs-Kloster). Mit der Lupe zu betrachtende Kunstwerke, nämlich Briefmarken, findet der Philatelist im ebenfalls im Klostergebäude befindlichen Postmuseum, das uns die Geschichte der k.k. Post erzählt, besser als in jedem österreichischen Museum.
Von Vyšší Brod fahren wir auf der Straße Nr. 163 nach Westen und kommen bald ans Nordufer des um 1955 errichteten Moldaustausees (Lipno); im zweiten Ort, Frymburk/Friedberg, lebte Adalbert Stifters große Liebe, die hübsche Bürgerstochter Franziska Greipl. Stifter war ein junger Schreiberling, was Vater Greipl als nicht ausreichende Versorgung für seine Tochter erschien. Adalbert wiederum war zu schüchtern, um seine Liebe zu erklären und um Franziska zu kämpfen – es blieb bei der Brieffreundschaft. 19 km weiter liegt *Horní Planá/Oberplan.* Gleich rechts nach dem Ortsbeginn steht das Haus, in dem Adalbert Stifter am 23. Oktober 1805 als Sohn eines Leinenwebers geboren wurde. Die Ausstellung im Geburtshaus informiert mit Fotos und Kopien von Dokumenten über das Leben des Dichters, das sich zwischen Wien, Linz und immer wieder dem Böhmerwald abspielte. Die Landschaft, aus der Stifter seine Stoffe schöpfte und sie mit seiner Fabulierkunst ausschmückte, können wir am besten auf der einen oder anderen Wanderung kennenlernen. Am einfachsten ist der Spaziergang zum Stifter-Denkmal am Gutwasserberg (Dobrá voda): Links an der Kirche von Oberplan vorbei, an deren Außenmauer ein Grabstein an Stifters Mutter erinnnert, und nach den ersten Häusern rechts steil auf einem Waldweg empor, stehen wir nach fünf Minuten vor des Dichters Denkmal. Es wurde 1906 errichtet, nach dem Zweiten Weltkrieg entfernt und später wieder aufgestellt. Der Dichter blickt wohlgefällig auf seinen Böhmerwald – nicht mehr der schüchterne Studiosus, sondern der saturierte Stadtmensch ist dargestellt.
Zwei Bäume, unter denen sitzend Stifter gedichtet haben soll, sind vor einigen Jahren durch Stürme geknickt worden: Wir finden die Reste der »Stifterfichte« und der »Stifterbuche«, wenn wir auf der von der Kirche

von Oberplan nach Osten aufwärts führenden Straße ca. 2 km bis zu einer Kuppe fahren und dann den Fußweg nach rechts gehen; der Ausblick reicht von hier aus über die Kuppen und Kämme, bis zur kaum 5 km entfernten österreichischen Grenze jenseits des Stausees und bis zur Ruine Wittinghausen (Vitkův kámen), dem Schauplatz von Stifters Roman »Witiko«. Man erreicht sie in ca. 1½ Stunden von Frymburk aus, nach der Überquerung des Stausees mit der Fähre.
Die vielseitigste Wanderung der Gegend ist wohl die von Nová Pec/Neuofen am Westende des Stausees (in Bělá nach Süden abzweigen), vorbei an Resten des einstigen Todesstreifens und am oben erwähnten Schwarzenberger Schwemmkanal (dessen eindrucksvollstes Bauwerk, einen 400 m langen Tunnel, fänden wir, wenn wir den Kanal nicht überquerten, sondern ca. 3 km nach Osten folgten) zum Plešné jezero/Plöckensteinersee (ca. 1½ Stunden), für dessen Beschreibung wir nochmals den »Hochwald« zur Hand nehmen:

»Ein dichter Anflug junger Fichten nimmt uns nach einer Stunde Wanderung auf, und von dem schwarzen Samte seines Grundes herausgetreten, steht man an der noch schwärzern Seesfläche. Ein Gefühl der tiefsten Einsamkeit überkam mich jedesmal unbesieglich, so oft und gern ich zu dem märchenhaften See hinaufstieg. Ein gespanntes Tuch ohne eine einzige Falte liegt er weich zwischen dem harten Geklippe, gesäumt von einem dichten Fichtenbande, dunkel und ernst, daraus manch einzelner Urstamm den ästelosen Schaft emporstreckt, wie eine einzelne altertümliche Säule. Gegenüber diesem Waldbande steigt ein Felsentheater lotrecht auf, wie eine graue Mauer, nach jeder Richtung denselben Ernst der Farbe breitend, nur geschnitten durch zarte Streifen grünen Mooses und sparsam bewachsen von Schwarzföhren, die aber von solcher Höhe so klein herabsehen, wie Rosmarinkräutlein. Auch brechen sie häufig aus Mangel des Grundes los, und stürzen in den See hinab; daher man, über ihn hinschauend, der jenseitigen Wand entlang, in gräßlicher Verwirrung die alten ausgebleichten Stämme liegen sieht, in traurigem weiß leuchtendem Verhack, die dunklen Wasser säumend. Rechts treibt die Seewand einen mächtigen Granitgiebel empor, Blockenstein geheißen; links schweift sie sich in ein sanftes Dach herum, von hohem Tannenwald bestanden, und mit einem grünen Tuche des feinsten Mooses überhüllet.
Da in diesem Becken buchstäblich nie ein Wind weht, so ruht das Wasser unbeweglich, und der Wald und die grauen Felsen und der Himmel schauen aus seiner Tiefe heraus, wie aus einem ungeheuern schwarzen Glasspiegel. Über ihm steht ein Flecken der tiefen, eintönigen Himmelsbläue. Man kann hier tagelang weilen und sinnen und kein Laut stört die durch das Gemüt sinkenden Gedanken, als etwa der Fall einer Tannenfrucht oder der kurze Schrei eines Geiers.« (1)

Viel hat sich seit dem Jahr 1841, als diese Zeilen geschrieben wurden,

Nun steht das Denkmal Adalbert Stifters wieder auf dem alten Platz, oberhalb von Horní Planá/Oberplan.

hier nicht verändert. Und wenn, dann in den Menschen: Wer von uns hat heute nicht nur die Zeit, sondern auch die Fähigkeit, diese Stimmung in sich aufzunehmen?
Über der Seewand, 231 m über der Seeoberfläche, ragt seit 1877 der Stifter-Obelisk 15 m gen Himmel. Er wurde vom »Verein der Böhmerwälder in Wien« errichtet, entworfen hat ihn Heinrich Ferstel, der Architekt der Wiener Votivkirche. Leichter als vom Seeufer ist er von Schwarzenberg im österreichischen Mühlviertel erreichbar, vorbei am Dreisesselberg/Trojmezí, der Dreiländerecke, wo man die Grenze nun wieder passieren kann.
Vom Ostende des Stausees folgen wir der Straße weiter nach Westen zum nächsten Ort: *Volary/Wallern* lag am »Goldenen Steig«, über den vom 11. bis zum 17. Jh. Salz aus dem bayerischen Reichenhall nach Prag transportiert wurde: zuerst auf der Saalach und dem Inn bis Passau und von dort auf einem Steig, dessen Boden mit Holzknüppeln befestigt war, bis Prachatitz und weiter auf dem Fluß bis Prag. Die Orte an diesem »Goldenen Steig« wurden dank der vom Kaiser in Prag bezahlten Instandhaltung des Steiges und durch den Salztransport reich. In der

Holzbearbeitung besonders geschickte Salzburger wurden im 17. Jh. hier angesiedelt – tatsächlich gibt es in Wallern (im westlichen Ortsteil, in der Verlängerung der Česká-Straße) noch einige Holzhäuser, z. B. das Ortsmuseum, die in dieser Form auch in einem Pinzgauer Dorf stehen könnten. Als Kaiser Leopold I. 1692 die Salzeinfuhr aus Bayern zugunsten des oberösterreichischen Salzes verbot, war das Ende des »Goldenen Steiges« gekommen.
Der Holzreichtum des Böhmerwaldes und seine Mineralien führten bereits im Spätmittelalter zur Gründung von Glaserzeugungen. Die Werkstätte in Lenora/Leonorenhain (der Ort wurde nach Eleonore Fürstin Schwarzenberg, s. S. 23, benannt) war im 19. Jh. eine der berühmtesten. In Leonorenhain wurde Richard Kralik von Mayerswald (1852–1934) geboren, der Begründer einer Wiener Gelehrtenfamilie – die Stadt Wien ehrte ihn mit der Benennung eines Platzes im 18. Bezirk. Würden wir nach Lenora der Abzweigung nach Kaplice folgen, so kämen wir an den Rand des größten mitteleuropäischen Urwalds, »Kubany«, wo wir auf einem Rundweg bis zum Boubín-Berg Baumleben und -geschichte studieren könnten. Fährt man Richtung Strakonice weiter, kommt man durch *Kubova Hut'/Kubohütten*, wo Alfred Kubin (1877–1959) in der Zwischenkriegszeit mehrere Sommeraufenthalte verbrachte und seinen Zyklus »Phantasien im Böhmerwald« schuf. Auch die über dem nächsten Ort, Vimperk/Winterberg, thronende Burg gehörte den Schwarzenbergs. Wir biegen von Vimperk nach *Kašperské Hory/Bergreichenstein* (westlich, Richtung Sušice) ab, das wir nach 22 km erreichen. Der Hauptplatz des einst wohlhabenden Bergwerkstädtchens mit einem der schönsten Rathäuser Böhmens und dem Böhmerwaldmuseum/Muzeum Šumavy mit seiner bemerkenswerten Sammlung böhmischen Glases vom Mittelalter bis zum Jugendstil lohnen den Umweg. Die Marken »Klostermühle« und »Loetz« sind dem Glasliebhaber ein Begriff – der Ort heißt heute *Klášterský Mlýn* und liegt noch 3 km westlich von Kašperské Hory. Wer hier auf einen Fabriksverkauf hofft, hofft vergebens. Der Ort ist bis auf einige alte Menschen verlassen, nichts außer einer für den seinerzeitigen Fabrikanten um 1900 erbauten Jugendstilvilla (vom Architekten Leopold Bauer, s. S. 82) erinnert mehr daran, daß hier die österreichische Glaserzeugung künstlerisch wie kunsthandwerklich ihren Zenith erreichte. Zu den Entwerfern zählten Josef Hoffmann und Michael Powolny, zu den Auftraggebern die Wiener Firmen Bakalowits und Lobmeyr. Max Ritter von Spaun, Notar in Enns/OÖ, hatte 1855 Ka-

Ein Salzburger Haus in Volary/Wallern im Böhmerwald.

roline Loetz geheiratet, und beider Sohn Max (1856–1909) führte die in Klostermühle bereits bestehende Glasbläserei seiner Großmutter mütterlicherseits zur Größe von 200 Arbeitnehmern und zu Auszeichnungen auf allen Gewerbeausstellungen. Der Erste Weltkrieg schnitt das Unternehmen von fast allen Absatzmärkten ab; in der Zwischenkriegszeit wurde ein Neuanfang versucht, doch 1939 kommt es zum Konkurs. Das Grab der Familien Loetz und Spaun finden wir an der Mauer des Friedhofes des Nachbarortes *Rejštejn/Unterreichenstein.*
Die Rückfahrt nach Österreich folgt entweder der Fahrtstrecke der Hinfahrt oder führt durch das erst seit kurzem wieder geöffnete Sperrgebiet an der bayerischen Grenze zum Grenzübergang Železná Ruda/Bayrisch Eisenstein und weiter über Regen – Passau nach Österreich zurück.

Die Fahrtstrecke von Linz bis Kašperské Hory ist ca. 200 km lang; die Straßen sind gut und außerhalb der Sommer-Hochsaison wenig befahren. Wird keine der angedeuteten Wanderungen gemacht, so reichen zwei Tage für die vorgeschlagene Route. Die Mitnahme einer Straßenkarte wird empfohlen, für die Wanderungen auch die einer Wanderkarte (z. B. des Klubu Českých Turistů, Nr. 66 bzw. 67, vor Ort erhältlich). Auf das Netz von Radwegen, die es um den Moldaustausee gibt (z. B. die »blaue Route«, die vom oben erwähnten Nová Pec hin entlang des Schwarzenberger

Schwemmkanals und zurück zum See führt), sei besonders hingewiesen. Es gibt hier auch zahlreiche Badegelegenheiten.
*Es gibt bereits viele Unterkunftsmöglichkeiten, etwa in Lenora ein kleines Schloßhotel (Tel. 0042 339 98 861) und in Kašperské Hory das ****Park-Hotel (Tel. 0042 187 922 592).*
Die Fahrt kann vom Frühling bis zum Spätherbst unternommen werden. Allerdings ist bei längeren Wanderungen zu beachten, daß nach Regenfällen die Wegfeuchtigkeit unangenehm sein kann. Wie überall in Tschechien, haben auch hier an Montagen alle Museen, Klöster und Schlösser geschlossen. Während das Stifter-Museum im Geburtshaus in Oberplan ganzjährig geöffnet hat, ist Kloster Hohenfurth ohne Voranmeldung (Tel. 0042 337 922 44) nur von April bis September zu besichtigen. Die Museen in Volary, Lenora und Bergreichenstein sind nur von Mai bis Oktober geöffnet, meist 9 bis 17 Uhr. Weitere Informationen zur Region s. S. 33.

Budweis und Umgebung

Gemeinsamkeiten in Südböhmen: Schwarzenbergs, Schiele und Salz

Das südliche Böhmen mit seiner Teichlandschaft, dem Böhmerwald und den historischen Städten Budweis und Krumau, den Schlössern und Klöstern, von alters her zweisprachig (die Städte meist überwiegend deutsch, die Landbevölkerung mehrheitlich tschechisch), war bis 1918 eng mit dem Gebiet des heutigen Österreich verbunden. Der 1945 niedergegangene Eiserne Vorhang hob sich 1989 und läßt uns nun wieder leicht die Orte besuchen, in denen sich während 400 Jahren gemeinsame Geschichte ereignet hat. Böhmen fiel 1526 an die Habsburger, nach der Heirat von Maria, der Tochter Kaiser Maximilians I. mit Ludwig II., dem König von Böhmen und Ungarn aus dem Jagellonengeschlecht, der 1526 kinderlos in der Schlacht bei Mohács getötet wurde (wir erinnern uns der Schulweisheit »Bella gerant alii, tu felix Austria nube«). Neue Grenzübergänge wurden geöffnet, die Grenzkontrolle ist problemlos (allerdings sind einige Grenzübergänge nur für österreichische und tschechische Staatsbürger zugänglich), touristische Infrastrukturen wie Hotels, Informationsbüros sind entstanden, Kartenmaterial, Bücher in deutscher Sprache werden verlegt und Führungen in deutscher Sprache (für die allerdings meist höhere Gebühren gezahlt werden müssen als in tschechisch) veranstaltet. Die zahllosen nach 1918 bzw. 1945 verstaatlichten Schlösser werden zwar zum Großteil für soziale Einrichtungen verwendet, aber die kunsthistorisch wertvollsten sind für die Öffentlichkeit, meist nur mit Führung, zugänglich. In sie wurden auch Kunstgegenstände aus anderen Schlössern verlagert.

Schon sind die 45 Jahre lang verpönten, ja verbotenen deutschen Inschriften wieder allerorten zu sehen, schon trifft sich »tout Linz« wieder bei Torte, Kaffee oder Bier (je um ca. S 5,–) auf dem 133 x 133 m großen

Budweiser Stadtplatz, der nach dem Pilsener der größte Europas sein dürfte. Daß die wirtschaftliche Stagnation, das Unterdrücken jeder Privatinitiative während der kommunistischen Herrschaft auch Vorteile hatten, läßt ein Blick um diesen Platz ahnen: Keine Bankfiliale mit Protzomodernität, keine Glasfront einer Shopping Mall, kein Symbol einer Fastfood-Kette zerstören das einheitliche Bild des Quadrats aus Renaissance- und Barockbürgerhäusern. Am Platz ist auch – fast – kein Auto zu sehen. Was bei uns jetzt mühsam unternommen wird – den Blick auf den Wiener Helden- oder den Josefsplatz vom Blechflor frei zu bekommen –, war hier mangels ausreichender Autozahl kein Problem. Gestützt auf ein strenges Denkmalschutzgesetz mit Ensembleschutz – die meisten der im folgenden beschriebenen Orte sind Denkmalreservate –, dürfte man aus unseren Fehlern lernen und Historisches unverändert bewahren. Die Restaurierung der historischen Bauten ist in Anbetracht deren Vielzahl eine immense Aufgabe, doch sie schreitet voran. War etwa vor zwei Jahren noch der Schloßturm von Krumau dem Einsturz nahe, so strahlt er heute wieder in seiner alten Farbenpracht bis hin zur vergoldeten Standarte, und bald soll auch die Restaurierung des historischen Barocktheaters im Schloß zu Krumau abgeschlossen sein.

Wir bewegen uns auf dieser Fahrt auf einem Gebiet, das bis 1918 fast zur Gänze einer einzigen Familie gehörte: den Fürsten Schwarzenberg, deren Familienoberhaupt auch Herzog von Krumau etc., etc. war. Der Familie, die aus dem im bayerischen Unterfranken gelegenen Seinsheim (südlich von Kitzingen, zwischen Maintal und Steigerwald) stammt, gehörten zu ihrer reichsten Zeit sagenhafte 640000 Hektar (das war 1/13 von ganz Böhmen und entspräche der Fläche von Vorarlberg und Burgenland zusammen). 50000 Beschäftigte hatten die Domänen und die Fürsten 250000 Untertanen. Heute ist die Familie nicht mehr so reich und kann nur mehr 22000 Hektar ihr eigen nennen, überwiegend in der Steiermark (Murau) und das Palais Schwarzenberg in Wien. In der Tschechischen Republik, wo das gegenwärtige Familienoberhaupt, Karl XII. Fürst zu Schwarzenberg, einige Jahre Kanzler von Präsident Václav Havel war, wurden einige Schlösser, darunter Schloß Orlík/Worlik an der Moldau, allerdings ohne Landbesitz, restituiert – als Wiedergutmachung nach mehreren Enteignungen 1918, 1940 und 1948.

Wir verlassen Österreich in Neu-Nagelberg oder in *Gmünd*, was uns daran erinnert, daß Verkehrsverbindungen politische Geschichte bedin-

gen können: Im alten Gmünder Bahnhof teilte sich die von Wien kommende Franz-Josefs-Bahn in eine Strecke nach Prag und eine nach Budweis – Pilsen – Marienbad – Eger. Der Gmünder Bahnhof und die heute noch bestehende Eisenbahn-Reparaturwerkstätte waren vor dem Ersten Weltkrieg die modernsten Europas. Die Tschechen verlangten, daß der Eisenbahnknoten auf tschechisches Gebiet fallen solle. Und die Alliierten entschieden im Friedensvertrag von Saint-Germain gegen das zwar protestierende, doch machtlose Österreich, daß dieser Teil Niederösterreichs abzutreten sei, entgegen den für die neue Grenzziehung sonst geltenden Regeln, daß zwischen der neuen Tschechoslowakei und Österreich die Grenzen der alten Kronländer maßgebend seien. Damit fiel die Gmünder Bahnhofsvorstadt (heute: *České Velenice*) zur Tschechoslowakei. Gmünd wurde 1920 zur geteilten Stadt, und für den österreichischen Teil baute man einen neuen Bahnhof. Ein Teil der deutschsprachigen Arbeiter der auch an die Tschechoslowakei gefallenen Eisenbahnreparaturwerkstätte wanderte nach St. Pölten aus, wo die Eisenbahnwerkstätte Spratzern vergrößert wurde. Die Arbeiter aber, die im neuen Österreich wohnten und bei der Wartung der Waldviertler Schmalspurbahnen beschäftigt waren, konnten in České Velenice weiterarbeiten und erfreuten sich des dortigen Lohns, der höher war als in Österreich und zudem in stabilen tschechischen Kronen ausbezahlt wurde, wogegen in Österreich die Inflation galoppierte. Die Züge der Schmalspurbahn von Gmünd nach Heidenreichstein und Litschau (von wo aus der Anschluß an die heute tschechische Schmalspurbahn in Nová Bystřice/Neubistritz vorbereitet war) fuhren als »Korridorzüge« mit versperrten Wagen über tschechisches Gebiet, bis 1950 (auf Kosten der Tschechoslowakei!) eine nur mehr auf österreichischem Staatsgebiet führende neue Strecke gebaut wurde. Fährt man bei Gmünd über die Staatsgrenze, so kann man als ersten Eindruck im Bahnhofsrestaurant von České Velenice die Kronwappen der Länder der Monarchie bewundern – sie haben alle politischen Wirren bis heute überstanden.
Fahren wir auf der Bundesstraße 303 von Wien, vorbei an Horn, zur Staatsgrenze bei Neu-Nagelberg (145 km, 1½ Stunden), so stört uns wenige Meter vor der Grenze kein geschlossener Bahnschranken – unsere Schmalspurbahnen sind nur mehr für Nostalgiefahrten in Betrieb –, in der Tschechischen Republik hingegen ist das Bahnnetz noch intakt und der Fahrplan dicht, so daß uns des öfteren ein Schranken zum Halten zwingen wird. Da aber auch die Tschechische Staatsbahn unter großen

finanziellen Schwierigkeiten und Fahrgästeschwund leidet, werden wohl auch hier bald viele Kreuzungen mit Nebenbahnen für eine raschere Autofahrt kein Hindernis mehr sein. Zeit kostet auch die Grenzkontrolle kaum mehr, ein lässiger Blick auf den Reisepaß, und wir fahren in die Wälder Südböhmens. Wo es früher Stacheldraht und sonstige technische Grenzsperren gab, kann man heute zwischen der österreichischen und der tschechischen Kontrolle Geld umtauschen (und noch Dutyfree-Zigaretten und -Alkoholika einkaufen).

Von Gmünd oder Neu-Nagelberg in Richtung Třeboň fahrend, biegen wir 7 km nach dem ersten tschechischen Ort (Suchdol) scharf nach rechts ab und kommen nach 6 km nach *Chlum u Třeboně/Chlumetz bei Wittingau*. Eine Kirche, ein Schloß, beide »kaisergelb«, und ein Teich: Die auf einem Hügel stehende, 1745 erbaute und 1805 erweiterte Wallfahrtskirche wurde einst »Klein Mariazell« genannt. Die Kirche ist gesperrt und wartet auf die Renovierung. Das Schloß, heute ein Erholungsheim, findet in keinem kunstgeschichtlichen Buch Aufnahme, doch in diesem Reiseführer: Bis 1914 stand es im Eigentum von Erzherzog Franz Ferdinand, der auch hier seiner Jagdleidenschaft frönen konnte. Bezeichnend für diesen Eigentümer ist das Denkmal vor dem Eingang: ein von Hunden gerissener Hirsch. Durch den Schloßpark fließt rauschend Wasser, es ist der Abfluß des Hejtman-Teiches, Fischteich und Wassersport-Paradies in einem. In dieser Region gibt es 6000 Teiche mit 41000 Hektar Wasserfläche. Das viele Zuschauer Ende Oktober/Anfang November anlockende Abfischen bringt mehr als 15000 Tonnen Fisch. Die Wiener Tradition des »Weihnachtskarpfens« hat hier ihren Ursprung. Von den jährlich von den Österreichern verspeisten ca. 1800 t Karpfen kommt ein Drittel aus Südböhmen.

Auch unser nächstes Ziel liegt an einem Teich, am Südufer des »Svět«, zu deutsch »Welt«. Wir fahren von Chlum – vielleicht nach dem Besuch der ersten von in dieser Region zahlreichen Bleikristallglas-Erzeugungsstätten, die nun von traditionellem zu modernem Design wechseln – zurück zur Hauptstraße 150 und auf dieser weiter nach *Třeboň/Wittingau*, heute eine Schwesterstadt von Schrems im Waldviertel. Das Gebiet gehörte von 1186 bis 1256 dem Stift Zwettl. Das Städtchen und sein früher den Schwarzenbergs gehörendes Schloß wären für den normalen Kunsttouristen einen Besuch wert, wir aber suchen nach der »Schwarzenberská hrobka«, der Gruftkirche der Fürsten Schwarzenberg. Wir finden sie, das Stadtzentrum und das Ostende des Svět-Teiches umrundend, nach 1 km an der Straße 155, Richtung Domanin. Vom Parkplatz kommen wir nach drei Minuten durch eine Allee mächtiger Bäume zur Gruftkirche der Schwarzenberg, 1874–77 nach Plänen von Friedrich von Schmidt (der zur selben Zeit auch das Wiener Rathaus baute) errichtet – wobei gegen den hohen Grundwasserspiegel besondere bauliche Vorkehrungen getroffen werden mußten. Die im Vorraum der Oberkirche auf die wenigen Besucher wartende Wärterin druckt uns die Eintrittskarten auf ihrem PC (!) aus, sperrt das knarrende Eisentor der Unterkirche auf und läßt uns in dieser böhmischen Kapuzinergruft allein. Bei einigen der 26 Sarkophage von Angehörigen der Familie Schwarzenberg fällt uns die steinerne Wiedergabe von Beileidschreiben von Kaiser Franz Joseph auf. Zwei Särgen sollten wir unsere besondere Aufmerksamkeit widmen: Der eine erinnert an eine menschliche Tragödie, der andere birgt die sterblichen Reste eines der letzten großen Staatsmänner Österreichs. Beide befinden sich an der linken hinteren Wand der Krypta. Wir lesen die Sarg-Inschrift »Regierende Fürstin Pauline Charlotte, geb. Herzogin von Arenberg. 2. September 1774 bis 1. Juli 1810«. Sie war die Gattin von Karl Fürst Schwarzenberg, 1810 österreichischer Botschafter in Paris und 1813 Sieger über Napoleon in der Völkerschlacht bei Leipzig (sein Denkmal steht am Wiener Schwarzenbergplatz). Am 1. Juli 1810 gab Fürst Schwarzenberg anläßlich der Heirat von Marie-Louise mit Napoleon in der österreichischen Botschaft (die dort war, wo heute am Boulevard Haussmann die großen Kaufhäuser sind) einen Ball, bei dem sich die Familie Bonaparte, »tout Paris« und auch der Fürst Metternich amüsierten – bis ein Feuer ausbrach. Die Fürstin konnte dem Ballsaal entfliehen, fand ihre Tochter nicht, lief in den Saal zurück, wurde von der einstürzenden Decke getroffen und starb – die gesuchte Tochter war inzwischen schon in Sicherheit gewesen. Am nächsten Tag soll man Napoleon weinen gesehen haben ...

Felix Fürst zu Schwarzenberg war eines der neun Kinder dieser Fürstin Pauline. Er und Fürst Alfred zu Windisch-Grätz können als die Retter der Monarchie im Revolutionsjahr 1848 bezeichnet werden. Zunächst Diplomat, dann General, wurde er nach dem Sturz Metternichs am 19. Oktober 1848 Ministerpräsident und Außenminister. Gemeinsam mit Erzherzogin Sophie bereitete er den Thronverzicht Kaiser Ferdinands und Erzherzog Franz Karls vor, der am 2. Dezember 1848 im Erzbischöflichen Palais (Arcibiskupská rezidence) zu Olomouc/Olmütz zur Thronbesteigung von Franz Joseph führte. Auch der Name »Franz

Joseph« soll auf Schwarzenberg zurückgehen: Um nicht zu sehr an Kaiser Franz und sein 1848 verhaßtes Metternichsches Regime zu erinnern, wurde dem Namen des achtzehnjährigen Erzherzogs Franz als zweiter Name »Joseph« angefügt – der neue Kaiser sollte mit Joseph II., dem Reformkaiser, assoziiert werden. Schwarzenberg wurde Franz Josephs erster Ministerpräsident und Außenminister. Er war von der Idee beseelt, ein Siebzig-Millionen-Deutschland unter österreichischer Führung zu schaffen; im Lande selbst suchte er Reformen von oben, griff aber absolutistisch mit harter Hand durch und suchte die habsburgischen Länder zu zentralisieren. Märzverfassung 1849 und Silvesterpatent 1851 sollten ehemaligen Jusstudenten in Erinnerung sein. Felix Fürst zu Schwarzenberg starb unerwartet im April 1852, und der einundzwanzigjährige Kaiser übernahm selbst die Regierungsgeschäfte, er glaubte bereits genug Erfahrung zu haben. Ob bei einem längeren Leben Schwarzenbergs das Schicksal Österreichs ein anderes geworden wäre, ist müßig zu fragen, jedenfalls war Schwarzenberg der letzte, der die Deutschen unter Österreichs Führung zu einen suchte. In der zweiten Hälfte des 19. Jahrhunderts wandte sich die Habsburgermonarchie, aus Deutschland und Italien verdrängt, dem Balkan zu – mit den Folgen des Attentats von Sarajevo.
Wer die Inschrift über dem Sarkophag von Felix Fürst zu Schwarzenberg lesen möchte, wird sie kaum mehr zu entziffern vermögen. Um sie vor dem Vergessen zu bewahren, sei sie hier wiedergegeben:

»Ein Mann der Einsicht und der Tat
Der Tod, der ihn auf dem Schlachtfeld verschonte,
Erreichte ihn am Rathstisch.
Hier wie dort ein Held
Für seinen Kaiser, für sein Vaterland.
Seine Feinde mußten ihn loben,
Alle Guten haben ihn beweint,
Österreich wird ihn nie vergessen.«

Der Autor dieser Ehrung: Franz Grillparzer.

Wenn die Zeit reicht, das Wetter günstig und der Reisende rüstig ist: Ich kann eine Wanderung rund um die »Welt« anbieten – gemeint ist der um 1580 errichtete, 200 ha große Teich »Svět«. Den zunächst rot und am Rückweg grün markierten, 12 km langen und als Lehrpfad ausgestalteten Weg kann man an der Schwarzenberg-Gruft oder in Třeboň/Wittingau beginnen und zu Fuß oder mit dem Fahrrad zurücklegen, am Südufer über

Odměny nach Spolský Mlýn am Westufer des Teiches und an seinem Nordufer wieder zurück. Auch längere Radrundtouren, die durch die Wasserlandschaft dieses von der UNESCO anerkannten biosphärischen Schutzgebietes führen, werden in den Gebietsführern beschrieben. Schließlich soll noch eine Wanderung auf einem Lehrpfad durch das Červené Blato (Rotes Moor) empfohlen werden, eines der in Mitteleuropa seltenen Torfmoore, als Naturschutzgebiet ausgewiesen (an der Straße 154 von Třeboň nach Süden, Parkplatz nach dem Ort Šalmanovice).
Von Třeboň fahren wir gegen Westen weiter, auf der Straße 34 Richtung České Budějovice. 1 km nach *Lišov*, noch vor der Hinweistafel zu einem »Wienerberger-Ziegelwerk«, gibt es auf der linken Straßenseite einen Parkplatz, von dem aus ein Weg 200 m links zu einem ungewöhnlichen Denkmal führt – ein Granitobelisk mit einer lateinischen Inschrift, sinngemäß übersetzt: »Der Hauptpunkt der genauen Nivellierung in Österreich-Ungarn, errichtet in Verbindung mit der Messung der Breiten- und Längengrade in Europa 1889«. Wir sind an einem Punkt, von dem man damals annehmen konnte, daß er der Mittelpunkt Europas sei (inzwischen hat sich dieser in das Baltikum »verschoben«, s. auch S. 90). Ausgehend von der Adria bei Triest wurde von 1873 bis 1896 vom k.u.k. Militärgeographischen Institut, dem Vorläufer des heutigen österreichischen Bundesamtes für Eich- und Vermessungswesen, die ganze Monarchie vermessen und festgestellt, daß wir hier 565,1483 m, präzise, über dem Wasserspiegel der Adria sind.
Auch der nächste Ort, *Rudolfov/Rudolfstadt,* hat eine Affinität zur gemeinsamen Geschichte: Hier befand sich der vom 15. bis zum 18. Jh. bedeutendste Silberbergbau Böhmens, und das Städtchen wurde von Kaiser Rudolf II. mit Privilegien ausgestattet und nach ihm benannt.
Wenn die Stunde für eine Schloßbesichtigung günstig ist (s. u.), sollte man noch nicht nach České Budějovice hineinfahren, sondern auf der Umfahrungsstraße nach Norden (Richtung Písek, Straße Nr. 20) und nach 5 km rechts abbiegen. Man kommt nach *Hluboká/Frauenberg*. Einige Minuten vom Parkplatz im Dorf bergauf, glaubt man sich plötzlich in England: Ein blendend weißes Schloß im Stile der englischen Neugotik erwartet uns, erbaut 1850 bis 1870 vom Wiener Architekten Franz Beer. Die Fürstin Eleonore Schwarzenberg, eine geborene Liechtenstein, konnte sich hier einen Traum verwirklichen. Der Schlußstein des Gebäudes wurde von Kronprinz Rudolf gesetzt, und seine Unterschrift ziert auch die erste Seite des Gästebuches.

Schloß Hluboká/Frauenberg ist eines der sehenswertesten des an Schlössern so reichen Böhmen.

Die Führerin weist uns zunächst in den Gebrauch der in östlichen Schlössern obligatorischen Filzpantoffeln ein. Damit tragen wir als Besucher auch zur Fußbodenpflege bei. Die Einrichtung, die nach der Konfiskation des Schlosses 1948 unverändert blieb, ist erlesen (wenn es von diesem Adjektiv einen Superlativ gäbe, müßte man ihn hier verwenden). Es seien nur einige zu Österreich Bezug habende Stücke genannt: ein Porträt der Bauherrin von Hans Makart, ein Monumentalgemälde des Kardinals Friedrich Schwarzenberg (1836–1850 Erzbischof von Salzburg, danach von Prag) von Friedrich von Amerling, Porträts der uns schon bekannten Fürstin Pauline und des Fürsten Felix Schwarzenberg, von Mitgliedern der kaiserlichen Familie, von Prinz Eugen, der Gipsabguß einer sich im Original im Wiener Heeresgeschichtlichen Museum befindlichen Marmorstatue von Fürst Adolph Schwarzenberg, des legendären Siegers über die Türken bei Raab (1598). Besonders hinweisen möchte ich auf ein Gemälde, das in Witwentracht Anna Neumann, die von Schloß Wasserleonburg am Südfuß der Villacher Alpe stammte, darstellt. In der letzten ihrer sechs Ehen hatte die Zweiundachtzigjährige 1617 den achtundzwanzigjährigen Georg Ludwig von Schwarzenberg geheiratet. Es war eine Vernunftehe, denn Anna Neumann hatte fünf Ehemänner überlebt und von jedem ein reiches Erbe übernommen. Bei ihrem Tod 1623 fiel die Herrschaft Murau und anderer Grundbesitz in Kärnten und der Steiermark an die Schwarzenbergs. Die Ehe wurde übrigens vermittelt durch Johann Ulrich von Eggenberg, an den wir später noch im Schloß von Krumau erinnert werden.

Der »Delphinenschrank« im Goldenen Salon ging durch die Beschreibung Adalbert Stifters im vierten Kapitel des »Nachsommers« in die Literaturgeschichte ein:

> »Es war vor allem ein Schreibschrein, welcher meine Aufmerksamkeit erregte, weil er nicht nur das größte sondern wahrscheinlich auch das schönste Stück des Zimmers war. Vier Delphine, welche sich mit dem Unterteil ihrer Häupter auf die Erde stützten, und die Leiber in gewundener Stellung emporstreckten, trugen den Körper des Schreines auf diesen gewundenen Leibern. Ich glaubte anfangs, die Delphine seien aus Metall gearbeitet, mein Begleiter sagte mir aber, daß sie aus Lindenholz geschnitten, und nach mittelalterlicher Art zu dem gelblich grünlichen Metalle hergerichtet waren, dessen Verfertigung man jetzt nicht mehr zuwege bringt. Der Körper des Schreines hatte eine allseitig gerundete Arbeit mit sechs Fächern. Über ihn befand sich das Mittelstück, das in einer guten Schwingung flach zurückging, und die Klappe enthielt, die geöffnet zum Schreiben diente. Von dem Mittelstücke erhob sich der Aufsatz mit zwölf geschwungenen Fächern und einer Mitteltür. An den Kanten des Aufsatzes und zu beiden Seiten der Mitteltür befanden sich als Säulen vergoldete Gestalten. Die beiden größten zu den Seiten der Tür waren starke Männer, die die Hauptsimse trugen. Ein Schildchen, das sich auf ihrer Brust öffnete, legte die Schlüsselöffnungen dar. Die zwei Gestalten an den vorderen Seitenkanten waren Meerfräulein, die in Übereinstimmung mit den Tragfischen jedes in zwei Fischenden ausliefen. Die zwei letzten Gestalten an den hinteren Seitenkanten waren Mädchen in faltigen Gewändern. Alle Leiber der Fische sowohl als der Säulen erschienen mir sehr natürlich gemacht. Die Fächer hatten vergoldete Knöpfe, an denen sie herausgezogen werden konnten. Auf der achteckigen Fläche dieser Knöpfe waren Brustbilder geharnischter Männer oder geputzter Frauenzimmer eingegraben. Die Holzbelegung auf dem ganzen Schrein war durchaus eingelegte Arbeit. Ahornlaubwerk in dunklen Nußholzfeldern umgeben von geschlungenen Bändern und geflammtem Erlenholze. Die Bänder waren wie geknitterte Seide, was daher kam, daß sie aus kleinem feingestreiftem vielfarbigem Rosenholze senkrecht auf die Achse eingelegt waren. Die eingelegte Arbeit befand sich nicht bloß, wie es häufig bei derartigen Geräten der Fall ist, auf der Daransicht sondern auch auf den Seitenteilen und den Friesen der Säulen. …« (1)

Adalbert Stifter sah den Schrank nicht im Schlosse, er war sein Eigentum, mußte aber nach seinem Tode von seiner mittellosen Witwe verkauft werden, und die Schwarzenbergs nützten die Gelegenheit. Der Führerin hartes Deutsch fordert uns zum Weitergehen auf, wir schlagen Stifters »Nachsommer« zu und finden uns, nachdem wir die Schloßpforte – auch ihr Türknauf, ein an die Eroberung von Raab durch Fürst Adolph Schwarzenberg erinnernder Mohrenkopf, dem ein Rabe ein Auge auspickt, ist beschreibenswert und findet sich auch im Schwarzenbergschen Wappen – hinter uns gelassen haben, im unpoetischen Heute wieder.

Nun aber zu Speis und Trank, ins Nachtquartier, zurück nach *České Budějovice/Budweis* mit seinem ein geschlossenes städtebauliches Ensemble bildenden Stadtplatz, einem der schönsten der vielen eindrucksvollen Stadtplätze Böhmens.

Haben Sie in Budweis einige Minuten Zeit für eine kulturhistorische Rätselaufgabe? Wenn ja, dann besuchen Sie kurz das Südböhmische Museum (Jihočeské muzeum) in der Dukelská südlich des Stadtplatzes. Es ist eines jener für die altsozialistischen Staaten so typischen Provinzmuseen, wo ältliche Babuschkas sich von den an einer Hand abzuzählenden Besuchern gern beim Stricken stören lassen, Säle mit alten Tierpräparaten, Gräberbeigaben, verstaubten Möbeln und – wenn sie auch den Lichtschalter aufdrehen – funkelnden Gläsern aufsperren und in gebrochenem Deutsch den aus dem für sie noch immer fernen Wien kommenden Besucher auf Besonderheiten hinzuweisen suchen.

Was ist »österreichisch« in diesem Museum?

Wenn Ihnen die Statuen im Treppenhaus bekannt vorkommen, liegen Sie richtig. Wenn Sie erkennen, daß es sich um van Swieten und Kaunitz handelt, die im Original am Maria-Theresien-Denkmal nahe der Wiener Ringstraße stehen, so würden Sie auch die Wiener Fremdenführer-Prüfung bestehen. Im Unterschied zu den schon ziemlich angegriffenen Statuen an der Ringstraße wirken Kaunitz und van Swieten in Budweis wie frisch gegossen; vermutlich waren sie ein Geschenk der Stadt Wien zum Museumsbau in Budweis.

In Budweis können wir zwar nicht die Gründung der Brauerei als »österreichisch« für uns reklamieren, wohl aber die der im Süden der Stadt befindlichen Bleistiftfabrik »Hardtmuth–Koh-i-noor«. Joseph Hardtmuth, ein 1752 in Asparn an der Zaya geborener erfinderischer Tausendsassa (Steingut, Bleistift, Tusche) gründete 1790 in Wien eine Steingutfabrik, in der er auch Bleistifte zu produzieren begann. Wegen der hohen Löhne in Wien verlegte sein Sohn die Produktion 1846 nach Budweis, wo auch die Rohstoffe näher waren (Holz aus dem Böhmerwald und Graphit aus den Schwarzenbergschen Bergwerken) und die Transportmöglichkeiten günstiger (Pferdeeisenbahn, Kanalsystem). Die Bleistiftproduktion besteht noch heute, beschäftigt 1000 Mitarbeiter und hat einen Fabriksverkauf. Die gleichnamige Bleistiftfabrik in Hirm im Burgenland dürfte heute (noch) einer der wenigen Fälle einer Tochtergesellschaft eines tschechischen Unternehmens in Österreich sein. Am Rande des großen Fabrikareals im Süden der Stadt finden wir in der Mánesova 10 ein kleines Gebäude, bezeichnet mit »Památky Koněspřežní Železnizne«. Das Gebäude war einst der nördlichste Bahnhof der Pferdeeisenbahn Gmunden – Linz – Budweis und beherbergt heute einige Modelle und eine Fotodokumentation der noch erhaltenen Objekte dieses verkehrs- und wirtschaftshistorischen Unikates, überholt eigentlich schon im Zeitpunkt seiner Fertigstellung: Franz Josef Gerstner, Direktor der Prager Polytechnischen Schule, plante zur Verbesserung des Salztransportes vom Salzkammergut nach Böhmen in Nachbildung englischer Pferdeeisenbahnen bereits 1807 eine Schienenverbindung Budweis – Linz. Größte Schwierigkeit war die Überwindung der Wasserscheide Moldau – Donau am Kerschbaumer Sattel, für die das später bei allen Gebirgsbahnen angewandte Prinzip der Beibehaltung einer einmal erreichten Höhe erstmals angewandt werden sollte. Wegen der wirtschaftlichen Schwierigkeiten nach den Napoleonischen Kriegen verzögerte sich der Baubeginn bis 1825. Der Sohn Gerstners, Franz Anton Gerstner, wurde Bauleiter, und 1832 wurde die 128 km lange Strecke dem Betrieb übergeben – Gerstner war zu diesem Zeitpunkt schon aus der »k.k. Ersten Privilegierten Eisenbahngesellschaft« ausgeschieden, baute 1837 die erste russische Eisenbahn, bereits für Dampf, von Petersburg nach Pawlowsk, und starb 1840 in Philadelphia, dem damaligen Mekka der Eisenbahntechnik; eine Gedenkplakette ist neben dem Bahnhofsgebäude von *Rybnik*, der Station vor der Grenzstation Horní Dvořiště nach Summerau – Linz, zu finden. Während der früher begonnene Nordteil der Budweis-Linzer-Strecke bereits so gebaut wurde, um auch dem bald erwarteten Dampfbetrieb gerecht zu werden, wurde der Südteil aus Ersparnisgründen mit engen Kurvenradien gebaut, so daß die bereits 1868 eröffnete Dampfeisenbahn im heutigen oberösterreichischen Teil neu trassiert werden mußte, wogegen die Eisenbahn im böhmischen Teil noch heute weitgehend der Trasse der

Pferdeeisenbahn folgt. Von 1832 bis 1868 fuhren täglich mit Pferden – die innerhalb der 1106 mm breiten Spur auf einem Sand-Schotter-Gemisch hintereinander gingen – bespannte Güter- und Personenwagen. Die »Güterzüge« brauchten für die Strecke 3 Tage, 14 Stunden die »Personenzüge« (der Ausdruck »Schienenkutschen« wäre richtiger, wenn wir uns den im Wiener Technischen Museum erhaltenen einzigen Wagen der Bahn betrachten). Alle 20 km war eine Pferdewechselstation – die größte und heute noch gut erhaltene in *Kerschbaum* in der oberösterreichischen Gemeinde Rainbach. Hier, wo sich die täglichen »Personenzüge« kreuzten und die Reisenden eine Stunde Mittagspause hatten, war das erste Bahnhofsrestaurant der Welt.

Auch in Böhmen sind zahlreiche Objekte der kurzlebigen Pferdeeisenbahn noch erkennbar: In *Budweis* ist es z. B. in der Husova-Straße Nr. 5 ein großes Gebäude, das als Umladestation und Warenlager diente, und der bereits oben erwähnte älteste Bahnhof des Kontinents in der Mánesova-Straße Nr. 10. Wenn wir von Budweis auf der Straße Nr. 3/E 55 nach Süden, Richtung Kaplice – Dolní Dvořiště – Linz fahren, sehen wir in *Holkov*, gleich links bei der Abzweigung nach Římov, ein großes dreigiebeliges, leider verfallendes Gebäude. Es war die Umspannstation Holkov. 500 m weiter, gegenüber dem heutigen Gasthof »Kořske dráhy« (damals ein Kutschendepot), das wahrscheinlich anschaulichste Objekt: die Rekonstruktion einiger Gleismeter auf einem Viadukt.

In Holkov, bei der eben erwähnten Pferdewechselstation, biegen wir nach Westen ab, Richtung Rájov – Český Krumlov. In Rájov schlage ich noch einen Abstecher von 2 km nach Norden vor, nach *Zlatá Koruna/Goldenkron*. In diesem ehemaligen Zisterzienserkloster (1785 von Kaiser Joseph II. aufgelöst), das 1263 von König Přemysl Ottokar II. gegründet und von Heiligenkreuz im Wienerwald aus besiedelt wurde, sollte man sich wenigstens die Kirche ansehen: eine hochgotische Basilika, 1370 fertiggestellt und bis heute baulich wenig verändert. Ein Turm fehlt, wie bei allen gotischen Zisterzienserkirchen.

Von Goldenkron zurück nach Rájov sind es nur mehr 5 km bis *Český Krumlov/Krum(m)au*, nach Prag wahrscheinlich die schönste Stadt der Tschechischen Republik. Das Auto muß auf einem der Parkplätze am Stadtrand abgestellt werden, denn diese Stadt läßt sich nur zu Fuß erleben. In einem Mäander der Moldau die Bürgerhäuser, überwiegend aus dem 14. bis 17. Jh., über dem zweiten Mäander des schwarz wirkenden Flusses das Schloß Krumau; nach dem Prager Hradschin das zweitgröß-

te Böhmens, eine Stadt über der Stadt. Erbaut von den Rosenbergs, wurde das Schloß 1602 an die Habsburger verkauft, die es 1622 dem 1568 in Graz geborenen Johann Ulrich von Eggenberg, der zum Herzog von Krumau ernannt wurde, schenkten; Eggenberg, der auch den Bau des Grazer Schlosses Eggenberg begann, war Mundschenk Erzherzog Ferdinands, um dessen Wahl zum Kaiser (Ferdinand II.) er sich verdient machte. Lange konnte er sich des Krumauer Schlosses nicht erfreuen: Als Parteigänger Wallensteins mußte er sich nach dessen Ermordung 1634 ins freiwillige Exil begeben und starb bald darauf in Laibach. 1719 ging die Herrschaft Krumau mit dem Aussterben der Eggenberger durch Erbschaft an die Schwarzenbergs, die die mittelalterliche Burg im Barockstil großzügig erweiterten. 1948 wurde der Besitz entschädigungslos enteignet. Das weitläufige Schloß, von dem nur ein kleiner Teil der 320 Zimmer besichtigt werden kann, bietet, abgesehen von Möbeln und Porzellan des Wiener Biedermeier, einige besondere Höhepunkte: die Wappen der Habsburgerkaiser des 17. Jh.s, denen sich die Eggenberger dankbar zeigen wollten, schon im Vestibül, die Wappen der Eggenbergs und Schwarzenbergs in den Gängen; am vorderen Ausgang der Schloßkapelle ein Kreuzabnahme-Relief von Georg Raphael Donner; in der Antecamera zwei Bilder von Graz und eines von Ehrenhausen bei Leibnitz. Prunkvollstes Ausstellungsstück ist die Goldene Kutsche, die nur einmal verwendet wurde, als Johann Anton von Eggenberg als kaiserlicher Gesandter in Rom Papst Urban VIII. 1638 seinen Antrittsbesuch machte und für den Papst kaiserliche Geschenke brachte. Nach ihrer einzigen Fahrt wurde die Kutsche im Grazer Schloß Eggenberg als Bett verwendet, bevor sie nach Krumau kam. Schönster Raum des Schlosses ist der Maskensaal, in dem 125 Figuren aus der Commedia dell'arte auf uns zuzukommen scheinen (1748 von Joseph Lederer in sechs Monaten al fresco gemalt).
Rainer Maria Rilke wurde bei einem Besuch des Krumauer Maskensaals zu einer Szene seiner Novelle »Die Geschwister« angeregt:

»Es war denn wie in dem großen Maskensaal des Krummauer Schlosses, dessen Wände bis hoch zur gewölbten hallenden Decke hinauf mit lebensgroßen Gestalten bemalt sind. Ein französischer Maler soll vor vielen hundert Jahren diese Karnevalsgruppe so geschickt, in so reichem und überraschendem Wechsel komponiert haben, daß man und selbst am lichten Tage und hinter jeder Figur immer noch neue, phantastisch gekleidete Gäste auftauchen sieht. In Krummau aber weiß man ganz bestimmt, daß solches nicht an dem Verdienst des Malers, sondern an den seltsamen Umständen liegt, daß die Ritter und Damen zu einer gewissen Stunde zu erwachen beginnen, um das Schauspiel jener einer fernen Nacht zu wiederholen. Aus den Wänden steigend, erfüllen sie den Saal mit schimmerndem Gewimmel ...« (2)

Das jenseits der dreistöckigen Schloßbrücke gelegene, in Europa einzigartige Barocktheater soll nach jahrzehntelanger Restaurierung demnächst wieder zugänglich sein. Bereits in altem farbigem Glanz restauriert und wieder zugänglich ist der 54 m hohe Schloßturm. Nach 162 Stufen hat man einen Ausblick auf das Städtchen mit seinem Dächergewirr zwischen den Schlingen des dunklen Flusses. Auf diesen Schloßturm war auch Egon Schiele gestiegen, 1911 und 1917, um von hier und anderen Anhöhen über der Stadt aus seine kleinformatigen (um sie besser in die Großstadt transportieren zu können, da im Kleinstadtmilieu von Krumau ein Verkauf unmöglich schien) Stadtansichten zu malen: »Tote Stadt«, »Stadt am blauen Fluß«, »Blick auf Dächer und Häuser von Krumau«... Die Gemälde sind heute weit verstreut: Viele befinden sich in Privatsammlungen (u. a. in der österreichischen Sammlung Leopold), einige in der Neuen Galerie in Graz, in der Linzer Galerie, in der Nationalgalerie Prag, im Kunsthaus Zürich, im Thyssen-Bornemisza Museum Madrid.
Wenig hat sich seither in Krumau architektonisch geändert, und mit einem jüngst erschienenen Buch (s. S. 275) können wir durch die Altstadt wandern und Gemäldereproduktion und Wirklichkeit noch vergleichen. Der zwanzigjährige Schiele war 1910 erstmals nach Krumau, wo mehrere Verwandte seiner hier geborenen Mutter lebten, gekommen, um der Großstadt zu entfliehen. Sein zweiter Aufenthalt, 1911, schon gemeinsam mit Wally Neuzil, doch unverheiratet, erregte das Mißfallen der Krumauer Bürger, begannen sich doch manche der hiesigen Gymnasiasten mit dem Bohemien anzufreunden. Da er nicht nur Städteansichten gemalt hat, sondern auch Akte jüngerer Mädchen, mußte Schiele Ende Juli 1911 Krumau fluchtartig verlassen. Er kam allerdings mehrmals wieder, zuletzt 1917.
In das Städtchen hinabsteigend, finden wir in der Široká 70–72 seit 1993 ein Schiele-Zentrum, wo man nicht nur Reproduktionen seiner Gemälde kaufen, sondern auch in Wechselausstellungen Werke seiner Zeit besichtigen kann. Man sollte einfach durch die Stadt streunen, in der hochgotischen Pfarrkirche St. Veit/Sv. Víta daran denken, daß von hier die Krumauer »Schöne Madonna« stammt, die jetzt im Wiener

Auf den Turm des Schlosses von Český Krumlov/Krumau stieg Egon Schiele, um seine Bilder von Krumau, der »Toten Stadt« am dunklen Fluß, zu malen.

Kunsthistorischen Museum steht, und die Vergangenheit auf sich wirken lassen.
Wir verlassen Krumau auf der Straße Nr. 160 nach Süden, um über Dolní Dvořiště – Reinbach oder über Vyšší Brod/Hohenfurth – Weigetschlag nach Österreich zurückzukehren. Im Tal der Vltava/Moldau werden wir nach 15 km noch einer weiteren mächtigen Burg ansichtig: *Rožmberk/Rosenberg*. Begründet im 14. Jh. von dem mächtigen Geschlecht der Rosenberger, kam die Burg 1620 an Graf Karl Bonaventura Longueval Buquoy, den aus der Gegend von Arras in Frankreich stammenden siegreichen kaiserlichen Befehlshaber in der Schlacht am Weißen Berg (bei Prag, 1620). Im 19. Jh. wurde sie im romantisierenden Stil erweitert, wobei dieselben Holzschnitzer tätig waren, die die Kaiservilla in Bad Ischl ausgestalteten. Besonders sehenswert sind der Kreuzfahrersaal und andere Räume in der »Unteren Burg«. Auch aus ihren zahlreichen Wappen und Gemälden von Kaisern ist zu erkennen, wie sehr bis ins späte 19. Jh. der böhmische Adel den Habsburgern verbunden war.
Der nächste Ort ist Vyšší Brod/Hohenfurth, von wo es nur mehr 7 km bis zur (ober)österreichischen Grenze bei Bad Leonfelden sind; wer einen längeren Aufenthalt in dieser Region plant, dem sei zur Fortsetzung die Route des Kapitels »Im Böhmerwald« empfohlen, die in Hohenfurth beginnt.

Die ganze oben beschriebene Rundfahrt ist auf durchwegs sehr guten Straßen ab und bis Wien ca. 570 km lang; von und bis Linz ca. 220 km. Auch mit der Eisenbahn lassen sich die meisten Orte erreichen, wenngleich unter wesentlich mehr Zeitaufwand. Mit dem Auto sollte man, um auch für die Besichtigungen genügend Zeit zu haben, zwei bis drei Tage planen. Da die Region aber an weiteren Kultur- wie Natursehenswürdigkeiten reich ist (Böhmerwald !), empfiehlt sie sich auch für einen längeren Aufenthalt, wobei als Standort für je eintägige Rundreisen (vgl. auch das vorige Kapitel) Český Krumlov/Krumau am geeignetsten ist. In den größeren Orten gibt es schon zahlreiche Hotels, auch in vielen kleineren Orten, wobei die in historischen Gebäuden natürlich besonders reizvoll sind (z. B. am historischen Stadtplatz von Budweis das Hotel »Zvon« , CZ-370 01 České Budějovice, Přemysla Otakara II. 28, Tel. 0042 38 /73 11 383, Fax /73 11 385, 1 Zweibettzimmer mit Frühstück ca. S 800,–; in Krumau Hotel »Růže«, CZ-381 01 Český Krumlov, Horní 153, Tel. 0042 337/54 81, Fax /38 81). Einfachere Hotels sind wesentlich billiger, und auch Privatzimmer werden zahlreich angeboten – jetzt beginnt hier die Goldgräberzeit des Tourismus, wie bei uns vor einigen Jahren. Bei den reizvoll am Ufer der rauschenden Vltava/Moldau gelegenen Häusern der Parkán-Gasse in Český Krumlov kann man sich

über die Einrichtung der einzelnen Zimmer gleich auf den in die Fenster gestellten Fotos informieren.
Auch für touristische Informationen gibt es nun in Wien ein »Tschechisches Zentrum« (1010 Wien, Herrengasse 17, Tel. 535 23 61; geöffnet Montag bis Freitag 10–12, 13–18 Uhr). In České Budějovice gibt es am Stadtplatz, rechts neben dem in auffallendem Blau renovierten Rathaus, ein Informationsbüro. Hier erhält man Auskunft über Unterkunft und kann auch Informationsbroschüren über das ganze Gebiet kaufen. Da der Kartenschnitt der meisten Österreich-Autokarten Budweis noch umfaßt, wäre für die Rundfahrt selbst keine weitere Landkarte notwendig. Wer aber zusätzlich eine der angedeuteten Rad- oder Wandertouren erleben will, bekommt sehr gutes Kartenmaterial vor Ort. Noch ein Insider-Tip: Wer sich mit Landkarten auch über andere Gebiete als von Tschechien eindecken will, auch solche österreichischer oder deutscher Provenienz, sollte es im erwähnten Informationsbüro in Budweis tun: Die Preise in Kronen sind ziffernmäßig gleich denen in Schilling! Bleifreies Benzin ist an fast allen Tankstellen erhältlich, ca. 30% billiger als in Österreich.
Geldwechsel ist von frühmorgens bis abends täglich nicht nur an den größeren Straßengrenzübergängen möglich (wo es auch noch Dutyfree-Shops für Zigaretten und Alkoholika gibt) und bei Banken, sondern auch an täglich geöffneten Wechselstuben in den größeren Orten und in Postämtern. Die Wechselkurse sind leicht unterschiedlich (Ende 1996 entsprach 1 Schilling 2,52 Kronen), wobei man sich vorher über die zu zahlende Provision erkundigen sollte (wird eine fixe Gebühr verlangt, so ist dies beim Wechseln größerer Beträge günstiger als die üblichen 3–5%). In Hotels höherer Kategorie wird die Bezahlung in DM oder Schilling vorgezogen.
Die Fahrt sollte für die Zeit zwischen April und Oktober geplant werden, da die Schlösser (Führungen!) und die Schwarzenberg-Gruft in den anderen Monaten nicht zu besichtigen sind. Öffnungszeiten sind meist dienstags bis sonntags von 9 bis 12 und von 13 bis 17 Uhr (April, Oktober: nur bis 15 Uhr; Mai, September: meist nur bis 16 Uhr). In Zlatá Koruna gibt es von April bis Oktober tgl. außer montags Führungen um 9, 10, 11, 13, 14 und 15 Uhr. Das Schiele-Zentrum in Krumau hat ganzjährig täglich von 10 bis 18 Uhr geöffnet.

Prag

Deutsche Dichter, europäischer Barock,
habsburgische Residenz

Hunderttürmiges«, »goldenes« Prag sind die Epitheta ornantia, mit denen die Stadt an der Moldau gerühmt wird. Die lobenden Worte gelten einer der schönsten Städte Europas. Vielleicht müssen wir nach unserem Besuch in Prag bekennen, daß dessen Stadtbild viel mehr an Österreichs Geschichte erinnert als das Wiener: Zu viel wurde in Wien im Zweiten Weltkrieg zerstört, und das Nachkriegs-Wirtschaftswunder trug weiter zum Ersatz der alten Substanzen durch neue Geschäfte und Banken bei; auch dem Autoverkehr wurden Opfer gebracht. Prag blieb von den Weltkriegen unversehrt. Der Kommunismus ließ zwar die alten Viertel verfallen, aber man brauchte auch keine Banken, Autosalons, Geschäfte. Wohnsilos und Industrie wurden bewußt an den Stadtrand gesetzt, um die neue, bessere Zeit zu demonstrieren. Daher ist die Prager Altstadt zu beiden Seiten der Moldau seit dem 19. Jh. fast unverändert.

Die von Franz Grillparzer zu einem Drama gestaltete Gründung Prags wird einer sagenhaften »Libussa«, Stammutter der Přemysliden-Herrscher, zugeschrieben. Schon im 12. Jh. war die Stadt von Deutschen und Tschechen besiedelt. Dazu kam bald auch eine große jüdische Gemeinde. Dieses teils Neben- und teils Gegeneinander bestimmte die Stadtgeschichte. Als Residenzstadt von Kaiser Karl IV. erlebte Prag im 14. Jh. seine Blütezeit, wurde 1526 habsburgisch, litt im 17. Jh. im Dreißigjährigen Krieg, im 18. Jh. unter den Österreichischen Erbfolgekriegen und im 19. Jh. unter den Nationalitätenkonflikten, bis es 1918 Hauptstadt der neuen Tschechoslowakischen Republik wurde. 1910 war Prag die drittgrößte Stadt Österreich-Ungarns, 10% der ca. 500000 Einwoh-

ner waren deutschsprachig, 10% Juden. 1946 waren alle Nicht-Tschechen vertrieben. Der in Praha verbliebene österreichische Botschafter Ferdinand Marek wurde in die Sowjetunion verschleppt und starb dort 1947 im Gefängnis. 1994 verließen nach der Abspaltung der Slowakei die meisten Angehörigen dieser Minderheit die Stadt.
Die Verbindungen zu Österreich setzten bereits im 11. Jh. ein: Babenberger-Herzogstöchter heirateten Přemysliden, eine Tochter Rudolfs von Habsburg heiratete König Wenzel II.; 1307 wird Heinrich von Kärnten, Schwager des Přemysliden Wenzel III., für einige Jahre König von Böhmen. Zur Hebung der gesunkenen Moral wird 1358 der aus dem oberösterreichischen Kloster Waldhausen kommende Bußprediger Konrad Waldhauser nach Prag gerufen, bevor mit Johannes Hus die erste Glaubensspaltung begann. Als Ferdinand I. 1526 nach der Schlacht bei Mohács durch Erbschaft neben Ungarn auch Böhmen und Mähren erhält, setzt die Rekatholisierung ein. Um den Einmischungen seiner Verwandten zu entkommen, verlegt Kaiser Rudolf II. 1583 seine Residenz von Wien nach Prag. Ihm folgen der Hofstaat und viele Künstler und Handwerker. Für 30 Jahre ist Wien Provinz- und Prag die Hauptstadt des Habsburgerreiches. Doch Rudolf II. bleibt der einzige Habsburgerkaiser, der in Prag residiert. Seine Unfähigkeit zu herrschen, seine kostspielige Leidenschaft, Kunstwerke zu sammeln (viele, insbesondere seine Plastiken italienischer Renaissance-Künstler, finden sich heute im Wiener Kunsthistorischen Museum), stürzen das Land in einen Bürgerkrieg, aus dem sein Bruder Matthias 1611 als Sieger hervorgeht. Franz Grillparzer hat diese geschichtliche Episode in seinem auf dem Prager Hradschin spielenden Trauerspiel »Ein Bruderzwist in Habsburg« meisterlich nachempfunden.
Der Dreißigjährige Krieg beginnt mit dem Aufruhr der Prager Stände und dem Hinauswurf der kaiserlichen Ratsherren Martinitz und Slavata und des danach als »von Hohenfall« geadelten Schreibers Fabricius aus einem Fenster des Hradschin. Sie fallen auf einen Misthaufen im Hof und bleiben unverletzt (23. Mai 1618). Nach der Schlacht am Weißen Berg (Bílá Hora, im Nordwesten Prags) gelingt es dem Kaiser 1620 mit bayerischer Hilfe, Prag wieder zu unterwerfen. Das Prager Blutgericht, mit dem der Kaiser 1621 mit der Hinrichtung von 27 Aufrührern am Altstädter Ring Rache übt, werden die Tschechen den Habsburgern nicht vergessen. Die jeweiligen Habsburgerkaiser beschenken die ihnen treuen Adeligen und die Kirche. Diese werden die Bauherren jener Ba-

rockpalais und -kirchen, die bis heute Prag zum einzigartigen Städteensemble machen. Maria Theresia läßt von Nicolo Pacassi, dem Architekten ihres Schlosses Schönbrunn, auch den Hradschin ausbauen. Sie wird ebenso wie die ihr bis Ferdinand I. (als böhmischer König: Ferdinand III.) folgenden Habsburger im Veitsdom gekrönt; Kaiser Franz Joseph verspricht zwar mehrmals, sich zum König von Böhmen krönen zu lassen, aber es geschieht nicht.

Im 19. Jh. leben sich Deutsche – die neben dem böhmischen Adel die Oberschichte bilden – und Tschechen auseinander. 1848 wird ein Aufstand von den kaiserlichen Truppen blutig niedergeschlagen. Das neue, pompöse Nationalmuseum am Wenzelsplatz und das Nationaltheater an der Moldau werden Gegenpole zu den deutschen Kultureinrichtungen. Mit der Teilung der 1348 noch vor der Wiener gegründeten Prager Universität in eine deutsche und eine tschechische Universität erkämpfen sich die Tschechen die kulturelle Gleichberechtigung, doch die politische bleibt ihnen versagt: Ein Versuch von Ministerpräsident Graf Taaffe, 1890 in Böhmen einen Ausgleich zwischen der deutsch- und der tschechischsprechenden Bevölkerung zu erreichen, nach dem die Behörden je nach Mehrheitssprache in dem betreffenden Gebiet besetzt werden sollten, scheitert am Widerstand nicht nur der radikalen Jungtschechen, sondern auch der Deutschnationalen. Nach 1891 muß über Prag mehrmals der Ausnahmezustand verhängt werden. 1914 zieht man für »Herrn Procházka« – so der Spottname für Kaiser Franz Joseph – widerwillig in den Krieg, Intellektuelle emigrieren, zahlreiche tschechische Soldaten desertieren, bis am 14. November 1918 die Habsburger des Thrones für verlustig erklärt werden. Die Doppeladler als Symbole der kaiserlichen Macht werden von den Amtsgebäuden heruntergerissen, Denkmäler zerstört – aber in Prag fließt kein Blut; die Deutschen werden zur geduldeten Minderheit.

Im März 1939 wird Prag Hauptstadt des Protektorates Böhmen und Mähren. Im Mai 1942 wird der stellvertretende Reichsprotektor Reinhard Heydrich von tschechischen Widerstandskämpfern tödlich verwundet, als Revanche töten die Deutschen die Bevölkerung der Ortschaft Lidice (15 km westlich von Prag, am Weg nach Kladno gelegen) und machen diese dem Erdboden gleich. Im Potsdamer Abkommen stimmen die Alliierten am 2. August 1945 der Deportation der Deutschen aus Polen und der Tschechoslowakei zu – und diese wird rücksichtslos durchgeführt. Von 1948 bis 1989 senkt sich der Eiserne Vorhang vor der

Tschechoslowakei. Neben der Toleranz der Ungarn gegenüber der Flucht von Angehörigen der DDR über die österreichische Grenze im September 1989 war die Aufnahme von Ostdeutschen in der Botschaft der Bundesrepublik Deutschland im Palais Lobkowicz auf der Prager Kleinseite der zweite Dominostein für den Fall der kommunistischen Regime in Osteuropa.

Wir finden nicht nur die Spuren dieser Geschichte auf unserem Spaziergang durch Prag, sondern auch Stätten, die an die deutschsprachigen Dichter Prags erinnern, die hier geboren wurden, hier ihre Jugend verbrachten und deren oft von Erlebnissen in Prag geprägte Werke einen guten Teil der österreichischen Literatur des 20. Jh.s ausmachen. Gerade das Prager Nebeneinander von Nationalitäten, Sprachen und Religionen, das schon früh den Disput, das Artikulieren des eigenen Standpunktes, verlangt hat, könnte den Nährboden für Intellektualität gebildet haben: Rainer Maria Rilke, Franz Kafka, Franz Werfel, Max Brod, Johannes Urzidil, Leo Perutz, Hans Kelsen (der Verfasser der geltenden österreichischen Bundesverfassung, 1881–1973), Victor Adler, Karl Kautsky sind Prager von Geburt; Wissenschaftlern wie Christian Doppler, Ernst Mach und Albert Einstein gelang während ihrer Tätigkeit in Prag Entscheidendes, Künstler wie Mozart und Kokoschka schufen hier große Werke.

Unser Fußweg durch Prag führt von der Neustadt (Nové Město) durch die Altstadt (Staré Město), dem »Königsweg« folgend über die Karlsbrücke (Karlův most), durch die Kleinseite (Malá Strana) zum Hradschin, vom einst großbürgerlichen durch das adelige ins kaiserliche Prag. Er berührt dabei auch die sonst wesentlichen Sehenswürdigkeiten Prags, mit Ausnahme des nach Kaiser Joseph II. benannten Stadtteils »Josefov«, in dem die eindrucksvollen Reste des Ghettos zu sehen sind. Auf »Österreichisches«, das abseits dieses Weges liegt, wird am Schluß dieses Kapitels hingewiesen.

Zu Kaisers Zeiten fuhr der Schnellzug der Franz-Josefs-Bahn 5 Stunden 17 Minuten von Wien nach Prag, die Fahrzeit hat sich heute mit dem Eurocity »Antonín Dvořák«, über die Nordbahnstrecke, auf 4 Stunden 56 verkürzt (aber auch mit dem Auto ist man nicht wesentlich schneller). Damals kam man auf dem Jugendstil-Bahnhof »Nádraží císaře Františka Josefa« an, heute auf dem stillos-modernen Bahnhof Praha-Holešovice im Norden der Stadt. Den früheren Franz-Josefs-Bahnhof an der Grenze der Bezirke Nové Město (Neustadt) und Vinohrady (Königl.

Weinberge) gibt es noch. Er heißt heute *»Praha hlavní nádraží«*, Hauptbahnhof, und der Jugendstil im alten Teil lohnt einen Besuch (besonders beachtenswert in der Kuppel das Wappen der kaiserlichen Haupt- und Residenzstadt Wien). Der einst vor dem Bahnhof liegende Stadtpark, in dem so manche unserer Dichter von ihrer böhmischen Amme in ihrem ersten Verkehrsmittel geschoben wurden, ist heute durch die Stadtautobahn zerstört – übrigens eine der wenigen stadtplanerischen Sünden, die sich Prag bis dato geleistet hat. Zwischen dem Bahnhof und dem Národní muzeum befindet sich nicht nur der heute funktionslose Klotz-Bau der Föderativen Nationalversammlung der früheren Tschechoslowakei, sondern auch die *Státní opera* Praha, die Prager Staatsoper, von außen unverkennbar ein Bau des Wiener Theaterarchitektur-Konzerns Ferdinand Fellner und Hermann Helmer, 1888 als »Neues Deutsches Theater« eröffnet und innen bis heute in Rot-Weiß-Gold viel schöner als sein von denselben Architekten und zu gleicher Zeit erbautes Wiener Pendant, das (Deutsche) Volkstheater. Das Prager Neue Deutsche Theater war bis in den Zweiten Weltkrieg Schauplatz von Gastspielen erster deutschsprachiger Schauspieler und Sänger (u. a. Josef Kainz, 1900; Paul Hörbiger; Ernst Deutsch; in der Saison 1926/27 lernten hier Paula Wessely und Attila Hörbiger einander auf der Bühne kennen und im Leben lieben). Am 4. November 1939 fand im hakenkreuzgeschmückten Theatersaal durch NS-Größen die Unterstellung der Prager Universitäten unter die Reichsverwaltung statt. Nach 1945 auch »Smetana-Theater« genannt, versucht die Prager Staatsoper seit 1992 auch mit einem Opernball der Wiener Staatsoper Konkurrenz zu machen.
Wir beginnen unseren Weg gegenüber von Bahnhof und Theater: Am Haus *Opletalova 41* erinnert eine Gedenktafel daran, daß Franz Werfel hier seine Jugend verbracht hat. In diesem gutbürgerlichen Viertel Prags wurde Werfel 1890 als Sohn eines gutsituierten Handschuhfabrikanten geboren, ging hier zur Schule (nicht ohne Probleme), in seine ersten Theater-Aufführungen (besonders beeindruckend ein Gastspiel Enrico Carusos am erwähnten Deutschen Theater, 1904) und verfaßte seine ersten Dichtungen. Gleich um die Ecke, in der *Hybernská 16*, befinden sich die Reste jenes Cafés »Arco«, das Treffpunkt der deutschen Literaten während der ersten beiden Jahrzehnte unseres Jahrhunderts war. Sie wurden von Karl Kraus spöttisch die »Arconauten« genannt, und Egon Erwin Kisch soll die Kaffeehausrunde nach ihren Teilnehmern einmal so beschrieben haben: »Es brodelt und werfelt und kafkat und kischt.«

Manch hier diskutiertes Werk fand Eingang in die österreichische Weltliteratur, manche Szene spielt in diesem Milieu.
Schräg gegenüber liegt der älteste Bahnhof Prags, seit seiner Erbauung 1845 (wohl geplant von Peter Nobile, dem Erbauer des Theseus-Tempels im Wiener Volksgarten und des Festsaals der Technischen Hochschule) im Kerne unverändert, einer der ältesten bestehenden Bahnhöfe Europas und nun auch schön renoviert. Er heißt heute *Masaryk-Bahnhof* (Masarykovo nádraží) und hieß ursprünglich Staatsbahnhof. Hier kam nach seiner Abdankung in Olomouc/Olmütz zugunsten seines Neffen Franz Joseph am 2. Dezember 1848 der frühere Kaiser Ferdinand I. an, um sich auf den Hradschin, von seiner Gattin bis zu seinem Tod (1875) gepflegt, zurückzuziehen. Die Mißerfolge seines Neffen bekam er mit und kommentierte sie: »Des hätt' i a zsammbracht!« In der *Hybernská 10*, einem vom Otto-Wagner-Schüler Friedrich Ohmann um 1900 erbauten Jugendstilhaus, befand sich das Café Central, nach dem Wiener Vorbild als Literatencafé gegründet. In der *Hybernská 6*, auch heute ein Hotel, stehen wir vor dem ehemaligen »Hotel Stadt Wien«, in dem 1826 Franz Grillparzer und 1865 Adalbert Stifter abstiegen. Wir kommen zum *Náměstí Republiky*, wo einer der schönsten Jugendstilbauten Prags, das »Repräsentationshaus der Hauptstadt Prag« (Obecní dům hl. města Prahy) unsere Blicke auf sich zieht. Es wurde als Repräsentationsbau des tschechischen Bürgertums 1903 errichtet und beherbergt mehrere Konzert- und Versammlungssäle, mit Gemälden zu Themen der tschechischen Geschichte, u. a. von Alfons Mucha. Historische Bedeutung hat, daß hier am 28. Oktober 1918 die staatliche Selbständigkeit der Tschechoslowakischen Republik verkündet wurde (der »28. říjen« ist heute der tschechische Staatsfeiertag). Hinter uns ragt die imposante klassizistische Fassade des ehemaligen *Zollhauses* empor, unter dessen Giebel ein habsburgischer Doppeladler allen geschichtlichen Wandel überdauert hat, vielleicht weil sein Herzschild der böhmische Löwe ist. Die darunter befindlichen vergoldeten Lettern lehren uns, daß der österreichische Kaiser Franz I. 1811 das Gebäude für die Besorgung der Staatseinkünfte aus dem Handel errichtet hat. Den Platz schließt die (ehemalige) Georgskaserne ab, eine verkleinerte Ausgabe der Roßauer Kaserne am Ring in Wien. Einige Schritte rechts von der Kaserne steht (*Na poříčí 7*) das bis heute an der Fassade unveränderte Gebäude, in dessen oberstem Stock Dr. iur. Franz Kafka von 1908 bis zu seiner (Früh-)Pensionierung 1922, von zahlreichen Krankenständen unterbro-

chen, in der Arbeiter-Unfall-Versicherungs-Anstalt für das Königreich Böhmen zunächst als »Aushilfsbeamter für Unfallverhütung und für die Bearbeitung der Rekurse bezüglich Einreihung von Betrieben in die einzelnen Gefahrenklassen« gearbeitet hat.
Links vom Republikplatz beginnt der Graben, *Na příkopě*, der bis 1939 der Korso der Deutschen war (wogegen die tschechischsprachigen Prager den Wenzelsplatz, Václavské náměstí, frequentierten). Friedrich Torberg, 1908 zwar in Wien geboren, doch lange Zeit in Prag als Redakteur des »Prager Tagblattes« lebend, beschreibt in seiner zu einem guten Teil Prager Anekdoten überliefernden »Tante Jolesch« diesen Korso:

»Gegrüßt bzw. nicht gegrüßt wurde in erster Linie am Graben, einer der Hauptverkehrsadern der Stadt, rechtwinklig zum repräsentativ tschechischen Wenzelsplatz gelegen und Mittelpunkt des deutschen Gesellschaftslebens (abermals möchte ich dem Leser vertrauen und ihm den immer wieder fälligen Hinweis ersparen, daß mit der ›deutschen Gesellschaft‹ eine fast ausschließlich deutsch-jüdische gemeint ist – die nichtjüdische, im Bezirk Kleinseite jenseits der Moldau konzentriert und größtenteils sudetendeutscher Abkunft, hatte mit alledem schon dank ihrer antisemitischen Neigungen kaum etwas zu schaffen). Am Graben befanden sich die von der deutsch-jüdischen Gesellschaft bevorzugten Geschäftsläden, Kaffeehäuser und Restaurants, die führende deutsche Buchhandlung, das altrenommierte Hotel ›Blauer Stern‹, das ›Deutsche Haus‹ und die übrigen Wahrzeichen einer heute bis in die Wurzeln ausgerotteten Existenzform. Und am Graben fand allsonntäglich in den späten Vormittagsstunden der Korso statt, auf dem Grüßen und Nichtgrüßen kultiviert wurden, wobei die im ersten Fall geübten Nuancen größte Bedeutung hatten. Wie tief der Grüßende den Hut zog und in welcher Entfernung er zum Gruß ansetzte, war für das Verhältnis zwischen ihm und dem Gegrüßten ebenso aufschlußreich wie für dessen gesellschaftliche Position; er seinerseits, der Gegrüßte, bekundete durch die Promptheit und Freundlichkeit der Erwiderung, in welchem Ausmaß ihm der Gruß willkommen war. Nicht selten bahnte sich auf solche Weise ein Rapprochement oder eine Abkühlung an, nicht selten geschah es, daß auf dem Grabenkorso geschäftliche, persönliche und zwischengeschlechtliche Beziehungen entstanden oder zu Bruch gingen – wie denn überhaupt das Ende dieser segensreichen Institution, deren ungezwungene Ergiebigkeit in mancher Hinsicht sogar die des Kaffeehauses übertraf, innig betrauert werden muß. Der Korso hatte bis in die Dreißiger Jahre bestanden, nicht nur am Graben zu Prag, auch auf der Wiener Ringstraße, und am Budapester Donaukai und auf dem Hauptplatz noch der kleinsten Provinzstadt, die sich damit eines funktionierenden Gesellschaftslebens vergewisserte. Selbst als flüchtiger Besucher fand man sich zur persönlichen Teilnahme gehalten, wurde während des Auf- und Abschlenderns vom jeweiligen Gastgeber über die Interna der jeweiligen Siedlung unterrichtet und konstatierte zu seiner wie zur eigenen Freude, daß

Aussig oder Budweis oder Pardubitz über eine erstaunliche Anzahl hübscher Mädchen verfügte (erst bei längerem Aufenthalt kam man dahinter, daß es immer dieselben waren und ihrer höchstens drei).
Nirgends allerdings kamen dem Korso so fundamentale Funktionen zu wie in Prag. Als der am Sonntagmorgen von einer Weltreise zurückgekehrte Textilfabrikant Robitschek erfuhr, daß in der Zwischenzeit Gerüchte über seinen im Ausland erfolgten Tod kolportiert worden waren, hielt er es für das sicherste Dementi, sofort auf dem Grabenkorso zu erscheinen. Gleich der erste Bekannte, der ihm entgegenkam, blieb erschrocken stehen und glotzte ihn mit aufgerissenen Augen an. ›Aha!‹ sagte Robitschek. ›Sie waren auch nicht auf meinem Begräbnis.‹« (1)

Wo sich heute das Gebäude der Nationalbank befindet (Česká národní banka, *Na příkopě 28*), war einst das Hotel »Blauer Stern«, in dem am 23. August 1866 der Prager Friede unterzeichnet wurde. In ihm mußte Österreich nach der Niederlage von Königgrätz und dem Vorfrieden von Nikolsburg (s. S. 74) der Gründung eines Norddeutschen Bundes unter einem im Norden und Westen vergrößerten Preußen zustimmen und wurde zu einer hohen Kriegsentschädigung verpflichtet, mußte jedoch an Preußen selbst keine Gebiete abtreten. 1909 starb im Hotel »Blauer Stern« während eines Gastspieles am Prager Deutschen Volkstheater der Wiener Burgschauspieler und -Direktor Adolf von Sonnenthal. 1917 wohnte hier Hugo von Hofmannsthal. Im Haus *Na příkopě 22* war dereinst das »Deutsche Casino«. Es war Versammlungssaal der deutschen Prager, vor dem in den Spätjahren der Monarchie Straßenschlachten zwischen Deutschen und Tschechen oft nur durch Polizeieinsatz und Ausrufung des Standrechtes beendet werden konnten. Auf Nr. 17 war das Café Continental. Hier war Franz Kafkas Freund Max Brod der letzte Doyen des Stammtisches. Nach dem Tod Franz Kafkas in Klosterneuburg-Kierling 1924 setzte sich Brod über dessen Letzten Willen hinweg, die hinterlassenen Manuskripte zu vernichten: Daß »Amerika«, »Das Schloß« und »Der Prozeß« erhalten sind, ist ihm zu verdanken. Brod mußte 1939 aus Prag flüchten, das »Continental« wurde geschlossen; Brod starb 1968 in Tel Aviv. Auch der Platz des Hauses *Graben 14*, »Zu den Drei Linden«, ist von Interesse: Eine Gedenktafel erinnert daran, daß hier 1862 *Božena Němcová* starb, die mit ihrer Erzählung »Babička« (»Großmütterchen«) als die größte tschechische Schriftstellerin gilt; geboren wurde sie 1820 am Wiener Alsergrund als uneheliche Tochter eines böhmischen Dienstmädchens. Der Vater, ein Kutscher aus Gainfarn bei Bad Vöslau, heiratete die Mutter aber bald danach und trat

in die Dienste der Herzogin von Sagan auf Schloß Ratibořice/Ratiborschitz (in Nordböhmen, westlich von Nachod; auf diesem Schloß soll im Sommer 1813 auch die Begegnung von Kaiser Franz I., Zar Alexander I. und König Friedrich Wilhelm III. von Preußen stattgefunden haben, bei der die Verbündeten beschlossen, gemeinsam das Ende Napoleons herbeizuführen) – wenn der Vater in die Dienste z. B. eines steirischen Adeligen aufgenommen worden wäre, wäre die Tochter vielleicht eine berühmte österreichische Schriftstellerin geworden … Im selben Prager Haus Graben 14 fand im Juni 1813 eine Begegnung zwischen dem österreichischen Generalstabschef Radetzky und dem preußischen General Scharnhorst statt, wobei hier die Erneuerung der preußisch-österreichischen Koalition gegen Napoleon beschlossen wurde, die im Oktober 1813 zur Völkerschlacht bei Leipzig mit dem militärischen Ende Napoleons führte.
Ein kurzer Abstecher durch die *Panská*, die frühere Herrengasse: Bei den Piaristen (Nr. 1) gingen René Maria Rilke und Franz Werfel in die Schule; auf Nr. 8 erinnert eine Gedenktafel an Egon Erwin Kisch; hier war die Redaktion des »Prager Tagblattes« untergebracht. Näheres über die nicht nur ernsten, sondern auch sehr lockeren Seiten des Journalismus können in der schon erwähnten »Tante Jolesch« von Friedrich Torberg nachgelesen werden. In der parallel zum Graben führenden *Jindřišská* (früher: Heinrichsgasse) wurde im Vorgängerhaus der Nr. 17 René Maria Rilke am 4. Dezember 1875 als Sohn eines subalternen Eisenbahnbeamten und einer sich zu Höherem berufen fühlenden Bürgerstochter geboren. Eine vorhergeborene Tochter war unmittelbar nach der Geburt gestorben, und Rilke wurde bis zu seinem Schuleintritt eher wie ein verzärteltes Mädchen erzogen. Nach dem Besuch der Volksschule bei den Piaristen mit bestem Erfolg wurde er mit elf Jahren von den Eltern getrennt und kam in die Militär-Schule von St. Pölten und Mährisch-Weißkirchen (s. S. 87), da sich die Eltern den weiteren Besuch der Piaristen-Schule nicht mehr leisten konnten. Der Knabe begann Briefe zu schreiben – bis zum Lebensende sollten Briefe für Rainer (so nannte er sich unter dem Einfluß von Lou Andreas-Salomé nach 1897) Maria Rilke, einem der größten deutschsprachigen Lyriker des 20. Jh.s, eine wichtige Form der literarischen Äußerung bleiben. Wenn Sie von Prag aus Briefe schreiben wollen: Schräg gegenüber von Rilkes Geburtsplatz ist das Hauptpostamt. Das damalige »K.k. Hauptpostamt Prag« ist zwar auch heute 24 Stunden täglich geöffnet, sein reichlich

bestückter Schalter für Sonderbriefmarken allerdings nur Montag bis Freitag von 9 bis 11.30 und 12.30 bis 15 Uhr.
Zurück durch die Panská, überqueren wir den Graben und sind gleich am *Ovocný trh/Obstmarkt*, wo fast jedes Haus historische Bezüge hat. Das Gebäude mit dem gotischen Erker ist die alte Universität, die von Kaiser Karl IV. 1348 gegründet wurde. Dieses »Carolinum« geht auch baulich bis auf das 14. Jh. zurück. Im Haus Obstmarkt 7 hatte Ernst Mach (s. S. 77) Wohnung und Labor und machte hier seine bahnbrechenden Versuche über Schall und Geschwindigkeit; die nach ihm benannte Meßeinheit »Mach« bezeichnet die Geschwindigkeit der Ausbreitung des Schalls; ein Flugzeug, das »Mach 1« fliegt, ist 1200 km/h schnell. Mach war 1867 bis 1894 Professor am Carolinum (und, nach der Abspaltung der Tschechischen Universität, gegen die er vergeblich gekämpft hatte, erster Rektor der Deutschen Universität). Noch eines anderen vergessenen altösterreichischen Professors des Carolinums soll gedacht werden: Johannes Puluj, 1845 in Galizien geboren, studierte in Wien und Straßburg und lehrte zunächst an der k.u.k. Marineakademie in Fiume (= Rijeka) und dann in Wien. 1883 kam er nach Steyr, und hier konstruierte er die erste elektrische Straßenbeleuchtung in einer europäischen Stadt. 1884 wurde Puluj als Professor nach Prag berufen; er experimentierte u. a. mit Kathodenstrahlen in Glaskolben, deren Luft ausgepumpt war. Diese Strahlen können auch Körper durchdringen. Puluj stand in regem Briefwechsel mit Wilhelm Conrad Röntgen. Röntgen, der die später nach ihm benannten Strahlen 1895 erstmals der Öffentlichkeit vorstellte, hat nie verraten, woher er den entscheidenden Anstoß für seine Experimente bekam ... Röntgen wurde der Nobelpreis verliehen. An Puluj, der 1918 verbittert in Prag starb, erinnert nur ein Denkmal in seinem Geburtsort Hrimaliv bei Tarnopol in der heutigen Ukraine.
Zu den Professoren der Deutschen Karls-Universität gehörte später auch Albert Einstein, zu den Studenten Franz Kafka und Franz Werfel. Im ehemaligen Gerichtsgebäude *Ovocný trh 14* absolvierte Dr. iur. Franz Kafka seine Gerichtspraxis. Vielleicht haben die schier endlosen Gänge dieses Labyrinths aus Verhandlungssälen, Büros und Wartezimmern zur Topographie in seinem Roman »Der Prozeß« beigetragen.
1848 befand sich in diesem Gebäude das Prager Militärkommando. Am 12. Juni 1848, beim Ausbruch der Prager Pfingstrevolution, wurde Fürstin Marie Eleonore Windisch-Grätz, die Gattin des Militärkommandan-

In der Prager Jakobskirche beim Minoritenkloster gestaltete Johann Bernhard Fischer von Erlach dieses Grabmal für den Grafen Mitrovic, den Bauherrn der »Böhmischen Hofkanzlei« am Wiener Judenplatz, heute Sitz unseres Verfassungs- und Verwaltungsgerichtshofes.

ten, die unvorsichtig/neugierig am Fenster der Dienstwohnung stand, von einer vom gegenüberliegenden Haus abgefeuerten Kugel getötet. Die Fürstin war eine geborene Schwarzenberg, jene Tochter, die durch den Feuertod ihrer Mutter (s. S. 21) Halbwaise geworden war und dann vom Fürsten Metternich erzogen wurde.
Auf der gegenübergelegenen Seite der *Celetná*/Zeltnergasse können wir an der Fassade des Palais Pachta (Nr. 31) noch Medaillons von Maria Theresia und Franz Stephan von Lothringen entdecken. Noch einige Schritte weiter gelangt man von Nr. 27 durch einen Durchgang (Templova) zur Jakobskirche beim Minoritenkloster (Kostel sv. Jakuba a Klášter minoritů) in der *Malá Štupartská 6*. Mit etwas Planung (zu den Zeiten der hl. Messe, tgl. 8 Uhr früh) kommen wir in das hochbarocke Innere dieser zweitgrößten Kirche Prags und finden in ihrem linken Seitenschiff das monumentale Grabdenkmal für den 1712 verstorbenen Grafen Jan Václav Wratislav von Mitrovic, 1714 bis 1716 nach dem Entwurf von Johann Bernhard Fischer von Erlach errichtet: Rechts die Figur eines alten Mannes, der den trauernden Chronos darstellt; den sterbenden Großprior der Malteser stützt eine allegorische Gestalt, die wartet, um ihn mit dem Lorbeer der Unsterblichkeit zu bekränzen; darüber graviert ein Engel den Namen des Sterbenden in das Buch der Geschichte ein. Graf Mitrovic war böhmischer Kanzler und als solcher Bauherr der von Fischer von Erlach um 1710 erbauten Böhmischen Hofkanzlei am Wiener Judenplatz, seit 1945 Sitz unseres Verfassungsgerichtshofes. In der Jakobskirche fand am 16. September 1723 anläßlich der Krönung Karls VI. zum König von Böhmen ein Orgelkonzert statt, nach dem der Legende nach die junge Kronprinzessin Maria Theresia nicht enden wollenden Applaus spendete. Gleich um die Ecke, in der Masná KNr. 1000 (gegenüber dem Haus Nr. 15), ging Franz Kafka 1889–1893 in die Volksschule, im Eckhaus Masná/Dlouhá hatte er vom März 1915 bis Februar 1917 seine erste eigene Wohnung; das Haus mit dem »Goldenen Hecht« (»U zlaté štiky«) als Hauszeichen an der Schmalseite war schon damals großbürgerlich. (Eine Information zu den an den meisten Prager Häusern noch sichtbaren zwei Nummern: Die rote Konskriptionsnummer geht auf die zu Grundsteuer- und Rekrutenaushebungsgründen durch Joseph II. in Österreich eingeführte Katastrierung zurück, die blaue bezeichnet die eigentliche Hausnummer in einer Straße.)
Zurück zum *Ovocný trh*/Obstmarkt, in dessen Mitte das nun mustergül-

Im Prager Ständetheater fand die Uraufführung von Mozarts »Don Giovanni« statt. Dahinter das Gebäude der Prager Universität, an der einer der größten Physiker Österreichs, Ernst Mach, Professor war.

tig renovierte, von 1781 bis 1783 von Graf Nostitz-Rieneck erbaute »Ständetheater« (Stavovské divadlo) steht. Am 29. Oktober 1787 fand hier die Uraufführung des »Don Giovanni« von Wolfgang Amadeus Mozart statt; Mozart hatte diese Oper als Auftragswerk für den Grafen Thun und für ein Honorar von 100 Dukaten in wenigen Wochen geschrieben und in Prag vollendet. Er dirigierte die ersten Aufführungen hier auch selbst. Eine Gedenktafel erinnert daran. Die Prager jubelten, und Mozart dankte: »Meine Prager verstehen mich.« Mozart wohnte damals im Haus »Zu den drei Goldenen Löwen« am *Uhelný trh*/Kohlmarkt 1. Auf der anderen Seite des Uhelný trh logierte damals Mozarts Textdichter Lorenzo da Ponte, und Mozart soll sich mit ihm im Schaffenseifer auch über die Straße hin verständigt haben. Der Legende nach soll auch Giacomo Casanova, der damals in Prag weilte, seine Erfahrungen zum Wohl der Operngestaltung zur Verfügung gestellt haben. Zum Uhelný trh kommen wir durch die Rytířská ulice/Rittergasse, in deren Haus Nr. 26 Werfels Vater eine seiner Handschuhfabriken hatte, und vorbei an der St.-Gallus-Kirche (sv. Havel, rechts, in der Havelská),

deren Hauptaltarbild drei Habsburgerkaiser zeigt: Leopold I. und seine Söhne, Joseph I. und Karl VI.
Ende August 1791 ist Mozart wieder in Prag, für die Krönung Leopolds II. zum König von Böhmen hat er in großer Hast und schon krank »La Clemenza di Tito« komponiert, deren Thema auf die Güte eines Herrschers anspielen soll. Im Ständetheater findet am Abend des Krönungstages, am 6. September 1791, die Uraufführung in Anwesenheit des Kaisers und Königs statt. Mozart dirigiert, sein Freund Anton Stadler spielt einen Klarinettenpart. Doch der kaiserliche Hof bleibt reserviert, der ebenfalls in Prag anwesende Antonio Salieri hingegen feiert mit der kaiserlichen Hofkapelle und italienischer Musik Triumphe. Mozart kehrt krank und enttäuscht nach Wien zurück. Doch auch sein letztes vollendetes Werk, das Klarinettenkonzert, sendet er nach Prag, wo es Anton Stadler im Ständetheater uraufführt. Am 13. Jänner 1792 wird im Ständetheater eine Trauerakademie für Mozart veranstaltet. 1794 kommt Mozarts Witwe Constanze Mozart mit ihren beiden Söhnen nach Prag, um für sie eine musikalische Ausbildung zu finden. Sie ist wenig erfolgreich; beide Söhne werden zwar Musiker, doch ihr Können bleibt weit unter dem des Vaters (s. S. 101). Heute ist das Ständetheater wieder der Oper gewidmet, eine Mozart-Oper hier in fast authentischem Ambiente zu sehen und zu hören ist für Musik- und Kunstfreunde ein Erlebnis.
Erlebnisse anderer Art konnte Mann im Haus »Zum Roten Pfau« (U červeného páva) erleben, in der *Kamzíkova 6*, die von der vom Ovocný trh zum Staromĕstské námestí führenden Železná rechts abbiegt: Hier bot ein edles Etablissement spezielle Freuden. Der Legende nach soll es hier sogar ein besonderes Schlafzimmer gegeben haben, das nur von Angehörigen des Erzhauses benutzt werden durfte. Zu dessen Frequentanten sollen Erzherzog Franz Ferdinand und der spätere Kaiser Karl, die beide einige Zeit in Prag in Garnison waren, gehört haben. Auch Gustav Mahler, der 1886/87 Kapellmeister am Deutschen Theater war, soll in dieses Haus gekommen sein, allerdings nur zum Klavierspielen.
Von der Železná nach links abzweigend, kommen wir in die heute verwahrloste *Kožná*, in deren Nr. 1 am 29. April 1885 Egon Erwin Kisch als Sohn eines jüdischen Tuchhändlers geboren wurde. In diesem Hause befand sich auch das Geschäft. Kisch war nicht nur der »rasende Reporter« und Erfinder der »Reportage« – der spannenden, sensationsträchtigen, aber auch literarisch anspruchsvollen Aufbereitung historischer Er-

eignisse (s. u.), sondern er versuchte auch in die österreichische Geschichte einzugreifen: 1919 war er Gründer der »Roten Garde« in Wien, nach deren erfolglosem Umsturzversuch er in die neue Tschechoslowakei flüchten mußte. Sein Geburtshaus heißt nach den Portalfiguren »Zu den zwei Goldenen Bärchen« (»U dvou zlatých medvědů«).

Am *Staroměstské náměstí* (Altstädter Ring) stehen wir auf einem der schönsten Plätze Prags. In seiner Mitte erhebt sich ein eher bombastisches Denkmal von Johannes Hus aus der Endzeit der Monarchie; eine daneben befindliche Mariensäule wurde beim Umsturz 1918 zerstört. Aber sonst hat der Platz – wenn man sich die im Sommer hier zusammenströmenden Massen und die Jahrmarktbuden wegdenkt – die Atmosphäre des 18. Jh.s: Das Rathaus mit seiner um 1500 gebauten astronomischen Uhr, die barocke St.-Nikolaus-Kirche und die doppeltürmige hochgotische Teynkirche, die im Mittelalter die Kirche der deutschen Kaufleute war, in der der erwähnte Konrad Waldhauser predigte, bevor sie den Hussiten diente, fügen sich zu einem harmonischen historischen Bild.

Für uns von besonderem Interesse ist das *Palais Goltz-Kinsky* (Nr. 12), das vielleicht schönste Rokoko-Palais Prags, 1755 bis 1765 erbaut und um 1830 stilgerecht erweitert. Eine Episode aus der Bauzeit zeigt, daß schon damals die Baupolizei übertölpelt werden konnte: Der Bauplan, der ein Herausragen der Fassade in den Altstädter Ring vorsah, wurde von den Stadträten abgelehnt. Graf Kinsky ließ aber drei Stadtälteste bestechen, errichtete einen hohen Zaun und begann dahinter zu bauen, so daß die wahren Ausmaße des Baus zunächst niemand zur Kenntnis nahm. Als die Mauern schon die Höhe der ersten Etage erreichten, war es zu spät, eine Änderung durchzuführen. Der Stadtrat brachte seine bestechlichen Mitglieder zwar an den Galgen (damals!), aber der Bau ragt noch heute weit aus der Front heraus. Die Größe des Baus war notwendig, diente er doch den zahlreichen Zweigfamilien der Grafen und Fürsten Kinsky als Quartier; es war also kein Palais im üblichen Sinn, sondern eine Ansammlung wenig herrschaftlicher Wohnungen. Am 9. Juni 1843 wurde im Palais Kinsky Bertha Sophia Felicitas Gräfin Kinsky von Chinic und Tettnau geboren, Tochter eines k.k. Feldmarschalleutnants und Nichte dreier Generäle. Und doch war sie nicht »ebenbürtig«, da ihre Mutter nur eine einfache »von« war. Daher fehlten der Tochter die für die Hoffähigkeit notwendigen 16 hochadeligen Ururgroßeltern. An diesem Makel litt Bertha lange, schlug mehrere Heiratsanbote, u. a.

von Alfred Nobel, aus, lebte dann einige Jahre im heutigen Georgien, bevor sie als Bertha von Suttner mit ihrem Buch »Die Waffen nieder« eine weltweite Friedensbewegung initiierte und 1905 den Friedensnobelpreis erhielt. Am 21. Juni 1914 starb Bertha von Suttner in Wien – fünf Wochen später brach der Erste Weltkrieg aus.

Wo es im Palais heute eine Buchhandlung »Kafka« gibt, war von 1912 bis in die zwanziger Jahre die Galanteriewarenhandlung des Vaters von Franz Kafka. Zeitweilig wohnte die Familie Kafka auch in einer Wohnung im Palais. Als auch das k.k. Deutsche Altstädter Gymnasium hier untergebracht war, hatte Kafka Schule, Wohnung und elterliches Geschäft unter einem Dach. Geboren wurde Franz Kafka am 3. Juli 1883 einige Schritte weiter, hinter der barocken St.-Nikolaus-Kirche, dort, wo heute das Haus U radnice 5 steht (Gedenktafel mit Büste, 1966). Vom Geburtshaus blieb nur das Portal erhalten. (Durch die Maiselova oder die Pařížská, eine von schönen Jugendstilgebäuden gesäumte Straße, wären es von hier nur einige Minuten zum Judenviertel, Josefov, mit den Synagogen und dem alten jüdischen Friedhof.)

Unser »österreichischer Weg« folgt nun ein kurzes Stück dem »Königlichen Weg«, den die zur Krönung mit der böhmischen Krone nach Prag gekommenen Herrscher in feierlicher Prozession vom Pulverturm durch die Zeltnergasse (Celetná), über den Altstädter Ring und die Karlsgasse (Karlova) zur Karlsbrücke und weiter durch die Brückengasse, den Kleinseitnerplatz und die Spornergasse bis zum Hradschin zurücklegten. Vorbei am Altstädter Rathaus, dessen Kunstuhr zur vollen Stunde den Apostelzug zeigt, an dem aber auch eine Tafel zum Gedenken an jene 27 Prager angebracht ist, die 1621 wegen ihrer Erhebung gegen die Habsburger hingerichtet wurden, und vorbei am sgraffitigeschmückten Haus »U minuty« (in dem Franz Kafka während seiner Volksschulzeit wohnte) kommen wir zur Karlova/Karlsgasse. In der *Husova* wenige Schritte rechts stehen wir vor der Prachtfassade des *Palais Clam-Gallas*, 1713–1719 von Johann Bernhard Fischer von Erlach erbaut. Die Grafen Gallas waren durch Generationen hindurch Generäle des Kaisers; das Grundstück erhielt der Großvater des Bauherrn vom Kaiser für seine Teilnahme an der Verschwörung gegen Wallenstein geschenkt. Die Fassade des Baus beherrschen die die Portale schmückenden mächtigen Atlanten, die von dem in Sauterns im Ötztal 1684 geborenen Bernhard Matthias Braun gestaltet wurden. Trotz ihrer Last wirken sie als mächtige Wächter. Sie würden noch mehr beeindrucken, wenn man

sie aus größerer Entfernung sehen könnte. Der Bauherr plante auch, die gegenüberliegenden Häuser zu schleifen, um freien Blick auf seinen Palast zu schaffen – aber trotz Protektion des Kaisers konnte er dies gegen den Stadtrat nicht durchsetzen. Erinnert Sie diese Fassade an eine in Wien? Diesem schönsten Prager Barockpalais diente das Winterpalais des Prinzen Eugen in der Himmelpfortgasse als Vorbild – nur die sehr notdürftig bekleideten Atlanten fehlen vor unserem heutigen Finanzministerium (man würde sie heute zu leicht als Symbol des Steuerzahlers verstehen können). In Wien sind sie im Inneren des Finanzministeriums verborgen. Die sehenswerten Innenräume des Palais Clam-Gallas, insbesondere das Treppenhaus, sind leider nur fallweise bei Ausstellungen des heute darin befindlichen Archivs zugänglich.
Versetzen Sie sich in jene Epoche, in der vor den beeindruckenden, ja gewaltigen Portalen der Prager Palais goldbetreßte Türhüter standen und nur wenigen die Gnade des Einlasses gewährten. Franz Werfel beschreibt uns in »Der Tod des Kleinbürgers« einen solchen Türhüter:

»Diese Person hat ... den Kopf bedeckt, und zwar mit einem großen, silberbetreßten Dreispitz. Die Person trägt ferner einen dicken und verschnürten Pelz am Leib, der ihr Ansehen verdoppelt und verdreifacht. Die Manschetten des Pelzes sind goldgebortet wie bei einem General. Zu alledem halten die dickbehandschuhten Hände der Person einen langen schwarzen Stab, der mit einer Silberkugel gekrönt ist. Im ganzen wirkt die Person wie ein stattlicheres Ebenbild einer anderen und allerhöchsten Person, die in jenen streng geregelten Zeiten das Reich regiert hatte.« (2)

»Vor dem Gesetz steht ein Türhüter. Zu diesem Türhüter kommt ein Mann vom Lande und bittet um Eintritt in das Gesetz. Aber der Türhüter sagt, daß er ihm jetzt den Eintritt nicht gewähren könne. Der Mann überlegt und fragt dann, ob er also später werde eintreten dürfen. ›Es ist möglich‹, sagt der Türhüter, ›jetzt aber nicht.‹ Da das Tor zum Gesetz offen steht wie immer und der Türhüter beiseite tritt, bückt sich der Mann, um durch das Tor in das Innere zu sehen. Als der Türhüter das merkt, lacht er und sagt: ›Wenn es dich so lockt, versuche es doch, trotz meines Verbotes hineinzugehen. Merke aber: Ich bin mächtig. Und ich bin nur der unterste Türhüter. Von Saal zu Saal stehen aber Türhüter, einer mächtiger als der andere. Schon den Anblick des dritten kann nicht einmal ich mehr ertragen.‹« (3)

So beginnt Franz Kafkas Erzählung »Vor dem Gesetz«.

Der deutschböhmische Schriftsteller Hans Watzlik läßt uns in seinem Mozart-Roman »Die Krönungsoper« erahnen, wie es hinter der Fassade eines Palais aussah:

»Schon donnert der Wagen durch das von halbnackten Steinriesen bewachte Tor des Palastes. Hochgepuderte, reichbedreßte und beklunkerte Diener empfingen die Gäste, silberne Handleuchter mit hohen Kerzen tragend, und geleiteten sie das mit Bildern der Griechengötter köstlich geschmückte Stiegenhaus empor und durch die Flucht prunkvoller Räume, darin zierliche Mahagonimöbel mit geschwungenen Beinen zu tänzeln und zu knicksen schienen, in einen strahlenden Saal.« (4)

Aber Prag feierte nicht nur, sondern arbeitete und studierte auch. Das Haus *Husova 5* beherbergte die Ständische Böhmische Ingenieurschule, die 1705 von Kaiser Joseph I. zugelassene erste europäische Schule dieser Art. 1868 wurde sie in eine Deutsche und eine Tschechische Technische Hochschule gespalten; dieses Haus war bis 1945 Sitz der Deutschen Hochschule. Eine Gedenktafel erwähnt einen der Direktoren dieses Technikums: Franz Josef Gerstner, den Planer der ersten Eisenbahn von Linz nach Budweis (s. S. 27). Seine Büste steht vor der Bundesbahndirektion Linz, gleich neben dem Hauptbahnhof. Vor dem Salzburger Flughafen steht mit der rühmenden Inschrift »Das Doppler-Prinzip ist eine der wichtigsten Grundlagen der modernen Physik« die Büste eines anderen Österreichers, der von 1835 bis 1847 als Professor am Prager Technikum unterrichtete: des 1803 in Salzburg geborenen und 1853 in Venedig (Gedenktafel an der Riva degli Schiavoni 4133) gestorbenen Christian Doppler. Hier in Prag erarbeitete er die Grundlagen für das bis heute für Entfernungsmessungen, z. B. durch Radar, maßgebliche Dopplersche Prinzip, das auf der Erkenntnis beruht, daß bei der Bewegung einer Ton- oder Lichtquelle vom Beobachter weg die Zahl der empfangenen Schwingungen ab-, bei entgegengesetzter Bewegung zunimmt. (Am Platz eines der Wohnhäuser Dopplers in Prag, am Karlovo náměstí/Karlsplatz 20, beim Neustädter Rathaus, ist eine Gedenktafel angebracht.)
Durch die ästhetischen Ansprüchen nicht gerecht werdenden Gäßchen namens »Řetězova« und »Anenská« kommen wir zum *Anenské náměsti*, hinter dessen Portal mit der Nr. 4 sich das »Palais Pachta« verbirgt. Das intime Rokoko-Palais, um 1770 für die gräfliche Familie Pachta erbaut, war Ort häuslicher Konzerte Beethovens und Mozarts – 1787 soll der Hausherr Mozart sogar einmal in einem Zimmer eingesperrt haben, bis er sechs »Contredances« komponiert hatte. Sie sollen so gefallen haben, daß dem Kompositeur danach der Auftrag für den »Don Giovanni« erteilt wurde. Ein gutes Jahrhundert später, am

3. Februar 1896, wurde in diesem Palais Johannes Urzidil geboren. Mit seinem Werk »Die verlorene Geliebte« hat dieser mit dem Großen Österreichischen Staatspreis für Literatur ausgezeichnete Altösterreicher einen Abgesang auf Böhmen verfaßt. Er starb 1970 in Rom und ist am Deutschen Friedhof im Vatikan begraben.

Unseren langen Weg zur Moldau/Vltava belohnt ein vom *Smetanovo nábřeží*/Smetana-Ufer einmalig schöner Blick auf die Moldau, die Karlsbrücke und die Kleinseite mit der darüber gebreiteten Burgstadt des Hradschin am Horizont sind auch die Türme der Abtei von Strahov sichtbar. Im großen Eckhaus hatte Oskar Kokoschka sein Atelier, von dessen Fenster er zwischen 1934 und 1936 einige seiner 16 Prager Städtebilder malte: kräftiger blauer Himmel über strömendem blauem Moldauwasser, die Menschenwerke dazwischen nur als Schemen erkennbar. Diese Gemälde befinden sich heute u. a. im Wiener Belvedere, in London, Regensburg, Berlin und Prag (s. u.). Das Smetana-Ufer hieß früher Reinhard-Heydrich-Ufer und zu »unserer« Zeit Kaiser-Franz-Ufer. Von der damals hier stehenden Reiterstatue Kaiser Franz' I. ist heute nur mehr das Fundament zu sehen – die Statue selbst wurde 1919 ins Lapidarium gerettet (s. u.). Ein unter Kaiser Franz Joseph hier geplanter Komplex großer ärarischer Bauten kam nicht mehr zur Ausführung. Die vor wenigen Jahren geschaffene »Opera Mozart« neben dem Smetana-Museum am Moldau-Ufer dürfte der Welt einzige Bühne sein, auf der ausschließlich Werke Mozarts gespielt werden – von den zahlreichen Touristen billiger zu frequentieren als die Opern und Konzerte Wiens.

Wir spazieren vorbei am Altstädter Brückenturm der Karlsbrücke; links in der *Karlova* Nr. 4 steht das Haus, in dem Johannes Kepler 1607 bis 1612 als Hofastronom Kaiser Rudolfs II. lebte und die beiden ersten Gesetze über die Bewegung der Planeten um die Sonne entdeckte, bevor er nach dem Tod des Kaisers nach Linz gehen mußte. Im großen, ehemals den Jesuiten gehörenden Komplex des Clementinums, in dem heute mehrere Bibliotheken untergebracht sind, befindet sich in einem der Barocksäle ein Denkmal für Wolfgang Amadeus Mozart.

Der Abschluß des ersten Teils unserer Wanderung durch Prag sollte ein Blick auf das Rudolfinum und ein Besuch des Uměleckoprůmyslové muzeum sein, beide durch die Křížovnická erreichbar. Das links stehende *Rudolfinum* wurde 1876 bis 1885 im Stil der Neorenaissance erbaut, finanziert von der Böhmischen Sparkasse und salomonisch benannt nach Rudolf (aus deutscher Sicht war damit der Thronfolger, Kronprinz Rudolf, gemeint, aus tschechischer Sicht Kaiser Rudolf II.). Das an der Fassade mit Statuen von Komponisten (u. a. Haydn, Mozart, Beethoven, Schubert) geschmückte und mit seinem prächtigen Inneren dem Wiener Musikvereinssaal vergleichbare Rudolfinum war und ist Konzerthaus und heute Heimat der Tschechischen Philharmoniker sowie Schauplatz der jeweils im Mai stattfindenden Konzerte des »Prager Frühlings«. Rechts das Museum mit dem für uns unaussprechlichen Namen ist das *Kunstgewerbemuseum.* An seine Erbauung in der franzisko-josephinischen Zeit (1897–1901) werden wir bereits im Entrée erinnert. Die Schausammlung enthält erlesene Stücke auch österreichischer Provenienz, u. a. Augarten-Porzellan, ein entzückendes Email-Medaillon der Kaiserin Caroline Augusta (der vierten Gattin Kaiser Franz' I., nach der in Prag der Stadtteil »Karolinenthal«/»Karlín« benannt wurde) und einen nur durch Rundungen begrenzten Schreibtisch von Josef Danhauser aus dem Wiener Biedermeier.

Ist es inzwischen Abend geworden, sollten wir nochmals zur *Karlsbrücke* zurückgehen. Spätabends oder frühmorgens, allein mit den Gestalten der Heiligen, am Horizont die Silhouette der bestrahlten Prager Burg, unten das stille schwarze Wasser der Moldau, ist die Stimmung am schönsten.

Franz Kafka schrieb:

»Menschen, die über dunkle Brücken gehn,
vorüber an Heiligen
mit matten Lichtlein.

Wolken, die über grauen Himmel ziehn
vorüber an Kirchen
mit verdämmerten Türmen.

Einer, der an der Quaderbrüstung lehnt
und in das Abendwasser schaut,
die Hände an alten Steinen.« (5)

Wo den Abend beschließen? Nach dem Verbrauch vieler Kalorien während der langen Wanderung können wir mit böhmischer Küche sündigen. Zahlreich sind die »Hostinec« und »Pivnice«, in denen es zu Bier kräftiges Schweinernes und Knödel gibt, historisch sind viele, authentisch ist etwa *»U kalicha«/»Zum Kelch«*, Na Bojišti 12, erreichbar am leichtesten von der Station »Pavlova« der Metro A (Ausgang Richtung »Villa Amerika«): Es ist jenes Lokal, in dem sich der Soldat Schwejk mit seiner Biertischrunde »um sechs, nach'm Krieg«, wieder treffen wollte. Der Prager Jaroslav Hašek (1883–1923) war Kabarettist und Bigamist, Hochverräter und Kommunist, vor allem aber der Verfasser der »Abenteuer des braven Soldaten Schwejk«, den ich als Parallelwerk zu Karl Kraus' »Letzten Tagen der Menschheit« zu charakterisieren wage. Auch hier wird der Krieg ad absurdum geführt, wenngleich mit anderen sprachlichen Mitteln: Satire statt Drama. Schwejk ist der ordentliche österreichische Soldat, der mit scheinbar schwachem Verstand durch übertrieben eifrige Befehlsausübung die Subordination profaniert und das ganze militärische System zur Groteske macht. Im »Kelch« gibt's nicht nur Schwejk-Souvenirs und eine Dokumentation über den Roman und seinen Autor, es spielen auch die Reste einer »k.u.k. Militärkapelle« – historisch genau kostümiert bis zur »kirschroten Egalisierung« und den gelben Knöpfen auf dem graublauen Rock, die das Prager Infanterieregiment Nr. 73 kennzeichneten. Ach ja, das Essen: deftig, das Bier: groß; die Preise: österreichisch.

Den zweiten Tag unserer Wanderung durch Prag beginnen wir am besten morgens, bevor die *Karlův most/Karlsbrücke* vor Touristen kaum mehr zu sehen ist. Die dreißig Statuen der leicht geschwungenen (um dem Wasserdruck zu begegnen), aus dem 15. Jh. stammenden Brücke sind meist aus Sandstein gefertigt und stammen ursprünglich vom Beginn des 18. Jh.s, sind aber heute meist durch Kopien ersetzt. Österreich-Bezug haben, vom Altstädter Brückenturm aus gesehen: die erste Statue links, die den hl. Ivo (Patron der Rechtsgelehrten) darstellt; die drittletzte links, die hl. Luitgardis, beide von dem schon erwähnten Matthias Bernhard Braun; die neunte Statue links, die des hl. Franz Seraphicus, flankiert von zwei Engeln, wurde 1854 von Graf Kolowrat zur Erinnerung an die Errettung Kaiser Franz Josephs während des Attentates auf der Wiener Burgbastei gestiftet (diesem Ereignis verdanken wir auch die Wiener Votivkirche). Die vierte Statue links, der an einer auf dem Boden liegenden Tiara erkennbare hl. Philippus Benitus (er lehnte die Wahl zum Papst ab), ist die einzige Marmorstatue der Brücke; sie ist aus Salzburger Marmor und wurde 1714 in Salzburg vom Salzburger Michael B. Mandl gefertigt (ein Terrakotta-Entwurf zu dieser Statue ist im Besitz des Salzburger Museums Carolino Augusteum). Die zentrale Figur der Brücke, der hl. Nepomuk (links die achte Statue), die einzige Bronzefigur der Brücke, wurde 1683 nach einem

Entwurf des Wiener Bildhauers Matthias Rauchmüller gegossen (von ihm stammen auch Teile der Pestsäule am Wiener Graben).
Auf der *Malá strana* (»Kleinseite«) angekommen, biegen wir in der Mostecká nach links in die Lázeňská ab. Das Palais Wolkenstein (Nr. 11) war im 18. Jh. das Gasthaus »Zum goldenen Einhorn«. Hier stiegen 1789 Mozart und 1796 Ludwig van Beethoven ab; an letzteren erinnert eine Gedenktafel. Wir sind jetzt in jenem Viertel Prags, in dem sich Adelspalais an Adelspalais reiht: Kirche und Palais des Malteser-Ordens (links), auf dem Maltézské naměstí Nr. 14 das Palais Straka (einen seiner Säle ziert eine Apotheose Kaiser Leopolds I., der gegen die Türken 1699 den Frieden von Karlovac erreichte), auf Nr. 1 das mächtige, noch auf einen Retter wartende Palais Nostitz, in dem um 1780 Franz Anton Graf Nostitz, der Erbauer des Ständetheaters, wohnte, nein: residierte. Auf diesem Platz befand sich auch die Prager Poststation, auf der Mozart nach seiner Reise von Wien nach Prag, die damals vier Tage dauerte, ankam. Eduard Mörike hat diese Reise in einer Novelle beschrieben. Durch die Nebovidská kommen wir in die *Hellichova*, deren Nr. 1, das Palais Chotek, wie neu erbaut wirkt. Es war das Elternhaus der Gräfin Sophie Chotek, die als Gattin des Thronfolgers Franz Ferdinand am 28. Juni 1914 in Sarajevo erschossen wurde. Daneben steht ein Gymnasium aus k.k. Zeiten, das nach demselben Schema wie zahllose andere Schulen in allen Teilen der weiten Monarchie erbaut wurde. In der Karmelitská zollen wir in der Kirche »Maria vom Siege«, dem Prager Wallfahrtsort (Marie Vítězné, benannt nach dem Sieg in der Schlacht am Weißen Berg), dem »Prager Jesuskind« Tribut. Die aus Spanien stammende Wachsfigur wird mit kostbaren Gewändern bekleidet, eines soll Maria Theresia eigenhändig bestickt haben. Würden wir links in die Tržiště einbiegen, kämen wir zu den am schönsten renovierten Prager Palais: Schönborn und Lobkowitz, beide anfangs des 18. Jh.s in ihrer heutigen barocken Form gestaltet. Im zweiten Stock des Palais Schönborn, gassenseitig, wohnte 1917 Franz Kafka und erlitt hier seinen ersten TBC-Anfall. Als Botschaften der USA bzw. Deutschlands dokumentieren diese Palais heutige Machtverhältnisse.
Die Karmelitská mündet auf den *Malostranské náměstí*/Kleinseitner Ring. Hier wurde noch kaum renoviert; die Häuser sind gepölzt, und in den Lauben finden sich wie damals Lokale und Geschäfte. Auf Nr. 2, auch heute noch ein Speiselokal, befand sich einst die Delikatessenhandlung des Johann Stüdl, dessen Prager Schinken und Krenwürste

berühmt waren. Bergsteigern sollte dieser Name bekannt vorkommen: Stüdl war einer der Gründer des Deutsch-Österreichischen Alpenvereins; die 1868 erbaute erste Schutzhütte im Großglocknergebiet ist nach ihm benannt. Stüdl war ein Wohltäter der Osttiroler Gemeinde Kals und wurde deren Ehrenbürger, die große Glocke des Kalser Kirchturmes trägt die Inschrift »Benefactor Maximus Johannes Stüdl«.

In der Mitte des Kleinseitner Rings war einst das Café Radetzky, und davor, wo heute die altertümlichen Prager Straßenbahnen quietschend halten, stand nach 1858 das Denkmal des Feldmarschalls Radetzky. 1918 wurde es zwar entfernt, aber nicht zerstört (s. u.). Doch dieser Platz erinnert(e) nicht nur an Heldentat, sondern auch an Hochverrat: Im oberen Teil des Kleinseitner Rings, schräg gegenüber dem Eingang der mächtigen St.-Nikolaus/sv. Mikulaš-Kirche, einem Hauptwerk von Christoph und Kilian Ignaz Dientzenhofer, den wichtigsten Prager Barockbaumeistern, ist auf Nr. 13 das Palais Liechtenstein. In ihm hatte vor dem Ersten Weltkrieg das Korpskommando des Prager Armeekorps seinen Sitz, und hier hatte Oberst Alfred Redl seine Dienstwohnung. Vom Leiter des Kundschaftsdienstes des Evidenzbureaus des k.u.k. Generalstabes in Wien, wie die für Spionage zuständige Dienststelle der Armee damals hieß, wurde Redl im Oktober 1912 zum leitenden Generalstabsoffizier des VIII. Armeekorps in Prag bestellt. Er war damit strategischer Chef jenes Armeekorps, das im Kriegsfall für den Aufmarsch gegen Rußland bestimmt war! Redls Dienstbeschreibungen waren voll des Lobes, über sein Privatleben wußte man nichts; seine aufwendige Lebensweise rechtfertigte er mit einer Erbschaft, einen ihn häufig besuchenden Dragonerleutnant gab er als seinen Neffen aus. In Wien hatte Redl in der Wickenburggasse 10 gewohnt, in Prag bezog er im hinteren Trakt des Korpskommandos eine Dienstwohnung gleich neben seinen Diensträumen. Am Morgen des 24. Mai 1913 war Redl mit seinem Privatauto und Chauffeur nach Wien gefahren, um sich mit seinem Freund, einem in Stockerau stationierten Dragonerleutnant, zu treffen. Dieser hatte angedroht, sich von ihm zu trennen. Davon wollte ihn der damals neunundvierzigjährige Redl abbringen, indem er ihm ein neues Auto als Geschenk anbot. Im Mai 1913 waren im Wiener Hauptpostamt am Fleischmarkt zwei Kriminalbeamte postiert worden, da man bei dreien hierher als postlagernd adressierten Briefen Zusammenhänge mit Spionage vermutete. Auf Grund eines Hinweises der deutschen Spionageabwehr waren die Briefe geöffnet worden, und man fand in ihnen Geldscheine im heutigen Wert von je ca. S 200 000. Nach langem Warten holte am Abend des 24. Mai 1913 ein unbekannter, distinguierter Herr die Briefe ab. Die Kriminalbeamten verloren zwar seine Spur, doch Kommissar Zufall half ihnen und führte sie ins Hotel Klomser (Ecke Herrengasse 19/Bankgasse): Sie hatten sich die Nummer des Taxis, das der unbekannte Herr bestiegen hatte, notiert und sahen dieses bald darauf wieder. Im Wagen, für den der Herr zunächst das Hotel Klomser als Fahrziel angegeben, den er jedoch vorzeitig verlassen hatte, fanden die Detektive ein Taschenmesserfutteral. Dieses placierten sie am Tisch des Portiers dieses Hotels. Der noch unbekannte Abholer der Briefe kam ins Hotel zurück, nahm unüberlegt das Futteral an sich – und war damit in eine Falle gegangen. Schnell konnten die Kriminalbeamten feststellen, daß der Unbekannte der berühmte Oberst Redl war, es aber kaum glauben. Der Chef des Generalstabs, der spätere Feldmarschall Conrad von Hötzendorf, der gerade im Hotel Imperial zu Abend speiste, wurde informiert. Er entschied schnell: Redl sei die Möglichkeit zum Selbstmord zu geben. Drei Generalstabsoffiziere stellten Redl in seinem Zimmer im Hotel Klomser zur Rede. Er legte ein vages Geständnis ab und erschoß sich einige Stunden später mit dem ihm übergebenen Revolver. Die Öffentlichkeit wurde nur darüber informiert, daß Oberst Redl in einem Anfall von Sinnesverwirrung Selbstmord begangen habe: »... Der hochbegabte Offizier, dem eine große Karriere bevorstand, hat in der letzten Zeit an Schlaflosigkeit gelitten.« Am Morgen des 25. Mai fuhr eine Kommission des Generalstabes nach Prag, um die Dienstwohnung Redls zu durchsuchen. Man fand in ihr nicht nur Zeichen exzessiver Homosexualität, sondern auch ein Photolabor auf dem damals neuesten Stand der Technik und zahlreiche Beweisstücke langjähriger Spionage für Rußland, das Redl in Kenntnis seiner Homosexualität erpreßt hatte, aber für gute Informationen auch gut zahlte. Daß die Affäre Redl der Öffentlichkeit bekannt wurde, ist einem Zufall und dem uns schon bekannten Egon Erwin Kisch zu verdanken: Kisch war damals nicht nur Reporter, sondern auch Obmann eines Deutschen Prager Fußballvereins und hatte sich an jenem 25. Mai, einem Sonntag, geärgert, daß einer der Spieler seiner Mannschaft nicht zum Match erschienen war. Zur Rede gestellt, rechtfertigte sich dieser damit, daß er, der im Privatberuf Schlosser war, über militärischen Auftrag eine Wohnung hatte aufbrechen müssen. Aus der Beschreibung der Aktion erkannte Kisch einen Stoff, aus dem Skandale zu machen sind. Um der Beschlagnahme zu entgehen, wählte er für die Veröffentlichung in der Tageszeitung »Bohemia« die Form eines fingierten Dementis:

»Von hervorragender Seite werden wir um Widerlegung der speziell in Offizierskreisen aufgetauchten Gerüchte ersucht, daß der Generalstabschef des Prager Korps, Oberst Redl, der bekanntlich vorgestern in Wien Selbstmord verübt hat, einen Verrat militärischer Geheimnisse begangen und für Rußland Spionage betrieben habe. Die nach Prag entsandte Kommission, bestehend aus einem Oberst und einem Major, die am Sonntag in Gegenwart des Korpskommandanten Baron Giesl die Dienstwohnung des Obersten Redl und die Schubfächer öffnen ließ, hatte nach Verfehlungen ganz anderer Art zu forschen ...« (6)

Die Zensur durchschaute nichts, Kisch hatte seine Story und die Monarchie den größten Skandal ihrer Endzeit: Im Nervenzentrum der bewaffneten Macht, der wichtigsten Stütze dieses Staates, hatte es einen Verräter gegeben, der noch dazu unter Verzicht auf jede Aufklärung, nur um den Schein zu wahren, vom höchsten General dieses katholischen Staates in den Selbstmord getrieben wurde. Der Reichsrat und die Öffentlichkeit wurden weiter belogen, es gab keine Rücktritte. Was Redl alles an Rußland verraten hatte, konnte nicht eruiert werden. Ein Jahr später brach der Weltkrieg aus, im Herbst 1914 verlor die k.u.k. Armee Schlacht um Schlacht gegen die Russen (s. S. 96), die die Aufmarsch- und Festungspläne der Österreicher, die in dieser kurzen Zeit nicht mehr wesentlich geändert werden konnten, nur zu gut kannten. Inwieweit der Verrat Redls für die Niederlagen im ersten Kriegsjahr, das für die nicht auf einen langen Krieg eingerichteten Mittelmächte den Anfang vom Ende bedeutete, kausal war, wird wohl nie geklärt werden können.
Das formelle Ende der Herrschaft der Habsburger über Böhmen wurde nicht weit vom Malostranské naměstí beschlossen: In der zum Burgberg hin abzweigenden Sněmovní Nr. 4, wo heute das Parlament der Tschechischen Republik tagt und bis 1918 der böhmische Landtag seinen Sitz hatte, findet sich eine Gedenktafel, die über dem Satz »Pravda vítězí« (Die Wahrheit siegt) darüber informiert, daß hier am 14. November 1918 das Haus Habsburg-Lothringen des böhmischen Thrones für verlustig erklärt wurde, nachdem am 28. Oktober 1918 der Nationalausschuß die Selbstverwaltung in Böhmen übernommen hatte. Wegbereiter dieses neuen Staates war Thomas Garrigue Masaryk, 1850 in Hodonín/Göding in Mähren geboren, der sich in Wien für Philosophie habilitiert hatte und ab 1882 Professor an der (Tschechischen) Universität in Prag, später auch Abgeordneter im Wiener Reichstag war. Masaryk

nützte Ende 1914 die Erlaubnis zu einer Reise in neutrale Länder, um nicht mehr nach Österreich-Ungarn zurückzukehren, und in Paris, London und Washington für die Unabhängigkeit seiner Heimat zu arbeiten. Seine Bestrebungen hatten am 10. Jänner 1917 einen ersten Erfolg, als die Alliierten die »Befreiung der Italiener, Slawen, Rumänen und Tschechoslowaken von der Fremdherrschaft« zu einem ihrer Kriegsziele erklärten – wobei aber zunächst nicht an Unabhängigkeit, sondern an eine autonome Selbstverwaltung gedacht war (so einer der Punkte des amerikanischen Präsidenten Wilson). Friedensbemühungen Österreich-Ungarns scheiterten vor allem daran, daß sich Kaiser Karl nicht vom Deutschen Reich trennen konnte oder wollte; ein Manifest Kaiser Karls vom 16. Oktober 1918 mit dem Anbot, in der österreichischen Reichshälfte einen Bundesstaat einzurichten, kam zu spät. Am 21. Oktober konstituierten sich im niederösterreichischen Landtagssaal in der Wiener Herrengasse deutschsprachige Abgeordnete als Provisorische Nationalversammlung eines deutschösterreichischen Staates, der am 12. November ein Gesetz über die Regierungsform Deutschösterreichs als demokratische Republik folgte; am 11. November 1918 hatte Kaiser Karl für Deutschösterreich »auf jeden Anteil an den Staatsgeschäften verzichtet«. Am 31. Oktober endete im Genfer Hotel Beau Rivage eine dreitägige Konferenz, in der eine unabhängige Tschechoslowakische Republik vorgesehen wurde – formelle Beschlüsse wurden in Prag aber erst nach solchen in Wien gefaßt. Masaryk wurde der erste Präsident des neuen Staates, der seine territorialen Wünsche erfolgreich gegen Deutschösterreich (s. S. 19) und auch gegen Ungarn (die Slowakei gehörte ja bis 1918 zur ungarischen Reichshälfte) durchsetzen konnte.

Wir sind jetzt im Prag des Adels: Rechts ist zwischen Letenská und Valdštejnská das Palais Waldstein (einst Besitz des kaiserlichen Feldherrn Waldstein, des Wallenstein Schillers), das größte Palais Prags, mit einem frei zugänglichen Skulpturengarten, einer eindrucksvollen Sala terrena und barocken Sälen, in deren stimmungsvoller Atmosphäre nun Konzerte stattfinden. Links, in der *Thunovská* 14 hat im Palais Thun heute die britische Botschaft ihren Sitz. In seiner heutigen Form wurde es von Guidobald Graf Thun gestaltet, der von 1654 bis 1668 Fürstbischof von Salzburg war; von diesem Naheverhältnis zu Salzburg konnte noch Mozart profitieren und in der zweiten Jännerhälfte 1787 mit seiner Frau hier Quartier nehmen.

Durch die Thunovská und die Zámecké schody/Schloßstiege nähern wir uns dem kaiserlichen Prag. Während in Wien das Imperiale durch die Hofburg und die Ringstraße im Stadtzentrum präsent ist, ist es in Prag von der Stadt abgesetzt. Etwas verzögert durch Atemholen und durch Rückblicke auf die Dächer der Kleinseite, die Moldau mit ihren Brücken und die Altstadt, kommen wir auf den *Hradčany/Hradschin.* Die Fassade der Burg um das ältere äußere Portal, dessen Inschrift an Kaiser Matthias erinnert, schuf Nicolo Pacassi im Auftrag Maria Theresias. Die Wachsoldaten davor, deren große Wachablöse sonntags um 12 Uhr an bei uns schon vergessene militärische Traditionen anknüpft, weisen darauf hin, daß auch in dieser Hofburg ein Präsident residiert: Im maria-theresianischen Trakt der Prager Burg befindet sich die Residenz des tschechischen Staatspräsidenten Václav Havel. Sein Berater war bis Juli 1992 der Schloßherr von Murau, Karl Fürst Schwarzenberg. Noch zwei österreichisch-tschechische Begegnungen sind aus diesen Räumen zu berichten: Im Jänner 1921 reiste Staatskanzler Karl Renner nach Prag und traf sich im Hradschin mit Staatspräsident Masaryk und Außenminister Beneš. Es war ein »Canossagang« des Oberhauptes des arm gewordenen Österreich zum neuen, aber reichen und von den Siegern des Ersten Weltkrieges unterstützten neuen Staates. Renner erreichte immerhin die für das frierende und hungernde Österreich bitter notwendige Lieferung von 500 Waggons Kohle täglich und 2500 Waggons Zucker; Wien war ja in der Monarchie mit diesen lebensnotwendigen Gütern von Mähren und Schlesien aus versorgt worden. Außenpolitisch verpflichtete man sich, ungarischen Gebietsansprüchen (das Burgenland war für Österreich noch strittig) entgegenzutreten; Österreich verzichtete aber auch endgültig auf die deutschsprachigen Gebiete Böhmens und Mährens.

Im Herbst 1936 malte Oskar Kokoschka, der wegen der politisch unsicheren Situation in Österreich nach Prag gekommen war, wo seine Schwester seit 1918 wohnte, den Staatspräsidenten Thomas G. Masaryk im Hradschin. Das Gemälde, das im Hintergrund die Silhouette Prags zeigt und auch auf die Verehrung des mittelalterlichen Pädagogen Jan Comenius durch Kokoschka hinweist, wurde nach der Besetzung Prags durch Deutschland aus dem Land geschmuggelt und ist heute in der Carnegie Stiftung in Pittsburgh, USA. Masaryk verhalf Kokoschka zu einem tschechoslowakischen Paß, mit dem dieser am 18. Oktober 1938 mit seiner späteren Frau Olda, die er in Prag kennengelernt hatte, in Großbritannien einreisen konnte.

Ein Besuch des historischen Teiles des Hradschin ist empfehlenswert: Wir sehen die »Böhmische Kanzlei«, von der aus der eingangs erwähnte »Fenstersturz« erfolgte, den Alten Landtagssaal und den gotischen Vladislav-Saal, in dem die Krönungsfestmähler stattfanden, der aber auch als Markthalle Verwendung fand. Der sogenannte »Spanische Saal«, der in vergeblicher Erwartung der Krönung Franz Josephs zum böhmischen König umgestaltet wurde, ist nur fallweise zu besichtigen. Die Krönungen selbst fanden im *St.-Veits-Dom* statt, in dem noch heute die Krönungsinsignien in einer mit sieben Schlössern versehenen, von der Wenzelskapelle zugänglichen Kammer verwahrt werden (eine Kopie der Kronjuwelen ist im Palais Lobkowitz am Hradschin, im Historischen Teil des Nationalmuseums, zu besichtigen). Wir müssen uns mit einem Blick in diese Kapelle begnügen, ein mit 1000 Halbedelsteinen geschmücktes, um 1363 von Peter Parler geschaffenes, bis heute unversehrtes gotisches Juwel. Der St.-Veits-Dom ist, viel mehr als St. Stephan in Wien, nationales Symbol Böhmens: Eingegliedert in die Residenz, diente er sowohl als Krönungs- als auch als Grabeskirche und beherbergt auch das Hochgrab des hl. Wenzel. Begonnen um 1350 im hochgotischen Stil, wurde der Bau erst 1929 vollendet, wirkt aber doch als Einheit. Unter der Vierung befindet sich das von Kaiser Rudolf II. in Auftrag gegebene Marmor-Grab seines Vaters, Kaiser Maximilians II. und seiner Großeltern, Ferdinands I. und Annas von Böhmen, von Alexander Collin gestaltet (der auch am Grabmal Kaiser Maximilians in der Innsbrucker Hofkirche wirkte). Erzherzog Ferdinand, Enkel Kaiser Maximilians I. und dank dessen Heiratspolitik 1521 in Linz mit der Jagellonin Anna verheiratet, war ja nach dem Tod ihres Bruders Ludwig in der Schlacht von Mohács 1526 erster habsburgischer König von Böhmen und Ungarn geworden. Im Hintergrund der Krypta unter der Vierung (Zutritt nur durch den Chorumgang) birgt ein schlichter Sarg die sterblichen Reste von Kaiser Rudolf II. und ein Empiresarg die von Erzherzogin Maria Amalia, die als achtes Kind Maria Theresias mit dem Herzog von Parma verheiratet war, aber von Napoleon vertrieben wurde und 1804 in Prag starb. Im Chorumgang rechts befindet sich das nach einem Entwurf von Josef Emanuel Fischer von Erlach von einem Wiener Silberschmied 1736 geschaffene Grabmal des hl. Johannes Nepomuk, 1500 kg Silber schwer. Die Legende erzählt, daß der Domherr von St. Veit und Beichtvater der Königin Johanna, der Gattin König Wenzels IV., auf dessen Befehl 1383 von der Mitte der Karlsbrücke

gestoßen und in der Moldau ertränkt worden sei, weil er dem König nicht sagen wollte, was seine Gattin ihm in der Beichte anvertraut hatte. 1729 wurde Johannes Nepomuk heiliggesprochen. Die auf seinem Sarg knieende Statue ist von allegorischen Figuren, u. a. die der Verschwiegenheit, umgeben; darüber ein von Engeln getragener Baldachin, der der Krönungsmantel Maria Theresias gewesen sein soll. Statuen des hl. Johann Nepomuk finden sich ja auch auf zahlreichen unserer alten Brücken (»Auf allen Bruckn tut es nepomuken«, sinnierte Rilke einmal). Noch ein zweites Grabmal wurde hier von J. E. Fischer von Erlach entworfen: das des Feldmarschalls Schlick, gegenüber dem Eingang zur Wenzelskapelle. Und schließlich soll noch auf die 1895 geschaffene Bronze-Statue des knieenden Kardinals Friedrich Fürst Schwarzenberg hingewiesen werden (im Chorumgang, links, symmetrisch zum hl. J. Nepomuk). Dieser Schwarzenberg war mit 26 Jahren 1835 Fürstbischof von Salzburg geworden und 1849 Fürstbischof von Prag. Als Führer der klerikal-feudalen Partei in Böhmen war er ein erbitterter Gegenspieler des Kronprinzen Rudolf. In die Literaturgeschichte ging der Veits-Dom mit einer Szene in Franz Kafkas »Prozeß« ein. Die Legende des Bronzeleuchters in der Kapelle St. Johannes des Täufers (gegenüber der erwähnten Schwarzenberg-Statue) erzählt uns Adalbert Stifter im vierten Teil des dritten Bandes von »Witiko«: Der Fuß dieses Leuchters soll aus dem Tempel Salomons in Jerusalem stammen.
Die Plätze des Hradschin gestaltete zwischen 1920 und 1930 Jože Plečnik (s. S. 189). Ihm ist es zu verdanken, daß das Matthias-Tor trotz seines Symbolcharakters für das abgelöste Habsburgerregime nicht zerstört wurde. Auch der Obelisk, mit großen technischen Schwierigkeiten auf die Burg gebracht, und die beiden Fahnenstangen im Burghof wurden von Plečnik geplant, der damit an die im Ersten Weltkrieg gegen die Habsburger kämpfenden tschechischen Legionen erinnern wollte.
Ein Spaziergang durch die Burgstadt führt uns weiter in das *Goldene Gäßchen/Zlatá ulička*, in dem Kaiser Rudolf II. an der Burgmauer seine Handwerker und »Goldmacher« ansiedelte; im Winter 1916/17 schrieb Franz Kafka in dem von seiner Schwester für ihn gemieteten Häuschen Nr. 22 seine »Landarzt«-Erzählungen. Ist das Wetter schön, so sollte man noch durch die Královská zahrada/Königlichen Gärten mit dem »Singenden Brunnen« (Zpívajicí fontána) zum unter Ferdinand I. erbauten Lustschloß *Belvedere* gehen, dem stilreinsten Renaissancebau nördlich der Alpen. Im ersten Stock des bei Ausstellungen zugänglichen

Schlosses finden wir Gemälde mit Schlüsselszenen der böhmischen Geschichte, darunter auch mehrere Habsburger-Darstellungen. Der kaisergelbe Gebäudekomplex auf der anderen Straßenseite war dereinst eine Kadettenanstalt der k.u.k. Armee, strategisch günstig zum Schutz der Burg lociert. Wir verlassen die Burg endgültig durch das gigantengeschmückte Haupttor und stehen wieder auf dem *Hradčanské náměstí/Hradschiner Platz.* Das sgraffitigeschmückte Palais Schwarzenberg links beherbergt heute das Militärmuseum, zu dessen Exponaten auch Waffen der k.u.k. Armee gehören, rechts ist neben dem Erzbischöflichen Palais der Eingang in das Palais Sternberg, in dem seit 1995 nur mehr die »alten Meister« der Nationalgalerie untergebracht sind. Berühmtestes Gemälde ist das »Rosenkranzfest«, 1506 von Albrecht Dürer im Auftrag der Gilde der Deutschen Kaufmannschaft für die St.-Bartholomäus-Kirche am Rialto zu Venedig gemalt. 1606 wurde es von Rudolf II. gegen eine hohe Summe Geldes und eine gute Kopie erworben. Das figurenreiche Gemälde ist eines der ersten großen Gruppengemälde der Kunstgeschichte. Vorne links kniet Papst Julius II., rechts Kaiser Maximilian I., im Hintergrund rechts stellt sich A. Dürer selbst dar, mit der Signatur in der Hand. Neben Gemälden von Rembrandt, Cranach, Rubens, Goya, P. Breughel d. Ä. und d. J., Maulpertsch und Rottmayr möchte ich Sie noch auf ein versteckt in einem Gang plaziertes Bild von Johann Christian Brand (1722–1795) hinweisen, das eine Reiseszene am Zusammenfluß von Donau und March zeigt. Eine hohe Gesellschaft steigt gerade von der Karosse in eine Barkasse, im Hintergrund erhebt sich der Thebener Kogel.

Den Hradschiner Platz schließt gegenüber der Hofburg das Palais Toskana mit seinen beiden Türmen ab; es war bis 1918 Eigentum des Kaisers und diente habsburgischen Seitenlinien als Wohnsitz. Die Mariensäule am Platz davor wurde 1726 von den Prager Ständen als Fürbitte errichtet, damit Kaiser Karl VI. einen männlichen Erben bekäme. Wie wir wissen, war die fromme Bitte vergeblich: Maria Theresia wurde Erbin, und dieser kleine Unterschied in den Chromosomen stürzte Österreich in mehrere Erbfolgekriege. Rechts davon führt die *Kanovnická* leicht bergab auf die St.-Johannes-Nepomuk-Kirche zu. Im ehemaligen Ursulinenkloster daneben befand sich die Kaserne des k.u.k. Infanterieregimentes Nr. 36, dessen Regimentskommandant 1879 bis 1883 Kronprinz Rudolf war, der hier auch (erfolgreich) die böhmische (= tschechische) Sprache erlernte. Das Haus gegenüber (Kanovnická 4) ist jetzt

Residenz des österreichischen Botschafters; 1967 bis 1974 wirkte hier unser späterer Bundespräsident Dr. Rudolf Kirchschläger. Geht man links durch die U kasáren hinauf, dann in der Loretánská nach rechts, gelangt man auf den *Loretánské náměstí.* Vor uns erhebt sich die 150 m lange Front des Palais Czernin, dessen Bauherr Humprecht Johann Graf Czernin von Chudenitz sich am Ende des 17. Jh.s eine dem Hradschin ebenbürtige Residenz schaffen wollte, sich aber finanziell überschätzte und verarmt starb. Danach diente das Gebäude als Kaserne und im Zweiten Weltkrieg als Sitz des Reichsprotektors von Hitlers Gnaden. Heute ist es Sitz des Außenministeriums der Tschechischen Republik. Im März 1948 fand bei einem bis heute ungeklärten Sturz aus einem der Fenster Jan Masaryk, Sohn des Staatsgründers und Außenminister, den Tod. Der Weg für den Machtantritt des Kommunismus war frei.
Gegenüber liegt der Wallfahrtsort *»Loretto«* mit seiner von Christoph und Kilian Ignaz Dientzenhofer 1720 erbauten hochbarocken Fassade. Im Hof sehen wir eine »Casa Santa«, die Nachbildung des Heiligtums von Loretto bei Ancona in Italien, wohin Engel den Stall, in dem Jesus geboren wurde, aus Nazareth gebracht haben sollen, um ihn vor den Ungläubigen zu retten. Fürstin Benigna Katherina Lobkowitz gründete das Heiligtum 1626. Einzigartiges Kunstwerk ist die in der Schatzkammer aufbewahrte »Diamantenmonstranz« aus dem Vermächtnis der Gräfin Eva Kolowrat, 1699 von den Wiener Goldschmieden Johann Khünischbauer und Matthias Stegner aus 6222 Diamanten gefertigt; der Entwurf soll von Johann Bernhard Fischer von Erlach stammen. Aus einem Felsen steigt Maria empor und zertritt einen Drachen, das Symbol des Bösen. Darüber segnet Gottvater eine weiße Taube, den Heiligen Geist. Der Raum für die Hostie ist von einem Kranz von 53 brillantenbesetzten Strahlen umgeben, die die Sonne symbolisieren.
Unser letzter Besuch am Hradschin sollte dem 1143 gegründeten *Strahovský klášter/Kloster Strahov* gelten (am kürzesten erreichbar durch eine von Pohořelec ausgehende gedeckte Stiege). In der glänzend renovierten barocken Klosterkirche befindet sich eine Kopie des Wallfahrtsbildes von Passau-Mariahilf, das Grab des hl. Norberts, des Gründers des Prämonstratenserordens, und (in der ersten Kapelle rechts) das Grabdenkmal des 1632 verstorbenen kaiserlichen Heerführers Gottfried Graf von Pappenheim. Ihm hat Schiller im »Wallenstein« (lobende Erwähnung des Mutes seines Kürassier-Regimentes: »Ich kenne meine Pappenheimer«) ein literarisches Denkmal gesetzt. Es ist dies auch je-

ner Pappenheim, der den oberösterreichischen Bauernaufstand (1626, Gefechte bei Gmunden, Vöcklabruck und Eferding) blutig niederwarf. Juwel des Klosters ist aber der Bibliotheksbau. Dessen Eingang schmückt ein Kaiser Joseph II. darstellendes Medaillon – das gute Verhältnis des Abtes von Strahov zum Kaiser schützte das Kloster vor der Aufhebung. Die zwei Bibliothekssäle gehören zu den schönsten ihres Genres: Im »Theologischen Saal« können wir unsere Lateinkenntnisse an der Übersetzung von Lebensweisheiten testen (z. B. »Qui ignorat ignorabitur«: »Wer ignoriert, wird ignoriert werden« oder »Intelligens gubernacula possidebit«: »Der Kundige wird die Führung innehaben«). Der »Philosophische Saal« wäre der Traum jedes Bücherliebhabers. Der gut 30 Meter lange Raum beherbergt 50 000 Bände. Seine Wände wurden 15 Meter hoch dimensioniert, damit er die aus dem von Joseph II. aufgehobenen Kloster Bruck südlich von Znaim (schon von der österreichischen Grenze bei Kleinhaugsdorf aus sichtbar, erbaut von Johann Lukas von Hildebrandt, seit dem 19. Jh. als Kaserne verkommen) gekauften Bücherschränke aufnehmen konnte. Der kleine Schrank im Raum ist ein Geschenk der französischen Kaiserin Marie Luise, der Tochter Kaiser Franz' II.; er beherbergt u. a. eine illustrierte Beschreibung der Kunstwerke des Louvre. Die Symphonie des Raumes wird abgeschlossen durch das 1794 in kurzer Zeit geschaffene Deckengemälde »Kampf der Menschheit um die Erkennung der wahren Weisheit«. Das Fresko ist das letzte vollendete Werk des damals siebzigjährigen Franz Anton Maulpertsch (s. S. 140), der ein ähnliches Thema im schon erwähnten Kloster Bruck bei Znaim gemalt hatte.
Mozart spielte auf der Strahover Orgel; im Kloster wohnte von 1920 bis 1938 Dr. theol. Alois Musil, ein fast vergessener Altösterreicher. 1868 in Richtersdorf/ Rychtařov (nordöstlich von Brünn) geboren, war Musil der bedeutendste Orientalist Österreich-Ungarns und, als Professor an der Theologischen Fakultät der Universität Wien, ein enger Vertrauter Kaiser Karls und der Kaiserin Zita. Er soll der Verfasser jener »Sixtus-Briefe« gewesen sein, mit denen Kaiser Karl 1917 ohne Verständigung seines Außenministers Graf Czernin und erfolglos einen Friedensfühler nach Paris sandte. Nach dem Ende der Monarchie entschied sich Musil für die Tschechoslowakei, wurde Professor an der Prager Universität und wohnte während des Studienjahres im Kloster Strahov. Alois Musil war ein Vetter des Schriftstellers Robert Musil.
Von den Gärten des Klosters Strahov, das heute wieder den Prämonstra-

tensern gehört, bietet sich der vielleicht schönste Blick auf Prag (Oskar Kokoschka hat diesen Ausblick gemalt; das Bild gehört heute dem Jenisch-Museum in Vevey am Genfer See). Damit könnten wir unseren Weg durch Prag beenden – der Architekturfreund wird sich noch zu einem Spaziergang durch das an das westlich von Strahov anschließende Villenviertel, das bis in die Zwischenkriegszeit zu den besten Adressen Prags gehörte, aufraffen. Durch die Myslbekova kommen wir in die *Střešovická.* Knapp nach der ersten Straßenbahnstation, neben Nr. 31, ragt links die »Villa Müller« auf, von Adolf Loos 1928/30 entworfen. Das steile Hanggrundstück ist gut ausgenützt, das Haus kennt keine Rundungen und scheint im typischen Loos-Stil nur aus Quadern zusammengesetzt. Eine Terrasse bietet wohl eine schöne Aussicht, aber ob das etagenreiche Wohnen bequem war? Das Haus, dessen Eingang oben (durch eine Treppe am Rand des Grundstücks erreichbar), in der Nad hradním vodojemem 14, ist, wurde jüngst von der Stadt Prag angekauft und soll für Ausstellungen zugänglich gemacht werden. (Es gibt in Prag noch ein zweites »Loos-Haus«, das aber nur mit einem sehr guten Stadtplan auffindbar ist: Na Cihlářce 10, südlich der Plzeňská, der Ausfahrtstraße nach Pilsen; dieses Haus beherbergt heute einen Kindergarten und ist kleiner als das erstgenannte, aber auch als »Würfelhaus« konstruiert.) In einer nördlichen Seitenstraße der Střešovická, *U laboratoře* 22, steht ein Haus, das auch in der Wiener Cottage einen guten Eindruck machen würde. Hier wohnte während des Reichsprotektorates der »Endlöser« der Judenfrage, der in Oberösterreich aufgewachsene Adolf Eichmann (1906–1962), und nach dem Zweiten Weltkrieg Egon Erwin Kisch. Von hier in die Stadt zurückzukehren ist kein Problem: Die Straßenbahn Nr. 18 führt uns rumpelnd, aber viel billiger als ein Taxi in die Altstadt zurück, wo wir bei der Karlsbrücke aussteigen oder, bei Malostranská, in die Metro A umsteigen können.

Von den vielen weiteren Gemeinsamkeiten in den Beziehungen zwischen Prag und Österreich sollen noch einige erwähnt werden, die abseits unseres Weges und des Stadtzentrums liegen: Schloß Stern, Schloß Troja, die Villa Bertramka, das Grab Franz Kafkas und drei Zweigsammlungen des Nationalmuseums.

Im Unterschied zu anderen Herrscherfamilien war die Moral im Hause Habsburg durch Jahrhunderte streng. Es gab kaum Mätressen und kaum Mesalliancen. Eine davon spielte teilweise auf *Schloß Stern/Letohrádek Hvězda*: Erzherzog Ferdinand, der zweitgeborene Sohn Kaiser Ferdi-

nands I., hatte Philippine Welser, die schöne Tochter einer reichen, doch bürgerlichen Augsburger Familie kennengelernt. Sittenstreng, wie beide Liebenden waren, heirateten sie 1557 heimlich auf Schloß Březnice/ Brschesnitz (südlich von Příbram). Da Ferdinand in Prag residierte, suchte er eine Möglichkeit, wo er sich diskret mit seiner Frau treffen konnte. Er fand sie zunächst in Schloß Křivoklát/Pürglitz, ca. 30 km westlich von Prag. Aber damals, so ganz ohne Auto, war diese Entfernung für die Stelldicheins zu groß. Daher wurde das einige Jahre vorher als Jagdschloß gebaute Schloß Stern Wohnort der heimlichen Gattin. Dem kaiserlichen Vater blieb die Ehe nicht geheim: Er zeigte sich aber großzügig und verpflichtete seinen Sohn nur zur Geheimhaltung der Ehe und verfügte, daß die Kinder nicht erbberechtigt seien. Als Ferdinand 1567 Regent von Tirol wurde, residierte Philippine als beliebte Landesmutter auf Schloß Ambras bei Innsbruck; die Ehe wurde vom Papst anerkannt, und die Geheimhaltung bestand nun nur mehr auf dem Papier. Schloß Stern wäre auch heute noch ein nettes Liebesnest: Es liegt, genau westlich vom Hradschin und von der Endstation der schon erwähnten Straßenbahnlinie 18 nach kurzem Fußweg zu erreichen, in einem Wald, einem ehemaligen Wildgehege. Die Lage des Schlößchens und seine symmetrische, sternförmige Bauart mit den rotweißroten Fensterläden, um das Licht auszusperren, sind reizvoll und den Spaziergang dorthin wert; auf den Besuch des Inneren kann verzichtet werden, da es zwei bei uns unbekannten tschechischen Künstlern gewidmet ist. Stern ist auch mit dem Auto leicht erreichbar. In der Nähe können auch noch die Gedächtniskapelle und das Denkmal für die Schlacht am Weißen Berg/Bílá Hora und die Benediktinerabtei Breunau/Břevnov, die nach jahrzehntelanger Verwahrlosung nun wieder zu hochbarockem Glanz gebracht wird, besucht werden.
Ein Schloß ganz anderer Bestimmung ist *Troja* (Zámek Troja), nördl. der Moldau gelegen und vom Bahnhof und der Metro A Holešovice mit dem Bus 112 erreichbar: Der Bauherr, Wenzel Adalbert Graf von Sternberg, ließ es um 1700 errichten, um Prag für die nicht mehr hier residierenden Habsburger wieder attraktiver zu machen. In der Nähe reicher Jagdreviere sollte das Schloß dem Kaiser und seinem Hofstaat nach dem Waidwerk Ruhe und Erfrischung bieten. Die Herrscher sollten sich inmitten ihrer ruhmreichen Geschichte entspannen. Das Deckengemälde des Hauptsaales ist die großartigste Apotheose der österreichischen Geschichte, die sich finden läßt, und deswegen ein »Muß« für alle ge-

schichtlich interessierten Österreicher. Man sollte sich auf den Boden legen dürfen, um den Reichtum der Figuren und Szenen erfassen zu können. Die Themen des Freskos reichen von der Legende der Entstehung des Babenbergerwappens über die des Priesters, der von Rudolf von Habsburg dessen Pferd bekommt, um zu einem Sterbenden eilen zu können, und über den Thronverzicht Kaiser Karls V. bis zum stürzenden Kara Mustapha, der einen Vertrag brach (den ein Engel zerreißt) und der Glorie Kaiser Leopolds I. nach der siegreichen Schlacht bei Zenta. Und über den lückenlos von den Flamen Abraham und Isaak Godyn bemalten Wänden wölbt sich, die Illusion fortsetzend, ein Himmel, auf dem sich Glaube, Hoffnung und Liebe mit der Dreifaltigkeit vereinen.
Für Mozart-Liebhaber lohnt sich der Besuch der *Villa Bertramka* (erreichbar mit der Metro B, Station Anděl, dann 10 Minuten aufwärts durch die Plzeňská – Duškova – Mozartova, sich immer links haltend). Bei seinem zweiten Prager Aufenthalt im Herbst 1787 nahm Wolfgang Amadeus Mozart gerne die Einladung des Ehepaares Dušek an, um auf ihrem damals vor der Stadt gelegenen Landsitz die Partitur für den »Don Giovanni« zu vollenden. In der ihm eigenen Zeitnot gelang es ihm auch: Erst in der Nacht vor der Premiere am 29. Oktober 1787 soll er die Ouvertüre geschrieben haben. Die Dušeks – er Komponist, sie Sängerin und aus einer Salzburger Familie stammend – hatten Mozart schon 1777 in Salzburg, wohin sie ihre Hochzeitsreise führte, kennengelernt. Wahrscheinlich ist auf diese Bekanntschaft zurückzuführen, daß Mozart im Winter 1787 zum ersten Mal nach Prag kam und nach dem Erfolg seiner »Prager Symphonie« und den Tänzen für den Grafen Pachta den Auftrag für den »Don Giovanni« bekam. Vor seinem Abschied von Prag und Josepha Dušek widmete er ihr die Arie »Bella mia fiamma, addio«, in der Mozartologen die Erklärung einer geheimen, aber unerfüllten Liebe sehen wollen.
Die »Villa Bertramka« wurde 1956 zum 200. Geburtstag Mozarts renoviert und beherbergt heute ein Mozart-Museum mit Dokumenten, einer Haarlocke Mozarts, einem Cembalo und einem Pianoforte, auf denen der Genius gespielt haben soll; im stimmungsvollen Garten steht seine Büste.
Stimmungsvoll sind auch die großen Olschaner Friedhöfe im Stadtteil *Žižkov*, leicht erreichbar mit der Metro A, Station Želivského. Vor der Station der Metro ragt ein mächtiges Hotel auf, das den Namen des Titelhelden der letztgenannten Oper Mozarts trägt, wie viele Hotels in den

Reformstaaten österreichischer Provenienz. Der Vergleich sei gewagt, daß derartige Hotelpaläste die Palais unseres Jahrhunderts sind, nur demokratischer zugänglich. Gleich bei der Metrostation, nur einen Autobusbahnhof überquerend, sind wir am Eingang des *Jüdischen Friedhofs (Nový židovsky hřbitov*, Nad vodovodem 1). Rechts, immer an der Mauer entlang, kommen wir nach ca. 250 m zum Grab Franz Kafkas (Nr. 21/13/33). Sollte der Friedhof geschlossen sein, so gehen Sie außen an der Mauer entlang, Sie können durch ein dem Hotel schräg gegenüberliegendes schmiedeeisernes Tor gut das Grab sehen. Franz Kafka war am 4. Juni 1924 in Kierling bei Wien mit 41 Jahren an einer Lungenkrankheit verstorben und wurde am 11. Juni in Prag nach jüdischem Ritus beigesetzt. Dem Sarg folgten seine Verwandten, Max Brod, Johannes Urzidil und seine letzte Gefährtin, Dora Diamant. Später fanden auch Kafkas Eltern in diesem Grab ihre letzte Ruhestätte. Am Rückweg gehen wir durch Reihen von Gräbern, die im Besitz von Familien waren, deren Geschichte meist in den KZs von Theresienstadt (Terezín, 80 km nördlich von Prag) oder Auschwitz/Oświęcim, 250 km nördöstlich von Wien) endete. Ihre Namen waren die unseren: Freud, Popper, Reimann, Sommer, Wiener, Rudolf, Kornfeld …

Unser letzter Vorschlag führt uns in das Viertel *Holešovice*, nördlich der Altstadt und jenseits der Moldau, wo heute die Eurocity-Züge aus Wien ankommen. Mit dem Ende 1995 eröffneten Teil des *Nationalmuseums* »Kunst des 19. und 20. Jahrhunderts« (Národní galerie v Praze, Sbírka moderního umění) im Veletržní palác (Dukelských hrdinů 47; Metro C, Station Vltavská) ist hier eine neue Touristenattraktion entstanden. Der ganz in Weiß gehaltene funktionelle Bau wirkt wie eine Schöpfung zeitgenössischer österreichischer Architekten, wurde aber bereits in den zwanziger Jahren errichtet und war einmal Messepalast. Nun renoviert, bietet er der modernen Kunst Rahmen und lockeren Raum. Nicht nur zeitgenössische und impressionistische tschechische Malerei, sondern auch eine feine Sammlung französischer Malerei und Plastiken der letzten 120 Jahre sind zu sehen: Courbet, Degas, Renoir, Monet, Rousseau, Seurat, van Gogh, Gauguin, Picasso, Rodin, Antoine Bourdelle (mit einer von 76 Fassungen der von Rodin beeinflußten Beethoven-Büste) sind mit Hauptwerken vertreten. Unsere besondere Aufmerksamkeit gilt einem kleinen, aber feinen »österreichischen Kabinett«: Gustav Klimt ist vertreten mit einem »Wasserschloß« (Schloß Kammer/Attersee, im Grün des Wassers, des Efeus und der Hügel eingebettet) und seiner

»Jungfrau«. In diesem zweiten seiner »Menschheitsbilder« sind fünf Frauenleiber mit ihren farbenfrohen Kleidern in einem Knäuel verschlungen. Die Frauen sind ruhig, schlafend, und doch ist die Darstellung bewegt, wie ein Wirbel auf dunklem Hintergrund. Von Egon Schiele sehen wir drei Gemälde: »Schwangere Frau mit dem Tod«, das kleinformatige »Stilleben mit Blumen« und »Tote Stadt« (eine der Stadtlandschaften aus Krumau, s. S. 30). Die vier Gemälde Oskar Kokoschkas repräsentieren seine häufigsten Bildinhalte: Das Porträt des Schriftstellers »Albert Ehrenstein«, zwei Stadtlandschaften (»Blick auf Prag von der Villa Dr. Kramář« und »Karlsbrücke«) und ein Gemälde politischen Inhalts, genannt »Das rote Ei«, das die Aufteilung der Tschechoslowakei durch das Münchner Abkommen 1938 symbolisieren soll:

> »Ein Brathuhn, zum Verspeisen hergerichtet – die Tschechoslowakei –, fliegt davon und läßt ein rotes Ei auf den Teller fallen. Im Hintergrund brennt Prag; um den Tisch sitzen Mussolini und Hitler mit einem Soldatenhelm aus Papier, unter dem Tisch eine Katze mit Napoleons Hut und Kokarde, dahinter der englische Löwe, dessen Schwanz wie ein Pfundzeichen eingerollt ist, auf einem Postament mit der Aufschrift ›In Pace Munich‹. Das Bild war in seiner Weise prophetisch.« (7)

beschreibt O.K. das in London 1939/41 gemalte Bild in seiner Autobiographie.

Für Eisenbahnliebhaber noch ein Hinweis: Einige Schritte weiter, Richtung Moldau und dann nach rechts, finden sie in der Kostelni 42 das *Národni technické muzeum/Technische Museum*, eine Schwester unseres Wiener Technischen Museums. Die Verkehrssammlung enthält viele Reminiszenzen an die gemeinsame Eisenbahngeschichte, darunter bei Krauss in Wr. Neustadt erbaute Lokomotiven, und Salonwagen von Kaiser Franz Joseph und Erzherzog Franz Ferdinand, letztere in der Prager Waggonfabrik Ringhoffer erzeugt. Der Gründer dieses Unternehmens, das eine der größten Eisenbahnfabriken der Monarchie war, soll übrigens von Müllendorf im heutigen Burgenland nach Prag »ausgewandert« sein.

Als wirklich letzte Spur dieses Kapitels soll auf das *Lapidárium*, einen weiteren Teil des Nationalmuseums hingewiesen werden. Es liegt hinter dem Haupteingang des Jugendstil-Ausstellungsgeländes (Výstaviště), vom Museum moderner Kunst durch die Dukelských hradinů aufwärts. In dieser Skulpturensammlung sind nicht nur einige Originalstatuen von der Karlsbrücke zu sehen, sondern auch eine Statue Kaiser Karls VI., vor allem aber unversehrte Statuen, die 1918 von ihren Sockeln entfernt wurden: Eine Reiterstatue Kaiser Franz' I., Büsten und Statuen von Císař František Josef I. im großen Ornat sowie von Václava Radeckeho z Radče. Es waren einst offizielle Denkmäler für Franz Joseph und das bereits erwähnte Radetzky-Denkmal vom Kleinseitner Ring: Ein Infantrist, ein Gebirgsjäger, ein Artillerist, ein Tiroler Freiwilliger, ein Husar, ein Matrose, ein Ulan und ein Sergeant tragen einen Schild, auf dem der Feldherr mit Marschallsstab und Fahne schreitet. Die Denkmäler sind so gut erhalten, daß man es dem Museum schon verzeiht, wenn Radetzky als »Tscheche« bezeichnet wird. Vielleicht ist, wenn Sie ins Lapidárium kommen, Radetzky nicht mehr hier, sondern wieder auf dem Malostranské náměstí, schon spricht man davon ...

*Prag ist von Wien mit Bahn, Flugzeug und Auto leicht erreichbar, wobei mit dem Auto die Fahrt über Drasenhofen – Brünn empfohlen wird (ca. 335 km), da auf tschechischer Seite länger die Autobahn benützt werden kann. Für die Autobahn ist eine (Jahres-)Plakette zu Kr. 400,– zu kaufen (erhältlich an den Grenzübergängen; hier ist es auch empfehlenswert, Geld zu wechseln; vgl. auch die Informationen auf S. 33). Von Linz sind es über Freistadt – České Budějovice/Budweis mit dem Auto 250 km, wobei nur ein kurzes Stück eine Autobahn benützbar ist. In Prag selbst sollte man das Auto auf einem Hotel-Parkplatz abstellen; von Fahrten in der Innenstadt wird wegen Fußgängerzonen, Einbahnsystemen und undurchschaubaren Parkverboten abgeraten. Das System öffentlicher Verkehrsmittel ist dicht, und ihre Benützung ist billig (z. B. eine Fahrt mit der Metro, mit Umsteigen, Kr. 6,–; es gibt auch Ein- und Mehrtageskarten; Fahrkarten sind erhältlich in Zeitungsläden, Trafiken – auch das Wort »Trafik« ist eine Reminiszenz an Alt-Österreich – und von Automaten an den Metro-Stationen; Einzelfahrkarten müssen vor Benützung entwertet werden). Zwar sind auch Taxis billig, doch muß man auf die Inbetriebnahme des Taxameters achten, denn Ausländer beliebt man zu übervorteilen. Hotels gibt es in Prag schon sehr viele, empfohlen wird eines der älteren, aber schön renovierten im Stadtzentrum (z. B. ***: Ungelt, Sax; ****: Meteor Plaza, Savoy; *****: Palace, Pařiž, Ambassador), die zwar teurer sind als die großen neuen in den Vorstädten, aber dafür mehr Atmosphäre bieten und den Vorteil des Fußweges zu den wichtigsten Sehenswürdigkeiten haben; eine Alternative sind auch die »Botels«, zu Hotels umfunktionierte Schiffe in der Moldau, nahe des Zentrums: z. B. »Albatros«. Für ein solches Hotel müssen Sie mit DM 150,– bis 350,– für ein Doppelzimmer mit Frühstück rechnen. In den Außenbezirken gibt es billigere Hotels und auch reichlich Privatzimmer (von DM 50,– für ein Zweibettzimmer aufwärts); Vermittlungsagenturen gibt es zahlreiche.*
Offizielle Informationsbüros sind am Staroměstské náměstí/Altstädter Ring 22 und Na příkopě/Graben 20 (geöffnet tgl. 9 bis ca. 17 Uhr). Erhältlich sind recht gute Prag-Bücher, auch in deutscher Sprache (vgl. auch die Literaturhinweise auf S. 275). Reichhaltige deutschsprachige Literatur, auch zur Kulturgeschichte, finden Sie in

der Verlagsbuchhandlung »Vitalis« (U lužického semináře 19; nach der Karlsbrücke auf der Kleinseite gleich nach rechts; tgl. 10–20 Uhr geöffnet). Auch ohne Kenntnisse der tschechischen Sprache ergeben sich kaum Verständigungsschwierigkeiten: Ältere sprechen oft einige Worte deutsch, Jüngere englisch. Mit Kreditkarten zu zahlen ist in fast allen größeren Geschäften, Restaurants und Hotels möglich; als Souvenirs bietet sich natürlich böhmisches Glas an, das nun nicht mehr nur in den klassischen Formen, sondern auch in modernem Design angeboten wird (exquisites Geschäft: »Moser«, Na Příkopě/Graben 12 und Malé náměstí 11). Die Geschäftszeiten entsprechen denen in Österreich, aber für Touristen wichtige Geschäfte haben meist auch Samstag und Sonntag ganztägig geöffnet.

Prag eignet sich ganzjährig für einen Besuch. Ein solcher wird vom Spätherbst bis vor Ostern sogar empfohlen, da dann die Fremden die Stadt nicht überfluten (von 1994 auf 1995 nahmen die Einnahmen aus dem Tourismus um fast 50% zu!) und auch die Hotels billiger sind. Die Museen haben ganzjährig geöffnet, meist von Dienstag bis Sonntag 10–18 Uhr. Wer mehrere der hier empfohlenen Nationalmuseen besuchen will, dem sei eine Ein- oder Dreitageskarte empfohlen (Kr. 100,– bzw. 200,–; es gibt auch Familientickets).

Für die oben empfohlenen Besichtigungen, die bis auf die Judenstadt »Josefov« (deren Museen an Samstagen geschlossen sind) alle üblichen Sehenswürdigkeiten einbeziehen, benötigt man drei Tage (und einen guten Stadtplan und für die Damen, wegen des Kopfsteinpflasters, keine Stöckelschuhe): 1. Tag: Bis zur Karlsbrücke oder inkl. Kleinseite; 2. Tag: (Kleinseite), Hradschin und Strahov. 3. Tag: Bertramka, Troja, Museen, Stern. Einen der Abende sollte man der klassischen Musik widmen; viele Konzerte und Opern bieten sich an, Karten bekommt man in den Theatern oder in den zahlreichen Reise- und Kartenbüros.

Brünn

*»A bisserl Wien, a bisserl Brien,
da liegt a gute Mischung drinn ...«*

Wie Behmen noch bei Estreich war, vor achtzig Jahr'«, war Brünn fast eine Vorstadt Wiens, täglich fuhren über Laa an der Thaya bzw. über Hohenau – Lundenburg 15 Züge, der schnellste in 1¾ Stunden. Zwischen den beiden Städten wurde auch Technikgeschichte geschrieben: 1847 die erste interurbane Fernschreibverbindung des europäischen Kontinents, 1886 die erste Telefonfernleitung Österreich-Ungarns. All dies erleichterte auch die Familienzusammenführung, die uns Heinz Conrads mit dem zitierten Lied vom Vater, der sich aus Brünn eine echte Wienerin geholt hat, beschreibt, und aus der so manches heute urwienerische »Potpourri« entstanden ist; noch heute lesen sich manche Seiten des Telefonbuches von Brünn wie das von Vídeň.
Die kürzeste Straßenverbindung von Wien nach Brno (120 km) führt über Poysdorf – Drasenhofen. Während es in Österreich noch viele Ortsdurchfahrten gibt, ist die Straße nun auf tschechischer Seite sehr gut ausgebaut und mündet vor Brno in eine Schnellstraße.
Schon zwischen der Grenze und Brünn finden wir, wenn wir nicht die Ortsumfahrungen benützen, einige bemerkenswerte Austriaca. Die ersten gleich in *Mikulov/Nikolsburg*. Beherrschend liegt über diesem südmährischen Ort das Schloß, das früher den Liechtensteins, dann den aus Kärnten stammenden Fürsten Dietrichstein und bis 1945 den Grafen Mensdorff-Pouilly gehörte. Ende des Zweiten Weltkrieges wurde es von den Russen in Brand geschossen und nach seinem Wiederaufbau in ihm ein Orts- und Weinbaumuseum eingerichtet. 1621 schlossen hier der kaiserliche Beauftragte Kardinal Carl Franz Dietrichstein und Fürst Bethlen Gabor Frieden, in dem letzterer zugunsten Kaiser Ferdinands II. auf die ungarische Königskrone verzichtete. Am 26. Juli 1866 wurde im

Schloß zwischen Preußen und Österreich der »Vorfriede von Nikolsburg« unterschrieben (der dann unverändert in den Prager Friedensvertrag einging): Nach der am 3. Juli 1866 verlorenen Schlacht von Königgrätz verpflichtete Bismarck Österreich zur Anerkennung der Auflösung des Deutschen Bundes und der Neuordnung Deutschlands ohne österreichische Beteiligung; Preußen verzichtete zwar auf eigenen Gebietserwerb, Österreich mußte aber trotz der erfolgreichen Kriegführung in Norditalien (Schlacht von Custoza, Seeschlacht von Lissa) Venetien abtreten. Viele Historiker sehen in diesem Frieden von Nikolsburg den Anfang vom Ende der Donaumonarchie: Österreich wurde aus Deutschland verdrängt, durch den mit Ungarn 1867 folgenden Ausgleich mußte dieses als staatsrechtlich gleichberechtigter Partner anerkannt werden. Österreichs außenpolitische Interessen konzentrierten sich mehr und mehr auf den Balkan. Im Inneren suchten die nichtdeutschen Nationalitäten nach mehr Einfluß, was aber wiederum die Deutschen nicht akzeptierten. Einzig im mährischen Landtag gelang 1905 ein »Ausgleich« zwischen Deutschen und Tschechen. In den anderen Kronländern wurden die Konflikte – Unterrichts- und Behördensprache, Besetzung von Ämtern, Abgrenzung der Wahlkreise – nicht mehr lösbar, nur mehr der Kaiser, seine Beamten und die Armee hielten den Staat zusammen, bis der Erste Weltkrieg trotz einiger militärischer Erfolge das Ende brachte.

Mähren war ein gemischtsprachiges Kronland, in dem Deutsche (ca. 23%) und Tschechien im täglichen Kleinkrieg aufeinanderprallten. Die Städte Olmütz, Iglau, Brünn, Nikolsburg und das »Kuhländchen« (um Neutitschein/Nový Jičín) waren überwiegend deutsch, die Dörfer meist böhmisch, der adelige Großgrundbesitz teils kaiserfreundlich, teils tschechisch-national. 1919 hoffte man in Südmähren vergeblich, zu Österreich zu kommen, doch die Tschechen besetzten sofort ganz Mähren. In der Zwischenkriegszeit setzten sich die nationalen Geplänkel fort, am 29. September 1938 kamen die »sudetendeutschen Gebiete« nach dem Münchner Abkommen zum Deutschen Reich, am 27. Oktober 1938 besuchte Adolf Hitler Nikolsburg und nahm in seiner Rede auf den Frieden von 1866 Bezug – damals hätte die tragische Entwicklung der deutschen Volksstämme begonnen, nie mehr sollte es zum Bruderkrieg zwischen Deutschen kommen. Im Großdeutschen Reich sollte Nikolsburg »Musterstadt« werden: Kommunale Einrichtungen wurden gefördert, anstelle des Ghettos wurde eine Vorbild-Wohnsiedlung er-

baut. 1945 wendete sich das Schicksal wieder, nun wurden die Deutschen vertrieben, endgültig.
Blicken wir vom Nikolsburger Schloß nach Westen, so erkennen wir am Schloßhang die erwähnte Siedlung. Hier stand auch, am Rande des Ghettos, das Haus, in dem am 20. April 1890 Adolf Schärf als Sohn eines Glasbläsers geboren wurde. 1899 zog seine Familie nach Wien, wo man sich ein besseres Auskommen erhoffte. Von 1957 bis zu seinem Tod 1965 war Dr. Adolf Schärf österreichischer Bundespräsident. 1733 wurde im Nikolsburger Ghetto der später geadelte Joseph von Sonnenfels geboren, einer der wichtigsten innenpolitischen Berater Maria Theresias, der sich besonders um die Abschaffung der Folter verdient gemacht hat. Fast vergessen ist hingegen Johann Nepomuk Reithoffer, der zwar 1781 im benachbarten, damals niederösterreichischen Feldsberg (heute: Valtice) geboren wurde, aber sich nach Lehr- und Wanderjahren, die ihn bis nach Paris brachten, in Nikolsburg niederließ. Das gelernte Schneiderhandwerk befriedigte ihn nicht, er wurde Erfinder von Frostschutzmitteln, Fertigkleidern sowie wasserdichter Bekleidung und Schuhen. Seine Nikolsburger Zunftkollegen lehnten diese Neuerungen ab, und Reithoffer übersiedelte 1824 nach Wien. Mit dem Geld seiner aus Nikolsburg stammenden Frau gründete er in Wimpassing in Niederösterreich eine Fabrik – das Stammwerk der Semperit AG…
Vom Schloßberg aus sehen wir zwei kulturhistorisch interessante Gebäude: am Randes des Hauptplatzes die leider kaum zugängliche, da renovierungsbedürftige Grabkirche der Fürsten Dietrichstein (deren Fassade in den dreißiger Jahren Kulisse von deutschsprachigen »Jedermann«-Freilichtaufführungen nach dem Vorbild der Salzburger Festspiele war) sowie das Piaristenkloster an der früheren Durchzugsstraße Richtung Brünn. Es war 1631 das erste Kloster dieses Schulordens in Österreich (die Klostergründung im heutigen 8. Wiener Bezirk erfolgte erst 1697). Das Deckenfresko der Piaristenkirche von Nikolsburg gilt als eines der schönsten Werke von Franz Anton Maulpertsch (s. S. 140). 1889 maturierte am Piaristengymnasium Karl Renner mit Auszeichnung. In der Monarchie suchte er in theoretischen Schriften Lösungen für das Nationalitätenproblem der Monarchie aufzuzeigen, 1919 war er als Staatskanzler Geburtshelfer der Republik Österreich und leitete die österreichische Delegation, die den Frieden von Saint-Germain abschließen mußte, 1945 bis 1950 war Dr. Karl Renner Bundespräsident. Der Besuch des Gymnasiums wurde Renner nicht leichtgemacht. Als

achtzehntes Kind eines Kleinbauern mußte er sich, bevor er ein Stipendium bekam, das Schulgeld mit Tagelöhnerarbeiten auf dem Feld und mit Nachhilfestunden verdienen. Mehrere Schuljahre hindurch wanderte er bei jedem Wetter täglich vom Bauernhaus seiner Eltern in die Schule und zurück, zweimal eineinhalb Stunden. Wir sind in 5 Minuten dort: Von Mikulov Richtung Brno fahrend, führt die erste Abzweigung links nach *Dolní Dunajovice/Untertannowitz*. Am Hauptplatz, neben dem Postamt, ein ebenerdiges Kleinhäuslerhaus, mit einer Gedenktafel, zweisprachig und mit dem charakteristischen Profil Renners. Hier wurde Karl Renner am 14. Dezember 1870 geboren. Von der Absicht, hier ein Karl-Renner-Museum einzurichten, war schon vor längerem zu lesen, vielleicht erleben wir es noch.
Zurückgekehrt zur Hauptstraße, fahren wir Richtung Brno weiter, überqueren auf einem Damm den Dyje/Thaya-Stausee und wählen vor *Pohořelice/Pohrlitz* nicht die Umfahrungsstraße, sondern die Zufahrt in den Ort. Nach wenigen Metern links stehen seit wenigen Jahren ein Kreuz und eine Gedenktafel: Hier ist ein Massengrab, in dem mehrere Hundert von den dreißigtausend deutschsprachigen Brünnern, die im Mai 1945 aus ihrer Heimatstadt vertrieben wurden, auf ihrem Marsch zur österreichischen Grenze verscharrt wurden, nachdem sie an den Strapazen und Entbehrungen gestorben waren. Während der kommunistischen Zeit wurde all dies totgeschwiegen, 1995 stellte die Brünner Staatsanwaltschaft fest, daß dies kein Völkermord gewesen sei und daher keine Strafverfahren eingeleitet würden.
Wir fahren weiter Richtung Brno und können noch, gleich nach Pohořelice, dem Wegweiser »Židlochovice« (Straße Nr. 416, nach Osten) folgen. In *Židlochovice/Groß Seelowitz* steht inmitten eines großen Parks, in dem früher berühmte Fasanenjagden stattfanden, ein bis auf gelegentliche Treffen von Staatsoberhäuptern – auch Bundespräsident Thomas Klestil war schon hier – heute funktionsloses Schloß, erbaut nach Plänen von Johann Lukas von Hildebrandt. Es war einer der Sommersitze der tschechoslowakischen Staatspräsidenten, vorher gehörte es den Habsburgern (der von Erzherzog Carl, dem Sieger von Aspern, abstammenden Linie, die auch im Besitz der heute nicht mehr bestehenden Weilburg in Baden bei Wien und der Burg Hohenwerfen bei Salzburg war). Geboren wurde hier u. a. am 21. Mai 1863 Erzherzog Eugen, Feldmarschall der k.u.k. Armee und letzter Großmeister des Deutschen Ritterordens. 1919 wählte er das Exil und lebte 1934 im heu-

te noch als Luxushotel bestehenden Hotel »Drei Könige« in Basel. 1934 kehrte er nach Österreich zurück, wohnte im Deutschordenshaus in Gumpoldskirchen, dann in der Stadlergasse in Wien-Hietzing und nach 1945 in Igls in Tirol. Im Dezember 1954 starb er in Lana/Südtirol. Sein Grabmal ist in der Innsbrucker St.-Jakobs-Kirche, sein Denkmal steht im Innsbrucker Hofgarten.

Wir fahren weiter Richtung Brno, aber in Modřice könnte ich Sie noch zu einem kleinen Umweg verführen: Wenn man nach rechts, Richtung *Chrlice* abzweigt und die Autobahn überquert, ist der nächste Ort Chrlice. Am etwas erhöhten Hauptplatz steht links ein Haus mit einer schon schwer zu entziffernden Gedenktafel. Es ist das Geburtshaus eines der bedeutendsten österreichischen Gelehrten, des Naturwissenschafters und Philosophen Ernst Mach. Er wurde hier am 16. Februar 1838 geboren. Sein Vater, ein Gymnasiallehrer, unterrichtete seinen Sohn teils selbst, teils ließ er ihn in Seitenstetten und Kroměříž/Kremsier das Gymnasium absolvieren. Mach studierte in Wien, wurde schon mit 26 Jahren Professor für Mathematik an der Grazer Universität, mit 29 Jahren Professor für Experimentalphysik an der Prager Universität und 1879 deren Rektor (s. S. 43). 1895 wurde er an die Universität Wien auf den neugeschaffenen Lehrstuhl für Philosophie der Naturwissenschaften berufen, zog sich aber schon 1901 aus Gesundheitsgründen ins Privatleben zurück. 1913 übersiedelte er zu seinem Sohn nach Vaterstetten bei München und starb hier 1916 im heutigen Haus Aurikelstraße 22; sein Grab liegt zwischen den Urnenkolonnaden des Münchner Nordfriedhofs, gegenüber dem Grab des Malers Franz von Defregger. Als Physiker schuf Mach die Grundlagen für Einsteins Relativitätstheorie, als Philosoph begründete er den Empiriokritizismus: Jede Erkenntnis beruhe auf Erfahrung; Mach war Positivist und lehnte Metaphysik ab.

Jetzt lenke ich Sie nicht mehr länger davon ab, Ihren Wagen nach *Brno/Brünn* zu fahren. In der Nähe des Stadtzentrums gibt es mehrere bewachte Parkplätze; auf welchem Sie Ihr Auto nach dem Unterfahren der Eisenbahn abstellen, ist ziemlich gleich.

Die Brünner Altstadt wurde nach 1860 von den Festungsmauern befreit und nach Wiener Vorbild mit einer Ringstraße umgeben; einen – allerdings nur für deutschsprachige Architekten offenen – Wettbewerb für einen Generalregulierungsplan gewann 1901 der Wiener Architekt Eugen Fassbender (1854–1923; nach seinem Plan wurde auch Villach umgestaltet, in Baden bei Wien erbaute er das Kurhaus). Ich schlage drei

Rundgänge durch die Stadt vor, die alle am *náměstí Svobody/Freiheitsplatz*, dem dreieckigen großen Platz im Stadtzentrum mit der 1680 errichteten Mariensäule beginnen:
Der erste, längste Weg führt von der Panská am südlichen Platzende zunächst in die *Radnická*, wo am Alten Rathaus ein spätgotisches Zierportal von Anton Pilgram mit einem Doppeladler und einer verdrehten Säule auffällt. Meister Pilgram (um 1450–1515) soll, da ihm die Ratsherren nicht den erwarteten Lohn bezahlten, sich mit dieser Asymmetrie gerächt haben. Dann verließ er seine Geburtsstadt und ging nach Wien, wo er, auch nicht unumstritten, am Stephansdom arbeitete (er ist der »Fenstergucker« am Fuß der von ihm geschaffenen Kanzel). Am *Zelný trh/Krautmarkt* ist wochentags ein Markt, auf dem Bauern wie bei uns zu alten Zeiten ihre Lebensmittel feilbieten. In der Mitte steht der von einer Europa gekrönte Parnaßbrunnen. Er wurde um 1690 von Johann Bernhard Fischer von Erlach erbaut und gilt als Symbol des Heiligen Römischen Reiches. Lesen wir dazu in einem Handbuch der Böhmischen Länder:

> »Das Prinzip eines dreiseitigen Rumpfes der hohlen Pyramide beim Parnaßbrunnen versinnbildlicht das Dreifaltigkeitsmotiv der Dreizahl, welches die gesamte Komposition des Brunnens durchzieht und dem Künstler als Synthese der theokratischen Ideen am Wiener Hofe der katholischen Habsburger vertraut war. Im Innenraum der Höhle, die von drei Öffnungen des felsigen Massivs Licht empfängt, plaziert Fischer die erste Phase des epischen Details am Monument, die der mythologischen Handlung. Es ist die Zähmung des dreiköpfigen Ungeheuers aus den Tiefen der Unterwelt, des Höllenhundes Zerberus durch den antiken Gott Heracles aus dem Kreise des griechischen Götterhimmels am Parnassus… Die architektonische Analyse des Brünner Parnaßbrunnens sucht dessen Urbild bei Bernini an jener Römischen Fontäne auf der Piazza Navona, die auf dem Prinzip der Vierzahl damals bekannter Weltteile beruht, wobei jeder von diesen von einem Fluß dargestellt wird, die alle insgesamt einen Obelisk auf felsigem Massiv umgeben.« (1)

Rechts, am nám. Dominikánské, würde im Neuen Rathaus der einstige Saal der Mährischen Stände mit seinem Deckenfresko von Daniel Gran und den Kaiserporträts an den Wänden einen Besuch lohnen, doch ist er als Sitzungssaal nun des Gemeinderates nur selten zu besichtigen. Das Gebäude Zelný trh Nr. 4 – heute leider verfallend – gehört zu den ältesten Theatergebäuden Europas, 1767 musizierte Mozart in diesem Haus, und Emanuel Schikaneder wurde hier nach dem Ende seines Direktorats

an dem von ihm gegründeten Theater an der Wien 1807 Theaterdirektor. Später gaben hier Johann Nestroy, Charlotte Wolter, Therese Krones Gastspiele. Dieses »Redoute« genannte Theater verlor an Bedeutung, als das Deutsche Theater (s. u.) an der Ringstraße gebaut wurde. Als man nach dem Ersten Weltkrieg die Deutschen aus diesem vertrieb, wurde die Redoute wieder zum deutschsprachigen Theater; Leo Slezak und Julius Patzak traten hier in den zwanziger Jahren auf.
Links, vorbei am im Palais Dietrichstein untergebrachten Mährischen Landesmuseum (mit urgeschichtlichen Funden, etwa der Venus von Věstonice), steigen wir durch die Petrská zum *Peter-und-Pauls-Dom* empor, an dem gotisch, barock und neugotisch gebaut wurde. Die Glasfenster stammen aus Tirol, der Kremser Schmidt schuf die Altarbilder »Taufe Christi« und »Hl. Barbara«, an der südlichen Außenwand ist wie am Wiener Stephansdom eine »Capistran-Kanzel« (s. S. 162) angebaut. Durch die Biskupská verlassen wir den Domhügel, ein kurzer Abstecher nach links führt uns zu einem Obelisken, heute zwar ohne Inschrift, aber mit schöner Aussicht über die Stadt. Er wurde in Anwesenheit von Kaiser Franz I. 1818, zur Erinnerung an den Sieg über Napoleon in der Völkerschlacht bei Leipzig fünf Jahre zuvor, eingeweiht. Weiter »talwärts« überqueren wir die stark befahrene Husova und gehen durch die Pekařská bis zur *Königsklosterkirche Maria Himmelfahrt*. Leider ist diese schönste gotische Kirche Brünns nur selten geöffnet. In ihr befindet sich unter einer mit »E« bezeichneten Platte unter der Vierung das Grab Elisabeth Ryksas (1288–1335), des einzigen Kindes des polnischen Königs Přemysl II. Sie war in 2. Ehe mit Rudolf III., dem Enkel König Rudolfs von Habsburg, verheiratet, womit dieser, der schon König von Böhmen war, auch König von Polen wurde. Da die Ehe kinderlos blieb, fiel nach dem Tod Rudolfs III. (1307) und der kurzen Regierung Heinrichs von Kärnten Böhmen an die Luxemburger, deren bedeutendster Kaiser Karl IV. war. Erst 1526 kamen Böhmen und Mähren als Erbe des ungarischen Königs Ludwig II. langfristig an die Habsburger.
An die Kirche angebaut ist das Altbrünner *Augustinerkloster*. In dessen Hof (zugänglich vom Mendlovo nám.) stehen zwei Denkmäler: Eines aus dem Jahr 1910 des Wiener Bildhauers Theodor Charlemont erinnert an Gregor Mendel (1822–1884), der hier Augustinermönch war und an der Universität Wien studierte. Er begründete nach Pflanzenversuchen im Klostergarten die moderne Vererbungslehre und starb als Abt dieses Klosters; ein Mendel-Museum ist im nun wieder kirchlichen Zwecken

dienenden Klostergebäude zu besichtigen. Die Gedenkplatte im vorderen Teil des Gartens erinnert an den Beginn des bereits erwähnten »Brünner Todesmarsches«: Hier hatten sich die Deutschen Brünns am 30. Mai 1945 sammeln müssen, um danach die 60 km zur österreichischen Grenze getrieben zu werden. Die Gedenkplatte konnte erst 1995 von der Vereinigung der Brünner Deutschen errichtet werden, und über ihren Text gab es lange Streit. Jetzt ist weder von Vertreibung noch von den Leistungen, die die Deutschen für Brünn erbrachten, die Rede: »Am 30. Mai 1945 mußten die Deutschen aus Brünn und der Sprachinsel ihre Heimat verlassen. Mögen in Zukunft alle Menschen in Europa in Frieden und unter Achtung der Menschenrechte leben.«
In der Brauerei hinter dem Kloster wird das früher berühmte »Staré Brno/Altbrünner Bier« noch immer erzeugt; sie gehört seit 1994 zu 34% der Österreichischen Brau-AG. Geht man zum Platz vor der Kirche zurück, folgt ein leider durch den starken Verkehr in der Úvoz wenig angenehmes Wegstück, das leicht ansteigend am Fuße des Spielbergs entlang führt. Nach 600 m, an der nächsten größeren Kreuzung (mit der Údolní), stehen wir vor dem Denkmal Viktor Kaplans, einem unserer »Vorzeige-Österreicher«. Er machte hier an der Brünner Deutschen Technischen Hochschule seine entscheidenden Versuche, die zu einer wesentlichen Verbesserung der Erzeugung elektrischer Energie aus Wasserkraft führten. Viktor Kaplan war eines der in der Donaumonarchie häufigen »Tornisterkinder«, deren Vater – ein Offizier, Eisenbahn- oder Staatsbeamter – von einer Garnison, Bahnstation oder Behörde zur nächsten versetzt wurde, von Kronland zu Kronland, belohnt mit jeweils einem Stern mehr auf dem für alle obligaten (Uniform-)Rock des Kaisers, dessen Bildnis in allen Amtsstuben vom Bodensee bis zum Dnjestr im östlichsten Galizien hing. Das Übersiedeln von einer ärarischen Unterkunft in die nächste – deren strenge, symmetrische und nur durch Rustica und Risalite wenig gegliederte kaisergelbe Bauten sich allerorten gleichen und bis heute, alle Regime überdauernd, noch ähnlicher Funktion dienen – war zwar mühsam, bescherte aber doch dem Nachwuchs neue Eindrücke und Sprachen. Viktor Kaplan war ein solcher Eisenbahnersohn: Geboren am 27. November 1876 im Bahnhof von Mürzzuschlag (wo heute eine Gedenktafel an ihn erinnert), wuchs er auf den Bahnhöfen von Neuberg im Mürztal und Wien-Hetzendorf auf. Nach der Matura in der Realschule in der Waltergasse 7 in Wien-Wieden, dem Maschinenbaustudium an der Wiener Techni-

schen Hochschule und dem Freiwilligenjahr bei der k.u.k. Kriegsmarine in Pola fand er seine erste Anstellung bei der heute noch bestehenden Maschinenbaufabrik in Leobersdorf an der Südbahn, damals einer der weltweit führenden Hersteller von Dieselmotoren. Da Kaplan lieber experimentierte als konstruierte, kam es zu Differenzen mit dem Arbeitgeber. Ein Zufall half ihm: Der Bahnhofsvorstand von Leobersdorf hatte einen Jugendfreund zu Besuch, einen Professor der Technischen Hochschule Brünn. Und an der Lehrkanzel dieses Freundes, Alfred Musil, war die Stelle eines Konstrukteurs frei. Ein Ausschreibungsgesetz mit seinem langwierigen Verfahren gab es damals noch nicht, und schon einige Tage später war Viktor Kaplan Konstrukteur an der Hochschule in Brünn. Hier konnte er 1903 Versuche fortsetzen, die er als Kind mit Wasserrädern an den Ufern der Mürz begonnen hatte. Im Keller des neuen Hochschulgebäudes wurde ihm ein wassertechnisches Laboratorium eingerichtet, und nach zahllosen, oft Überschwemmungen verursachenden Versuchen gelang dem »Wassermann von Brünn« 1913 die später patentierte Erfindung schnellaufender Wasserlaufräder, die den Wirkungsgrad von Turbinen wesentlich erhöhten und den weitreichenden Einsatz der Elektrizität erst ermöglichten. Als Kaplan 1913 eine Berufung nach Aachen erhielt, setzte Musil in Wien Kaplans Ernennung zum ao. Professor für Maschinenbau an der Deutschen Technischen Hochschule in Brünn durch. Vom Patent bis zum erfolgreichen, weltweiten Einsatz war es aber noch ein weiter Weg. Der Zufall half noch einmal: Einer von Kaplans Studenten war der Sohn des Brünner Maschinenfabrikanten Storek, und dieser baute ihm (im heute noch bestehenden Fabriksgebäude in der Křenová Nr. 65, östlich des Bahnhofes) die Versuchsturbine. 1919 wurde die erste »Propellerturbine« in Brünn gefertigt und in Velm in Niederösterreich erfolgreich eingesetzt; bei einer Drehzahl von 800 wurde mit ihr ein Wirkungsgrad von 84% erreicht, weit mehr als bei der bisher üblichen »Francisturbine«. Die erste »Kaplan-Turbine« ist heute vor dem Wiener Technischen Museum konserviert. Aber bei der ersten Großturbine, in Görz eingesetzt, gab es Probleme, die wieder Experimente in Brünn notwendig machten, und diese Schwierigkeiten sowie Patentstreitigkeiten zermürbten Kaplan. Es dauerte lange, bis der Siegeszug der Kaplan-Turbine um die Welt begann: Von Siebenbrunn bei Gmunden/OÖ über Lilla Edet in Schweden (1925), die Rheinkraftwerke in Ryburg-Schwörstadt und Irland bis in die USA; auch die österreichischen Donaukraftwerke sind mit Kaplan-

Turbinen bestückt. Kaplan zog sich auf sein 1920 gekauftes Landgut Rochuspoint zwischen Unterach/Attersee und See am Mondsee zurück, wo er am 23. August 1934 starb und auch begraben ist. Bis knapp vor seinem Tod war Kaplan Professor an der Brünner Technischen Hochschule, die ihm wenige Tage vor seinem Tode das Ehrendoktorat verlieh.

Geht man ein Stückchen durch die Úvoz zurück und dann links durch die Gorazdova, so kommt man auf den *Špilberk/Spielberg*. Jahrhundertelang Burg und Kaserne, war die Feste Spielberg auch das Staatsgefängnis der Habsburger, die hier ihre »politischen Gefangenen« einkerkerten, bis der Tod sie von Kälte, Feuchtigkeit und Finsternis erlöste. Die Reihe der Gefangenen reicht von den Anhängern Wallensteins über den Pandurenoberst Franz Freiherr von der Trenck, der trotz seiner Leistungen für Maria Theresia wegen seiner Ausschreitungen 1746 vor ein Kriegsgericht gestellt und auf den Spielberg verbracht wurde, wo er 1749 starb, bis zu den polnischen Aufständischen und den im 19. Jh. gegen die Habsburger in Lombardo-Venetien aufrührerischen »Carbonari«. Die Legende berichtet, daß sich Kaiser Joseph II. einmal selbst in eine der Holzkisten, in denen in den unteren Kasematten Malefizpersonen angeschmiedet waren, einsperren ließ, auf eine Stunde. Danach sollen sich auf kaiserlichen Befehl die Haftbedingungen etwas gebessert haben. An den Mauern und in den Zellen finden wir zahlreiche Gedenktafeln, die nach dem Ende der von ihnen als »Völkerkerker« bezeichneten Donaumonarchie von den »befreiten Nationen« errichtet wurden. Auch während der deutschen Besetzung der ČSR diente der Spielberg als Gefängnis. Danach bemühte sich das kommunistische Regime um rasche Renovierung der Festung, die man eines tschechischen Namens nicht wert fand. Tatsächlich ist heute der Špilberk einer der am schönsten renovierten historischen Bauten der tschechischen Provinz. So gut renoviert, daß ein Besuch kaum mehr Gänsehaut erzeugt.

Wenn Sie in die Altstadt zurückgekehrt sind, kann Ihnen ein Besuch der Gruft des *Kapuzinerklosters* (am nám. Kapucínské, gleich hinter der oben erwähnten »Redoute«) vielleicht doch noch ein Gruseln bescheren: In ihr sind zahlreiche mumifizierte Leichen zu sehen, auch die des Obersten von der Trenck, diese allerdings mit einem fremden Schädel, da der echte von einem Souvenirtouristen – so etwas gab es auch schon im 18. Jh. – gestohlen worden sein soll. Durch die Masarykova (auf Nr. 7 von Leopold Bauer, geb. 1872 in Krnov/Jägerndorf in Österreichisch-

Vor der Technischen Hochschule von Brünn steht das Denkmal von Viktor Kaplan, der hier seine entscheidenden Versuche vor der Erfindung der Kaplan-Turbine machte.

Schlesien, gest. 1938 in Wien, erbautes Wohnhaus; Bauer war der Nachfolger Otto Wagners an der Wiener Akademie und baute das ehemalige »Kriegsministerium« am Stubenring, das Gebäude der Oesterreichischen Nationalbank und zahlreiche Villen in Wien) kommen wir zum nám. Svobody zurück.

Der zweite Spaziergang, vielleicht nach einer Stärkung in einer der zahlreichen – nein, nicht Fastfood-Lokale –, sondern Konditoreien, »Cukrárna«, ist kürzer. In der *Kobližná* befindet gleich links das *Ethnographische Museum*, in dem man Ihnen – wenn er nicht gerade für eine Ausstellung in Österreich ausgeborgt ist – gerne den Pflug (»pluh«) zeigt, mit dem Kaiser Joseph II. die »Furche von Slavikowitz« gezogen haben soll. Der Legenden um den Kaiser als Bauer gibt es viele, doch dürfte es historische Tatsache sein, daß der Kaiser einem Bauern eine Ackerfurche gezogen hatte, um die Arbeit des einfachen Landmannes kennenzulernen. Beim Bahnhof Rousinov, 15 km östlich von Brünn, stand lange Jahre ein Denkmal. Am Haus Kobližná Nr. 4 ist eine Gedenktafel angebracht, die daran erinnert, daß sich Wolfgang Amadeus Mozart mit Schwester und Eltern in diesem Haus aufhielt. Es gehörte Franz Anton Graf Schrattenbach, dem Bruder des Salzburger Erzbischofs. Die Familie Mozart verbrachte hier die Weihnachten 1767. Sie war von Wien wegen einer Blatternepidemie geflohen, aber in Olmütz doch schwer erkrankt. In der Mozartova, gleich hinter den Filialen österreichischer Banken und unserer nationalen Fluggesellschaft, hat der das einstige k.k. Landesgericht gebietend zierende Doppeladler bis heute überlebt, ebenso der am einstigen *Stadttheater* am damaligen Kaiser-Ring. Erbaut wurde es für die Deutschen Brünns 1881/82 vom Wiener Architekturkonzern Fellner & Helmer, als erstes Theater Europas mit elektrischer Beleuchtung. Für viele Künstler war es das Sprungbrett für ein Engagement am Wiener Hofburgtheater oder an der Hofoper: Die in Brünn 1887 als Mizzi Jedlička geborene Maria Jeritza und der in Mährisch Schönberg/Šumperk geborene Leo Slezak (1896) debütierten an diesem Theater, Robert Stolz (1903) und Clemens Krauss (1913) wirkten als Dirigenten.

Zwischen Jánská und Méninská steht noch das von Ludwig Christian Förster (der in Wien u. a. das Palais Todesco baute und die Doppelalleen der Ringstraße gestaltete) 1858 errichtete Gebäude der ehemaligen Deutschen Realschule. Durch die Orli kommen wir in die Josefská, wo im *Technischen Museum* Viktor Kaplan ein Raum gewidmet ist und weitere der Industriegeschichte Brünns. Im späten 19. Jh. wurde Brünn mit seinen Textil- und Maschinenfabriken das »österreichische Manchester« genannt. Brünn hatte 1910 ca. 100000 deutsche und ca. 50000 tschechische Einwohner (1995: ca. 400000) und war durch eine deutsche und eine tschechische Technische Hochschule ein Zentrum der industriellen Entwicklung der Donaumonarchie. Brünner Fabriken hatten Zweigwerke in Wien, so war z. B. das Paukerwerk in der Siemensstraße in Wien-Floridsdorf eine Brünner Gründung. Den Hof des Hauses *Orli* Nr. 7 sollten Sie sich ansehen: ein gewaltiger Doppeladler, ein Medaillon Kaiser Leopolds II. und eine Inschrift, daß hier die Kaiser Joseph I., Leopold II. und Franz I. weilten, erinnern an gemeinsame Geschichte; hier stand früher das Gasthaus »Zum schwarzen Adler«. Die Habsburger hatten in Brünn zwar keine Residenz, doch die Stadt lag an der »Kaiserstraße« nach Prag, und auf der mehrtägigen Reise dorthin mußte auch in Orten ohne »Kaiserzimmer« übernachtet werden.

Der letzte Rundgang beginnt wieder am nám. Svobody, führt zunächst durch die Rašinova – die bis 1918 der »Korso« der deutschsprachigen Brünner war (die daneben führende heutige Česká wurde von den Tschechen frequentiert) zur *St.-Jakobs-Kirche*. Auch ihr Portal wurde, wie sein Steinmetzzeichen zeigt, von Meister Pilgram erbaut. Die heutige neugotische Gestalt erhielt die Kirche um 1880 von Heinrich Ferstel, dem Erbauer der Wiener Votivkirche. Im Chor sehen wir neben dem Marmorgrabmal von Raduit de Souches (mit einem Lobgedicht auf Österreich), dem 1683 in Wien gestorbenen Verteidiger Brünns gegen die Schweden, eine Grabplatte der Familie Čert (= Teufel), die sich während der Türkenbelagerung in Wien 1529 ausgezeichnet hatte. Für die nächste Kirche, St. Thomas, malte Franz Anton Maulpertsch das Hauptaltarbild (Offenbarung Christi, 1764). Im Gebäude daneben befand sich einst die k.k. Statthalterei – »damals« war Mähren ja ein eigenes Kronland, heute ist Tschechien ein zentral regierter Staat und »Morava« nur mehr ein historischer Begriff. Nun ist im Gebäude ein Teil der *Moravská galerie/Mährischen Galerie* untergebracht, deren »österreichische« Gemälde ein Verweilen wert sind: Werke von Friedrich von Amerling, Josef Danhauser, Friedrich Gauermann, Angelika Kauffmann, Leopold Kupelwieser, Johann Baptist Lampi d. Ä., Hans Makart, August Pettenkofen, Ferdinand Georg Waldmüller, Olga Wisinger-Florian u. a. sind zu besichtigen.

Nur wenige Meter nach der Überquerung der Ringstraße kommt man in der *Kounicova* zum Hotel Continental. Blicken Sie sich vor dem Eingang um. Die Gedenktafel irrt nicht: Hier stand das Haus, in dem Adolf Loos am 10. Dezember 1870 geboren wurde. Zum Glück kann der kompromißloseste unserer Architekten nicht sehen, wie es um seinen Geburtsplatz heute bestellt ist! Loos' Vater war Baumeister und Steinmetz, er selbst lernte an der Brünner Technischen Staatsgewerbeschule, vermutlich gemeinsam mit Joseph Hoffmann (auch er ist Mährer, sein Geburtshaus steht noch am Marktplatz von Brtnice/Pirnitz, 11 km südöstlich von Jihlava/Iglau), bevor er in Dresden Architektur studierte. In Brünn hat A. Loos nur das Innere eines Schlößchens (»Zámeček Bauerova rampa«) auf dem Brünner Messegelände (Výstaviště) gestaltet.

Hier seien einige weitere in Brünn Geborene aufgezählt, deren man sich in Österreich als Berühmtheiten erinnert: Franz von Pillersdorf (1786–1862, der Schöpfer der ersten österreichischen Verfassung, 1848), Heinrich (Baron) Drasche (1811–1880, Gründer der »Wienerberger Ziegelwerke«), Ferdinand Hebra (1816–1880, Arzt und Begründer der modernen Dermatologie), Ottilie Bondy (1832–1921, führend in der österreichischen Frauenbewegung tätig und Organisatorin der Vermittlung von böhmischen Hausangestellten nach Wien), Josef Schöffel (1832–1910, Bürgermeister von Mödling und »Retter des Wienerwaldes«), Eugen Ritter von Böhm-Bawerk (1851–1914, Nationalökonom, der 1896 in Österreich die progressive Einkommenssteuer einführte), Alfred Roller (1864–1935, Bühnenbildner an der Wiener Oper), Matthias Eldersch (1869–1931, einer der ersten sozialdemokratischen Reichsratsabgeordneten und Organisator der Konsum-Lebensmittelgenossenschaften), Fritz Grünbaum (1880–1940, Kabarettist, der mit Karl Farkas die »Doppelkonferencen« kreierte), Richard (von) Schaukal (1874–1942, Dichter und Sektionschef), Anton Hanak (1875–1934, Bildhauer), Ernst Lothar (1890–1974, Theaterregisseur), Erich Korngold (1897–1957, Komponist), Rosalia Chladek (1905–1996, Tänzerin), Alexander Steinbrecher (1910–1982, Komponist: »Ich kenn ein kleines Wegerl im Helenental« ...), um nur einige zu nennen. Man könnte fragen, warum so viele Menschen aus dieser Stadt den Weg in die Österreich-Lexika fanden. Vielleicht war es das Klima dieser zweisprachigen Stadt, in der das Leben einer Volksgruppe in ständigen Widerstreit mit dem der anderen geführt werden mußte, das Talente und Kreativität förderte. Dies setzte Durchschlagskraft, Beharrlichkeit, Auseinandersetzen

mit und Lernen von den anderen voraus. Vielleicht war das das Holz, aus dem Genies geschnitzt wurden. Heute ist dieser Zustrom nach Österreich abgeschnitten.
Die letzte Gedenktafel, auf die ich Sie in Brünn aufmerksam machen möchte, befindet sich in der Jaselská: Von der Kounicova nach links, die Veveří überquerend, kommen Sie durch die Gorkého in die Jaselská. Hier auf Nr. 10, in einem bis heute unveränderten Großbürgerhaus, wohnte Alfred Musil, Professor für Maschinenbau an der k.k. Technischen Hochschule zu Brünn. Und hier lebte auch mehrere Jahre der Sohn Robert Musil, der spätere Dichter. 1880 wurde er in Klagenfurt geboren, besuchte in Steyr die Volksschule und in Eisenstadt und (1894–1897) in Mährisch Weißkirchen Militär-Schulen. Die Zeit an der Militär-Oberrealschule in Mährisch Weißkirchen, an der einige Jahre vorher auch R. M. Rilke während eines Schuljahres kaserniert war, fand Niederschlag in Musils Roman »Die Verwirrungen des Zöglings Törleß«. Mährisch Weißkirchen liegt im mittleren Mähren, östlich von Olomouc/Olmütz, und heißt heute Hranice. Am östlichen Stadtrand steht noch das Gebäude der alten Militärschule mit seiner fast 1 km langen Front – eindrucksvoll bis heute und schon dem Passanten jene Zucht und Ordnung symbolisierend, die die jungen Dichter bedrückten und für ihr Leben prägten. (Einige Kilometer weiter, in Příbor/Freiberg, steht südlich des Stadtplatzes mit einer Gedenktafel noch das Haus, in dem am 6. Mai 1856 Sigmund Freud geboren wurde.)
Robert Musil studierte dann zwar an der Technischen Hochschule Brünn, trat aber nicht in die Fußstapfen seines Vaters, sondern wurde Schriftsteller. Sein Hauptwerk, der große Roman über ein symbolisches Österreich »Der Mann ohne Eigenschaften«, war zwar ein Erfolg, doch kein finanzieller. 1938 emigriert Musil aus Wien in die Schweiz, wo er bitterarm 1942 in Genf starb; an seinem vorletzten Wohnhaus, am Chemin des Grangettes 29 in Chene-Bourgeries ist eine Gedenktafel angebracht.
Der Weg zurück ins Stadtzentrum führt uns nochmals an Bauten einiger Wiener Ringstraßenarchitekten vorbei: Im mächtigen Gebäude *Joštova* Nr. 8 tagte einst der mährische Landtag (erbaut von Robert Raschka und Anton Hefft), die evangelische »rote« Kirche daneben wurde von Heinrich Ferstel erbaut, das karyatidengeschmückte ehemalige Deutsche Gymnasium, die heutige Musikakademie am *nám. Komenského*, von Eduard van der Nüll und August Sicard von Sicardsburg, das Besední

dům/Vereinshaus (nám. Komenského Nr. 8) hat Theophil Hansen als Architekten, die »Turnhalle« gegenüber (Údolní Nr. 3) wiederum Heinrich Ferstel.
Der architektonisch berühmteste Bau Brünns wurde zwar nicht von einem Österreicher geplant, soll aber trotzdem erwähnt werden: die *Villa Tugendhat* von Mies van der Rohe, 1930 in der Černopolní Nr. 45 erbaut (von der Ringstraße etwas nördlich des erwähnten Stadttheaters nach rechts, d. h. östlich, in die Milady Horákové abbiegen und dann in die vierte Quergasse links einbiegen). Das in der Nähe im Park Lužánky befindliche frühere Kasino (heute »Dům dětí a mládeže«, Haus der Kinder und der Jugend) wurde 1855 vom Wiener Architekten Ludwig Förster erbaut, der Brunnen davor stammt von Franz Melnitzky (in Wien schuf er die Karyatiden im Goldenen Saal des Musikvereinsgebäudes). Der Park hieß früher »Augarten« und wurde, wie sein Wiener Namensvetter, von Kaiser Joseph II. als »Allen Menschen gewidmeter Erlustigungs-Ort« geöffnet.

Brno/Brünn ist von Wien aus in ca. 2 Stunden erreichbar: Mit dem Auto (über Drasenhofen oder, mit der Wahrscheinlichkeit geringerer Grenzwartezeiten, über Laa/Thaya) oder mit dem Zug (EC ab Südbahnhof, über Hohenau/Břeclav). Die Linien-Autobusse (ab Wien-Mitte) fahren etwas länger. Hauptbahnhof und Busbahnhof sind nahe des Stadtzentrums (in ihrer Nähe, an der Úzká, übrigens das Kaufhaus »Tesco« mit einer tgl. bis 20 Uhr geöffneten, gut sortierten Lebensmittelabteilung). Fährt man direkt nach Brünn, so sollten alle drei Rundgänge an einem Tag möglich sein: Für den ersten muß man einen Halbtag rechnen, für die beiden anderen je eine gute Stunde. Falls man in den Museen auch andere als »österreichische« Objekte besucht, dauert es natürlich länger. Die drei Rundgänge, für die der Kauf eines vor Ort erhältlichen Stadtplanes empfohlen wird, berühren alle Sehenswürdigkeiten der Stadt.
In der Umgebung von Brünn sind weiters sehenswert: im Osten Slavkov u Brna/Austerlitz (mit dem Schloß des Fürsten Kaunitz und Gedenkstätten an die Niederlage der Österreicher und Russen in der Schlacht gegen Napoleon 1805), im Norden Tišnov-Předklášterní/Tischnowitz-Vorkloster mit dem gotischen Zisterzienserinnenkloster Porta Coeli, und Adamov/Adamsthal mit seinem von den Fürsten Liechtenstein im 19. Jh. aus dem niederösterreichischen Stift Zwettl erworbenen spätgotischen Schnitzaltar in der Pfarrkirche.
Hotels gibt es in Brünn zahlreiche, auch solche unter österreichischer Patronanz (»Austrotel«), in den höheren Kategorien mit westlichen Standards und Preisen.
Brno kann zu allen Jahreszeiten besucht werden; die Museen und die Festung Špilberk sind außer montags tgl. von ca. 9 bis 17 Uhr ganzjährig geöffnet; Kirchen sind sicher nur sonntags offen.

Przemyśl und Lemberg

Von Löwenburg über Leopolis Triceps, Lemberg, L'vov zu L'viv – oder: »Noch ist Lemberg in unserem Besitz«

Mit dieser Überschrift machte das k.u.k. Kriegspressequartier Ende August 1914, als die russische »Dampfwalze« die Verteidigungslinien der k.u.k. Armeen in den Ebenen Ostgaliziens überrollte, wahrscheinlich begünstigt durch die Kenntnis der österreichischen Marsch- und Festungspläne, die Oberst Alfred Redl verraten hatte (s. S. 56 ff.), einen semantischen Fehler: Die Einnahme Lembergs wurde quasi schon vorweggenommen – tatsächlich besetzten die Russen die Hauptstadt des Kronlandes Galizien und Lodomerien wenige Tage später, am 3. September 1914. Am 22. Juni 1915 gelang General Eduard von Böhm-Ermolli die Rückeroberung der Stadt. Nach dem Frieden von Brest-Litowsk vom 9. Februar 1918 zwischen Österreich-Ungarn und der Ukraine sollte Lemberg die Hauptstadt eines eigenen ruthenischen Kronlandes werden; im November 1918 wurde Lemberg Teil des kurzlebigen ukrainischen Staates, 1919 polnisch, nach dem Hitler-Stalin-Pakt im September 1939 russisch, 1941 bis 1944 war Lemberg von den Deutschen besetzt, von Juli 1944 bis 1990 als L'vov wieder Teil der Sowjetunion, seit der Gründung der Ukraine 1991 ist es als Львів/L'viv Hauptort der Westukraine, von der ukrainischen Hauptstadt Kiew nur etwas weiter entfernt als von Wien (500 km). Österreichisch war Galizien seit der 1. Teilung Polens (1772); Juristen werden sich daran erinnern, daß unser bürgerliches Recht zunächst 1797 »probeweise« in Galizien in Kraft gesetzt wurde, bevor es dann 1811 als »ABGB« für ganz Österreich erlassen wurde, verbessert um die galizischen Erfahrungen. Es gilt in Österreich bis heute.

Galizien war für die Habsburgermonarchie wirtschaftlich vor allem wegen seiner Salzbergwerke, als Kornkammer sowie als damals viertwich-

tigstes Erdölfördergebiet der Welt bedeutsam. Traditionell gehörte immer ein Pole der Regierung der österreichischen Reichshälfte an. Überdurchschnittlich viele Polen erreichten hohe Stellen in der k.k. Bürokratie, und nach 1918 halfen diese wesentlich mit, den neuen polnischen Staat aufzubauen. Galizien war ein armes Kronland – weswegen die Polen trachteten, einen der ihren als k.k. Finanzminister zu haben. Und da Kaiser Franz Joseph seine meist habsburgertreuen Polen mochte, gewährte er ihnen diesen Wunsch, jahrzehntelang hatte Österreich einen Finanzminister polnischer Nationalität. Und dieser sah es als nationale Aufgabe an, möglichst viele Subventionsgelder in sein armes Heimat-Kronland fließen zu lassen.
Daß Lemberg von Wien in der Luftlinie nicht weiter entfernt ist als Bregenz, glaubt man kaum. In der Ukraine wurde der Autor mehrmals darauf hingewiesen, daß das geographische Zentrum Europas in der Ukraine sei, in Рахов/Rachov. Nahe der rumänischen Grenze und südlich von Івано-Франківськ/Iwano-Frankovsk, dem österreichischen Stanislau, soll ein noch von der k.k. Landvermessung gesetzter Gedenkstein daran erinnern.
Simon Wiesenthal, der 1908 im galizischen Buczacz geboren wurde und in den dreißiger Jahren als Architekturstudent und dann als Architekt in Lemberg lebte, bis er hier durch die Nazis 1941 ins erste Gefängnis kam und diese und die KZs bis Mauthausen 1945 überlebte, erinnert sich über diese Region »im Wirbel der Geschichte«:

> »Ich komme aus einem sehr turbulenten Winkel Europas. Unser Teil von Galizien wechselte so oft von einer Hand in die andere, daß ich vor dem Abschluß der Oberschule sechsmal ›befreit‹ wurde. Nachdem uns die Kosaken von den Österreichern befreit hatten und uns die Österreicher zurückbefreiten, waren die Ukrainer mit unserer Befreiung an der Reihe, und nach dem Waffenstillstand 1918 war Ostgalizien drei Monate lang die Westukrainische Republik. Dann befreiten uns die Polen, und wir wurden zu polnischen Staatsbürgern. Nach dem Beginn des polnisch-sowjetischen Kriegs 1920 befreiten uns die Sowjets, von denen uns die nationale ukrainische Petljura-Armee befreite. Dann kamen die Polen wieder. Ich kann Ihnen sagen – unter solchen Umständen zu überleben ist eine eigene Schule. Uns konnte niemand etwas Neues beibringen – bis wir zwei Befreiungen später Hitler bekamen.« (1)

Trotz des oftmaligen Wechsels der Staatszugehörigkeit ist Lemberg wahrscheinlich jene Stadt, die in Gestalt und Atmosphäre noch am meisten an die k.u.k. Monarchie erinnert: Alle amtlichen Gebäude sind in reinstem k.u.k. oder k.k. Ärarstil erbaut; die Kasernen sind heute noch Kasernen, die Spitäler Spitäler, die Schulen Schulen, sogar die Hotels des Zentrums sind die alten. Die Bürgerhäuser in der baulich seit dem Ersten Weltkrieg unveränderten Altstadt bröckeln zwar ab, doch ist auch für den Laien leicht erkennbar, daß ihre Architekten, so sie nicht aus Wien selbst stammten (s. u.), in Wien ausgebildet wurden oder sich an Wiener Gründerzeitbauten orientierten. Noch wird das Straßenbild selten von Geschäftsauslagen oder Reklameschildern gestört, und die Autos fahren nicht schneller als Pferdekutschen (da die Straßen schlecht sind). Die frühere Erzherzog-Karl-Ludwig-Straße ist als Проспект Свободи/Freiheitsstraße noch immer ein Teil einer Ringstraße, wo an den Wochenenden (an dem sie wie die ganze Innenstadt den Fußgängern vorbehalten ist) der für die Städte der Monarchie charakteristisch gewesene Korso (s. S. 40 f.) stattfindet. »Lenin-Prospekt« hieß diese Straße übrigens in der sowjetischen Zeit, von der nicht einmal das Lenin-Denkmal geblieben ist. Die Menschen: Noch immer sieht man mehr Frauen in dunklen Kitteln und mit bunten Kopftüchern als Mädchen in Jeans und Jungen mit Baseballmützen, noch immer sind die Männer in Uniformen zahlreich (die nur nicht so bunt sind wie damals). Der vormittägliche Markt am Гадицка/Halyts'ka Ploschtschad, am südlichen Ende jenes eben als Ringstraße bezeichneten Prospekts, hat sich nicht verändert: Aus den Dörfern der Umgebung bieten die Bäuerinnen und Bauern, nach stundenlanger Fahrt mit Bahn oder Fuhrwerk gekommen, Gemüse oder Obst feil – wie damals, wenn wir Fotos aus der Ausstellung »Lemberg. Wiederbegegnung mit einer Landeshauptstadt der Monarchie« (Historisches Museum der Stadt Wien, 1993) mit dem Heute vergleichen.

Was Joseph Roth, der in Lemberg einen Teil seiner Jugend verbrachte, in den zwanziger Jahren geschrieben hatte, gilt fast auch noch heute:

> »So war's als Kaiser Franz Joseph regierte, und so ist es heute. Es sind andere Uniformen, andere Adler, andere Abzeichen, aber die wesentlichen Dinge ändern sich nicht. Zu den wesentlichen Dingen gehören: die Luft, die menschliche Seele und Gott mit allen Heiligen, die seinen Himmel bewohnen und deren Abbildungen an den Wegen stehen …« (2)

Doch, etwas hat sich geändert: Das, was Joseph Roth als »Stadt der verwischten Grenzen« bezeichnete, das Völker- und Sprachengemisch und das jüdische Element, gibt es nicht mehr. Zu k.k. Zeiten waren die

200 000 Lemberger überwiegend Polen, zu einem Drittel Ruthenen (was in der Monarchie ein Synonym für »Ukrainer« war), 15% waren Juden und 5% Deutsche. Im Zweiten Weltkrieg wurden die Juden getötet oder deportiert, nach 1945 die Deutschen und Polen vertrieben. Heute ist L'viv eine ukrainische Provinzstadt, die ihre Befehle nicht mehr aus Moskau, sondern aus Kiew erhält. Die Endzeit der Monarchie, als Lemberg deren viertgrößte Landeshauptstadt war und regelmäßig ein aus Lemberg stammender Pole der Regierung der österreichischen Reichshälfte angehörte, war die »goldene Zeit« der Stadt. Die polnische, die russische Zeit haben im Stadtzentrum keine Spuren hinterlassen, nur die österreichisch-ungarische.

»Noch ist Lemberg in unserem Besitz«… Aber man müßte sich nun mit dem Besuch beeilen, denn bald wird auch hier mit dem Ende des erzwungenen einfachen Lebens und dem Eindringen der »Bisinessmen« die Coca-Cola- und McDonald-Isierung die Stadt in Besitz nehmen.

Wie kommt man nach L'viv? Nun, das ist das einzige Problem. 1914 fuhren täglich 3 direkte Schnellzüge von Wien über Mährisch-Ostrau – Krakau – Przemyśl nach Lemberg, am 1. April 1918 wurde von der k.u.k. Armee die erste fahrplanmäßige Flugzeugverbindung der Welt zwischen Wien und Lemberg eingerichtet: Über Krakau und Lemberg wurde Luftpost bis nach Kiew befördert. Der damals in Lemberg bestehende Flugplatz ist noch heute der Lemberger Flughafen (nun mit einem Gebäude aus der Sowjetzeit, einem griechischen Tempel denkmalschutzwürdig nachgebaut). Vielleicht erleben wir es bald, daß eine österreichische Fluggesellschaft Lemberg wieder anfliegt …

Bis dahin gibt es einen zwar zweimal wöchentlich vorgesehenen, doch seltener verkehrenden österreichischen Linienbus und täglich einen Schlafwagen von Wien nach Lemberg. Interessanter ist die Anreise über Polen: Mit Flugzeug, Bahn, Linienbus oder Pkw führt die Fahrt ohne Schwierigkeiten zunächst nach *Kraków/Krakau*. In dieser 1795 bis 1918 zur Habsburgermonarchie gehörenden Stadt erinnert relativ wenig an jene österreichische Zeit – Krakau war schon im Mittelalter die Krönungsstadt der polnischen Könige, und diese Vergangenheit prägt noch heute diese Museumsstadt Polens. Das Museum im Krakauer Schloß (Wawel), das bis 1918 formell eine der Residenzen der österreichischen Kaiser war, beherbergt einige Erinnerungen an König Jan Sobieski und an die Türkenbefreiung Wiens 1683 – Wien ist dabei nur Kulisse dieser größten Leistung Polens für Europa. 14 km südöstlich von Krakau liegt

Wieliczka, in dessen historischem Salzbergwerk noch Kammern nach Maria Theresia und Kaiser Franz benannt sind; den Besuchern wird auch ein Wagen der Grubenbahn gezeigt, den Franz Joseph benutzte, als dieser 1851 das Bergwerk besuchte.

Von Krakau nach Przemyśl fährt 7mal täglich ein Schnellzug der für Mitteleuropa vorbildhaften polnischen Staatsbahnen. Für die 250 km braucht der Zug ca. 3 Stunden. Die Strecke ist die der k.k. Nordbahn. Sie führt durch die fruchtbaren Ebenen Westgaliziens, vorbei an Schloß *Łancut*. Dieses erhielt seine heutige Gestalt in der ersten Hälfte des 19. Jh.s und gehört zu den großartigsten Adelssitzen Mitteleuropas, die Namen seiner Besucher reichen von Königin Marie Karoline von Neapel, einer Tochter Maria Theresias, die von Napoleon aus dem Königreich beider Sizilien vertrieben, auf ihrer weiten Reise durch das östliche Mittelmeer und über Rußland nach Wien hier im Herbst 1813 Station machte, bis zu Bundespräsident Thomas Klestil, der im Juni 1996 einer Einladung des polnischen Staatspräsidenten zu einem Treffen der Präsidenten der Staaten der »Zentraleuropäischen Initiative« folgte. Einer der Besitzer von Łancut, Alfred Graf Potocki, war ein Vertrauter Kaiser Franz Josephs und 1870/71 österreichischer Ministerpräsident. Der Ruhm des Schlosses war so groß, daß – obwohl im Ersten und im Zweiten Weltkrieg Kampfgebiet – die Heerführer jeweils vereinbarten, es zu verschonen. Als 1944 die russische Armee nahte, verpackte der letzte der Potockis die wertvollsten Kunstschätze in einen ganzen Güterzug, und diese gelangten in einer abenteuerlichen Fahrt über Wien und Liechtenstein nach Frankreich, wo sich ihre Spuren verloren. Auch die russische Armee verschonte 1944 das Schloß, das bereits im November 1944 als Museum zugänglich gemacht wurde. Was im Schloß verblieben ist, ist noch immer eine Besichtigung wert, uns fallen im Kutschenmuseum besonders die in den Lohnerschen Fabriken in der Wiener Servitengasse und später in der Donaufelder Straße gebauten Equipagen auf.

Schon der Bahnhof von *Przemyśl* läßt erkennen, was uns aus unserer Vergangenheit in diesem Teil der Donaumonarchie erwartet: Außen wie innen fast unverändert, glänzt er frisch renoviert in Kaisergelb; es ist wahrscheinlich der am authentischsten aus der k.k. Monarchie überkommene Bahnhof.

Lesen wir zuerst in einem Reiseführer aus dem Jahr 1900 über Przemyśl:

658 km nordöstlich Wiens steht der am schönsten erhaltene Bahnhof aus Zeiten der k.k. Staatsbahnen: Przemyśl, heute Grenzstation zwischen Polen und der Ukraine.

»Schöne Stadt an beiden Ufern des Flusses San, seit 1873 Festung I. Klasse, Garnison der k.u.k. Infanterieregimenter Nr. 9, 10, 45, 77 und des k.u.k. Dragonerregiments Nr. 6; Artilleriedepot, Monturdepot und Garnisonsspital. Die Zahl der überwiegend polnischen Einwohner beträgt 42590. Das Stadtbild wird weithin vom Militär beherrscht, in den öffentlichen Lokalen und auf den Promenaden trifft man stets kleinere und größere Gruppen von Offizieren der österreichisch-ungarischen Armee.
Przemyśl ist Sitz eines römisch-katholischen und eines griechisch-katholischen Bischofs, einer k.k. Bezirkshauptmannschaft, eines Kreisgerichts und einer Finanzbezirksdirektion, hat eine Filiale der Österreichisch-Ungarischen Bank, ein polnisches und ein ruthenisches Obergymnasium und eine große Eisenbahnwerkstätte. Kasernen und Armee-Magazine im Stadtgebiet, Artilleriestellungen, Kasematten und Außenforts rund um die Stadt, im sanften Hügelgelände teilweise vortrefflich getarnt. Schloßberg mit hübschen Parkanlagen (Offiziers-Korso), herrliche Aussicht auf das San-Tal. Im Sommer häufig Konzerte der Militärkapellen. Am Fuß des Schloßbergs die römisch-katholische Domkirche (Baubeginn 1460), teils im gotischen, teils im Renaissance-Stil errichtet. Im Inneren bemerkenswerte Statue aus dem 15. Jh.: »Christus im Regenbogen«; schönes Doppelgrabmal des Kastellans Fredro und seiner Frau aus 1589, seltenes Denkmal der polnischen Re-

naissance. Griechisch-katholische Domkirche mit schöner Aussicht auf die Stadt, gegen Ende des 19. Jhs. im modernen Stil des Historismus umgebaut. Im Inneren sehr interessante alte Kanzel, aus einem Stück Holz in Form eines Segelschiffs geschnitzt. Auf dem Hauptplatz (ebenfalls Offiziers-Korso) Denkmal des polnischen Königs Jan Sobieski III.

Unterkunft: ›Hotel Viktoria‹, ›Hotel Royal‹ und ›Grand Hotel‹, gut eingerichtet, sehr sauber, unter Kontrolle des Festungskommandos... Restaurants: ›Dienstl‹, am Bahnhof, jeden Abend Militärmusik, gute, ein wenig derbe ›militärische‹ Küche; ... Kaffeehäuser: ›Grand Café Stieber‹, Treffpunkt der höheren Chargen; ›Café Boulevard‹, das sogen. ›Leutnant-Café‹, in dem jüngere Offiziere verkehren; ›Café Edison‹ und ›Café Habsburg‹, letzteres auch von alleinstehenden Damen frequentiert.‹« (3)

Natürlich stimmt jetzt nicht mehr alles. Przemyśl ist keine Festungsstadt mehr, aber noch immer eine polnische Kleinstadt, seit 1945 nur mehr wenige Kilometer von der einst sowjetrussischen und nun ukrainischen Grenze entfernt. In der Altstadt drängt sich eine Vielzahl von Kirchen zwischen dem San-Fluß und dem Schloßberg. Vom Bahnhof sind wir in wenigen Minuten in der Altstadt, in der in mehreren Terrassen Bürgerhäuser und römisch-katholische und griechisch-unierte Kirchen und Klöster zum Schloßberg hinauf stehen. Den besten Blick auf diese barocke Landschaft hat man von der Brücke über den San. Unterhalb des Stadtplatzes (Rynek) steht ein Denkmal des Königs Jan Sobieski III., des Befreiers Wiens von der Türkenbelagerung 1683 (s. S. 106). Blickt man vom Schloß über die Stadt, wird deutlich, warum gerade Przemyśl in der zweiten Hälfte des 19. Jh.s als stärkste Festung Österreich-Ungarns ausgestaltet wurde: Im Norden und Osten der Stadt liegen die fruchtbaren Ebenen Galiziens und im Süden die Vorberge der Karpaten, deren Pässe es gegen einen Einfall der Russen in die ungarische Tiefebene zu schützen galt. Davor die Stadt zwischen einer Vielzahl von Hügeln. Diese wurden ab 1860 von Österreich befestigt: 60 Forts wurden in zwei Ringen um die Stadt gebaut, von denen der äußere einen Durchmesser von 45 km hatte. Der Konstrukteur der zunächst aus Erdwällen und Ziegeln, später auch aus Beton errichteten Anlagen war Feldzeugmeister Daniel Salis-Soglio, Angehöriger einer aus dem schweizerischen Bergell stammenden Familie, auf deren Sitz im Süden Graubündens (heute das Hotel Palazzo Salis in Soglio, einem wie ein Nest hoch über dem Tal gebauten Dorf, südlich des Maloja-Passes) Rainer Maria Rilke 1919 vergeblich Inspiration zum Dichten suchte.

1914 war die Festung Przemyśl fertiggestellt, ihre Pläne befanden sich dank Oberst Redl allerdings auch in russischer Hand. Nach dem russischen Vormarsch bis Westgalizien wurde die Festung, die inzwischen auch einen Feldflugplatz und eine Telegraphenstation hatte, am 26. September 1914 zum ersten Mal eingeschlossen. Mangels schwerer Artillerie gelang es den Russen nicht, sie zu erobern; zwischen 4. und 7. Oktober wurde ein Sturm abgeschlagen; von den Verteidigern starben 40000 Mann. Ende Oktober gelang es der k.u.k. Armee wieder bis Przemyśl vorzudringen und neue Regimenter hierher zu verlegen. Am 9. November 1914 begann die zweite Belagerung. In der Festung befanden sich 135000 Soldaten, 18000 Zivile, 2000 Kriegsgefangene und 14500 Pferde. Die Russen beschlossen, Przemyśl auszuhungern. Bald herrschte in der Festung Not; man schlachtete Pferde, aß Rüben, Kartoffel, Baumrinde; es fehlten warme Bekleidung, Medikamente, Verbandzeug. (Ob die militärische Führung bei der Vorbereitung der Festung für die Belagerung Fehler begangen habe, war nach dem Kriege Gegenstand eines Untersuchungsausschusses des österreichischen Nationalrates, bis das Verfahren 1921 eingestellt wurde.) Ausfälle österreichischer Truppenteile nach Süden, waren erfolglos, die Blockade konnte nicht gebrochen werden (auf den Bau einer nach Süden ins eigene Hinterland führenden Bahnlinie, hatte man verzichtet; die Nachschublinien nach Przemyśl führten von Osten und Nordwesten in die Stadt!). Um dem Leiden der Menschen ein Ende zu setzen, beschloß der kommandierende General Hermann Kusmanek nach fünf Monaten, dem Armeeoberkommando vorzuschlagen, die Festung zu übergeben. Das AOK stimmte zu. Die Pulvermagazine und der innere Festungsring wurden gesprengt, die restlichen Pferde erschossen und die Geldscheine verbrannt (nachdem sie vorher, dem Dienstreglement folgend, penibel abgezählt worden waren). Am 22. März 1915 trafen die ersten russischen Truppen in der Stadt ein. 9 Generäle, 3000 Offiziere und 117000 Soldaten wurden gefangengenommen. Im April besuchte Zar Nikolaus II. Przemyśl, wo seine Soldaten den größten Sieg errungen hatten. Um die Bedrohung Ungarns und der schlesischen Industrie- und Kohlenreviere abzuwenden, beschlossen die Deutsche Heeresleitung und das AOK, Truppen für einen Gegenangriff zu konzentrieren. In der am 2. Mai begonnenen Schlacht von Gorlice und Tarnow wurden die Russen vernichtend geschlagen. Den österreichischen Škoda-Mörsern gelang es Ende Mai, den verbleibenden äußeren Festungsring von Przemyśl schwer zu be-

schädigen, und am 3. Juni 1915 zogen Regimenter des deutschen Heeres und der k.u.k. Armee wieder in Przemyśl ein. Im weiteren Verlauf des Krieges war die Festung nicht mehr von Bedeutung, um einige der Anlagen wurde aber auch im Zweiten Weltkrieg gekämpft. Heute stehen die verbliebenen Forts unter Denkmalschutz.
Es gibt in Przemyśl zwar ein Regionalmuseum (hinter der doppeltürmigen Franziskanerkirche) und ein Festungsmuseum (in der Sanocka, am westlichen Fuße des Schloßberges), aber ersteres ist für uns wenig interessant und letzteres geschlossen. Aber wir bekommen doch einen Eindruck von den Festungen und ihrer strategischen Aufgabe, wenn wir das eine oder andere der z. T. noch gut erhaltenen Forts besuchen: Südöstlich des Schloßbergs in der ul. Przemysława das Fort Zniesienie, das mit seiner Zitadellenform Kommandostelle war und heute wie damals ein sehr guter Aussichtspunkt ist; weiter in der ul. Przemysława im nordwestlichen Teil des Gemeindefriedhofes ein großer Soldatenfriedhof. Beim Bahnhof und am nördlichen Ufer des San gibt es noch eine Reihe von Kasernen und anderen militärischen Bauten, denen man trotz der entfernten Doppeladler-Embleme schon von weitem die K.u.k.-Vergangenheit ansieht. Von der San-Brücke nach Nordwesten sind es – an Jugendstil-Wohngebäuden und weiteren Militärbauten vorbei – 20 Minuten Fußweg durch die 8. Maja- und die Lelewela-Straße zu dem noch von den Österreichern eingerichteten Zasanie-Friedhof in der B. Śmiałego. An der Friedhofskirche erinnert eine Tafel an die Offiziere und Einheiten der k.u.k. Armee, die sie erbaut, und an die Firmen, die für den Bau gespendet haben (z. B. Brevillier & Urban, Wien). Das große Kreuz daneben ähnelt einem Gipfelkreuz auf einem Alpengipfel. Es wurde am 1. November 1916 eingeweiht und diente dem Andenken der in der Festung Przemyśl gefallenen Angehörigen der k.u.k. Armee. Seine Inschrift hat man herausgestemmt.
Wo sich in den Hügeln oberhalb des Friedhofs heute durchaus hübsche Villen und Appartementhäuser ins Grüne ausbreiten, war ein Teil des inneren Festungsringes. 1915 wurde er gesprengt, es gibt nur mehr Erdtrichter. Von den meisten der 29 Forts des Außengürtels sind hingegen noch mehr oder weniger eindrucksvolle Reste zu sehen. Das mit 75% am besten erhaltene Fort der Festung Przemyśl ist das noch heute zu Ehren des strategischen Planers so genannte Fort Salis-Soglio. Es ist 9 km südöstlich der Stadt im Dorf Siedlisko und frei zugänglich. Seit 1945 liegt es unmittelbar an der polnischen Grenze (die ja bis 1939 gute

200 km weiter östlich verlief, da Polen nach dem Zweiten Weltkrieg zugunsten der Sowjetunion und zu Lasten Deutschlands um gute 200 km nach Westen »verschoben« wurde).
Literarische Zeugnisse von Österreichern über Przemyśl gibt es wenige. Einzig Helene Rosenbach, 1884 hier als Tochter eines Anwaltes geboren, hat Erinnerungen an ihre Jugend in Przemyśl niedergeschrieben, z. B. über die für Liebespaare schon damals verschwiegenen Bänkchen am Schloßberg. Als Helene Deutsch wurde sie Assistentin von Prof. Wagner-Jauregg an der Wiener Universität und dann enge Mitarbeiterin Sigmund Freuds. Sie schrieb die erste »Psychologie der Frau«, mußte 1935 in die USA emigrieren, wurde Professorin für Psychologie an der Universität Boston und starb dort 1982. Auch Stella Klein-Löw, sozialistische Bildungspolitikerin und Abgeordnete zum Nationalrat (1956–1970) wurde in Przemyśl geboren (1904), sie starb 1986 in Wien.
Von Przemyśl nach Lemberg sind es nur mehr 98 km, doch liegt heute die polnisch-ukrainische Grenzkontrolle dazwischen und das schon in Przemyśl vorgenommene Umspuren der Waggons: Mit einer aufwendigen, doch technisch interessanten Konstruktion werden von den Waggons die Drehgestelle gelöst, die Wagenkästen gehoben und neue, breitere Drehgestelle darunter geschoben und wieder befestigt. In der Ukraine verlangsamt sich die Fahrt, der Zug rollt monoton durch Ebenen mit Getreidefeldern über schwarzer Erde, im Süden Gewitterwolken über den Karpaten. Wir können ein Stationsschild entziffern (in der Ukraine wird mit kyrillischen Buchstaben geschrieben): Городок/Gorodok. »Damals« hieß das Städtchen Gródek und war im September 1914 Schicksalsort einer Niederlage der k.u.k. Armee gegen die russische.

»Am Abend tönen die herbstlichen Wälder
Von tödlichen Waffen, die goldnen Ebenen
Und blauen Seen, darüber die Sonne
Düstrer hinrollt; umfängt die Nacht
Sterbende Krieger, die wilde Klage
Ihrer zerbrochenen Münder.
Doch stille sammelt im Weidengrund
Rotes Gewölk, darin ein zürnender Gott wohnt,
Das vergoßne Blut sich, mondne Kühle;
Alle Straßen münden in schwarze Verwesung.
Unter goldnem Gezweig der Nacht und Sternen
Es schwankt der Schwester Schatten durch den schweigenden Hain,
Zu grüßen die Geister der Helden, die blutenden Häupter;

Und leise tönen im Rohr die dunklen Flöten des Herbstes.
O stolzere Trauer! Ihr ehernen Altäre,
Die heiße Flamme des Geistes nährt heute ein gewaltiger Schmerz,
Die ungebornen Enkel.« (4)

Dieses Gedicht »Grodek« war das letzte, das Georg Trakl schrieb. Die Sanitätskolonne des 1887 in Salzburg Geborenen, der nach seiner Ausbildung als Apotheker und einem Einjährig-Freiwilligen-Jahr als »Medikamenten-Akzessist« einberufen worden war, kam in der Schlacht von Gródek zum ersten Einsatz. Ohne ärztlichen Beistand mußte Trakl nahe des Marktplatzes von Gródek zwei Tage und zwei Nächte an die hundert Schwerverletzte betreuen, konnte ihnen kaum helfen, sah sie sterben. Trakl machte einen Selbstmordversuch, wurde zur Beobachtung seines Geisteszustandes in das Krakauer Garnisonsspital eingewiesen und starb dort, nach einem weiteren, erfolgreichen Selbstmordversuch, am 3. November 1914. Er wurde zunächst am Rakoviczer Friedhof in Krakau begraben, 1925 wurden seine Gebeine nach dem Friedhof Mühlau bei Innsbruck übergeführt.

Львів/*L'viv/Lemberg*. Der Bahnhof war einst einer der größten der Donaumonarchie und glänzt auch heute noch kaisergelb, fast wie neu. Daß er 1914 schwer beschädigt wurde, sieht man ihm außen nicht an. Von ihm in die Altstadt, die durch eine Art Ringstraße von den neueren Vierteln der nun ca. 700 000 Einwohner zählenden Stadt getrennt ist, sind es ca. 2 km. Als Kaiser Franz Joseph 1880 Lemberg besuchte, säumten diesen Weg Triumphbögen. Vor der Fertigstellung der Eisenbahn Wien – Lemberg 1861 fanden die feierlichen Empfänge der Kaiser Joseph II. (1780), Franz I. (1817) und Franz Joseph (1851) sowie des neuen Statthalters Erzherzog Karl Ludwig (1853) in der schon eingangs erwähnten Freiheitsstraße statt – die sich äußerlich von ihrer Gestalt im 19. Jh. wenig unterscheidet. Die alten (= neuen) Hotels liegen an diesem baumbestandenen und denkmalgeschmückten Boulevard (König Jan Sobieski war nach 1945 durch Lenin ersetzt worden, nun wird an dessen Stelle ein ukrainisches Nationaldenkmal errichtet), auf dem am 23. April 1915 auch die russische Armee unter General Brussilow vor dem Zaren und neun Monate später die österreichisch-ungarische unter General Böhm-Ermolli paradierte. Von dieser Wiedereroberung zeigten Zeichnungen unseres Kriegspressequartiers eine jubelnde Bevölkerung, zeitgenössische Fotos eine eher reservierte.

Von der Freiheitsstraße aus beginnen wir unsere Spaziergänge durch Lemberg, bei denen die Orientierung auch bei einem guten Stadtplan durch die kyrillische Schrift erschwert wird (»damals« war es leichter: Nicht ruthenisch, sondern polnisch war »innere und äußere Amtssprache«, aber die meisten Aufschriften waren auch in deutsch). Gleich das »Hotel George« an der Ecke zum Міцкевича/Mitskevych-Platz könnte auch an der Wiener Ringstraße stehen. Es wurde als Hotel George 1901 vom Wiener Architekturkonzern Fellner & Helmer erbaut (dem in der heutigen Ukraine auch die glanzvoll renovierten Opernhäuser von Odessa und Czernowitz zu verdanken sind), überlebte die sowjetische Zeit als »Hotel Intourist« und hält stilistisch auch innen, was das Äußere verspricht. Daß aber auch die Gestaltung der Zimmer noch aus der Gründerzeit stammt, wird allerdings nur den puristischen Nostalgiker freuen, wenn er hier Quartier nimmt. Auch die Häuser gegenüber, hinter dem Denkmal des polnischen Nationaldichters Adam Mickiewicz (1798–1855), errichtet 1905 (was die Toleranz der Österreicher zeigt), Ploščka Mitskevych 6 und 7, hatten Wiener Architekten als Erbauer: Nr. 6 wieder Fellner & Helmer, Nr. 7 Karl Mayreder (1856–1935), Gatte der Frauenrechtlerin Rosa Mayreder. In Wien baute er z. B. die exotisch wirkende sogenannte »Zacherl-Fabrik« in der Nußwaldgasse im 19. Wiener Gemeindebezirk.

Vom Mitskevych-Platz gehen wir in die Altstadt. In ihr fällt wie in den anderen Städten dieser Region die Vielzahl der Kirchen unterschiedlicher Konfessionen auf: Das »Leopolis Triceps« des Mittelalters war als Stadt nach den drei Bistümern bzw. den (heute meist barockisierten) Kirchen dreier christlicher Glaubensbekenntnisse benannt: Heute wie damals finden wir die lateinische (römisch-katholische) Kathedrale aus dem 14. Jh. mit der angrenzenden Boim-Grabkapelle mit reichem plastischem Schmuck aus 1609, die Armenische Kathedrale (Вірменська/Virmenska-Straße) aus dem 14. bis 17. Jh., die zu Beginn unseres Jahrhunderts von Józef Mehoffer (einem Mitglied der Wiener Secession) mit Mosaiken und von Jan Henryk Rosen (der auch an der Sobieski-Kapelle am Wiener Kahlenberg mitarbeitete) mit Gemälden ausgestaltet wurde. In der Altstadt noch bemerkenswert die erste orthodoxe Kirche, die heute Maria-Entschlafens- oder Walachische Kirche heißt. Gleich dahinter erhebt sich die hochbarocke Dominikanerkirche, die in der sowjetischen Zeit das Museum des Atheismus war, aber wegen eines Reliefs von Bertel Thorwaldsen (am Grabmal der Gräfin Jósefa Borkowska) und eines Denkmals für den österreichischen Gouverneur Franz von Hauer, gest. 1822, (links vom Eingang, nun ohne Inschrift) bemerkenswert ist. Dahinter (heute Винниченка/Vynnychenko Nr. 18) war die k.k. Statthalterei, das Gebäude beherbergt heute die Provinzregierung. Hier, in Richtung zum damaligen Franz-Josephs-Berg, begann einst das deutsche Viertel Lembergs. Die beiden Kasernen in der Лисенка/Lysenko beherbergen heute ukrainische Soldaten und sahen einst russisches, deutsches und polnisches Militär; erbaut wurden sie für die k.u.k. Armee. Das bemerkenswerteste ärarische Gebäude Lembergs liegt etwas abgelegen, in der Клецарівська, die schon damals Kleparivska-Straße hieß, nordöstlich der Altstadt, innerhalb des Bogens, den die weiter nach Osten führende Bahnstrecke um die Stadt macht: Theophil Hansen baute hier 1855 bis 1863 das Pendant zum Hauptgebäude des Wiener Arsenals, wie dieses in zweifarbigen Rohziegeln, mit Ecktürmen und einer Kuppel im Zentrum. Äußerlich unverändert erhalten, war es damals das Invalidenhaus und ist es heute die Feuerwehrschule.

Nach diesem halbstündigen Umweg kommen wir bei der Oper wieder zur Freiheitsstraße zurück. Die Oper hat kein Wiener, sondern ein Lemberger Architekt gebaut, aber die Nachahmung der großen europäischen Opernhäuser von Paris und Wien fällt auf. Ein Opern- oder Ballettabend lohnt in diesem auch im Inneren noch historischen Bau; die Inszenierungen sind zwar im traditionellen Stil der Jahrhundertwende, doch die sängerischen und tänzerischen Leistungen beachtlich. Der Preis einer Karte ist erschwinglich (ca. 2 Dollar, der beste Platz). Auf dem Programm das ABC der großen Oper: Аїда, Богема, Кармен.

Musik und Schauspiel wurden auch im österreichischen Lemberg gepflegt: Neun Monate nach der Wiener Uraufführung fand 1792 Mozarts »Zauberflöte« ihren zweiten Aufführungsort in Lemberg, und Franz Xaver Mozart (1791–1844), der jüngere der beiden überlebenden Söhne W. A. Mozarts, lebte von 1808 bis 1819 und von 1822 bis 1838 in Lemberg. Nach der Entfremdung von seiner Mutter als Musiklehrer für eine Adelsfamilie nach Lemberg gekommen, ließ er sich hier weiter ausbilden und war auch als Komponist tätig, vor allem aber als Organisator der Aufführungen von Werken seines Vaters. So dirigierte er 1826 und 1828, jeweils am Todestag seines Vaters, in der heute noch die Silhouette Lembergs mitbestimmenden griechisch-katholischen Sankt-Georgs-Kathedrale (sv. Jur) Mozarts Requiem. Weniger bekannt ist, daß auch

Johann Nestroy in Lemberg auftrat (1839, in seinem Stück »Die verhängnisvolle Faschingsnacht«). Das Theater, in dem diese Aufführungen und die Zweitaufführung der »Zauberflöte« stattfand, existiert nicht mehr: 1848 wurde es während des Lemberger Aufstandes (er stand unter der Führung von Józef Bem, der im Oktober desselben Jahres bei der Revolution in Wien die aufständische Nationalgarde der Hauptstadt befehligte und danach ins Osmanische Reich flüchtete) von der die Stadt belagernden österreichischen Armee zerstört. Bei dieser Belagerung wurde auch das Rathaus in Brand geschossen, danach aber in seiner klassizistischen Form wiederaufgebaut. Am Rathausplatz, der mit seinen vier antikisierenden Denkmälern fast an einen toskanischen Stadtplatz erinnert, finden wir das in mehrere Teile geteilte Stadtmuseum. In seinem Teil für das 19. und 20. Jh. finden sich nicht nur die Promotionsurkunde »sub auspiciis imperatoris« für den ukrainischen Nationaldichter Iwan Franko (1856–1916, der selbst in der Sowjetunion nicht totgeschwiegen wurde, da sich auch sozialistische Ideen in seinem Werk finden; nun ist das frühere Stanislau, südöstlich von Lemberg, nach ihm benannt), sondern auch das Manifest Kaiser Franz Josephs vom 28. Juli 1914 »An meine Völker« in polnischer Sprache. Das offizielle Lemberg erklärte sich bei Kriegsausbruch durchaus für die Sache des Kaisers und gegen Rußland; in Wien-Neubau wurde eine ukrainische Legion gegründet, die an der Seite der österreichisch-ungarischen Armee kämpfte. Daß Lemberg aber immer eine aus der Sicht Österreich-Ungarns »starke Hand« brauchte, zeigen nicht nur die zahlreichen Kasernen, die wie ein Ring um die Altstadt erbaut wurden, sondern auch die klassizistische Hauptwache am Підкова/Pidkova-Platz zwischen dem Rathausplatz und der Freiheitsstraße. Das ukrainische Wort für sie ist noch immer »Hauptwachta«! Zwischen ihr und der Oper stehen noch zwei andere k.k. Bauten: ein wie in allen Landeshauptstädten um 1900 errichtetes »Gewerbemuseum« und, auch nicht unüblich, die k.k. Finanzlandesdirektion, hinter der heute ein kleiner Markt mit Volkskunst auf die spärlichen »Ausheimischen« wartet.

Ein zweiter Museumsbesuch sollte der Gemäldegalerie gelten (Картинна Галерея) in der Стефаника/Stefanyk-Straße 3 (zwei Straßen südwestlich des Hotels George), eine altertümliche Galerie, die aber neben einigen bemerkenswerten Gemälden ukrainischer, vom Impressionismus beeinflußter Maler vor allem auch Werke österreichischer Meister enthält: von Angelika Kauffmann, Franz Anton Maulpertsch, Hans Makart. Die Gemälde wurden aus Schlössern der Umgebung requiriert. Das klassizistische Gebäude gegenüber der Galerie ist das Оссолінеум/Ossolineum (auch Бібліотека Стефаника/Stefanyk-Bibliothek). Es wurde um 1825 vom Wiener Architekten Peter Nobile geplant und beherbergt eine bemerkenswerte Sammlung von Büchern, Drucken, Graphiken, die von Josef Maximilian Graf Ossolínski (1748–1826) zusammengetragen und 1816 zu einer polnischen Nationalstiftung zusammengefaßt wurden. Ossolínski war galizisch-polnischer Adeliger, wurde 1809 Präfekt der Wiener Hofbibliothek und lebte 1810–1826 in Schloß Braiten in Baden bei Wien (heute: Braitnerstraße 26).

Ebenfalls aus k.k. Zeiten stammt das Lemberger Hauptpostamt, und, einige Schritte nördlich, das heutige Hauptgebäude der Universität, die 1784 von Kaiser Joseph II. gegründet wurde. An ihr war Joseph Roth 1913 für Philosophie inskribiert, was ihm aber wegen der polnischen Unterrichtssprache wenig zusagte. Das Gebäude diente einmal dem Landtag des Kronlandes Galizien und wurde von einem Lemberger Architekten erbaut. Am Wettbewerb für den Bau hatte sich 1876 auch Otto Wagner beteiligt; sein Entwurf wurde aber nicht angenommen, wahrscheinlich bevorzugte man aus nationalen Gründen einen einheimischen Architekten.

Unser letzter Spaziergang durch Lemberg führt vom Hotel George in den östlichen Stadtteil. Über den Галицька/Halyts'ka-Platz mit seinem bunten Bauernmarkt und der dunklen Bernhardinerkirche, in der wie in allen Kirchen der Stadt das inbrünstige Beten mancher Gläubiger auffällt, deren Frömmigkeit 50 Jahre Kommunismus überlebt hat, kommen wir zum Соборна/Soborna Platz, auf dem hinter einer Grünfläche ein zweistöckiges Gebäude mit einem vierachsigen Balkon seit 1839 militärischen Zwecken dient. Für die k.u.k. Armee war es das Korps-, heute ist es das Garnisonskommando. In die Пекарська/Pekarska-Straße fortsetzend, gehen wir durch einen Komplex von Spitalsgebäuden und Kliniken, wie er in dieser Konzentration sich im alten Österreich nur noch in Wien-Lainz befunden hat. Hier waren und sind die verschiedensten Gesundheitseinrichtungen, vom Garnisonsspital bis zur medizinischen Fakultät, untergebracht. Eine Bemerkung zur Gegenwart: Da es in der Sowjetunion keine privat niedergelassenen Ärzte gab, war die Zahl der stationär behandelten Patienten viel höher als bei uns, und noch hat sich nichts geändert; Zahl und Dauer der Krankenhausaufenthalte sind viel höher bzw. länger als in westlichen Ländern. Im Eckhaus zur Чехова/Chekhov-Straße (früher Hofmanova, Nr. 7) wohnte Joseph Roth bei seinem Onkel und Vormund während der Ferien, wenn er aus der Provinz seines Geburtsortes Brody in die Hauptstadt kommen wollte, und auch während eines Studienjahres, bevor er 1914 nach Wien ging. Am Ende der Pekarska kommen wir zum Łyczakower Friedhof. Eigentlich ist es ein bewaldeter Hügel, in den seit zweihundert Jahren scheinbar ungeordnet Gräber gesetzt wurden. Die Stimmung hier ist Vergangenheit. Wir können ohne bestimmtes Ziel auf den Pfaden spazieren, entdecken hier das Grab eines Statthalters, eines k.k. Oberbaurates, dort eines Universitätsprofessors, eines 1878 verstorbenen »Rittmeisters des k.u.k. Dragonerregimentes Nr. 11 Kaiser Franz Joseph I.«, dessen Grabstein ein Dragonerhelm ziert – die Gesinnung des »Treu bis in den (hier friedlichen) Tod« könnte man nicht besser ausdrücken. Die Namen sind ukrainisch, polnisch, deutsch, polnisiert (Edelmannova, Wehrsteinov, Höflickov). Nördlich, schon außerhalb des eigentlichen Friedhofes, gibt es auch Kriegergräber aus dem Ersten Weltkrieg. Aber den Weg zu einem uns Österreicher betroffen machenden Kriegsopferdenkmal einer anderen Art muß ich genau beschreiben: Vom Haupteingang folgen wir dem ersten Weg links, gehen 100 Schritte bis zu einer Gräberlichtung mit einem Löwendenkmal unter einer Pyramide und Gräbern mit Büsten, weiter links unter einer Trauerweide durch und noch 200 Schritte leicht ansteigend. Wir stehen vor einem Denkmal mit einem russischen Kreuz. Die Inschrift, übersetzt, lautet etwa: »Für die in den Konzentrationslagern Thalerhof und Terezín Gestorbenen, die für die Einheit der Ukraine und der Vorkarpaten kämpften.« Der Anlaß für das 1964 errichtete Denkmal ist für Österreich unrühmlich: Als 1914 der Krieg ausbrach, deportierten die österreichischen Behörden »politisch unzuverlässige Elemente« aus Galizien in die Festung Theresienstadt (heute: Terezín, nördlich von Prag) und in ein Lager Thalerhof bei Graz. In Thalerhof sind ca. 1800 Häftlinge durch Hunger und Krankheiten gestorben.

Die Beschreibung Lembergs soll mit dem Hinweis enden, daß auch einige wichtige Österreicher hier geboren wurden – manche waren nicht nur berühmt, sondern auch berüchtigt: Leopold Sacher-Masoch, 1836 als Sohn des hiesigen Polizeipräsidenten geboren, lernte erst als Student Deutsch und starb 1895 in Altstadt-Lindheim in Hessen, er wurde durch seine Schilderungen von Hörigkeitsverhältnissen zum Namensgeber für

Im Łyczakower Friedhof von Lemberg erinnert dieses Kreuz an die ins Lager Thalerhof bei Graz während des Ersten Weltkrieges deportierten Ukrainer und Polen.

den »Masochismus«, schrieb aber auch jüdisch-galizische Geschichten (z. B. »Der Don Juan von Kolomea«); Alfred Redl, 1864 als Sohn eines Eisenbahnbeamten geboren, wurde Oberst im Generalstab und starb, als russischer Spion entlarvt, 1913 durch Selbstmord (s. S. 56 f.); Leo Stein (1861–1920, der Librettist der »Lustigen Witwe«, der »Csárdásfürstin« und von »Wiener Blut«; Friedrich Ohmann (1858–1927), der Architekt des Elisabeth-Denkmals im Wiener Volksgarten und des Wienflußportals im Stadtpark; 1914 der Historiker Adam Wandruszka.

An Ausflügen in die Umgebung Lembergs soll noch Schloß Олесько/*Olesko* erwähnt werden: 55 km zwischen Gänseherden und Pferdefuhrwerken nach Osten, liegt es auf einem weithin das flache

Land überblickenden Hügel. Heute ein Quartier für Bildhauer und mit einem kleinen Museum, in dem vor allem ein Monumentalgemälde von Martino Altomonte (der später in den österreichischen Stiften Heiligenkreuz und St. Florian wirkte) sehenswert ist: Es stellt die Entsetzung Wiens durch König Jan Sobieski 1683 dar (die Silhouette Wiens, am oberen Bildrand, fiel allerdings einer Beschneidung zum Opfer, als das Bild von seinem ursprünglichen Aufbewahrungsort, einer Kirche in der Nähe Lembergs, hierher gebracht wurde). Für die Weltgeschichte ist Olesko bedeutsam, da in dieser Burg 1629 der später zum König von Polen gewählte Jan Sobieski III., der Befreier Wiens gegen die Türken, geboren wurde.

Unweit von Olesko war es wahrscheinlich auch, wo am 21. Juli 1916 ein neunzehnjähriger Dragoner aus Wien, der Einjährig-Freiwillige Heimito von Doderer, unverwundet in russische Kriegsgefangenschaft geriet. In einem Lager in Chabarowsk, in der Nähe des Pazifiks, begann er mit dem Schreiben, gut behandelt und Muße findend.

Würden wir von Olesko weiter nach Osten fahren, kämen wir nach 25 km nach Броди/*Brody*, den Geburtsort (1894) von Joseph Roth (Gedenktafel am und Gedenkraum im Schulhaus, nördlich des Marktplatzes, in dem Roth das damalige deutschsprachige »Kronprinz-Rudolf-Gymnasium« mit einer Matura »sub auspiciis imperatoris« abschloß), und nach 90 km nach Підволочиськ/*Podwoloczyska*. Hier – Ort und Bahnhof bestehen noch – war bis zum Ersten Weltkrieg der Eisenbahngrenzübergang zwischen Österreich-Ungarn und dem Russischen Reich und, bis 1938, die russisch-polnische Grenze. Das beschauliche, doch auch geschäftstüchtige Leben 947 km und gut 24 Schnellzugstunden von der Reichshaupt- und Residenzstadt entfernt, gab Alexander Roda Roda den Anlaß zur heiteren Geschichte »Die Gans von Podwolotschyska«, mit deren Auszügen dieser Ausflug in die Vergangenheit enden soll:

> »Es gibt törichte Wiener, die sich mit dem Zerfall des alten großen Österreich-Ungarn abgefunden haben, sich mit dem winzigen Restreich-Österreich bescheiden; die ›froh sind‹, nichts mehr vom gemischtsprachigen Kreisgericht in Trautenau zu hören, dem vielumstrittenen Sandschak und Trentino. …
> Mich aber verzehrt die Sehnsucht nach der Vergangenheit, den vielen schönen ›im Reichsrat vertretenen Königreichen und Ländern‹. Und am meisten – grinst nicht! – schmachte ich nach Galizien. Was war es ein buntes Gebilde! Ein asiatischer Karawanenteppich, der launigen Gestalten voll, breitete es sich von den

Karpatenhängen ins Sarmatische. ...Das Land, wo man die Gans von Podwolotschyska servierte ...
Podwolotschyska war der Grenzbahnhof der alten Kaisertümer Rußland und Österreich. Wer nach endloser Fahrt – einer Nacht, eines Tages und wieder einer Nacht – von Wien – über Krakau – Przemyśl – Lemberg – in Podwolotschyska eintraf, er stürzte zunächst hungrig nach der Bahnhofswirtschaft. Und in der Bahnhofswirtschaft fand er zwei lange Tafeln gedeckt mit leckerdampfenden Gemüsesuppen: auf der einen Tafel Borschtsch und auf der anderen Schtschij. Borschtsch ist eine feine Suppe von roten Rüben, Beeten; Schtschij – eine Suppe von Weißkohl mit saurem Rahm. – Ein seigneuraler Oberkellner ging mit zweierlei Bons um, roten Bons und grünen Bons.
›Wünschen Sie, Panje, unser kleines Menü – zu vier Kronen – Suppe und Rindfleisch –, oder wünschen Sie, Panje, das große Menü, 6 K 50: Suppe, Rindfleisch, Gansbraten, Zibebenstrudel.‹ Jedermann wählte das große Menü, zahlte 6 Kronen 50, erhält einen roten Bon ...
Allein, sowie das Rindfleisch gegessen war, entstand eine kleine Pause; ein Mann mit Dienstmütze und Glocke erschien in der Tür, schwang die mächtige Glocke und rief mit Stentorstimme: ›Höchste Zeit zum Zug nach Kiew, Charkow, Moskau, Jekaterinoslaw, Odessa.‹ Das Volk sprang im Hui auf die Beine und hastete Hals über Kopf nach den Bahnwagen ...
So spielte sich die Szene tagtäglich ab – viele Jahre, in aller Ordnung – und nie, solange Habsburg in Podwolotschyska regierte, über 140 Jahre, hat ein Sterblicher den Gansbraten gesehen – weil nämlich der Mann mit der Dienstmütze der Bahnhofswirt in Person war.
Einmal aber – und er hatte doch grade heute besonders laut geklingelt und ausgerufen – eines Tages mußte der Wirt zu seinem Schrecken und seiner Entrüstung sehen, daß ihm drei Gäste da einfach sitzen blieben. Er ging zu ihnen und läutete und brüllte: ›Allerhöchste Zeit zum Zug nach Kiew, Charkow ...‹
›Macht nichts‹, sprachen die Herren, ›bringen Sie nur den Gansbraten! Wir fahren nämlich gar nicht weiter; wir bleiben hier; wir sind die k.k. Kommission aus Lemberg, betraut mit der Prüfung der galizischen Bahnhofwirtschaften.‹
Nun, das österreichische Polen ließ den Himmelsmächten stets einen breiten Raum zur Betätigung. – Und was hatte Gott in diesem Fall getan? Der liebe Gott hatte die k.k. Kommission schon heute morgen aus Lemberg abreisen sehen – und in seiner Allgüte und Allweisheit hatte der liebe Gott der Bahnhofswirtin von Podwolotschyska den Gedanken eingegeben, an diesem Morgen eine Gans zu schlachten; als welche Gans allerdings zum Privatkonsum der Gastwirtsfamilie bestimmt war – nun aber, im Augenblick peinlichster Verlegenheit, den Lemberger Funktionären konnte aufgetragen werden.
Als die unersättlichen Beamten nun aber auch nach der Süßspeise verlangten, da konnte der Wirt dokumentarisch nachweisen, daß dieser ›Zibebenstrudel‹ nicht mehr zum Menü gehörte; es war des Wirtes Unterschrift. Der Mann hieß so.« (5)

*Die Reise nach Przemyśl ist ohne Probleme: Von Wien nach Kraków/Krakau (420 km, also kürzer als nach Innsbruck) mit der Eisenbahn (tägliche Kurswagenverbindung), dem Linienbus oder mit dem Flugzeug (dreimal wöchentlich mit Austrian Airlines oder LOT). In Krakau gibt es zahlreiche Hotels westlichen Standards (und ebensolcher Preise). Die Stadt mit ihrem Hauptplatz, der gotischen Marienkirche und dem Königsschloß Wawel (auch in ihm wird in einigen Gemälden der Errettung Europas vor den Türken als polnischer Großtat für Europa gedacht; Wien ist dabei nur Kulisse) ist in ihrem Kern seit dem 17. Jh. unverändert und deshalb einen mindestens zweitägigen Besuch wert. Für die Weiterfahrt nach Przemyśl sind die polnischen Staatsbahnen PKP sehr empfehlenswert. In Przemyśl gibt es einige Gasthäuser, die unserer **-Kategorie entsprechen und durchaus empfohlen werden können (ca. 60,– DM für ein Zweibettzimmer). Bis Przemyśl können versierte Autofahrer mit wenig auffallenden Autos (Alarmanlage, da Diebstahlgefahr) auch die Fahrt mit dem Pkw wagen (das Karpatenvorland südlich von Przemyśl ist landschaftlich sehr reizvoll, und eine Fahrtstrecke kann über den Dukla-Paß durch die Slowakei führen). In die Ukraine mit dem Auto zu fahren würde ich abraten: Nicht einzuschätzende Wartezeiten an den Grenzen und Polizisten, die an einem ausländischen Lenker immer etwas Strafwürdiges finden – wenn er dem nicht durch eine diskret in den Führerschein verpackte Dollarnote zuvorkommt.*

Für die Einreise in die Ukraine benötigt man ein Visum, das in der ukrainischen Botschaft (1180 Wien, Naaffgasse 23, Tel. 479 71 72) zwar rasch ausgestellt wird, aber eine Einladung oder eine Hotelreservierung voraussetzt. Für die Fahrt von Przemyśl nach Lemberg (und zurück) gibt es Busse und 3 Züge täglich, für die vor Reiseantritt vororts eine Platzkarte gekauft werden muß. Dafür reisen Sie dann nicht nur sehr billig, sondern auch die 98 km in einem ex-russischen Schlafwagen und haben vielleicht, wie der Autor, einen Universitätsprofessor für Innere Medizin aus Charkov als Nachbarn, der gerade während seines Urlaubes in Chemnitz um 10 DM die Stunde als Bauarbeiter gearbeitet hat, womit er in einem Monat das Fünfzigfache dessen verdiente, was er an der Universität in einem Jahr bekommt (wenn die Löhne überhaupt noch ausgezahlt werden!). Zwischen Wien Südbahnhof und L'viv gibt es auch einen täglich verkehrenden Schlafwagen (über die Slowakei, Fahrzeit ca. 20 Stunden).

In Lemberg gibt es mehrere Hotels, zwei an der Проспект Свободи*/Freiheitsstraße: Das mehrfach erwähnte »Hotel George« und das »Grand-Hotel«; Zimmerpreis 50–100 \$. Restaurants gibt es zahlreiche, Schweinefleisch mit vielerei Gemüse dominiert die Küche. Geldwechsel ist sowohl in Polen wie auch in der Ukraine in zahlreichen Geschäften möglich; während sich in Polen nach der Währungsreform der Zloty-Kurs stabilisiert hat (100 Zloty waren im Jänner 1996 S 350,–), hat die Ukraine eine Währung mit hoher Inflation (nach der Währungsreform im September 1996 entsprach 1 Hrywna 1,75 Dollar). Dafür kann man auch mit Dollar und DM fast überall zahlen. Schwierig ist die Verständigung; es kann zwar jedermann Russisch, aber Deutsch- oder Englisch-Kenntnisse sind sehr rar. Noch, denn in der nächsten Generation wird wieder jeder Grundkenntnisse des Deutschen haben, da dies nun die in den Schulen bevorzugte Fremdsprache ist. Es ist aber nicht mehr das*

Deutsch der Österreicher, sondern das von Frankfurt, Leipzig oder Berlin, jener Städte, wo die DM fließt und der goldene Westen beginnt, Deutschland als das Land der Sehnsüchte.
In Przemyśl gibt es ein Touristenbüro (Niepodleglosci-Platz, neben der Franciszkańska-Straße, geöffnet Montag bis Freitag 8–18 Uhr, Samstag 8–14 Uhr), in der Ukraine gibt es in den Hotels touristische Auskünfte und Fahrkarten, und hier spricht man meist auch Englisch. Vor Ort bekommt man reichlich Kartenmaterial, so daß die Orientierung in Polen leicht, aber in der Ukraine durch die kyrillische Schrift erschwert ist (ein vorheriges Erlernen des Alphabets wird empfohlen). Die Museen sind meist bis 17 Uhr geöffnet, haben aber unterschiedliche Ruhetage (meist Mittwoch).

Pressburg und die Westslowakei

Wiener Barock, etwas kleiner, oder: Wo Maria Theresia die Krone zu sehr drückte

Es gibt auf der Welt nur zwei Fälle, in denen die Hauptstädte zweier Staaten weniger als 60 km voneinander entfernt liegen: Kinshasa und Brazzaville, getrennt durch den Kongo-Strom, und Wien und Bratislava. Diese Nähe war für die Wiener und Preßburger bis 1945 Alltag, wurde dann durch den Eisernen Vorhang verdrängt und beginnt uns nun langsam wieder bewußt zu werden. In der Monarchie konnte man Preßburg, dessen Bevölkerung damals zu 50% deutschsprachig war, fast als Wiener Vorstadt bezeichnen, in der Zwischenkriegszeit sorgte die 1914 fertiggestellte »Preßburger Bahn« auch mit spätabendlichen »Theaterzügen«, die den Preßburgern den Besuch eines Wiener Theaters ermöglichten und den Wienern ein Abendessen in Preßburg und danach die Heimfahrt, für regen nachbarlichen Verkehr – bis hin zur Umgehung politischer Zensur: Als 1930 im Wiener Schwedenkino der Antikriegs-Film »Im Westen nichts Neues« nach Erich Maria Remarque gezeigt wurde, demonstrierten nationale Gruppen dagegen und Sozialisten dafür. Es kam zu so schweren Zusammenstößen, daß der österreichische Innenminister weitere Aufführungen dieses Films verbot. Daraufhin organisierte die Sozialdemokratische Partei während zweier Monate Sonderzüge nach Preßburg, wo der Film ohne Zwischenfälle gespielt werden konnte. Ab dem März 1938 agitierten von Wien aus die nationalen Slowaken und Deutschen gemeinsam gegen die Tschechoslowakei und riefen über in Niederdonau stationierte Radiosender zur Abspaltung der Slowakei auf. Am 2. November 1938 verkündeten Ribbentrop und Ciano, die Außenminister des Deutschen Reiches und Italiens, im Schloß Belvedere den »Wiener Schiedsspruch«, nach dem die Tschechoslowa-

kei zugunsten Ungarns wesentlich verkleinert wurde. Am 14. März 1939 löste sich die Slowakei vom tschechischen Teil. Die südlich der Donau gelegenen Teile Preßburgs (Petržalka/Engerau) und die östlich der March gelegene Gemeinde Devín/Theben wurden dem Gau Niederdonau zugeschlagen, um für den Fall, daß sich die Slowakei nicht gefügig zeige, gleich deren Hauptstadt besetzen zu können. Die Slowakei führte an der Seite Hitlers Krieg, im Sommer 1944 gab es einen Aufstand dagegen, der den russischen Truppen den raschen Vormasch nach Wien ermöglichen sollte – die Deutsche Wehrmacht antwortete mit der Besetzung der Slowakei. Nach Kriegsende wurden die abgetretenen Gebiete wieder rückgegliedert, der »Preßburger Brückenkopf« südlich der Donau wurde zu Lasten Ungarns um die Gemeinde Oroszvár/Rusovce (s. S. 126) erweitert. 1948 senkte sich der Eiserne Vorhang, nicht nur Schienen wurden abgebrochen.
Während sich Österreich ganz auf den Westen und die EWG ausrichtete und seine geographische Situierung in Mitteleuropa verdrängte, bis uns wieder bewußt wurde, daß wir auch im nahen Osten Nachbarn haben, war Preßburg zu Bratislava mit 500 000 Einwohnern und zur Hauptstadt eines neuen Staates geworden. Und dieser sucht seinen eigenen Weg unter den Reformstaaten, den einer seiner Minister einmal auf die Frage, wann denn die Slowakei einen Antrag auf Aufnahme in die Europäische Union stellen werde, so begründet hat:

> »In den letzten vierhundertsiebzig Jahren wurden wir dreihundertvierzig Jahre von Wien aus regiert, dann fünfzig Jahre von Budapest, dann zwanzig Jahre von Prag, fünf Jahre von Berlin und fünfzig Jahre von Moskau aus. Jetzt möchten wir es einige Jahre selbst probieren.«

Kürzer könnte man die slowakische Geschichte nicht umreißen: Die Slowakei gehörte zu Ungarn und kam mit diesem 1526 zu Österreich (s. S. 153); nach dem österreichisch-ungarischen Ausgleich 1867 erhielt Budapest eine von Wien getrennte Regierung; 1919 kam »Oberungarn« zur neuen Tschechoslowakei; von 1939 bis 1944 war die Slowakei unter dem 1947 hingerichteten Jozef Tiso ein Satellitenstaat Hitlers; 1945 folgte die Rückkehr in die ČSR, die – 1960 in Tschechoslowakische Sozialistische Republik (ČSSR) umbenannt – 1968 die Moskauer Dominanz im Warschauer Pakt hart zu fühlen bekam; 1990 erfolgt deren Umwandlung in einen Bundesstaat (ČSFR), am 1. Jänner 1993 die unspektakuläre, unblutige Trennung von Tschechien.

Die Außenbezirke von *Bratislava/Preßburg*, die wir vom Braunsberg bei Hainburg oder von Schloßhof, dem Marchfelder Schloß Prinz Eugens, sehen können, sind von betonärer Häßlichkeit, und sogar im Stadtzentrum gibt es zahlreiche Bausünden, aber auch noch einige hübsche Bauten mit Reminiszenzen an die gemeinsame Geschichte mit Österreich. Diese knüpfen besonders daran an, daß Preßburg (auf ungarisch: Pozsony) die Stadt war, in der nach der Besetzung des größten Teils Ungarns durch die Türken die Habsburgerkaiser, von Maximilian II. (1563) bis zu Ferdinand (1830), zu Königen von Ungarn gekrönt wurden. Nur Joseph II. ließ sich nicht krönen. Die Nähe zu Wien führte auch dazu, daß während dieser »großen Zeit« Preßburgs, die Mitte des 19. Jh.s durch die Schaffung von Budapest als neuer Hauptstadt Ungarns jäh zu Ende ging, viele Künstler zwischen Wien und Preßburg »pendelten« und in beiden Städten ähnliche Werke schufen.
Das *Schloß* (Hrad) von Preßburg, an dessen westlicher Mauer sich das Viedenská brána/Wiener Tor öffnet, bietet einen schönen Ausblick nicht nur auf die Stadt, sondern auch über das ostniederösterreichische Donautal. Es ist aber trotz seines Historischen Museums wenig sehenswert, da der von König Ferdinand I. im Renaissancestil errichtete und unter Maria Theresia (unter Mitwirkung der auch in Wien tätigen Baumeister G. B. Carlone und N. Pacassi) erweiterte Bau 1811 abbrannte und erst nach dem Zweiten Weltkrieg wieder errichtet wurde. Aber es ist für Österreich von großer geschichtlicher Bedeutung: In ihm fand am 11. September 1741 jene Sitzung des ungarischen Landtages statt, in der Maria Theresia nicht nur mit einer flammenden, von ihrem Minister Johann Christoph Freiherr von Bartenstein vorbereiteten, auf lateinisch gehaltenen Rede die Ungarn für die Hilfe gegen die Preußen zu gewinnen suchte, sondern auch durch weiblichen Charme und eine ihre Reize nicht verheimlichende Kleidung. Die ungarischen Adeligen ließen sich begeistern, die Sitzung endete mit dem Schwur »Vitam nostram et sanquinem consacremus« – »Wir weihen unser Leben und Blut«.
Einige Tage später, Maria Theresia hatte inzwischen auch ihren ersten Sohn, den eben sechsmonatigen Joseph, in Preßburg vorgeführt, gaben die Ungarn ihrem rex (s. u.) auch handfeste Hilfe: 30000 Soldaten wurden vom Landtag bewilligt und 100000 Golddukaten. Erst damit konnten der Krieg gegen die Preußen und Bayern – die schon Linz besetzt hielten – fortgeführt und vermochten die Erblande nach dem Tod Kaiser Karls VI. für die nach der Pragmatischen Sanktion theoretisch erbbe-

rechtigte Tochter Maria Theresia auch praktisch gerettet werden. Aber die Ungarn waren nicht nur Kavaliere, sie waren auch gute Verhandler: Maria Theresia mußte ihnen alte Privilegien bestätigen, insbesondere die Steuerfreiheit für Adel und Kirche.

Das Preßburger Schloß, in dem heute der historische Teil des Slowakischen Nationalmuseums zu besichtigen ist, ist für Östereich auch von kulturgeschichtlicher Bedeutung. 1765 ernennt Maria Theresia ihren Schwiegersohn Albert von Sachsen-Teschen zum Statthalter in Ungarn. Er nimmt im Preßburger Schloß Residenz und beginnt eine Kunstsammlung aufzubauen, die er dann als Statthalter der österreichischen Niederlande fortführt und die heute den Kernbestand der Wiener graphischen Sammlung »Albertina« bildet.

Als Spaziergang durch Preßburg schlage ich vor, jenen Weg nachzuvollziehen, den der jeweilige König durch die Krönungsstadt in einer durch die Jahrhunderte gleichbleibenden Zeremonie nahm. Von allen Krönungen sind wir durch figurenreiche Bilderserien gut unterrichtet.

Versetzen wir uns um gute 250 Jahre zurück, in den Juni 1741: Maria Theresia, eben des Thronfolgers entbunden, ist von Wien aufgebrochen, hat in Schloß Petronell übernachtet und wird in Kittsee, an der damaligen ungarischen Grenze, von den ungarischen Bischöfen begrüßt; die Besatzung der Preßburger Burg schießt Salut, was die Rohre hergeben. Maria Theresia fährt in einer prunkvollen Kutsche, ihr Gemahl reitet daneben. Die Kirchenglocken läuten, von den Türmen tönen Fanfaren. In der Burg tagt der Krönungslandtag, der Maria Theresia »zum König« wählt (das ungarische Recht war, im Unterschied zum österreichischen, wo man eben die Pragmatische Sanktion als Emanzipationsakt brauchte, geschlechtsneutral) und den Grafen Johannes Pálffy zum Palatin (Statthalter). Der nächste Morgen, es ist der 25. Juni 1741, bricht nach nächtlichem Regen strahlend an, und die Erwählte fährt mit der Kutsche von der Burg zum Martinsdom, den sie durch das südliche Tor betritt. Im Dom sind der ungarische geistliche und weltliche Adel in all seinem Prunk versammelt. Esterházys, Pálffys, Nádasdys, Batthyánys tragen die Kroninsignien (s. S. 164), Maria Theresia nimmt auf dem Thron Platz, der vor dem neuen Hochaltar mit der Reiterstatue des hl. Martin aufgestellt wurde. Sie ist umringt von Herolden mit den Fahnen der ungarischen Länder. Die Krönungsmesse beginnt. Maria Theresia wird der alte Krönungsmantel umgelegt, man umgürtet sie mit dem Schwert, reicht ihr das Szepter. Der Palatin und der Erzbischof Emmerich Esterházy setzen Maria Theresia die Stephanskrone auf die blonden Locken, gefolgt vom Jubel des Adels: »Vivat Domina et rex nostra.« Maria Theresia ist zum König gekrönt, nicht zur Königin (wurde ein männlicher Habsburger zum ungarischen König gekrönt, so folgte einige Tage später eine eigene Krönung seiner Gattin zur Königin; erst 1867, bei Elisabeth und Franz Joseph, wurden die Krönungen zusammengelegt, was eine besondere Auszeichnung für Elisabeth war). Die Messe wird mit dem Te Deum fortgeführt.

Sehen wir uns noch etwas um im Martinsdom, der im 15. und 16. Jh. von schwäbischen und Wiener Baumeistern im gotischen Stil erbaut wurde und dessen Turm – der gleichzeitig Teil der Stadtbefestigung war – ein Abbild der Stephanskrone trägt: Das geschlossenste Kunstwerk des Domes ist die dem nördlichen Seitenschiff angebaute Kapelle des hl. Johannes des Almosengebers (Elemosynarius), nach der Prunktreppe des Salzburger Schlosses Mirabell das zweite große Werk des 1693 in Eßling bei Wien geborenen Georg Raphael Donner. Da er in Wien zunächst keine Aufträge erhielt, ging er über Einladung von Erzbischof Emmerich Esterházy, der die Inneneinrichtung des Domes barockisieren wollte, nach Preßburg und schuf als sein erstes großes Werk hier diesen Altar für die Reliquien des 619 in Alexandria gestorbenen Heiligen. Der Legende nach wurden sie vom Sultan König Matthias Corvinus geschenkt und dann in Ofen aufbewahrt, bevor sie zum Schutz vor den Türken nach Preßburg gebracht wurden. Kaiser Karl VI. hatte zwar angeordnet, daß diese kostbarste Reliquie Preßburgs in das inzwischen von den Türken befreite Ofen zurückkehren sollte, doch gelang es Bischof Esterházy, den Kaiser davon abzubringen – mit dem Versprechen, den Reliquien einen würdigen Rahmen zu geben. Der Altar, für den ein eigener Anbau an den Dom erfolgte, ist mit dem silbernen Reliquienschrein in der Mitte, mit den überlebensgroßen Engelsfiguren und Szenen aus der Passionsgeschichte an der Predella, diese aus Bronze und ursprünglich vergoldet, ein bildhauerisches Gesamtkunstwerk. In einer (nicht zugänglichen) Seitennische stellt eine Marmorstatue den knieenden Erzbischof Esterházy dar. Raphael Donner hat diese als Grabmal bestimmte Statue um 1730, noch zu Lebzeiten des Bischofs, geschaffen – wie eine Schaubühne für den Stifter und Beter in einer Person. Das Fresko in der Kuppel der Kapelle mit den Allegorien der Hoffnung und der Gerechtigkeit malte der Wiener Daniel Gran, dem wir auch das Kuppelgemälde im Prunksaal der Österreichischen Nationalbibliothek verdanken. Die Statue des hl. Martin, ebenfalls von Donner, befand sich zu Maria Theresias Zeiten am Hauptaltar des Domes. Nach der Regotisierung um 1865 wurde sie ins rechte Seitenschiff verbannt, wo sie als Komposition weniger zur Geltung kommt, aber man dafür ihre Einzelheiten umso besser betrachten kann. Der hl. Martin – natürlich in ungarischer Magnatentracht dargestellt – teilt mit einem Bettler seinen Mantel. Die ursprünglich zum Hauptaltar gehörenden Engelsfiguren finden wir heute in der Ungarischen Nationalgalerie in Budapest. An der Rückwand des Innenraumes erinnert eine Gedenktafel an die Aufführung der »Missa Solemnis« von Beethoven.

Die beiden Büsten für Raphael Donner und für Franz Liszt an der südlichen Außenwand des Domes sollten wir nicht übersehen, sie wurden von Viktor Tilgner (s. S. 123) geschaffen.

Kehren wir zu Maria Theresia zurück: Nach der Messe verläßt sie mit den Krönungsinsignien den Dom durch das Nordportal und schreitet durch die *Kapitulská*; auf deren Nr. 26 war das Jesuitenkollegium, erbaut für Bischof Peter Pázmány, dessen Wappen wir im Tympanon finden (es ist dasselbe Wappen, das wir am Haus Boltzmanngasse 14 in Wien finden, wohin das von Bischof Pázmány 1623 in der Wiener Schönlaterngasse 15 gegründete »Pazmaneum«, eine Priester-Ausbildungsstätte für Ungarn, 1901 übersiedelte). Weiter schreitet Maria Theresia durch die Prepoštská in die *Venturska*; geschritten wird übrigens nicht auf dem bloßen Boden, sondern auf einem Holzsteig, der mit grünweißroten Stoffbändern belegt ist, die dann zerschnitten unter das Volk verteilt werden.

Im Haus Venturska Nr. 10 ist heute die Österreichische Botschaft. Im Dezember 1762 gaben hier der sechsjährige Wolfgang Amadeus Mozart und sein Vater, nach ihrem Aufenthalt in Wien auf Einladung des Grafen Pálffy ein Konzert. Eine Gedenktafel erinnert daran. Mit der Familie Mozart ist Preßburg übrigens durch ein zweites Ereignis verbunden: Constanze Mozart heiratete hier 1809 den Dänen Georg Nikolaus von Nissen, den Biographen ihres 1791 verstorbenen ersten Gatten.

Die Fortsetzung der Venturska bildet die *Michalská*. Deren erstes Palais links trägt eine Gedenktafel für Maria Theresia, die es von G. B. Martinelli für die Ungarische Hofkammer erbauen ließ. Die Gedenktafel ist in Latein, der damals einzigen Amtssprache des Vielvölkerreiches Ungarn, verfaßt. Der Krönungszug bewegt sich weiter durch die *Sedlárska* (wo auf Nr.12, im »Grünen Haus/Zelený Dom«, im 17. Jh. der Gerichts-

saal war, in dem Verschwörer gegen die Habsburger oder Protestanten zum Tode verurteilt oder zumindest als Galeerensklaven nach Neapel verbannt wurden) zum *Hlané námestie/Hauptplatz*. Hier, vor dem Rathaus, stellt sich der Magistrat der Stadt der Königin vor. In der Mitte des Platzes steht der sogenannte Rolandsbrunnen – in Wirklichkeit stellt er den ersten (1563) in Preßburg gekrönten König, Maximilian II., dar. Errichtet wurde der Brunnen in seiner ursprünglichen Form 1572 von dem aus Deutsch-Altenburg stammenden Andreas Luttringer. Die Legende berichtet, daß sich der König alljährlich am Ende des Silvestertages einmal um die eigene Achse drehe, wobei er sich vor dem Rathaus verneige, um jene Preßburger zu ehren, die bei der Verteidigung ihrer Stadt ums Leben kamen. Sehen könnten das aber nur in Preßburg Gebürtige und Wohnende reinsten Herzens!
Im Rathaus könnten wir einen Teil des Stadtmuseums (Galéria hlavného mesta Bratislavy) besichtigen. Aus den ausgestellten Dokumenten ist ersichtlich, daß bis ins 19. Jh. Deutsch die führende Sprache Preßburgs war. Besonders interessant sind etwa eine 1841 zum Geburtstagsfest der Kaiserin/Königin Maria Anna, der Gattin Kaiser/König Ferdinands, gemalte Scheibe, die die Verbindungen Österreichs mit Preßburg chronologisch aufzählt, oder Darstellungen einiger Krönungsfeierlichkeiten und die biographischen Hinweise auf einige Preßburger (z. B. auf Wolfgang von Kempelen, einen 1737 in Preßburg geborenen und 1804 in der Wiener Alser Straße 18 verstorbenen Beamten, Schriftsteller und Erfinder, der etwa für Joseph II. einen »Schachautomaten« erfand – einen Holzkasten, dessen Figuren von einem in ihm sitzenden Zwerg gesteuert wurden).
Der schönste klassizistische Bau Preßburgs ist das *Primatialpalais* (an der Rückseite des oben erwähnten Alten Rathauses; am Primaciálne námestie). Erbaut wurde es um 1780 für Kardinal Erzbischof Josef Batthyány von dem aus Tirol stammenden Melchior Hefele (der in Wien die Servitenkirche in ihrer heutigen Form gestaltete, in Sonntagsberg/NÖ den Hauptaltar der Wallfahrtskirche und in Szombathely/Steinamanger das Erzbischöfliche Palais). Über dem Tympanon befindet sich ein Abbild des Kardinalhutes des Bauherrn, mit 180 cm Durchmesser und aus 150 kg Eisen.
In der Einfahrt erinnert eine Gedenktafel daran, daß im Spiegelsaal des Palais am 26. Dezember 1805 der Friede von Preßburg unterschrieben wurde: Napoleon hatte bei Ulm die österreichischen Truppen besiegt und am 13. November 1805 zum ersten Mal Wien besetzt. Die kaiserli-

che Familie war nach Holitsch (heute Holíč, östlich der March/Morava, in der Westslowakei) geflohen und der Kronschatz nach Ungarn gebracht worden. Am 2. Dezember siegte bei Austerlitz Napoleon erneut über die österreichische und die russische Armee und besetzte danach auch Preßburg. Die Russen zogen sich zurück, und Napoleon konnte Österreich seinen Frieden diktieren: Die letzten vorderösterreichischen Besitzungen sowie Tirol, Vorarlberg, Lindau müssen an Bayern abgetreten werden, Österreich erhält als Entschädigung Salzburg und Berchtesgaden. Bayern und Württemberg (die mit Napoleon verbündet waren) werden zu Königtümern. Damit – und das war für die europäische Geschichte noch entscheidender – wurde dem Deutschen Reich der Boden entzogen. Franz II. mußte befürchten, daß bei der nächsten Kaiserwahl Napoleon zum deutschen Kaiser gewählt würde. Daher legte er am 6. August 1806 die deutsche Kaiserkrone nieder. Nach 1000 Jahren hörte das Heilige Römische Reich Deutscher Nation zu bestehen auf; als Reaktion auf die Selbsternennung Napoleons zum Kaiser der Franzosen hatte Franz schon am 11. August 1804 den erblichen Titel »Kaiser von Österreich« geschaffen und diesen Titel als Franz I. angenommen.

Im Marmor-Treppenhaus des prachtvoll renovierten Palais empfängt uns eine Büste Franz' I. als römischen Imperator. Sie wurde von Joseph Klieber (geboren 1773 in Ambras/Tirol, gestorben 1850 in Wien 5, geschaffen, wo nach ihm die Kliebergasse benannt ist), einem der bedeutendsten österreichischen Bildhauer der 1. Hälfte des 19. Jh.s; er gestaltete u. v. a. den Fries am Hauptgebäude der Wiener Technischen Hochschule. Im Vorraum des zweigeschossigen Spiegelsaales finden wir eine Gemäldegalerie der Habsburger von Leopold I. bis zu Kaiser Ferdinand, als ungarischer König Ferdinand V.; wertvollste Ausstellungsstücke sind englische Tapisserien aus dem 17. Jh., die Legende von Hero und Leander darstellend. Das Deckenfresko in der Kapelle, das den hl. Ladislaus darstellt, wie er Wasser aus dem Felsen schlägt, malte Franz Anton Maulpertsch.

Gegenüber dem Primatialpalais beginnt die *Klobučnicka*. Im Hof ihres Hauses Nr. 2 ist noch das Renaissancehäuschen erhalten, in dem 1778 Johann Nepomuk Hummel geboren wurde, über dessen Leben hier ein kleines Museum unterrichtet: Er war in Wien Schüler von Mozart, Salieri und Haydn und kam dann an den Hof der Fürsten Esterházy in Eisenstadt. Er starb 1837 in Weimar. In Wien-Hietzing erinnert die Hummelgasse an ihn.

Wir kehren zum Hlané námesti/Hauptplatz zurück. In der Jesuitenkirche neben dem Alten Rathaus ruht Leopold Karl Graf Kollonitsch, der als Malteser-Ritter 1655–1657 Kommandant der Insel Malta war, dann Komtur in Mailberg/NÖ und 1670 Bischof von Wiener Neustadt wurde. Er blieb während der Pestepidemie 1679 in Wien und leitete 1683 in Wien die Organisation der Verteidigung gegen die Türken. Später wurde er Kardinal und Primas von Ungarn sowie Präsident des Geheimen Rates, des obersten Beratungsgremiums Kaiser Leopolds I. 1707 starb Kollonitsch im Mailberger Hof in der Wiener Annagasse.
Begleiten wir Maria Theresia weiter auf ihrem Krönungszug: Vor der Jesuitenkirche verbeugt sich die Königin vor der Marienstatue, die von Leopold I. 1675 zum Andenken an die mit Hilfe Mariens niedergeschlagene Adelsverschwörung errichtet wurde. Durch das Spalier der jubelnden Menge schreitet Maria Theresia, gefolgt von den geistigen und weltlichen Magnaten, weiter zum Františkánske námesti/Franziskanerplatz. In der Franziskanerkirche steht wieder ein Thron, auf dem sitzend Maria Theresia 45 Adeligen den Ritterschlag erteilt und sie damit zu Rittern vom Goldenen Sporn macht. Neben der Franziskanerkirche, im Franziskanerkloster, tagte im 16. und 17. Jh. der ungarische Landtag, und hier war es auch, wo 1526 Kaiser Ferdinand I. zum ersten Habsburger auf Ungarns Thron gewählt wurde – die Verbindung mit Österreich begann. Sie sollte dreihundertzweiundneunzig Jahre dauern.
Auch das Palais Mirbach, der schönste Rokoko-Bau (1770) Preßburgs, steht auf diesem Platz. In ihm ist ein weiterer Teil des Stadtmuseums untergebracht; es ist für Österreich vielleicht das fundreichste Museum Preßburgs: (kleinformatige) Reiterdarstellungen Maria Theresias und Franz Stephans, Bildnisse ihrer Kinder Maria Christina (die Lieblingstochter Maria Theresias durfte Albrecht von Sachsen-Teschen heiraten, der nach ihrem frühen Tod ihr Grabmal von A. Canova in der Wiener Augustinerkirche errichten ließ) und Joseph II., ein Porträt Georg Raphael Donners mit bildhauerischen Symbolen von seinem Freund Paul Troger. Besondere Beachtung verdienen Plastiken von Donner (Relief »Kreuzabnahme«) und Franz Xaver Messerschmidt, von dessen ca. 50 »Charakterköpfen« einige ausgestellt sind (weitere sind im Österreichischen Barockmuseum im Unteren Belvedere).
F. X. Messerschmidt wurde 1736 in Wiesensteig/Schwaben geboren und kam nach einer Ausbildung in München nach Wien, wo er Assistenzprofessor an der Akademie wurde und einige Plastiken ausführte

(z. B. am Brunnen im Savoyschen Damenstift in der Johannesgasse 15; Büsten von Karl VI., Maria Theresia und Franz Stephan, heute im Österreichischen Barockmuseum). Um 1772 zeigten sich bei Messerschmidt Anzeichen von Geistesschwäche, er übersiedelte zu seinem in Preßburg ebenfalls als Bildhauer tätigen Bruder und beschäftigte sich fortan nur mehr mit den meist grimassenschneidenden »Charakterköpfen«, deren Titel (vom »Kindisch Weinenden« bis zum »Wollüstig abgehärmten Geck«) schon die künstlerische Einmaligkeit andeuten. 1783 stirbt Messerschmidt in Preßburg als Sonderling; Wohnhäuser und Grab sind nicht mehr existent.
Beim Verlassen der Franziskanerkirche steht für Maria Theresia eine Prunkkutsche bereit (nur ihr wurde dieses Privileg zugestanden, die vor ihr gekrönten Könige mußten ein Pferd besteigen), und sie fährt durch die Biela zur Michalská. Durch das festlich geschmückte Michaelstor – das einzig erhalten gebliebene Tor der Stadtbefestigung, an dessen Renovierung unter Maria Theresia eine Gedenktafel erinnert – geht es vor die Stadt. Am *Župne námestie* könnten wir noch in zwei Kirchen hineinsehen: In der Kapuzinerkirche (links) stammen die Kreuzwegreliefs vom oberösterreichischen Holzschnitzer M. Gaig. Die zweitürmige Trinitarierkirche (rechts) erinnert uns an eine von derselben Bruderschaft in Wien errichtete Kirche: Sie ist der Wiener Peterskirche nachgebaut, wahrscheinlich ebenfalls von Johann Lukas von Hildebrandt, aber wie es der Distanz zwischen der kaiserlichen Residenzstadt und Preßburg geziemte, in vereinfachter Form. Die Komposition des Altars der Jungfrau Maria stammt wieder aus der Preßburger Werkstatt Raphael Donners.
Zu Zeiten Maria Theresias war hier die Stadt zu Ende. Heute führt auf der anderen Seite eines modernen Platzes eine leicht ansteigende Straße (Štefánikova) zum Preßburger Hauptbahnhof, in dem heute die Züge aus Wien ankommen. Diese Straße ist nach Milan Štefánik benannt. Denselben Namensgeber hat übrigens auch der Preßburger Flughafen im Osten der Stadt, der seit der Selbständigkeit der Slowakei in einen Dornröschenschlaf versunken ist. Um ihn bemüht sich nun die Flughafen Wien AG, um sich die aus Kapazitätsgründen in Schwechat bald notwendige dritte Start- und Landebahn zu ersparen, womit der Preßburger Flughafen der zweite Flughafen für Wien werden könnte. Štefánik war ein slowakischer Wissenschafter, der im Ersten Weltkrieg gemeinsam mit Masaryk und Beneš aus dem Ausland gegen Österreich-

Ungarn agitierte. Vor 1918 war die Štefánikova übrigens nach Kronprinzessin Stephanie benannt, der Witwe Kronprinz Rudolfs – das Umgewöhnen nach der Umbenennung war daher leicht. Ein »Café Stephanie« gab es bis vor kurzem an der Ecke zur Palisády. 1889 erbaut, war es das Literatencafé Preßburgs. Heute ist es ein China-Restaurant.
Das Barockpalais rechts führt uns wieder in die Geschichte zurück. Es ist das *Palais Grassalkovich*, erbaut um 1765 vom aus Salzburg stammenden Architekten A. Mayerhoffer für den Grafen Anton Grassalkovich, der sich 1741 während des erwähnten ungarischen Landtages so für Maria Theresia eingesetzt hatte, daß er fortan ihr Günstling war, zu großem Reichtum gelangte und in einem Medaillon des Wiener Maria-Theresien-Denkmals verewigt wurde; wir werden ihm in Gödöllö nochmals begegnen (s. S. 147). Sein Sohn erbaute sich in der Wiener Oberen Augartenstraße 40 ein Palais. Nach dem Aussterben der Grassalkovich fiel das Preßburger Palais um 1800 an die Habsburger und diente deren ungarischer Linie als Wohnsitz – die Burg war inzwischen unbewohnbar geworden. An der zur Štefánikova gerichteten Fassade war einmal eine Gedenktafel für Joseph Haydn, der hier mehrmals Konzerte gab. Vermutlich wurde sie entfernt, als das Palais für den Präsidenten des neuen slowakischen Staates renoviert wurde. Im Park steht ein Denkmal für den erwähnten J. N. Hummel. Würden wir in der nach rechts führenden Straße, der Banskobystrická, weitergehen, so kämen wir zum nächsten Regierungsgebäude, dem im 18. Jh. von Franz Anton Hillebrandt (der in Wien u. a. das Palais Dietrichstein gestaltete und Leiter des Wiener Hofbauamtes wie auch Architekt der ungarischen Hofkammer war) erbauten ursprünglichen Sommerpalais des Erzbischofs. In seinem Garten errichtete Bischof Emmerich Esterházy ein großes Atelier und eine Erzgießerei, in der Raphael Donner und seine Gehilfen nicht nur die erwähnten Werke für Preßburg herstellten, sondern auch die ersten Formen für den Donnerbrunnen am Neuen Markt in Wien schufen. Um 1735 pendelte Donner zwischen seinen Werkstätten in Preßburg und Wien; erst sein letztes großes Werk, die »Beweinung Christi« für den Gurker Dom, entstand zur Gänze in Wien.
Wir kehren zur großen Umfahrungsstraße zurück. Der weiträumige Platz im Osten der Altstadt heißt *Námestie Slovenského národného povstania/Platz des Slowakischen Nationalaufstandes,* kürzer *nám. SNP.* Als Maria Theresia 1741 hier mit der Kutsche eintrifft, ist vor dem Kloster der barmherzigen Brüder ein Podest errichtet, von dem aus sie den

Eid auf die ungarische Verfassung ablegt. Die Schwurformel spricht ihr der Erzbischof vor; wieder jubeln die Magnaten und das Volk.
Von 1830 bis 1950 befand sich hier ein vom erwähnten Bildhauer Joseph Klieber errichteter Brunnen mit einem Obelisken, benannt nach der 1825 zur Königin gekrönten Karoline Auguste, der zweiten Gattin Kaiser Franz' I. Das Klostergebäude der Barmherzigen Brüder ist wiederum fast eine Kopie des Wiener Klosters des gleichen Ordens in der Taborstraße; in der Kirche finden wir Werke aus der Werkstatt Donners.
Vorbei an einer Viedenské pakarne/Wiener Bäckerei könnten wir in der zweiten Gasse nach links (Špitálska) bis zur *Elisabethkirche* (sv. Aźbety, Nr. 21) gehen, die vom Wiener Architekten Franz Anton Pilgram um 1740 erbaut wurde (Sie werden es schon ahnen: Er erbaute auch die Elisabethinenkirche in Wien-Landstraße). Das Deckengemälde des Kirchenraums ist eines der schönsten Werke unseres Paul Troger (s. S. 232). Es scheint die Grenzen zwischen Realität und Illusion zu durchbrechen und öffnet sich zur Unendlichkeit des Himmelsraumes.
Noch ein Stück weiter stadtauswärts wäre auf der anderen Straßenseite (Nr. 24) das Palais Aspremont. Es gehörte Ende des 18. Jh.s den Esterházys, in deren Gefolge Joseph Haydn auch mehrmals hier konzertierte.
Durch die Šturova gehen wir Richtung Dunaj/Donau. Bei der *Gondova,* wo ein riesiges graues Gebäude einstens das Kommandogebäude des V. k.u.k. Armeekorps war, erreichen wir das *Donauufer.* Wir gehen Richtung Wien und kommen, vorbei an einem Museumsgebäude, zu einem 1938 errichteten Denkmal: Auf einem Obelisken erinnert ein Löwe an die Gründung der Tschechoslowakei. Wie lange er noch stehen wird? Schon einmal mußte er verschwinden: Als Adolf Hitler im November 1938 vom neu zum Deutschen Reich gekommenen Engerau über die Donau nach Preßburg blickte – das er nie besuchte –, murmelte er: »Die Katz muß runter!« Und so geschah es. Doch nach dem Zweiten Weltkrieg wurde der Löwe wieder podestiert.
Nach dem Schwur auf die Verfassung fährt Maria Theresia hierher, zur letzten Station des Krönungszuges: Am heutigen *Námestie L'udovita Štúra,* der bis 1918 *Krönungshügelplatz* hieß, ist ein Hügel aufgeschüttet, dessen Erde aus allen Komitaten Ungarns stammt. Hier besteigt auch die Königin ein Pferd, reitet auf den Hügel und schwört bei Schwertstreichen in die vier Himmelsrichtungen, die ungarische Erde gegen alle Feinde zu schützen. Wieder jubeln Volk und Adel.
Der Krönungszug dauerte vier Stunden, endlich kann die Königin in die

Burg zurückkehren. Nach einer kurzen Ruhepause wird zum Krönungsmahl gerufen, zu dem die Königin wieder in vollem Ornat und mit Krone erscheinen muß. Und hier gelingt es ihr endlich, dem Zeremoniell ein Schnippchen zu schlagen: Als, mitten im Mahle und umgeben von Erzherzögen, Bischöfen, Prälaten und sonstigen Magnaten, die schwere Krone, die ja nicht für den Kopf einer zarten Frau geschaffen war, immer drückender wird – nimmt Maria Theresia sie einfach ab und stellt sie auf den Tisch vor sich hin! Den Herren des Protokolls bleibt das Herz fast stehen, doch dann geht ein Lächeln durch die Runde – auch ein König darf ein Mensch sein, besonders wenn er eine Königin ist.
1897 wurde am Krönungshügelplatz ein Maria-Theresien-Denkmal errichtet: Es zeigte die Königin im Damensitz zu Pferd, von Husaren umgeben, am Sockel war der uns bekannte Spruch »Vitam et sanquinem« eingemeißelt. 1919 wurde es zerstört. Das heute am selben Platz stehende Denkmal mit mehreren überlebensgroßen Figuren erinnert an L'udovit Štúr (1815–1856), einen Erzieher, der sich um die slowakische Wiedergeburt bemüht hatte.
Wäre die »Preßburger Bahn« noch in Betrieb, könnten wir sie jetzt zur gemütlichen Rückfahrt nach Wien besteigen: Hier war bis 1945 die Endstation dieser Überlandstraßenbahn nach Wien. Auf der heute noch bestehenden, damals »Franz-Josefs-Brücke« genannten Brücke (östlich) überquerte sie – vorher noch vorbeifahrend am erwähnten Armeegebäude – die Donau. Nach 8 km oder 20 Minuten war man in Österreich. Heute enden die Schienen vor der österreichischen Grenze in Wolfsthal, die ÖBB hat die Grundstücke bis zur Grenze verkauft, und jenseits zerschneiden Autobahnen die Landschaft. Nun wird zwar eine neue Eisenbahnstrecke gebaut, die bei Parndorf von der Linie Wien – Budapest abzweigt und über Kittsee in die Slowakei führt (auch diese Strecke bestand bereits in der Donaumonarchie, als Teil der Eisenbahn Preßburg – Eisenstadt). Aber ob sich diese Investition von ca. 1 Mrd. Schilling rechnet, bleibt abzuwarten: Die neue Strecke wird in Petržalka enden (der Hauptbahnhof von Bratislava wäre nur in einem weiten, östlichen Bogen zu erreichen), und von dort ist es noch weit ins Stadtzentrum. Auf slowakischen Karten ist auch bereits ein Autobahnprojekt eingezeichnet (bei Jarovce von der Autobahn Bratislava – Budapest abzweigend, östlich von Pama die Grenze überschreitend und bei Parndorf in unsere Ostautobahn einmündend). Gegenwärtig windet sich der Straßenverkehr zwischen den zwei nahen Großstädten durch das histori-

sche Stadtbild von Hainburg. Wenn nach unserer »Zwischenzeit« der Nationalstaaten und der Grenzkontrollen Mitteleuropa wieder so zusammenwachsen soll, wie es von 1526 bis 1945 bestanden hat, werden Verkehrsverbindungen vorhanden sein müssen …

Am nám. L'udovita Štúra/Krönungshügelplatz ist in einer früheren k.u.k. Kaserne die *Slovenská národná galéria/Slowakische Nationalgalerie* untergebracht. Hier sehen wir zwar Werke von P. P. Rubens, Tintoretto, Lucas van Valckenborgh, Jan van Goyen und François Boucher, aber nur wenig österreichisches: einige Arbeiten Tiroler Holzschnitzer und ein Porträt von Joseph II. von Pompeo Patoni sollen erwähnt werden. Durch die Mostová kommen wir zum *Hviezdoslavovo-Platz.* Die hier befindliche »Volksbank« zeigt uns, daß Österreich auch jetzt in Preßburg präsent ist – mit Einflußmöglichkeiten der heutigen Zeit: An einer steigenden Anzahl slowakischer Unternehmen sind österreichische beteiligt. Ein wichtiges Beispiel ist etwa die »Tatra-Banka«, an der die österreichische Raiffeisen-Zentralbank die Mehrheit der Anteile hält. Auch das Slowakische Nationaltheater am östlichen Ende des weiten Platzes zieht nun wieder Österreicher an. Erbaut wurde es natürlich vom Wiener Architekturkonzern Fellner & Helmer (1886). Auf seinen Brettern begann die Karriere mancher »Wiener« Staatsopernsängerinnen, etwa von Edita Grúberová und Lucia Popp. Auch ein Operettenkomponist der »silbernen Ära« wirkte hier als Dirigent und Direktor (1923–1930): Otto Nedbal (1874–1930). Vorher war er Dirigent an der Wiener Hofoper und Komponist (Operette »Polenblut«); 1907 begründete er das Wiener (heute: Niederösterreichische) Tonkünstlerorchester. Wien ehrte ihn durch die Benennung eines Gäßchens im 22. Bezirk, Bratislava durch eine Straße im Stadtzentrum. Vor dem Nationaltheater stellt ein Brunnen die griechische Sage von Ganymed dar, eines Jungen, der von einem Adler auf Befehl des Zeus zum Olymp getragen wird, um dort den Göttern als Mundschenk zu dienen. Geschaffen hat den Brunnen Viktor Tilgner, 1846 in Preßburg geboren und 1896 in Wien gestorben. In Wien war Tilgner Professor an der Akademie und einer der gefragtesten Bildhauer der späten Ringstraßenzeit: Von ihm stammen u. a. die Wiener Mozart-, Makart- und Bruckner-Denkmäler; er gestaltete auch den Fassadenschmuck von Burgtheater, Universität und Hofmuseen.

Welche der später in Österreich berühmt Gewordenen sind noch in Preßburg geboren? Der Forschungsreisende Ludwig Ritter von Höhnel

(1857–1942, er entdeckte und benannte 1888 den Rudolf- und den Stefaniesee in Ostafrika); der Komponist Franz Schmidt (1874, am Platz seines Geburtshauses Ecke nám. SNP/Uršulinska, eine Gedenktafel erinnert an ihn; gest. 1939 in Perchtoldsdorf, Lohnsteinstraße 4; er war der Komponist der 1914 an der Wiener Hofoper uraufgeführten Oper »Notre Dame« und des Oratoriums »Das Buch mit den Sieben Siegeln«); der erste Bischof von Eisenstadt, Stefan Laszlo (1913–1995); Sybille Bolla-Kotek (1913–1989, Professor für römisches Recht an der Universität Wien); der Zeitgeschichtler und Journalist Hugo Portisch (1927) und der Maler Christian Ludwig Attersee (1940). In der Nähe Preßburgs wurden der Maler Anton Lehmden (1929, in Nitra) geboren und Leopold Stastny (1911–1996), der 1968 bis 1973 Trainer der österreichischen Fußball-Nationalmannschaft war. Schließlich muß hier noch ein Österreicher erwähnt werden, der zwar in Wien geboren wurde, aber in der Slowakei – in der Hohen Tatra – 1943 das Schlüsselerlebnis hatte, das ihn zu seinem besonderen Malstil führte: Rudolf Hausner (1914–1995). Er war als Soldat der Deutschen Wehrmacht lange in einer Berghütte eingeschneit, und als er sinnend gegen die Holz-Hüttenwand starrte, kam ihm die Vision von Projektionen. Dieser »Tatrablick« wurde dann zum Grundkonzept seiner »Adam«-Darstellungen.
Aber in der Slowakei entschieden sich österreichische Schicksale auch zum Tragischen: 1938/39 versuchten Österreicher auch über die Slowakei oder auf dem Donauweg ab Preßburg dem Hitler-Regime zu entfliehen. Wenigen gelang es.
Durch die *Panska* könnten wir zum Martinsdom zurückkehren. Auch diese »Herrengasse« ist eine Straße der Adelspalais: Auf Nr. 13 steht ein weiteres Palais Esterházy, dessen Portal unzweifelhaft von Joseph Emanuel Fischer von Erlach beeinflußt ist; auf Nr. 19–21 das Palais Palffy, auch in ihm ist ein Teil des Stadtmuseums untergebracht. Hier finden wir eine bemerkenswerte Sammlung »österreichischer« Kunst: Gemälde von Friedrich von Amerling, Peter Fendi, Friedrich Gauermann, Jacob Waltmann (Ansicht von einem ländlichen Klosterneuburg), Friedrich Friedländer; Klein-Plastiken von Anton Fernkorn (hl. Georg) und Viktor Tilgner (reizend sein »Wiener Stubenmädchen«). Im Palais Keglevich (Nr. 27) konzertierte am 23. November 1796 Ludwig van Beethoven; der Gräfin Keglevich, einer früheren, verehrten Schülerin, widmete er ja mehrere Werke. Im Palais Csáky (Nr. 33) wohnte 1805 Johann Joseph Fürst Liechtenstein, der Beauftragte des Kaisers Franz I.

Damals gab's noch Wiener Stubenmädchen. Ein solches »Viedenská chýná« ist im Preßburger Palais Palffy für uns nur mehr als Statuette Augenweide.

für den Frieden von Preßburg. In Österreich verdankten wir ihm die Erbauung des Husarentempels oberhalb der Brühl bei Mödling.
Haben wir ein Kraftfahrzeug zur Verfügung, so bieten sich noch zwei kurze und ein längerer Ausflug an: Den *Kamzik* (»Gemsenberg«), einen der letzten Hügel der Malé Karpaty/Kleinen Karpaten am nördlichen Stadtrand von Preßburg, erreichen wir durch die Šancova, dann durch die Karpatská und die Jeséniova. Er bietet einen schönen Ausblick auf Niederösterreich, Restaurants im Grünen (»Kolibri«) und einige Denkmäler, eines davon (am Parkplatz unterhalb des Fernsehturmes) zum Gedenken an die Gefallenen des letzten Gefechtes des Preußisch-Österreichischen Krieges, hier am 22. Juli 1866: Nach dem Sieg bei Königgrätz wäre es den Preußen ein leichtes gewesen, rasch nach Wien zu marschieren und es zu besetzen; den Resten der in Königgrätz geschlagenen Armee Benedek war der direkte Weg zum Schutze Wiens abgeschnitten worden, sie mußte einen weiten Umweg durch das Waagtal machen, um das Donautal zu erreichen. Bismarck wollte aber Österreich nicht derart demütigen, sondern nur eine Drohgeste zeigen – deswegen der Marsch bis vor die Tore Preßburgs, der am 22. Juli 1866 zum Sieg von Blumenau führte (heute: Lamač, zwischen der Marchmündung und Preßburg gelegen, im Ortsfriedhof ein weiteres Gefallenendenkmal). Die Taktik wirkte: Österreich beeilte sich, am 27. Juli den Präliminarfrieden von Nikolsburg (s. S. 74) zu schließen.
Den zweiten kurzen Ausflug könnte man mit der Rückfahrt nach Wien verbinden: Wir verlassen Bratislava über eine der Donaubrücken Richtung Süden, dann Richtung Rajka – Budapest. Wir kommen an der Abzweigung Richtung Kittsee vorbei und halten in *Rusovce* (12 km vom Zentrum Preßburgs). Rusovce kam erst 1947 zur ČSR, gehörte vorher zu Ungarn und hieß Oroszvár, auf deutsch »Karlburg«. Östlich der Durchfahrtsstraße, von einer Mauer fast versteckt, ein verwilderter Garten und ein halbwegs vor dem Verfall gerettetes Schloß im neugotischen englischen Stil. Das Schloß gehört heute einer slowakischen Volksmusikgruppe, ist nicht zu besichtigen und wohl auch nicht mehr besichtigenswert. Hier lebte fast 40 Jahre die Witwe von Kronprinz Rudolf, die 1864 in Schloß Laeken bei Brüssel geborene Stéphanie, mit ihrem zweiten Gatten, dem Grafen Lonyay, den sie 1902 geheiratet hatte. Sie führten in der Endzeit der Monarchie auf der 1906 von den Grafen Henckel-Donnersmarck gekauften Herrschaft, zu der ein großes Au-Jagdgebiet beiderseits der Donau gehörte, ein großes Haus. Auch der

Erzherzog-Thronfolger Franz Ferdinand kam öfter zu Besuch, nicht nur zur Jagd, sondern weil – im Unterschied zu anderen Zweigen der Familie Habsburg – seine nicht ebenbürtige Gattin bei den Lonyays, die ja ebenfalls eine »morganatische Ehe« führten (s. S. 215), auch gern gesehen war. Ein anderer Gast, Bertha von Suttner, schrieb nach einem Besuch zu Weihnachten 1906:

»Noch fehlt die elektrische Beleuchtung, noch soll der Park mit Zieranlagen und Terrassen verschönert werden und anderes mehr; dagegen ist die Ausschmückung der Innenräume schon nahezu vollendet. Viel prunkvolles wurde vorgefunden; so sind die Empfangssäle wahrhaft königlich. Dazu kamen noch die reichen Schätze, die sich im Besitze der Prinzessin angesammelt haben und die aus der Hofburg und Laxenburg in unzähligen Kisten nach Oroszvár expediert wurden und jetzt die Gemächer und Korridore in wahre Museen verwandeln. Das Arbeitszimmer der Schloßherrin, in welchem sich neben den so interessanten Familienporträts manche wertvolle Andenken an ihre eigenen Reisen nach Ägypten, Rußland, Skandinavien und den Orient aufgestapelt haben, bildet eine Art illustrierter Lebensgeschichte.« (1)

Eine Biographin berichtet weiter:

»Als Stephanie die Kisten mit den Schätzen aus der Hofburg und aus Laxenburg auspackte, kam dabei auch auch das k.u.k. Zeremoniell zum Vorschein. Die geborene Prinzessin von Belgien führte es auf Oroszvár wieder ein. Man sprach die Königliche Hoheit in der dritten Person Mehrzahl an, Damen versanken vor ihr im Hofknicks, Herren beugten sich über ihre Hand. Stand die Schloßherrin auf, erhoben sich sofort alle Gäste, trat sie ein, verstummte das Gespräch. Mehrmals am Tag wurde die Hoheit umgekleidet, und zum Dinner am Abend erschien sie selbst dann in großer Toilette, wenn daran nur ihr Gemahl und der Hofkaplan teilnahmen. Die Prinzessin war Schloßherrin, Hausfrau und Gutsverwalterin, Gartenarchitektin und Gastgeberin. Sehr schlank und sportlich war die ›kühle Blonde‹ nun beinahe eine Schönheit geworden. Als Gräfin Lonyay trug sie ihr Haar der Jugendstilmode entsprechend weich aufgesteckt, was ihr, vor allem vom Profil her, eine neue Anmut verlieh. Sie besaß noch immer ihren makellosen Teint und die berühmt schönen Hände der Orléans. Stephanie alterte gut: Ihre Züge wurden mit den Jahren prägnanter … Ich habe nie eine eleganter angezogene Frau gesehen. Alles, was sie trug, war in Schnitt, Form und Farbe vollkommen. Ihre Abendkleider wurden in Rom, ihre Tageskleider in Paris und ihre Kostüme in London angefertigt. Blusen und Hüte lieferte Wien. Im Verlauf von zwei Monaten sollten wir sie kaum je zweimal in der gleichen Toilette sehen; dabei wurde sie dreimal am Tag umgezogen. … jeder Zoll eine königliche Prinzessin. Sie erschien in einem weißen Abendkleid, tiefdekolletiert, Schnüre von Perlen um den Hals, Perlen wie Haselnüsse, über den Schultern einen Abendmantel von weißem Panne mit Hermelin. Sie erschien in schwarzem Samt mit Weißfüchsen, in smaragdfarbenen Spitzen mit Nerz, in bordeauxroten Atlas mit Zobel; zu jeder Toilette waren Schmuck, Handschuhe, Taschentuch und Schuhe abgestimmt. Es gab genügend mondäne Frauen in Wien, aber keine, die ihr an Geschmack und Eleganz annähernd nahe kam. ... Das Zeremoniell erstreckte sich auch auf die Mahlzeiten, die zumeist in einem intimen, mit hellem Damast tapezierten Speisezimmer eingenommen wurden. Auf das Zeichen des Haushofmeisters öffneten sich die Türen, und man schritt zu Tisch. Diener in schwarzer Livree spielten sich mit lautloser, artistischer Geschicklichkeit die Platten zu. Der Haushofmeister bot der Prinzessin an; er zelebrierte, sein Gewicht graziös ausbalanzierend, diese nahezu kultische Handlung. ... Der ungarische Koch war, um den Ansprüchen der Prinzessin zu genügen, jahrelang in Paris ausgebildet worden.« (1)

Auch nach dem Ende Österreich-Ungarns lebte man dieses Leben weiter. Man zelebrierte, dinierte, besuchte Standesgleiche (wie die Battyánys im nahen Kittsee, das zwar österreichisch geworden war, aber die Grenze wurde ja erst 1945 zum Hindernis). Die Verkleinerung des Gutes Oroszvár durch die neuen Grenzziehungen und die ungarische Bodenreform konnte durch die bis 1940 vom belgischen Königshaus gezahlte Apanage ausgeglichen werden. Bis zum Zweiten Weltkrieg lebten der von Kaiser Karl noch gefürstete Elemer Lonyay und seine Gattin umsorgt von ihren Bedienten in der Vergangenheit, während die Gegenwart ihrer Auflösung entgegenging. Dann wurden sie einsam – mit Elisabeth, dem einzigen Kind Stephanies, aus der Ehe mit Kronprinz Rudolf, die in Wien nun mit dem sozialdemokratischen Politiker Leopold Petznek verheiratet war, bestand seit Jahrzehnten kein Kontakt mehr –, und nun verarmten sie auch. Am 2. April 1945 erreichte die Rote Armee Schloß Oroszvár. Das greise Paar floh nach Pannonhalma, wo Stephanie am 23. August 1945 starb (s. S. 141).

Von Rusovce sind es nur 6 km zur österreichischen Grenze bei Kittsee (s. u.).

Für den zweiten Ausflug sollten Sie sich, einschließlich der Rückfahrt nach Wien, einen Tag Zeit nehmen: von Preßburg nach Nordosten auf der Straße Nr. 61 oder der nur mit Mautvignette zu befahrenden Autobahn geht es Richtung Piešt'any, aber schon bei *Trnava/Tyrnau* abfahren (ca. 45 km). Tyrnau, einst das slowakische Rom genannt (hierher wich der ungarische Erzbischof aus, als Esztergom von den Türken besetzt wurde), lohnt wegen seiner zahllosen Barockbauten einen Besuch. Hier soll nur erwähnt werden, daß das Hauptaltarbild der Jesuiten/Trinitarierkirche im Westen der Altstadt (Štefánikova-Straße) von

Franz Anton Maulpertsch stammt. Wir fahren weiter nördlich, Richtung Špačince (Straßen Nr. 560 oder 504), biegen aber schon am Ortsende von Trnava nach links in Richtung *Dolná Krupá* ab. Nach 10 km sind wir in diesem langgestreckten Ort, der auf deutsch Unterkrupa hieß. Links der Hauptstraße steht ein klassizistisches Schloß, heute eine Musikakademie. Wenn man an einen Genius loci glaubt, ist deren Platz gut gewählt, denn Ludwig van Beethoven hat hier als Gast des Grafen Brunswick (s. auch S. 175) die Sommer 1800 und 1801, vielleicht auch die der Jahre 1806 und 1810 verbracht. Sein »Komponierhäusl« finden wir gleich links vor dem Schloß. Es soll eine Zeit reichen Schaffens gewesen sein; man nimmt an, daß hier u. a. die »Mondscheinsonate« komponiert wurde.
Auch unser nächster Halt, Piešt'any, ist für uns mit Beethoven verbunden. Zunächst müssen wir aber den Weg dorthin finden: Am einfachsten ist es, wieder zurück bis nach Trnava zu fahren und dann nordöstlich auf der Straße Nr. 61 – die Kühltürme des Atomkraftwerkes Bohunice sind uns zunächst richtungsweisend. Vorbei an *Leopoldov* (der Name weist noch darauf hin, daß oberhalb, östlich des Ortes, von Kaiser Leopold I. um 1660 eine Festung errichtet wurde; während der zahlreichen ungarischen Aufstände wurde sie nie erobert und blieb immer kaiserlich-königlich; seit 130 Jahren ist die Festung Gefängnis) kommen wir nach *Piešt'any/Pistyan*. Das Ortsmuseum (Beethovenova Nr. 5) gibt uns eine Einführung in die Badegeschichte des Ortes. Einer der frühen Gäste war Ludwig van Beethoven, an dessen Aufenthalt 1801 ein verstecktes Denkmal vor einem der alten, verfallenden Hotels (gleich östlich des Museums, Richtung Váh/Waag-Fluß) erinnert. Der alte Teil des Ortes hat sich noch einiges vom Charme eines monarchischen Kurbades bewahrt. Der Kurpark, einige Hotels und die Hauptstraße Winterova (Fußgängerzone) erinnern an Baden bei Wien. Manchen Gebäuden ist unschwer ihr rekonvaleszentischer Zweck für Militärs anzusehen. Über die Kolonnadenbrücke kommen wir ans östliche Ufer der Waag, wo wir an der Mauer des Hotels Thermia Palace eine Büste unserer Sisi finden. Bescheiden und etwas versteckt, aber immerhin nicht zerstört.
(Über das Überleben eines anderen Elisabeth-Denkmals in der Slowakei, das von *Bardejov/Bartfeld*, einem Kurort in der Ostslowakei und nahe der polnischen Grenze, berichtet Otá Filip folgende Geschichte:

Sisi war hier 1898, knapp vor ihrem Tode. Die unendlich traurigen Ungarn beschlossen sofort, vor dem Haus, in dem sie gewohnt hatte, ein Denkmal zu errichten. Als die Russen im Herbst 1914 den Ort eroberten und brandschatzten, blieb nur das Denkmal unversehrt. Als 1918 im neuen Staat alle Habsburger-Denkmäler zerstört wurden, gelang es einem Einheimischen, den Herren im fernen Prag weiszumachen, daß das Denkmal die Gattin eines Kurgastes darstelle, der es zum Dank der Errettung seiner Frau vor Gallensteinen errichten habe lassen. Und als 1939 der erste slowakische, nationale Staat gegründet wurde, attestierte ein Heimatforscher, daß die Statue den Typus einer rein arischen slowakischen Frau darstelle. 1945, als die Russen wieder den Ort einnahmen, erzählte man ihnen, daß Sisi in Wahrheit Katharina die Große darstelle; 1948 ergänzte man die Legende um die Darstellung einer Partisanin, die im Kampf gegen die Faschisten gefallen sei. Als 1950 der Stalinismus der Statue auf den Grund gehen wollte, stellte ein dialektischer Materialist die These auf, daß man Elisabeth wegen ihrer erzreaktionären Haltung gegenüber dem Kaiserhaus durchaus als eine frühe Proletarierin ehren könne. Die Statue steht noch heute!) (2)

Jetzt wird die Weiterfahrt etwas kompliziert: Von Piešt'any geht es auf der Straße Nr. 499 über die Waag, Richtung Osten, durch Topol'čany, dann weiter auf der Straße Nr. 64 und 2,5 km nach Partizánske nach Süden (rechts) abbiegen (ca. 60 km ab Piešt'any). In *Vel'ke Uherce* befand sich eine der großen Bugholzmöbelfabriken der Firma Thonet, die seit dem vom Fürsten Metternich initiierten Umzug des Firmengründers aus Koblenz/Rhein ihren Sitz in Wien, die Fabriken aber in der Slowakei und Mähren hatte (heute produziert noch eine diesen Namen tragende Fabrik im mährischen Bystřice pod Hostynem). Hier, in Großugerwitz, hatten die Thonets aber nicht nur eine Fabrik, sondern auch das Familienschloß, erbaut in dem um 1860 populären Stil der englischen Neugotik. Die Mauern des Schlosses stehen (links der Hauptstraße) noch. Wir fahren weiter nach Süden, über bewaldete Hügel – die Thonets errichteten ihre Fabriken immer nahe ihres Rohstoffes – nach *Topol'čianky*. Wenn man hier das Schloß sieht, glaubt man, die Zeit sei stehengeblieben und die Herrschaft nur gerade mit der Kutsche auf eine ihrer anderen Besitzungen gefahren. Die »Herrschaft« waren zuletzt Erzherzog Joseph August von Habsburg (aus der »ungarischen«, von Erzherzog Joseph, einem Bruder von Kaiser Franz I., abstammenden Linie) und seine Gattin Augusta, eine Tochter von Erzherzogin Gisela und Prinz Leopold von Bayern, also eine Enkelin von Kaiser Franz Joseph. Sie mußten das Schloß 1918 verlassen, lebten dann bis 1944 auf Schloß Alcsut und emigrierten danach in die USA. Der Erzherzog starb 1962

neunzigjährig in Bayern, sein schlichtes Grab liegt im Friedhof von Feldafing am Starnberger See. So wie die Habsburger das Schloß verließen, ist es noch heute; gut renoviert und original eingerichtet (auch der folgende, republikanische Herrscher wußte imperialen Glanz zu schätzen: Von 1924 bis 1934 wählte der tschechoslowakische Staatspräsident Thomas Masaryk das Schloß zu seiner Sommerresidenz). Die Schloßbesichtigung läßt das doch recht beschauliche Familienleben der Habsburger erahnen, besonders wenn Ihnen der noch deutsch sprechende Führer – nein, »Kastellan« wäre die treffendere Bezeichnung – in der Bibliothek das orginale Familien-Photoalbum zeigt; Erzherzogin Augusta war eine leidenschaftliche Photographin. Wenn Sie Zeit haben: Im Hintertrakt des Schlosses gibt es empfehlenswerte und, bis auf die Fürstensuite, preislich erschwingliche Gästezimmer. Sie können reiten, mit Pferdekutschen in die Wälder fahren, und manchmal gibt es im Musiksalon Klavierkonzerte.
Die Weiterfahrt, über Zlate Moravce auf der Straße Nr. 511 genau nach Süden nach Vráble, bringt uns in die Gegenwart zurück, und mancher würde sich wünschen, weiter als 100 km Luftlinie von Österreich entfernt zu sein: Die Baustelle des Kernkraftwerkes *Mochovce* befindet sich nur 10 km östlich von Vráble. Es wird fertig gebaut; die Einflußmöglichkeiten österreichischer Proteste wurden von unseren Politikern überschätzt. Auf der Straße Nr. 511 weiter nach Süden kommen wir über Dvory und Hurbanovo nach Komárno (ca. 90 km von Topol'čianky) an der Donau. (Wer noch einen Umweg von ca. 80 km in Kauf nehmen will, kann in Vráble nach Osten auf die Straße Nr. 51 abzweigen, kommt gleich in Sichtweite von Mochovce und wechselt in Kalna Richtung Süden auf die Straße Nr. 76. Mittwochs und sonntags erwartet ihn im Schloß von Želiezovce ein Franz Schubert gewidmetes Museum: Schubert hatte hier in den Sommern 1818 und 1824 als Hausmusiklehrer der Familie Esterházy die einzige feste Anstellung seines Lebens. Über Štúrovo und dann wieder westwärts auf der Straße Nr. 63, nun immer entlang der Donau fahrend, kommen wir nach Komárno.)
In der altösterreichischen Militärstadt *Komárno/Komorn* soll der letzte Halt dieser Fahrt sein. Westlich der Mündung der Waag in die Donau ließ Kaiser Ferdinand I. um 1550 eine Festung erbauen, die allen türkischen Angriffen widerstand. Wie wir auf einer der Basteien lesen können »nec arte nec marte«, »weder List noch Gewalt« konnte sie bezwingen. Um 1800 wurde die Festung u. a. vom Wiener Baumeister Peter

Nobile (dem Erbauer auch des Theseus-Tempels im Wiener Volksgarten), wesentlich verstärkt, da man einen Vormarsch Napoleons bis hierher befürchtete. Bis zum Bau von Przemyśl (s. S. 95) war Komorn die stärkste Festung der Donaumonarchie. Am Ufer der Donau und der Waag können wir die alte Festung umfahren. Auch die neueren Festungswerke, »landeinwärts«, sind noch eindrucksvoll. Zu besichtigen ist die Festung nicht, denn noch dient sie dem Militär: Das Verhältnis zu Ungarn ist noch immer gespannt, da nun die Slowakei ihre ungarische Minderheit – immerhin gute 10% ihrer 5,2 Mio. Einwohner – zu benachteiligen scheint. Auch der »zivile« Teil des Städtchens Komárno kann seine militärische Vergangenheit nicht verleugnen: planmäßig angelegte Straßen, von ärarischen Bauten gesäumt. Am Hauptplatz steht ein Denkmal für General Georg Klapka: Unter seiner Führung war Komorn der letzte Platz, an dem sich die 1848/49 gegen die Habsburger aufständischen Ungarn hielten; erst am 27. September 1849 übergab Klapka die Festung, und es wurde ihm ein ehrenvoller Abzug ins Ausland gewährt; 1867 wurde er von Franz Joseph amnestiert. Der Festung ist es auch zu verdanken, daß hier zwei berühmte Österreicher, deren Väter hier garnisoniert waren, geboren wurden: am 30. April 1870 Franz Lehár, dessen Vater auf einem seiner zahlreichen Posten (s. auch S. 185) in Komorn Militär-Kapellmeister war. Das Geburtshaus gibt es nicht mehr, an seiner Stelle westlich der Altstadt und vor der Auffahrt auf die Donaubrücke (heute: Lehárova ul.) steht nun ein wenig ansprechendes Lehár-Denkmal. Nach einem Besuch im Ortsmuseum, das auch diesem berühmtesten Sohn der Stadt gewidmet ist, sind wir etwas verwirrt: War Lehár Ungar, Österreicher, Slowake? Gestorben ist er jedenfalls als Österreicher, am 24. Oktober 1848 in Bad Ischl. Der zweite Österreicher, dessen wir uns in Komorn erinnern müssen, ist Theodor Körner, unser erster vom Volk gewählter Bundespräsident (1951–1957). Er war der Sohn eines Hauptmanns der Festungsartillerie und wurde am 24. April 1873 in Szöny, dem südlich der Donau gelegenen Stadtteil von Komorn, geboren. Theodor Körner wurde wie sein Vater Offizier und stieg in der k.u.k. Armee bis zum Generalstabschef von FM Boroević auf (s. S. 190); in der Zwischenkriegszeit wurde er sozialdemokratischer Politiker, 1945 Bürgermeister von Wien.

Wir verlassen die Slowakei über die Donaubrücke, fahren durch das ungarische Komárom und sind bald auf der Autobahn Budapest – Wien. Von Komárom sind es noch ca. 140 km bis Wien.

Bratislava ist von Wien ca. 65 Straßen- bzw. Zugkilometer entfernt und daher für einen Tagesausflug gut geeignet. Will man nur Bratislava besuchen, so empfiehlt sich die Fahrt mit dem Zug (ab Wien Südbahnhof mehrere Schnellzüge täglich, über Marchegg, Fahrzeit 70 Minuten); etwas länger dauert es mit den von Wien-Landstraße abfahrenden Linien-Autobussen. Leider ist der Hauptbahnhof von Bratislava so weit nördlich des Stadtzentrums, daß man dorthin mit der Straßenbahn fahren sollte. In Bratislava gibt es, auch im Stadtzentrum, zwar genügend bewachte Parkplätze, doch sind bei der Fahrt mit dem Pkw (von Wien über die Ostautobahn A 4 bis Fischamend, dann Bundesstraße Nr. 9 – Hainburg – Grenzübergang Berg) die Wartezeiten an der Grenze nicht einzuschätzen (an Samstagen sollen bis zu 15 000 Österreicher in Bratislava einkaufen!); die Wartezeiten in Kittsee sind meist kürzer, aber dieser Grenzübergang (Zufahrt über die A 4, weiter über Parndorf) kann nur von 6 bis 22 Uhr und nur von österreichischen oder slowakischen Staatsbürgern benützt werden. Geldwechsel ist beim Grenzübergang Berg und in zahlreichen Wechselstuben in der Stadt möglich (im Februar 1997 waren 100 öS ca. 275 Kronen). Für den hier vorgeschlagenen Spaziergang (insgesamt 5–6 km) auf den Spuren der Geschichte, den man mit einem Blick über die Stadt von der Burg oder beim Martinsdom im Westen des Stadtzentrums beginnt, sollte man einen Vor- und einen Nachmittag rechnen; er berührt alle Sehenswürdigkeiten von Bratislava. Besucht man nur das Primatialpalais und das Palais Mirbach, reicht ein guter Halbtag. Jahreszeitlich ist man unabhängig, die Museen haben ganzjährig geöffnet (meist tgl. außer montags 10–17, im Sommer bis 18 Uhr; das Schubert-Museum in Želiezovce ist nur von Mai bis September mittwochs und sonntags von 9 bis 17 Uhr geöffnet; der Martinsdom in Preßburg ist tgl. geöffnet mit einer Mittagspause von 12 bis 14 Uhr; die übrigen Kirchen sind am leichtesten sonntags zugänglich). Die Öffnungszeiten der Geschäfte sind den unseren ähnlich, samstags meist bis 13 Uhr; das Kaufhaus »Tesco« zwischen nám. SNP und Šturova hat tgl. geöffnet. Das Informationsbüro der Stadt Bratislava ist in der Klobučnicka Nr. 2 (montags bis freitags 8–18.30 Uhr, samstags 8–13 Uhr).

*Die beschriebene Fahrt durch die Westslowakei bis nach Topol'čianky und Komárno ist, von Wien und bis Wien gerechnet, ca. 450 km lang. Die Mitnahme einer guten Straßenkarte (zu kaufen in der Slowakei) wird empfohlen. Da die Straßen gut und wenig befahren sind (Höchstgeschwindigkeit außerorts 90 km/h), kann auch sie an einem Tag gemacht werden (exklusive der Besichtigung von Bratislava); empfehlenswerter ist es, eine Übernachtung vorzusehen. In Bratislava und Piešt'any gibt es zahlreiche Hotels westlichen Standards und mit ähnlichen Preisen, in anderen Orten gibt es Hotels, die unserer **-Kategorie entsprechen, aber billiger sind; auf die Quartiere im Schloß Topol'čianky wurde schon hingewiesen (Tel. 0042 814 /811 11; Fax /818 63). Die Berechnung der Hotelpreise erfolgt meist in DM.*

Von Albert Kázmér Puszta nach Gödöllö

Von der österreichischen Grenze nach Budapest, abseits der Autobahn

Einmal ereignete sich an der heutigen österreichisch-ungarischen Grenze Weltgeschichte: Allerdings noch nicht im Herbst 1956, als während des ungarischen Aufstandes, dessen Führer Imre Nagy Ungarn aus dem Warschauer Pakt lösen und zu einem neutralen Staat nach dem Muster Österreichs machen wollte, es 200000 Ungarn gelang, über diese Grenze nach Österreich zu flüchten – diese Ereignisse gingen durch die Novelle »Die Brücke von Andau« von James Mitchener zwar in die Weltliteratur ein, doch nicht in die Weltgeschichte. Der ungarische Volksaufstand wurde am 4. November 1956 durch die russischen Panzer niedergewalzt. In den anderen kommunistischen Staaten gab es damals keine Unterstützung für die Ungarn, und das westliche Ausland war gerade wieder mit einer Krise im Nahen Osten voll ausgelastet. Weltgeschichte an dieser Grenze ereignete sich Ende August/Anfang September 1989: Die erneute Öffnung der Grenze östlich des Seewinkels war eines jener Ereignisse, die die kommunistischen Regierungen der Staaten Osteuropas zu Fall brachten. Wir erinnern uns: Staatsangehörige der Deutschen Demokratischen Republik flüchteten nicht nur in die Botschaft der Bundesrepublik Deutschland in Prag, sondern weigerten sich auch, nach ihrem Urlaub am Plattensee in ihre kommunistische Heimat zurückzukehren. Ungarn öffnete den Eisernen Vorhang, und Österreich nahm, wiederum selbstlos, die Flüchtlinge auf. Diesmal war es der Anfang vom Ende des Kommunismus in Osteuropa; der nächste Dominostein fiel mit der Berliner Mauer, und heute haben die einst kommunistischen Staaten Chancen, in die NATO und in die Europäische Union aufgenommen zu werden …

Aber noch gibt es in Nickelsdorf/Hegyeshalom Grenzkontrollen, und diese können unsere Fahrt verzögern, die uns auf den Spuren der Habsburger und einiger Künstler des österreichischen Barocks bis in die Umgebung Budapests führt, wenn wir einen Zeitpunkt wählen, der mit dem Wandertrieb der Touristenheere zusammenfällt. Gleich bei der zweiten Ausfahrt nach der Grenze verlassen wir die Autobahn. Die meisten anderen Autofahrer tun dies, um sich für das Stück bis nach Györ die Maut zu ersparen. Uns leiten ideelle Interessen. Wenn Sie viel Zeit haben und sich auch unasphaltierte Straßen zutrauen, sollten Sie schon 5 km nach der Autobahn, Richtung Mosonmagyaróvár fahrend, nach Mosonszolnok abbiegen. Überraschend finden wir hier nun zweisprachige Ortstafeln. Das Kriegerdenkmal in Mosonszolnok weist mehr deutsche als ungarische Familiennamen auf. Wir erinnern uns, daß das Burgenland ja bis zum Vertrag von Trianon 1920 nicht bei Österreich, sondern als überwiegend deutschsprachiges Westungarn Teil der »transleithanischen Reichshälfte« war. Für Ödenburg als natürliche Hauptstadt des aus Teilen der Komitate Ödenburg, Preßburg, Wieselburg und Eisenburg (Vasvár) zusammengesetzten Gebietes (daher später der Name »Burgenland«) wurde allerdings eine Volksabstimmung vorgeschrieben, die am 14. Dezember 1921 zuungunsten Österreichs ausging (s. S. 184). Ob hier nach der Magyarisierungspolitik der Kommunisten heute noch viele Menschen deutschsprachig sind, kann bezweifelt werden, aber vielleicht will Ungarn durch die symbolische Geste der zweisprachigen Ortsbezeichnungen darauf hinweisen, daß seine Politik viel minderheitenfreundlicher sei als die der heutigen Slowakei, wo im damaligen »Oberungarn« heute ca. 600 000 Ungarn leben. Von Mosonszolnok fahren wir, eine Eisenbahnlinie überquerend, Richtung Westen. Der Asphalt verläßt uns, wir glauben in der Puszta zu sein. Nach 12 km kommen wir in eine verschlafene Ansammlung niedriger Häuser: *Albert Kázmér Puszta*. Wegen einer weißen neugotischen Kirche, links der Straße, haben wir diesen Abstecher gemacht. Die Kirche ist kunstgeschichtlich nicht bedeutsam, meist geschlossen, doch ihre Entstehung in den letzten Jahren des 19. Jh.s verdient es, hier berichtet zu werden: Erzherzog Friedrich, einer der Enkel Erzherzog Karls, des Siegers von Aspern, residierte in Halbturn im heutigen Burgenland und in Preßburg. Er war ein guter Agronom und fleißiger Ehegatte: Bald hatte seine Gattin, Prinzessin Isabella Croy, sieben Töchter (von denen eine später nach dem Wunsch der Mutter den Thronfolger Franz Ferdinand heiraten sollte, der ihnen aber von Sophie Chotek »weggeschnappt« wurde – deren Liebe soll am Tennisplatz des Palais Grassalkovich in Preßburg begonnen haben). Der Erzherzog hoffte nach so vielen Töchtern auf einen Sohn. Aber auch die Geburt des achten Kindes war etwas enttäuschend: Die Hebamme mußte dem Erzherzog, der wieder eine Tochter gezeugt hatte, mitteilen: »Kaiserliche Hoheit werden sich weiter bemühen müssen.« Allein traute er sich den erhofften Erben anscheinend nicht mehr zu, und er gelobte, eine Kirche zu stiften, wenn es doch noch gelänge. Und es geschah: Am 24. Juli 1897 wurde Isabella in der Weilburg zu Baden bei Wien eines Sohnes entbunden. Die Kirche wurde darauf in Albert Kázmér Puszta gebaut. In diesem Dorf, wo sich Fuchs und Hase (sofern deren Vorfahren die Minenfelder überlebt haben) gute Nacht sagen, gibt es auch einige Neubauten. Ich würde diese Villen, die sich Österreicher billig erbauten, als fast geniale Kapitalanlage ansehen: Bis zur österreichischen Grenze sind es nur wenige Meter. Zwar ist die Grenze hier noch von einem rostenden Balken versperrt, aber wenn Ungarn Mitglied der EU und des Schengener Abkommens wird, sind die zwei Kilometer bis Halbturn und die 70 km bis Wien ein Katzensprung.

Wir fahren am selben Weg zurück zur Hauptstraße Nr. 10 und sind bald in *Mosonmagyaróvár*, 1939 aus dem ehemaligem Moson/Wieselburg und Ungarisch Altenburg entstanden. Nach dem Ortseingang biegen wir nach links von der Hauptstraße ab (Richtung Rajka – Bratislava/Pozsony) und parken das Auto in der Fö utca oder am Ufer der Kanäle oder des Flüßchens, die die Burg umgeben. Das Flüßchen ist die Lajta, wie unsere Leitha hier heißt. Die Burg war bis ins 19. Jh. österreichische Festung, wurde nach der Schlacht von Deutsch-Wagram 1809 von Napoleons Truppen eingenommen und diente später der k.u.k. Armee als Kaserne. Römische Inschriften im Torbogen erinnern daran, daß Altenburg römischen Ursprungs ist – die Tafeln selbst stammen allerdings aus Carnuntum. Maria Theresia kaufte 1763 Ungarisch Altenburg, den Ortsteil nördlich der Durchzugsstraße, und gab ihn ihrer Tochter Marie Christine zur Mitgift, als diese Albert von Sachsen-Teschen heiratete. Der letzte Habsburger, der im Schloß zwischen dem heutigen Deák-Platz und der Soós-Straße wohnte, war Föherczeg Albrecht, der erwähnte einzige Sohn Erzherzog Friedrichs. Nach dem Zweiten Weltkrieg mußte er emigrieren und starb 1955 in Argentinien, begraben ist er in Halbturn. Ungarisch Altenburg verdankt den Habsburgern viel: Eine

Zuckerfabrik wurde gegründet, eine Bierbrauerei und eine Mühle (die Gebäude stehen noch zwischen der Soós-Straße und dem Kanal), 1818 eine Ackerbauschule, die 1850 zur ersten Agrarhochschule der Monarchie wurde (die heutige Wiener Universität für Bodenkultur wurde erst 1872 gegründet), und die noch heute in einem schönen Jugendstilgebäude neben der Burg untergebracht ist.
Von den Gütern um Ungarisch Altenburg, an die 2000 km^2 oder 200000 Hektar, durch ein 40 km langes Pferdebahnnetz an die Eisenbahn angeschlossen, wurde Wien fast monopolartig mit Milch, Zucker und Mehl versorgt (die Nähe zu Wien wird sich auch nach dem EU-Beitritt Ungarns auf die Preise unserer Lebensmittel positiv, auf die österreichische Lebensmittelerzeugung eher negativ auswirken!); allein vom Bahnhof Straß-Sommerein (heute der Grenzbahnhof Hegyeshalom) wurden täglich 20000 l Milch nach Wien transportiert. Erzherzog Friedrich war aber auch sozial sehr fortschrittlich: Seine Angestellten hatten Lebensstellungen und eine Pension, es gab Geburtenbeihilfen, Weihnachtsgeld (unbesteuert!) und Kindergärten. Im Hauptberuf war Erzherzog Friedrich allerdings Militär. Im Ersten Weltkrieg ernannte ihn Kaiser Franz Joseph zum Armeeoberkommandanten, im Vertrauen darauf, daß er dem Chef des Generalstabes, FM Conrad von Hötzendorf, nichts dreinrede. Dieses geschah, seine Kaiserliche Hoheit erhielt nicht den Codenamen »der Ruhmreiche«, sondern »der Rahmreiche« – sein idealer Lebenszweck war und blieb die Milchwirtschaft. Begraben ist der 1936 in Ungarisch Altenburg verstorbene Erzherzog in der Krypta unter der dem hl. Lászlo geweihten hiesigen Pfarrkirche. Neben ihm ruhen seine Gemahlin und zwei als Kinder verstorbene Töchter.
In der Fö utca, zwei Minuten westlich der Kirche ist am Haus Nr. 11 eine Gedenktafel angebracht, von der Nicht-Ungarn nur zwei Worte verstehen: »Metternich« und »Napoleon«. In Ungarisch Altenburg verhandelten nämlich der französische Außenminister Champagny und der österreichische Kanzler Metternich den Frieden von Schönbrunn, wobei Metternich zwischen Altenburg und Totis (s. u.) pendelte, wo Kaiser Franz logierte. Drei Häuser weiter, an der Ecke Bástya utca und gegenüber der Burg, erinnert eine weitere Gedenktafel an Nikolaus Lenau, der als Nicolaus Niembsch Edler von Strehlenau hier 1822/23 Schüler der erwähnten Ackerbauschule war – einer seiner vielen von der Mutter initiierten Studienversuche, die aber jedesmal immer durch seine Leidenschaft für die Dichtkunst endeten. Aber dafür verdanken wir dem am

13. August 1802 in Csatád bei Temesvar geborenen und in einer Irrenanstalt in Wien-Oberdöbling 1850 verstorbenen Lenau eines der schönsten Gedichte über Muße und gelassene Lebensweise, eingebettet in die Szenerie der ungarischen Landschaft:

»Die drei Zigeuner

Drei Zigeuner fand ich einmal
Liegen an einer Weide,
Als mein Fuhrwerk mit müder Qual
Schlich durch sandige Heide.

Hielt der eine für sich allein
In den Händen die Fiedel,
Spielte, umglüht vom Abendschein,
Sich ein feuriges Liedel.

Hielt der zweite die Pfeif' im Mund,
Blickte nach seinem Rauche,
Froh, als ob er vom Erdenrund
Nichts zum Glücke mehr brauche.

Und der dritte behaglich schlief,
Und sein Zimbal am Baum hing,
Über die Saiten der Windhauch lief,
Über sein Herz ein Traum ging.

An den Kleidern trugen die drei
Löcher und bunte Flicken,
Aber sie boten trotzig frei
Spott den Erdengeschicken.

Dreifach haben sie mir gezeigt,
Wenn das Leben uns nachtet,
Wie man's verraucht, verschläft, vergeigt
Und es dreimal verachtet.

Nach den Zigeunern lang noch schaun
Mußt' ich im Weiterfahren,
Nach den Gesichtern dunkelbraun,
Den schwarzlockigen Haaren.« (1)

Im Museum des Hanság (so heißt die Landschaft östlich des Neusiedler Sees), einem kleinen Bau mit Eingang in griechischem Stil, an der Abzweigung der Straße nach Csorna von der Straße nach Budapest gelegen, hören und lesen wir von Nikolaus Lenau nichts, und auch die Habsburger kommen hier (fast) nicht vor; nur den greisen Erzherzog Friedrich können wir entdecken (auf einem kleinen Foto in blauem Rahmen im vorletzten Raum). Aber dafür enthält das Museum bronzezeitliche Gräberfunde aus Gátai, wie das damals zum Komitat gehörende, heute burgenländische Gattendorf hieß, als die Gräber gefunden wurden (1904). Nach diesen aus der Zeit von 1800 bis 1600 v. Chr. stammenden Funden ist die »Gattendorfer Kultur« benannt. Das Museum versucht zwar noch in kommunistischer Manier, die zweisprachige Vergangenheit zu verdrängen, doch gelingt dies nicht ganz; viele der hier ausgestellten Dokumente sind zweisprachig; so etwa richteten die Schüler der Ackerbauschule 1848 an die Wiener Studenten, »Die Vorkämpfer der Freiheit«, aufmunternde Worte: »Auf den Jünglingen ruht und wächst die Welt ...« Mädchen zählten damals nicht viel.
Berühmt geworden ist der hier geborene Josef Kainz, einer der größten Schauspieler der letzten Jahrhundertwende. Geboren 1858 in Wieselburg als Sohn eines Eisenbahners, besuchte er ab 1869 das Gymnasium in Wien-Mariahilf, wo er schon im Schülertheater brillierte. Nach ersten Engagements in Marburg und Leipzig wurde er im Deutschen Reich in den Rollen des Hamlet, Tasso, Don Carlos und Franz Mohr zum berühmtesten Charakterdarsteller seiner Zeit. 1881 reiste Kainz mit König Ludwig II. in die Schweiz, wo er für den bayerischen König »Wilhelm Tell« an den Originalplätzen am Vierwaldstätter See deklamieren mußte. 1899 wurde Kainz Mitglied des K. K. Hofburgtheaters, 1910 ist er in Wien gestorben. Die Stadt Wien stiftete 1958 eine »Josef-Kainz-Medaille« für herausragende Theaterleistungen.
Wir fahren weiter Richtung Budapest, kommen durch Ötteveny und Abda, Straßendörfer, deren Lage an der Umfahrungsstraße einer Mautautobahn sie zum Standort von Basaren gemacht hat, in denen der Nomade der Landstraße Tag und Nacht alles kaufen kann, was Ungarn bietet: von Barack über Paprika bis zu Tokayer und Zigaretten, und auf Wunsch auch »Damen«.
In *Győr/Raab* sollte unser nächster Halt sein. Wir biegen von der Durchfahrtsstraße Richtung Zentrum (links) ab und parken den Wagen am Ufer der Rába/Raab. Schon finden wir uns in einer Barockstadt, die

nach den Verwüstungen durch die Türken erbaut wurde und sich heute recht gut renoviert präsentiert. Da Györ lange Zeit Bischofssitz war, dominiert die kirchliche Kunst. Auch in Györ wurden österreichische Maler mit der Ausgestaltung der Kirchen beauftragt. Das Innere des Doms von Györ, erhöht gegenüber der Bischofsburg über einem Seitenarm der Donau gelegen, trägt die Handschrift von Franz Anton Maulpertsch. Der 1724 in Langenargen am Bodensee geborene Künstler (wo ihm ein guter Teil des Ortsmuseums, gegenüber seinem Geburtshaus, gewidmet ist) war einer der bedeutendsten Barockmaler Österreichs, dessen Fresken und Altarbilder zahlreiche Kirchen (Jesuitenkirche, Wien Am Hof), Schlösser (Halbturn, Innsbrucker Hofburg) und Klöster (Strahov, Prag, Piaristen in Wien-Josefstadt) zieren. Als während seiner späteren Lebensjahre die Bautätigkeit in Österreich nachläßt, kommen zahlreiche Aufträge aus Ungarn, wobei er im Sommer vor Ort die Fresken malt und im Winter im Wiener Atelier die Altarbilder, im späteren Alter unterstützt von vielen Gehilfen: Die Kathedrale von Vác (s. u.) wird von Maulpertsch ausgestaltet, ebenso die Pfarrkirchen von Sümeg (an der Straße zwischen Sopron und dem Plattensee) und Pápa (zwischen Györ und Veszprém), die Bischofspalais in Kalosca und Szombathely/Steinamanger und der Dom in Györ: Neben dem Hochaltarbild und Wandbildern stammen hier auch die beiden Deckenfresken »Verherrlichung der ungarischen Heiligen« (im Presbyterium) und »Verherrlichung Christi« (im Langhaus) von Maulpertsch. Trotz der heute nachgedunkelten Farben sind sie als Meisterwerke barocker Malkunst zu erkennen, für die der fast Sechzigjährige monatelang auf dem Gerüst stand. Auch ein Blick in die rechte Seitenkapelle lohnt: Hier steht die Herme (Kopfreliquiar) von Ladislaus I., der 1077 bis 1095 ungarischer König war und 1192 heiliggesprochen wurde. Die lebensnah gestaltete Büste stammt aus dem 14. Jh.

Györ bietet uns noch weiteres: Am kleinen Guttenberg tér, unterhalb und östlich des Domes, steht das Bundesladen-Denkmal (Frigyláda). Es wurde 1731 im Auftrag von Kaiser Karl V. von Joseph Emanuel Fischer von Erlach (1693–1742) errichtet, der in Wien u. a. nach den Plänen seines Vaters Johann Bernhard die heutige Nationalbibliothek und die Karlskirche vollendete. Der tabernakelartige Sockel ist leicht geschwungen und gerahmt, auf vier konkaven Schauflächen sind Reliefs dargestellt; auf den abschließenden Bögen stehen vor Wolkenkissen Räuchervasen, über denen sich die nun figürliche Plastik frei entfaltet: Zwei schweben-

de Engel halten die Bundeslade empor, auf der in einer Gloriole das Lamm Gottes liegt. Das in der Literatur auch als »Versöhnungsdenkmal« bezeichnete Kunstwerk geht auf die Entweihung einer Monstranz bei der Verfolgung eines flüchtigen Verbrechers zurück.
In der Mitte des nahen Széchenyi tér steht eine Mariensäule; sie wurde 1686 nach der Rückeroberung Budas von den Türken vom Wiener Bischof Leopold Graf Kollonitsch errichtet. Da dies während der Regierungszeit Kaiser Leopolds I. geschah, stellt eine der Gestalten am Sockel den heiliggesprochenen Babenbergerherzog Leopold dar. Vor dem Eckhaus Széchenyi tér Nr. 4 finden wir einen »Stock im Eisen«, einen Baumstamm, in den, ähnlich dem beim Wiener Stephansdom, durchziehende Handwerker einen Nagel als »Visitenkarte« einschlugen. Auch die gegenüberliegende Jesuitenkirche lohnt einen Besuch: Das Hochaltarbild (hl. Ignatius) und die Fresken im Chor (Hl. Dreifaltigkeit mit der Muttergottes), die Gemälde im Kirchenschiff (Verkündigung mit den Propheten) und auf der Orgelempore (Engelskonzert) wurden um 1744 von Paul Troger (s. S. 232) gemalt. Für ein anderes »österreichisches« Gemälde, das in Györ gemalt wurde, müßten wir nach Basel reisen: 1913 war Egon Schiele hier Gast der Industriellenfamilie Lederer und malte Egon Lederer, der auch sein Schüler war. Das Gemälde wurde nach dem Tod von Erich Lederer 1985 von seiner Witwe dem Kunstmuseum in Basel geschenkt und hat dort neben der »Windsbraut« von Oskar Kokoschka Platz gefunden.
15 km südlich von Györ, an der Straße Nr. 82 Richtung Veszprém, liegt *Pannonhalma*. Der Ort wird überragt von der 996 gegründeten Benediktinerabtei. Diese früher auch St. Martinsberg genannte Abtei ist einer der »haut lieu« der ungarischen Kirche. In der Krypta der Abteikirche ruht »Die Gattin Elemer Fürst Lonyays, Stephanie, königlich belgische Prinzessin, ehemalige Kronprinzessin von Österreich-Ungarn, aus dem Geschlecht Wettin-Thüringen. Sie lebte ihrer Pflicht mit Gott für Gott, in treuer Liebe zu ihrem Gatten, diese Liebe im ewigen Leben bewahrend. 21. 5. 1864 bis 23. 8. 1945.«
Schon dieses auf ihrem Gruftstein angegebene Lebensalter deutet die Epochen der Weltgeschichte an, die diese Frau miterlebt hat. Stephanie war die Tochter des belgischen Königs, Gattin von Kronprinz Rudolf, und in zweiter Ehe mit dem ungarischen Grafen Lonyay, der neben ihr ruht, verheiratet. Nach ihrem durch diese Heirat selbst verursachten Ausschluß aus dem Erzhaus lebte sie südlich von Preßburg in Schloß

Rusovce/Oroszvár/Karlburg (s. S. 126 f.), bis dieses 1945 von den Russen besetzt wurde. Sie konnte noch nach Pannonhalma flüchten, wo sie und ihr Gatte bald darauf starben. Wer an einer Führung durch die Abtei teilnimmt, wird ihr Porträt sehen, das eine erst in ihrer Reife erblühte Frau zeigt, sowie eine Statue Kaiser Franz' I. und zahlreiche Kunstwerke österreichischer Herkunft. Kaiser Franz Joseph hatte seiner Schwiegertochter bei ihrem Auszug aus der Hofburg die Mitnahme zahlreicher Kunstwerke erlaubt, die dann nach Oroszvár kamen. Was man vor den Russen im Frühjahr 1945 retten konnte, wurde den Benediktinern von Pannonhalma vermacht. In den Tresoren des Klosters ruhen, auch für Forscher unzugänglich, die privaten Papiere der Witwe des Kronprinzen, die vielleicht den »Mythos Mayerling« noch um eine Nuance bereichern könnten ...
Nach diesem Abstecher kehren wir auf die Hauptroute zurück und fahren auf der nun mautfreien Autobahn weiter Richtung Budapest, bis zur Ausfahrt Tata. Wir fahren Richtung *Tata*, zweigen nach 1 km, beim Autobusbahnhof, nach rechts ab und parken das Auto auf einem erhöhten Platz, von dem ein Park zu einem See leitet. Ein kaisergelbes Schloß aus dem 18. Jh., das bis vor kurzem als Spital diente, liegt idyllisch unter alten Bäumen am See. Nichts verrät, daß sich in diesem Schloß, das einst den Grafen Esterházy gehörte und »Tatatóváros« bzw. »Totis« hieß, zweimal Schicksalsstunden österreichischer Geschichte ereigneten: Zum ersten Mal im Oktober 1809. Als Napoleon, der in der Schlacht bei Aspern am 21. Mai gegen Erzherzog Carl zwar seine erste Niederlage erlitt, diese aber durch den Sieg bei Wagram bald wieder ausmerzte und 1809 Wien besetzte, flüchtete Kaiser Franz I. nach Totis. Am 17. Oktober 1809 mußte er in einem Eckzimmer dieses Schlosses den am 14. Oktober in Wien unterschriebenen »Frieden von Schönbrunn« ratifizieren. Dieser war für Österreich erniedrigend, da es Tirol, Salzburg, das Innviertel, große Teile Kärntens, Krain und alle Besitzungen an der Adria abtreten mußte. Österreich hatte aufgehört, Großmacht zu sein; erst der Wiener Kongreß stellte 1815 die territoriale Integrität Österreichs wieder her.
Die zweite Schicksalsstunde schlug in der Nacht vom 24. auf den 25. Oktober 1921, als im Schloß die Herrschaft der Habsburger über Ungarn endgültig endete: König Karl war nach dem Scheitern des ersten Rückkehrversuches am 20. Oktober unerkannt von seinem Exilort Hertenstein am Vierwaldstätter See zum Flugplatz Dübendorf bei

Schloß Gödöllö – so schön renoviert wie vor 130 Jahren, als hier Franz Joseph und Elisabeth ihre Herbstferien verbrachten.

Zürich gefahren und von dort mit seiner Frau Zita im Flugzeug nach Sopron/Ödenburg geflogen. Mit der Bahn kam man mit königstreuen Truppen Richtung Budapest bis Biatorbágy. Dort versperrten von Admiral Horthy (s. S. 165) aufgehetzte Studenten die Weiterfahrt. Karl ließ nicht schießen, sondern schloß einen Waffenstillstand, der aber von Horthy nicht eingehalten wurde; auch wird Verrat eines Offiziers, der sich Karl gegenüber als königstreu bekannt hatte, im Spiel gewesen sein. Im Stationsgebäude von Biatorbágy entschloß sich Karl zur Rückfahrt nach Tata, wo er vom Grafen Esterházy in seinem Schloß mit königlichen Ehren aufgenommen wurde. Aber schon in der folgenden Nacht drangen Bewaffnete ins Schloß ein, vielleicht um den König zu ermorden. Am 25. Oktober ließ Horthy die Wache des Königs entwaffnen und Karl in der Benediktinerabtei Tihany internieren, womit er einer Entscheidung der Alliierten zuvorkam. Am 1. November 1921 wurden Karl und Zita von Baja aus auf der Donau auf einem englischen Schiff außer Landes gebracht. Karl starb am 1. April 1922 in der Quinta do Monte oberhalb von Funchal auf Madeira. Sein Grab befindet sich noch immer in der Kirche von Monte auf Madeira.
Daß auch Ungarn (fast) Gebirgsstraßen hat, erfahren wir, wenn wir von Tata auf der Straße Nr. 100 weiter Richtung Budapest fahren und nach Tatabánya nach Norden (links), Richtung Tarján – Bajna, abbiegen. (Wenn wir Richtung Budapest weiterfahren, könnten wir nach 10 km Richtung Süden abzweigen und kämen nach Alcsútdoboz, wo die jeweiligen Habsburger-Palatine eine Residenz hatten; das Schloß wurde zwar im Zweiten Weltkrieg zerstört, das Arboretum im Park mit seinen von Erzherzog Joseph gepflanzten seltenen Bäumen ist aber noch immer sehenswert.)
Im Dörfchen *Bajna* verfällt ein Schloß im schönsten klassizistischen Stil langsam zur Ruine. Es gehörte einst der Familie Metternich-Sándor, dann dem ungarischen Staat und war 1995 zum Verkauf ausgeschrieben – anders als in der Tschechischen Republik, wo ein Teil der Güter den nach 1945 enteigneten Adeligen zurückgestellt wurde, macht Ungarn keine Enteignungen rückgängig. In der vielleicht nicht mehr existenten Schloßkapelle wurde im Oktober 1921 Fürstin Pauline Metternich, eine Enkelin des Fürsten Clemens Metternich, begraben. 1836 geboren, heiratete sie ihren Onkel Richard Metternich. Im Paris des Kaisers Napoleon III. war sie als »la jolie laide du second empire« ton- und modeangebende Dame der Pariser Gesellschaft. Als österreichisch-ungarische Ge-

sandte war das Ehepaar allerdings nicht geschickt: Frankreich war 1866 an der Seite Italiens gegen Österreich, und Maximilian von Mexiko wurde die Hilfe Frankreichs entzogen, was seine Niederlage und seine Erschießung in Queretaro zur Folge hatte. 1870 kehrten die Metternichs nach Wien zurück, und Pauline Metternich wurde zur Organisatorin von Bällen in den Sophiensälen sowie anderer rauschender Feste, etwa des jährlichen »Blumen-Korsos« im Prater – die Reinerträge flossen karitativen Einrichtungen wie der Wiener Rettungsgesellschaft und der Poliklinik zu. Es gelang ihr gewissermaßen die Feste des Adels zu popularisieren; das Volk dankte ihr mit einem vielgesungenen Schlager: »Es gibt nur a Kaiserstadt, es gibt nur a Wien, es gibt nur a Fürschtin, die Metternich Paulin.« Nach dem Weltkrieg war es mit den Festen aus. Pauline Metternich starb 1921 in ihrem Palais in der Fasangasse Nr. 34; zuletzt hatte sie nicht mehr genug Geld, um ihr Zimmer heizen zu können.

Wir fahren weiter nördlich, kommen zur Donau und nach 25 km nach *Esztergom*/Gran, dessen Kathedrale mächtig über der Donau thront – die hier noch die Grenze zur Slowakei bildet. Daß die 1944 von der Deutschen Wehrmacht gesprengte, nach der Erzherzogin Mária Valéria, der Lieblingstochter Sisis, benannte Brücke bis heute nicht wieder aufgebaut wurde, zeugt von den seit dem Ersten Weltkrieg gespannten Beziehungen zwischen Ungarn und seinem nördlichen Nachbarstaat. Die Kathedrale von Esztergom, auf deutsch früher Gran genannt, ist die größte Kirche Ungarns; erbaut wurde sie in der heutigen Form im 19. Jh. von den aus Eisenstadt stammenden Architekten Johann Baptist Packh und Paul Kühnel, eingeweiht 1856 in Anwesenheit von Kaiser und König Franz Joseph. Für die Einweihung komponierte Franz Liszt die »Graner Festmesse«. Der Bau beeindruckt durch seine Größe, nicht durch seine Schönheit. Die erste Seitenkapelle links, die aus einem Vorgängerbau übernommene Bakócz-Grabkapelle, ist ein seltenes Beispiel des Stils der Florentiner Renaissance in Ungarn. In der Kapelle befindet sich gegenüber das Grabmal von Erzherzog Karl Ambrosius von Österreich, eines Enkels von Maria Theresia, der 1808 mit dreiundzwanzig Jahren Fürstprimas von Ungarn wurde, doch schon 1809 nach einer Typhusinfektion, die er sich bei einem Besuch von Verwundeten zugezogen hatte, starb. Das Grabdenkmal wird Antonio Canova zugeschrieben. Auch die Schatzkammer des Domes, die reichste Ungarns (u. a. ein von Maria Theresia gestifteter Kelch), und die Krypta sind sehenswert. In ihr ruht seit 1991 Kardinal Joseph Mindszenty, der 1975 in Wien ver-

storbene Primas von Ungarn (s. S. 167). Er war zunächst in Mariazell begraben worden, da er erst in ein befreites Ungarn zurückkehren wollte. Auf der Straße Nr. 11 folgt nun eine schöne Fahrtstrecke entlang der Donau, die wir mit einer von Visegrád abfahrenden Autofähre überqueren. (Knapp nach der Fähre zweigt eine Straße hinauf zu den Ruinen der mittelalterlichen Königsfeste Visegrád ab – von der man den schönsten Blick auf das Donauknie hat.) Nicht lange weiter am Nordufer der Donau und wir sind in *Vác/Waitzen*, einer alten Bischofsstadt, die nach der Rückeroberung von den Türken in barocker Gestalt wiederaufgebaut wurde. Biegt man bald nach der Stadteinfahrt von der Durchgangsstraße nach rechts, Richtung Donau, ab, so ist die nächste Querstraße die Dózsa György út. Von der Köztársaság út trennt sie ein klassizistischer Triumphbogen. Errichtet wurde er 1764, als Maria Theresia Waitzen die Ehre ihres Besuches gab. Sie wollte damit Christoph Anton Graf Migazzi (1714–1803) ehren, der 1757 Erzbischof von Wien geworden war, aber gleichzeitig Bischof von Waitzen blieb. Der Kardinal bedankte sich dafür mit diesem Triumphbogen, erbaut von Isidore Canevale, dem Hofbaumeister Maria Theresias (in Wien erbaute er das Josephinum in der Währinger Straße und das Lusthaus im Prater, auch an der Innenausstattung des Schlosses Schönbrunn wirkte er mit). Wir erkennen Medaillons der Kaiserin/Königin, ihres Gatten Franz Stephans und, auf der Rückseite, beider Söhne Joseph und Leopold; an die ersten Habsburger auf dem ungarischen Thron erinnert ein Medaillon der Kaiser Ferdinand I. und Maximilian II., alle im Stil römischer Imperatoren. Migazzis Wiener Episkopat dauerte 46 Jahre, bis heute regierte kein Wiener Bischof länger. Während seiner Amtszeit mußte er die kirchenfeindliche Politik Kaiser Josephs II. erdulden, an der auch ein Besuch von Papst Pius VI. in Wien nichts ändern konnte. In Vác ließ Migazzi von Canevale auch den Dom im klassizistischen Stil umgestalten und berief zu seiner Ausstattung Künstler aus Wien: Franz Anton Maulpertsch malte die Fresken der Kuppel (Hl. Dreifaltigkeit inmitten der Heiligenscharen) und des Hochaltars (Maria Heimsuchung); von Martin Johann Schmidt, dem »Kremser Schmidt«, stammen zwei Altarblätter nahe dem Haupteingang (hl. Nikolaus, hl. Nepomuk). Wir kommen zum zweitürmigen Dom durch die Köztársaság út und nach Überquerung des barocken Hauptplatzes (Március 15. tér).
Zweigt man am Ortsende von der nach Budapest führenden Straße Richtung Hatvan/Gödöllö ab, fährt man an einem auffallend grünen

Obelisken vorbei: Er erinnnert an eine Niederlage der kaiserlichen Truppen gegen die aufständischen Honvédtruppen am 10. April 1849 und an einen Sieg der Russen, die Kaiser Franz Joseph am 17. Juli 1849 zu Hilfe kamen. Danach nähern wir uns dem Ziel- und Höhepunkt dieser Fahrt.

»Mit riesiger Freude nahm ich die Nachricht auf, daß Gödöllö unser Besitz sein wird, und erwarte kaum den Augenblick, wo es in Ordnung kommt und wir dort werden wohnen können. Jetzt bin ich noch neugieriger, wenn ich es nur bald sehen könnte ...« schrieb Elisabeth an Franz Joseph am 17. März 1867. (2)

Wenn Sie heute nach *Gödöllö* kommen, finden Sie das Schloß so, als würde die ungarische Königin dort morgen einziehen. Das Hauptgebäude des Schlosses wurde mit einem Aufwand von 1,8 Mrd. Forint (ca. 120 Mio. Schilling) renoviert und im August 1996 wieder für Besucher geöffnet (einer der ersten war Otto von Habsburg-Lothringen). Sponsoren finanzierten die Renovierung und erhielten dafür das Recht der Nutzung. Geplant ist, bis zum Jahr 2006 in den noch recht tristen Nebengebäuden ein Hotel, ein Konferenzzentrum und ein Theater einzurichten. Nach 1945 diente das Schloß zum Teil der sowjetischen Armee als Kaserne (bis 1990), teils als Altersheim, das Mobiliar wurde verbrannt oder weggeschleppt. Bei der Renovierung mußte man daher auf Stücke aus anderen Schlössern und Depots zurückgreifen. Da es eine gute fotografische Dokumentation des historischen Zustandes gab (nur das Schlafzimmer Elisabeths durfte nie fotografiert werden), ist die Wiederherstellung gut gelungen, alles ist wie neu und wäre für Franz Joseph und Sisi bereit. Vergessen wir die nahe dem Haupteingang des Schlosses vorbeiführenden Hauptstraßen und versetzen wir uns ins Jahr 1867: Der Ausgleich Österreichs mit Ungarn ist, nach Vermittlung Kaiserin Elisabeths und unter Federführung von Minister Graf Andrássy, abgeschlossen und hat Ungarn zum gleichberechtigten Partner der österreichischen Länder gemacht; am 8. Juni 1867 findet die Krönung von Ferencz Jozséf und Erzsébet in der Budapester Matthiaskirche statt (s. S. 161). Nun soll der König auch eine repräsentative Sommerresidenz erhalten. Das 30 km östlich von Budapest gelegene, um 1740 von dem aus Salzburg stammenden Andreas Mayerhoffer für den Grafen Antal Grassalkovich (einer der Helfer Maria Theresias auf dem Preßburger Reichstag 1741, s. S. 113) erbaute Schloß Gödöllö und den damals riesigen Park hatte Elisabeth schon vorher auf einem ihrer Ausritte ken-

nengelernt. Sie fand Gefallen daran und bat ihren Gatten, es ihr zu kaufen. Aber in einem mit »Dein trauriges Männeken« gezeichneten Brief vom 10. August 1866 muß ihr Franz Joseph mitteilen, daß die Familienfinanzen einen solchen Kauf nicht zulassen. Da springt Ungarn ein und macht das Schloß seinem nun geliebten Herrscherpaar zum Krönungsgeschenk. Es wird aufwendig renoviert, und von 1867 an verbringt Elisabeth jährlich meist einen guten Teil des Herbstes in ihm, bis zu ihrem Tod mehr als 2000 Nächte. Auch Franz Joseph weilt des öfteren in Gödöllö, er nennt es »ein Asyl, wohin er sich zurückziehen kann, wenn ihn die Wiener gar zu viel ärgern«. Das Familienglück ist für kurze Zeit vollkommen, als Elisabeth zum vierten Mal schwanger ist; am 22. April 1868 wird die kleine Mária Valéria, wie die »ungarische Erzherzogin« hier genannt wird, in der Burg zu Buda geboren.
Unser Besuch in diesem Idyll beginnt im Arbeitszimmer des Kaisers/Königs, der auch hier nicht nur Privatmensch sein konnte: Sein Schreibtisch ist zu sehen, ebenso Gemälde des Wiener Historienmalers Karl von Blaas, die den Kaiser bei seinen Lieblingsbeschäftigungen zeigen: als Soldat und als Jäger. Gemälde von Gyula Benczúr stellen König Karl und seinen fünfjährigen Sohn Otto dar, letzteren in dem Kleid, das er bei der Krönung seines Vaters zum ungarischen König 1916 trug; zahllose der beim Adel der damaligen Zeit so beliebten Familienfotos dokumentieren Familiengeschichte. Der danebenliegende Rauchsalon enthält Erinnerungen an die ungarische Millenniumsfeier 1896, dann folgt der schon von Nikolaus Pacassi (der auch Schloß Schönbrunn umgestaltete) konzipierte Prunksaal (über dem in einem kleinen Kämmerchen 20 Musiker, ungesehen, spielen konnten). Elisabeths Appartement ist in Veilchenblau, ihrer Lieblingsfarbe, tapeziert: Der Salon mit Familienbildern ist zu besichtigen, das Schreibzimmer, das Ankleidezimmer mit ihrem Waschtisch aus der Burg von Buda, ein schwarzer Schreibschrank, der aus der Wiener Hofburg stammt und vor wenigen Jahren in Italien ersteigert wurde. Nur das Schlafzimmer, in dem schon Maria Theresia 1751 genächtigt hat, ist leer. Leer sind auch noch die links vom Haupttrakt gelegenen Appartements der Kinder Rudolf, Gisela und Mária Valéria (in ihnen soll ein Teil der Hotelzimmer im Stil der damaligen Zeit eingerichtet werden). Sisis Reithalle, wo sie mit einigen der ihr hier zur Verfügung stehenden 70 Pferde, von Etikette und Hofkleidung befreit, nur im Trikot Kunstreiten übte, ist heute Ausstellungshalle. Auch der Rest der doppelt U-förmigen Schloßanlage soll reno-

viert werden, noch kann man, insbesondere bei der »großen Führung«, bewundern, welche Leistung die Restauratoren erbracht haben bzw. noch erbringen müssen, wenn man aus der Nähe die Zerstörungen, ja Verwüstungen sieht.

Vor einhundertzwanzig Jahren war Gödöllö ein Ort des kaiserlichen Familienlebens, oft kamen die Verwandten der Kaiserin aus Bayern zu Besuch, auch der ungarische Hochadel wurde zum »Cercle« geladen. Elisabeth konnte hier ihrer Reitleidenschaft frönen, Franz Joseph der Jagd. Auch damals war die Regenbogenpresse schon dabei. Zwar gab es noch keine intimen Fotos von den Royals, doch in farbigen Schilderungen konnte auch Mizzi Navratil das Leben der Majestäten mitverfolgen. So schrieb das »Neuigkeitsweltblatt« über die Hofjagd, die unter dem Master Niki Esterházy am 4. Oktober 1876 stattfand, dem Tag des Heiligen Franz von Assisi, der der Namenpatron des Kaisers war und der Schutzheilige der Tiere ist, was aber die Jagdgesellschaft nicht störte.

> »Bei der Messe waren beide Majestäten, Prinz Ludwig und Tochter und der Großherzog von Toskana in der Hofloge anwesend. Bischof Ronay zelebrirte. S.M. nahm rechts neben der Kaiserin Platz und zwischen dieser und seiner Tochter saß Prinz Ludwig, welch Letzterer noch die bayerische Generalsuniform trug, während die Damen bereits Reitkleider und der Kaiser eine Offiziersblouse angelegt hatte. Gegen 8 Uhr war die stille Messe zu Ende und die hohen Herrschaften verfügten sich direkt in den Hof, wo die Jagdequipagen bereits ihrer harrten. Der Kaiser reichte seiner hohen Gemahlin beim Aufsitzen die Hand, und bestieg ebenfalls sein Pferd, Prinz Ludwig kutschirte, wie gewöhnlich seinen Lipizzaner-Viererzug, rasch war die Baronesse Wallersee im Sattel ... Der Zug mit den Damen, welche hellblaue Kleider und Zylinderhüte trugen, an der Spitze, setzte sich in Bewegung und verließt beim sogenannten 'Oberen Tor' den Park, um durch den Wald von Haraszti gegen Megyer zu traben, wo eine Fuchsjagd beantragt war. Schon im Walde von Haraszti wurden zwei Füchse aufgetrieben, die jedoch den Hunden ziemlich viel zu tun gaben und auf den Megyerer Hotter entkamen, wo sie nach einem schönen Run ihren Verfolgern zum Opfer fielen. Um ¾ 10 Uhr erfolgte die Rückkehr der hohen Jagdgesellschaft ...« (3)

Die Schloßkirche, in der sich die Familie zum Gottesdienst zusammenfand, ist von außen zugänglich.

Natürlich blühten im Schloß auch Kabale und Liebe, worüber sich Elisabeth oft blasiert lustig machen konnte. Als einmal ihr – wie man hinter vorgehaltener Hand sagte – »Liebhaber« Bay Middleton in einem Budapester Etablissement ausgenommen wurde und von der Polizei ausgelöst werden mußte, hatte die Hofgesellschaft wieder reichlich Gesprächsstoff, und Elisabeth soll gedichtet haben:

»... In der Puszta wir jagten,
Unter den Eichen war Rast.
Nicht nach der Welt wir fragten,
Uns hatte die Liebe erfaßt ...
Noch liebeglühend und träumend, dear Bay!
Erreichte des Schicksals Tücke mich schnell
Berichtet wurde mir alsbald, o weh:
Herr Middleton besucht in Pest das Bordell!« (4)

Im heute kleinen Park ist man fast allein. Phantasierend könnte man sich vorstellen, daß Sisi im Galopp durch die Alleen reitet, oder, in späteren Jahren, bei einem ihrer rastlosen Spaziergänge vorbeieilt, von Hunden und ihrer atemlosen Hofdame Ida von Ferenczy begleitet.
Wer auch das kleine Museum von Gödöllö (gleich jenseits der Straße nach Budapest, hinter dem Bahnhof der Vorortebahn) besucht, findet in einem »Elisabeth-Gedenkzimmer« viele persönliche Gegenstände aus dem Besitz der Kaiserin, die aus dem Nachlaß der 1928 gestorbenen Ida von Ferenczy stammen; auch Büsten von Kaiser Franz Joseph und von Elisabeth sind hier. Ein Denkmal von Erzsébet gibt es im nach der Königin benannten Stadtpark von Gödöllö, nördlich der Schnellstraße nach Budapest. Es zeigt die schlanke, hohe Gestalt einer lächelnden Frau in mittleren Jahren, die Haare zu einer breiten Krone geflochten. So war die verehrte Königin den Einwohnern von Gödöllö in Erinnerung, als das Denkmal 1901, drei Jahre nach ihrer Ermordung, in Beisein von Franz Joseph enthüllt wurde. Dahinter liegt ein aus Steinen aufgetürmter Hügel: Es soll sich um Steine handeln, die Elisabeth von ihren Reisen in so zahlreiche Regionen Europas mitgebracht hat.
Nach dem Tode Elisabeths kam Franz Joseph nur mehr selten nach Gödöllö, 1911 zum letzten Mal. Als Kaiser/König Karl zum ersten Mal nach Gödöllö kam, war es auch das letzte Mal: Er und Kaiserin/Königin Zita trafen in der Nacht vom 23. auf den 24. Oktober 1918 in Gödöllö ein. Das Schloß war nicht mit 70000 Kerzen beleuchtet wie bei der Ankunft Maria Theresias, sondern finster, da man schon revolutionäre Umtriebe befürchtete. Karl blieb bis zum 27. Oktober in Gödöllö und versuchte in großer Hast, den Abfall Ungarns zu verhindern. Als er und Zita abreisten, blieben ihre Kinder zunächst in Gödöllö zurück; die Rück-

fahrt nach Wien sollte nicht wie Flucht aussehen. Zwei Wochen später war die Donaumonarchie zerfallen.
Der Bahnhof von Gödöllö, an der Strecke von Budapest keleti pu. nach Szolnok gelegen, ist noch immer derselbe, auf dem Franz Joseph und Karl Gödöllö zum letzten Mal verließen ...

Die hier beschriebene Route ist ab Wien ca. 350 Straßenkilometer lang; für die Rückfahrt wird, vielleicht nach einem Aufenthalt in Budapest (s. S. 152 ff.), die Fahrt über die Autobahn empfohlen (Budapest – Wien 265 km). Die Straßen sind durchwegs gut und wenig befahren; Höchstgeschwindigkeit ist auf Autobahnen 130 km/h, auf Landstraßen 8o km/h und in Ortschaften 50 km/h; außerhalb geschlossener Ortschaften ist auch tagsüber mit Abblendlicht zu fahren.
*Die Mitnahme einer Straßenkarte wird empfohlen. Da erst in Budapest eine Brücke über die Donau führt, muß man eine der drei Fähren benützen, die zwischen Esztergom und Vác die Donau überqueren; sie fahren meist zwischen 6 und 20 Uhr. Möchte man alle hier vorgeschlagenen Besichtigungen machen, so muß man zwei Tage für die Route planen. Das »Donauknie«, eine unserer Wachau ähnliche Landschaft, würde auch einen längeren Aufenthalt lohnen. In Györ, Tata, Esztergom und Visegrád gibt es einige Hotels (** und ***), in Vác und Gödöllö ist es um Unterkünfte schlecht bestellt. Bei Gödöllö kann man im Silver Club in Isaszeg (Tel. 0036 28 320 345) übernachten; und im nahen Máriabesenyö nehmen die Nonnen des Salvatorianerinnen-Klosters Gäste auf (nur nach Voranmeldung, Tel. 0036 28 /320 042 oder /320 176). Nach der Besichtigung von Gödöllö kann man auf der Autobahn oder der Straße Nr. 30 ca. 30 km nach Budapest fahren. An der östlichen Stadteinfahrt gibt es mehrere Hotels (***, Zweibettzimmer mit Frühstück ca. DM 160,–).*
Die Mehrzahl der Orte kann auch mit der Eisenbahn besucht werden: Mosonmagyaróvár, Györ und Tata liegen an der Hauptstrecke Wien – Budapest; Esztergom, Vác und Gödöllö sind von Budapest aus erreichbar. Wer nur Gödöllö besuchen will, hat vom Budapester Ostbahnhof ca. stündlich einen Zug zum alten Bahnhof von Gödöllö (ca. 1 km vom Schloß), die Vorortebahn fährt von Budapest Örs vezér tere va (auch Metro-Station) ca. halbstündig nach Gödöllö; Fahrzeit ca. 40 Minuten. Wenn man bei der Station »Gödöllö Erzsébet Park« aussteigt, ist man gleich beim Elisabeth-Denkmal und geht dann durch den Schloßpark zum Schloß.
Schloß Gödöllö ist ganzjährig geöffnet, jeweils dienstags bis sonntags: Von April bis Oktober von 10 bis 18 Uhr, von November bis März von 10 bis 17 Uhr; die anderen beschriebenen Sehenswürdigkeiten haben ähnliche Öffnungszeiten; Kirchen sind manchmal nur an Sonntagen zugänglich; für die Habsburgergruft in Mosonmagyaróvár erhält man den Schlüssel im Pfarrhaus gegenüber dem Kircheneingang.

BUDAPEST

Wiens Zwillingsschwester, Rivalin, an der Donau

Die Gemeinsamkeiten zwischen Wien und dem 260 km östlich davon gelegenen Budapest sind zahlreich: Beide Städte haben heute 23 Stadtbezirke, wovon jeweils einer Josefstadt/Józsefváros bzw. Leopoldstadt/Lipótváros heißt, benannt nach denselben Habsburgerkaisern, beide Städte haben eine Ringstraße und einen Stephansdom, beide eine Hofburg mit einem Prinz-Eugen-Denkmal davor, in beiden Städten herrschten die Habsburger bis 1918, in beiden Städten hätte 1996 eine Weltausstellung abgehalten werden sollen, beide sind Donaustädte – aber nur Budapest verdient die Bezeichnung »an der Donau«, denn nur hier dominiert der Strom das Stadtbild. Aber in Wien residierten die Kaiser, wogegen in Budapest meist nur ein Erzherzog als »Palatin« den König vertrat. Wien und Budapest waren im 19. Jh. auch Rivalen: Um die Gunst des Kaisers bzw. Königs, der Kaiserin bzw. Königin Elisabeth/Erzsébet, um Reichtum und Lebensqualität und darum, welche Stadt die prunkvolleren Repräsentationsbauten hatte. Und in gewisser Weise beginnen Wien und Budapest auch heute wieder zu rivalisieren: um die Rolle als Wirtschaftszentrum Zentraleuropas.
Die Beziehungen zwischen Österreich und Ungarn begannen 1278, als das Heer des ungarischen Königs Ladislaus IV. Rudolf von Habsburg half, Ottokar von Böhmen in der Schlacht bei Dürnkrut und Jedenspeigen im Marchfeld zu besiegen. 1377 rief König Ludwig I. vor einer Schlacht gegen die Türken die Muttergottes von Mariazell zu Hilfe. Ludwig siegte und beschenkte Mariazell so reichlich, daß damit das Langhaus und der mittlere Turm der heutigen Basilika erbaut werden konnten. Der erste Habsburger auf Ungarns Thron war 1437 Albrecht

von Österreich, der Elisabeth von Böhmen geheiratet hatte. Durch seinen frühen Tod (1439) ging die Kaiserwürde auf Friedrich III. über; für Albrechts nachgeborenen Sohn Ladislaus Postumus konnte die ungarische Königswürde nicht gerettet werden (s. u.). Der Weg Österreichs und Ungarns durch die Geschichte wurde gemeinsam 1526, als der Jagellone Ludwig II. von Ungarn in der Schlacht von Mohács starb. Damit trat der nach der Wiener Doppelhochzeit zwischen den Enkeln Kaiser Maximilians I., Maria und Ferdinand, und den Kindern von Wladislaw II., Ludwig und Anna, geschlossene Erbvertrag in Kraft: Ferdinand von Habsburg erbte als Gatte von Anna, der Schwester Ludwigs II., Ungarn. Die habsburgische Herrschaft über Ungarn wurde beeinträchtigt durch die Besetzung des größten Teiles von Ungarn durch die Türken von 1541 bis 1686 und endete nach dem Ersten Weltkrieg (s. S. 144). 1848 vertrieben die aufständischen Ungarn die habsburgischen Truppen kurzzeitig sogar aus der Budaer Burg, 1849 wurde der Aufstand mit russischer Hilfe niedergeschlagen, die Anführer wurden, soweit sie nicht fliehen konnten, hingerichtet. In der Folge wurde Ungarn mit harter Hand von Wien aus regiert. 1867, nach der Niederlage Österreichs gegen Preußen und Piemont-Sardinien, mußte Kaiser Franz Joseph dem »Ausgleich« zustimmen, für den sich auch Kaiserin Elisabeth sehr eingesetzt hatte. Ungarn wurde als Staat anerkannt, der mit Österreich u. a. durch das Herrscherhaus und durch die Armee verbunden war. Das »k.u.k.« war geboren für das gemeinsame »kaiserliche und königliche« – neben dem »k.k.«, dem »kaiserlich-königlichen« für die nicht gemeinsamen Einrichtungen in Österreich und das »k.u.«, für »königlich ungarisch« als Bezeichnung der nicht gemeinsamen Einrichtungen Ungarns. »Österreich-Ungarn« war ein kompliziertes staatsrechtliches Gebilde, in dem alle zehn Jahre die sogenannten »Deputationen« über die gemeinsamen Angelegenheiten neu verhandeln mußten. Die Grenze zwischen Österreich und Ungarn war die Leitha (weswegen die beiden Hälften informell als »Cisleithanien« bzw. »Transleithanien« bezeichnet wurden; das heutige Burgenland war ja bis 1921 ungarisch). Daß dem »Ausgleich« mit Ungarn keine entsprechende Maßnahme mit Böhmen folgte, belastete das Verhältnis des Kaisers mit den Tschechen bis zum Ende der Monarchie sehr. Als Kaiser Karl am 16. Oktober 1918 den Umbau der Monarchie in einen Bundesstaat versprach, war dies zu spät und beschleunigte nur mehr die Auflösung der Monarchie. Den Ersten Weltkrieg verloren Österreich und Ungarn. Für Ungarn war der Frieden von

Trianon territorial gleich schmerzlich wie der Friede von Saint-Germain für Österreich: Von den 300 005 km^2 der »im Reichsrat vertretenen Königreiche und Länder« schrumpfte Österreich auf 83 845 km^2, Ungarn von 324 851 km^2 auf ca. 94 000 km^2; bis zum Ende des Ersten Weltkrieges waren ja die heutige Slowakei (als »Oberungarn«), Kroatien und Siebenbürgen ungarisch. Daß man einen Teil der westungarischen Komitate Österreich zuschlug, aber davon Ödenburg ausnahm, über dessen Zugehörigkeit die Bevölkerung durch eine Volksabstimmung entschied, hatte auch den Zweck, die beiden Verlierer des Weltkrieges zu entzweien. In der Zwischenkriegszeit blieb Ungarn, nach einem kommunistischen Zwischenspiel, formell Monarchie (mit einem »Reichsverweser«, dem seinerzeitigen k.u.k. Admiral Nikolaus Horthy, als de facto Staatsoberhaupt, der dem König die Rückkehr verweigerte, s. S. 144). Während des Zweiten Weltkrieges stand Horthys Ungarn an der Seite Hitlers, 1944/45 wurde Ungarn von der Sowjetarmee besetzt. Im Oktober 1956 schlug ein antikommunistischer Aufstand fehl, erst 1989 endete die kommunistische Herrschaft.
Budapest selbst entstand 1873 aus den drei bis dahin selbständigen Städten Buda (= Ofen, im wesentlichen der Burgberg im Westen mit der Königlichen Burg), Obuda (nördlich davon) und Pest (die damals zu einem guten Teil von deutschsprechenden Kaufleuten bewohnte Bürgerstadt östlich der Donau). Im Budapest von heute, dessen Stadtbild von der Donau und von jenen Bauten geprägt ist, die anläßlich des »Millenniums«, der Eintausendjahrfeier Ungarns 1896, in einem einmaligen Bauboom errichtet wurden, sind die Zeugnisse der gemeinsamen Vergangenheit recht zahlreich, wenngleich manches von dem, was wir als »österreichisch« für uns reklamieren, hier als ungarisch gilt.
Unser erster Spaziergang führt uns durch *Buda* und beginnt am westlichen Ende der *Erzsébet hid/Elisabethbrücke* (über die man, von Wien/Bécs über die Autobahn kommend, in das Budapester Zentrum am Pester Donauufer fährt). Die 380 m lange Brücke, 1906 erbaut und zu Ehren der ungarischen Königin Erzsébet, der österreichischen Kaiserin Elisabeth, benannt, wurde im Zweiten Weltkrieg von der Deutschen Wehrmacht beim Rückzug gesprengt und 1964 in neuer Form wiedererrichtet. Über dem westlichen Brückenkopf ragt die Zitadelle auf. Von der österreichischen Armee nach 1850 zur Abschreckung der Ungarn vor einem neuerlichen Aufstand erbaut, ist sie heute nur mehr ein Aussichtspunkt. Unter der nordwestlichen Brückenauffahrt erinnert eines

der Budapester Denkmäler an Erzsébet királyné/Königin Elisabeth. Auch wir wissen, daß sich Elisabeth schwärmerisch Ungarn mehr verbunden fühlte als Österreich. Ihre Ermordung am 10. September 1898 am Quai du Mont-Blanc in Genf war daher für die Ungarn Anlaß zu echter nationaler Trauer. Sofort beschloß das Parlament, zu Ehren der Königin ein Denkmal zu errichten – aber erst nach 5 Wettbewerben und 34 Jahren entschied man sich für einen Entwurf. 1932 wurde das Denkmal geweiht, in Anwesenheit des Reichsverwesers und von sechs Enkeln der Königin. Dabei sprach der ungarische Justizminister:

> »Sieh, hier steht die Statue der Königin, der wundertätigen Liebe am Ufer der königlichen und ungarischen, prächtigen Donau, wo seit tausend Jahren alle Tränen und das Blut Ungarns zusammenfließen, hier fand ein Heim die Statue der Königin mit dem blutenden Herzen, und mit tränenvollen Augen. Eine goldene Statue im Marmorheiligtum! Um sie sammelt sich die gesamte ungarische Liebe mit Huldigung. Die dornengekrönte Nation bringt alle ihre Rosen der Königin der Dornen. Und in den Herzen aller Ungarn ertönen alle Glocken der Kirchen Ungarns, die die Auferstehung verkünden. Allerhöchste Königin! Holde und leidende, geliebte und liebende Königin, unsere Mutter, ehemals unser glanzvoller, silbern leuchtender Glücksstern – sei gegrüßt!« (1)

Standort war zunächst der Eskü-tér (heute Marcius 15. tér), der Schwurplatz am anderen Brückenkopf (hier hatte I. Ferencz József kiraly/König Franz Joseph I. 1867 nach seiner Krönung den Schwur auf die ungarische Verfassung abgelegt). 1945 wurde das Denkmal entfernt, aber nicht zerstört, und 1986 in vereinfachter Form am heutigen Platz aufgestellt. Im einstigen Ungarn gab es 40 Elisabeth-Denkmäler, ein guter Teil davon ist heute wieder aufgestellt (s. S. 129). Das Denkmal am Brückenkopf zeigt eine sinnend sitzende Frau in zeitloser Schönheit. Erzsébets Haar, auf das sie so stolz war, bleibt unter der wallenden Kleidung verborgen. Ob Sisi mit diesem Denkmal zufrieden wäre? Dem Platz, an dem es nun aufgestellt ist, inmitten des Autoverkehrs, wäre sie wahrscheinlich sofort entflohen.

Einige Schritte nach Norden, durch die Döbrentei út, und wir kommen in die Apród út 1–3, ins *Semmelweis Orvostörténeti Múzeum/Semmelweis-Museum für Medizingeschichte*. Es enthält viele Schaustücke aus der gemeinsamen Medizingeschichte und ist reich an Erinnerungen an die erste Wiener Medizinische Schule an der Wiener Universität, wo Ende des 18./Beginn des 19. Jh.s die angehenden Ärzte Ungarns ausgebildet wurden: Die Wachspräparate, die Joseph II. der Budapester Universität schenkte, gleichen denen, die wir aus dem Wiener Museum für Medizingeschichte im Josephinum in der Währinger Straße kennen; die Nachbildung des Arbeitszimmers von Ignaz Semmelweis erinnert an das tragische Schicksal des »Retters der Mütter«.

Wir sind in dem Haus, in dem am 1. Juli 1818 Ignaz Philipp Semmelweis als Sohn eines aus Sieggraben/Szikra im heutigen Burgenland stammenden Kolonialwarenhändlers geboren wurde. Der Platz für das Geschäft war gut, lag es doch zwischen der Anlegestelle für die Donauschiffe und der Burg, so daß die Familie bald wohlhabend war. Ignaz studierte in Wien Medizin und wurde Unterarzt in der Geburtshilfestation des Wiener Allgemeinen Krankenhauses. Ihm fiel auf, daß zu bestimmten Zeiten die Zahl der an Kindbettfieber sterbenden Mütter besonders hoch war – über 10% – und zwar immer dann, wenn die in der Geburtshilfe tätigen Ärzte und Studenten vorher mit anderen Kranken zu tun hatten; sogar die Frauen, die »auf der Gasse« geboren hatten, starben seltener an Kindbettfieber als die, die in der Klinik entbunden wurden. Semmelweis stellte lange statistische Reihen auf und kam immer wieder zum selben ätiologischen Schluß: daß das Kindbettfieber nicht von den Wöchnerinnen käme, sondern endemisch von den Ärzten, die die Gebärenden und Wöchnerinnen behandelten. Die Abhilfe war einfach: Semmelweis führte in seinem Bereich vor dem Betreten des Kreißsaales und der Wöchnerinnenzimmer die Handwaschung mit einer Chlorkalklösung ein. Schon im nächsten Monat ging die Sterblichkeitsrate auf 3 % zurück, nach einigen Monaten auf 1%. Aber die Kollegen wollten dies nicht glauben, von Joseph Skoda, dem damaligen Doyen der Wiener Fakultät, erhielt Semmelweis nur halbherzige Unterstützung, seine Privatdozentur wurde auf das »Operieren am Phantom«, also an Leichen, eingeschränkt.

Semmelweis verläßt 1850 enttäuscht Wien. In Pest wird er zunächst unbezahlter Arzt an der Geburtshilfestation am St.-Rochus-Spital, später Professor an der Universität. Sein Name wird in der Fachwelt totgeschwiegen, er kämpft fanatisch für die Einführung seiner Hygienelehre. In »Offenen Briefen« beschuldigt er Kollegen, die seine Hygienegebote nicht beachten, als »Mörder« – Zeichen einer beginnenden Geisteskrankheit. Im Sommer 1865 bricht diese Krankheit aus, er wird in die Wiener Landes-Irrenanstalt in der Lazarettgasse gebracht, wo er am 13. August 1865 an einer Blutvergiftung stirbt. Wie er sich diese zugezogen hat oder wo die Wurzel der Geisteskrankheit lag, darüber gibt auch die

im Psychiatrischen Krankenhaus der Stadt Wien verwahrte, 1977 wiedergefundene Krankengeschichte keine eindeutige Auskunft. 1891 werden die sterblichen Überreste des »Retters der Mütter« auf den Kerepeser Friedhof nach Budapest überführt, 1906 wird das heute neben der St.-Rochus-Kirche befindliche Semmelweis-Denkmal enthüllt (an der Ecke Rákóczi utca/Guylai utca zentral gelegen). In Budapest sind die Medizinische Fakultät und drei Straßen nach Semmelweis benannt, in Wien die Frauenklinik in Gersthof und ein Gäßchen in Großjedlersdorf. Gleich neben dem Semmelweis-Museum führt uns eine Treppe hinauf zur *Burg*, die wir durch das Ferdinand kapu/Ferdinandstor betreten. Eine Inschrift erinnert hier an Kaiser Ferdinand I. – er war übrigens der einzige Habsburger, der trotz seiner wenig effektiven Regierungszeit (1835–1848) mit allen vier Kronen gekrönt wurde: der österreichischen, der ungarischen, der lombardo-venezischen und der böhmischen. Die Anfänge der Burg gehen auf das 13. Jh. zurück. Matthias Corvinus erbaute einen gotischen Palast, die heutige Gestalt stammt aus der Zeit Maria Theresias, um 1900 wurden Ausbauten vorgenommen. Ende 1944 von den Deutschen verteidigt und von den Russen erkämpft, erlitt sie starke Schäden, die nun weitgehend behoben sind, wobei allerdings der Wiederaufbau gegenüber der historischen Gestalt vereinfacht erfolgte. Die Königliche Burg zu Buda war die offizielle Residenz des ungarischen Königs – Franz Joseph hielt sich allerdings trotz eines bei der Krönung gegebenen Versprechens kaum hier auf. Königin Erzsébet erlebte in der Ofener Burg Mutterleid und Mutterfreude: Am 29. Mai 1857 mußte sie das Sterben ihrer ältesten, knapp zweijährigen Tochter miterleben; am 22. April 1868 gebar sie in der Burg ihr viertes und letztes Kind, die »ungarische« Erzherzogin Mária Valéria (gest. 1924, begraben in Wallsee, Bez. Amstetten).
Vertreter des Königs war der Palatin (Vizekönig), zuletzt Erzherzog Joseph, der auf der Burg residierte. Die letzte an den einstigen Glanz ungarischer höfischer Feste erinnernde Zeremonie fand im Thronsaal der Burg am 4. November 1944 statt, als in Anwesenheit des letzten Palatins und zahlreicher Magnaten Ferenc Szálasi, mit Gnade des deutschen Botschafters letzter königlicher ungarischer Ministerpräsident, auf die heilige Stephanskrone den Eid ablegte, während die Russen zum Sturm auf die von den Deutschen noch gehaltene Stadt ansetzten. Beim Angriff auf die Burg wurde auch das seit 1900 hier befindliche Elisabeth-Museum zerstört, die Kroninsignien hatte man gerade noch in Sicher-

Vor der Budapester Hofburg und über der Donau – das Denkmal des Prinzen Eugen von Savoyen, der durch den Sieg bei Zenta 1697 Ungarn von den Türken befreite.

heit bringen können (s. u.). Heute sind in der Burg mehrere *Museen* untergebracht, in denen wir einige Austriaca finden: In der Széchenyi-(National-)Bibliothek sind zahlreiche Originalpartituren von Joseph Haydn aufbewahrt, die aus dem Besitz der Esterházys stammen (s. S. 178f.); im Ludwig-Museum, das einen Überblick über die bildende Kunst des 20. Jh.s gibt, finden wir Werke von Siegfried Anzinger, Christian Attersee, Adolf Frohner und Rudolf Hausner; das Budapesti Történeti Múzeum/Historisches Museum der Stadt Budapest birgt eine recht schöne Sammlung Altwiener Porzellans und Geschenke an Ferencz József und Erzsébet; zahlreiche Gemälde der Magyar Nemzeti Galéria/Ungarischen Nationalgalerie haben Szenen aus der gemeinsamen Geschichte zum Gegenstand, in der die Österreicher öfter Feind als Freund der Ungarn waren. In der Nationalgalerie befindet sich auch der Abgang zur Habsburgergruft, in der u.a. Palatin Erzherzog Joseph (1776–1847) begraben ist, der Bruder Kaiser Franz' I. und Erzherzog Johanns.
Auf der Terrasse vor der Burg steht das überlebensgroße Reiterstandbild des Prinzen Eugen von Savoyen, 1900 auf Kosten von I. Ferencz József

kiraly errichtet. Józsa Ronda zeigt uns den Prinzen, der auch mithalf, Ungarn von den Türken zu befreien, nicht in derselben triumphierenden Pose, die dem Wiener Prinz-Eugen-Denkmal zu eigen ist. Das Pferd anhaltend, scheint sich Prinz Eugen eher zu besinnen, nachzudenken. Nur die Bronzereliefs am Sockel, die Szenen aus der Schlacht von Zenta (1697) darstellen, sowie der junge und der alte türkische Gefangene am Sockel weisen auf die kriegerischen geschichtlichen Zusammenhänge hin.

Der Platz vor dem Denkmal bietet den schönsten Blick über Budapest: unter uns die Lánczhid/Kettenbrücke, 1839–1849 auf Anregung von István Graf Széchenyi als erste ständige Budapester Brücke erbaut (vorher gab es, in der eisfreien Zeit, nur eine Schiffsbrücke); 1849 hatte ein österreichischer Oberst die Kettenbrücke zu sprengen versucht, sich aber dabei nur selbst getötet; 1944 von den Deutschen gesprengt, wurde sie 1949 in historischer Gestalt wiederaufgebaut. Die Straßen am anderen Ufer waren in der Monarchie nach Kronprinz Rudolf, Ferencz József und Erzherzogin Mária Valéria benannt. Am östlichen Brückenkopf der Kettenbrücke (heute der Roosevelt tér, in der Monarchie der Ferencz József tér) befand sich jener aus den Erden aller Komitate Ungarns aufgeschüttete Hügel, von dem aus König Franz Joseph nach seiner Krönung 1867 mit Schwertstreichen in alle Richtungen versprach, die Erde Ungarns zu verteidigen. Daneben lagen schon Ende des 19. Jh.s die bekanntesten Hotels. Weiter stromabwärts folgen die uns schon bekannte Erzsébet híd und die Szabadság híd, die heutige Freiheits- und frühere Franz-Josephs-Brücke. 1896 hatte Ferencz József mit einer eigens dafür konstruierten Maschine die letzte, silberne Niete in sie eingesetzt.

Wir verlassen die Burg und gehen am Turul-Vogel vorbei, dem Totem-Vogel der Urmagyaren, 1905 geschaffen und während der Belagerung 1944/45 wie durch ein Wunder unversehrt geblieben. In seinen Fängen hält er ein Schwert als Symbol der Kampfbereitschaft der Magyaren. Wir spazieren an dem von Joseph II. aus einem aufgelassenen Kloster entstandenen Burgtheater vorbei, in dem eine Gedenktafel daran erinnert, daß hier Ludwig van Beethoven 1800 ein Konzert gegeben hat, und kommen zum Honvéd-Denkmal. Es wurde 1893 nach heftigen politischen Auseinandersetzungen errichtet, erinnert es doch an die Eroberung der Burg von Buda am 21. Mai 1849 durch die aufständischen Ungarn, bei der die Mehrzahl der österreichischen Verteidiger fiel; zuvor hatten die Österreicher von der belagerten Festung aus mit ihrer Artille-

rie Pest am anderen Donauufer schwer beschädigt. Aber schon am 11. Juli 1849 eroberten die Russen die Burg und übergaben sie den Österreichern. 1849 gehörten Kompanien des Wiener Hausregiments, der Deutschmeister, zu den Verteidigern der Burg von Ofen; 1945 trug die 44. Infanteriedivision der Deutschen Wehrmacht in Mittelungarn die Hauptlast der Abwehr gegen die Rote Armee, auch sie hieß »Hoch- und Deutschmeister«, und auch ihre Soldaten ergänzten sich aus Wien.
Hinter dem Honvéd-Denkmal befindet sich das ehemalige Palais der ungarischen Ministerpräsidenten, in dem als erster Gyula Graf Andrássy residierte, der Vertraute Königin Elisabeths. Rechts, in der *Tárnok utca*, auf Nr. 7, das Palais Erdödy, in dem Beethoven während seiner Budapester Aufenthalte 1800/1803 wohnte. Es gehörte seiner aus Wien bekannten langjährigen Vertrauten, der Gräfin Maria Anna Erdödy. Auf Nr. 9 waren in der Josefs-Kaserne die ungarischen Revolutionäre des Jahres 1848/49 von den Österreichern eingekerkert, darunter Lajos Graf Batthyány und Lajos Kossuth. Auch in der *Úri utca*, der Herrengasse, waren die Palais einst Wohnsitz des ungarischen Adels, doch sind sie nicht so prunkvoll wie die Schlösser auf dem weiten Land oder die Stadtpalais in Wien oder Prag; in Budapest mußte man eben nicht so repräsentieren wie in Wien; wenn der König nach Ungarn kam, so öfter zur Jagd und selten in die Residenzstadt. Im Unterschied zur Tschechischen Republik, wo der Adel in den letzten Jahren einen kleinen Teil seiner früheren, nach 1945 enteigneten Besitzungen zurückerhielt, gibt es in Ungarn keine Restitutionen. So wohnen heute in den in mehrere Wohneinheiten geteilten Palais die Farkas, Molnár, Horváth als Vertreter der häufigsten ungarischen Familiennamen.
Auf unserem Spaziergang kommen wir zu einem 1937 (!) errichteten Reiterdenkmal. Es stellt Graf Andreas Hadik (1710–1790) dar, jenen verwegenen Husarenoberst, der im Siebenjährigen Krieg am 14. Oktober 1757 für 24 Stunden Berlin besetzte, wofür ihn Maria Theresia mit dem Großkreuz des Maria-Theresien-Ordens auszeichnete. Ohne eigene Verluste, aber mit einer saftigen Kriegsbeute, kehrte er nach diesem »Husarenstreich« zum eigenen Hauptheer zurück. Die Husaren-Reiterregimenter waren ja eine Eliteeinheit der Habsburgerarmee und fanden in anderen Heeren Nachahmer, gewissermassen als Exportartikel ungarischer Kühnheit. Der Name »Hadik« sagte Ihnen bisher nichts? Sind Sie in Wien noch nie am Weg zur Westautobahn oder nach Hietzing in der Hadikgasse im Stau gestanden?

In der Quergasse zur Matthias-Kirche könnten wir uns in der Konditorei Ruzswurm in biedermeierlichem Ambiente mit Mehlspeisen stärken (Linzer, Isler, Dobos-Schnitten; das ungarische »s« wird wie ein »sch« ausgesprochen; auch die nach der Gemahlin des Kronprinzen Rudolf benannte Stephanietorte gibt es hier), bevor wir die Mátyás templom/Matthiaskirche besuchen. In ihr wurden die Kaiser Franz Joseph I. und Karl I. zu Königen bzw. die Kaiserinnen Elisabeth und Zita zu Königinnen von Ungarn gekrönt. Am 8. Juni 1867 setzte jener Graf Gyula Andrássy Ferencz Jozséf die Krone aufs Haupt, der 1849 vom selben Kaiser zu Tod verurteilt und in Budapest symbolisch 1852 hingerichtet worden war. Andrássy war die Flucht nach Paris gelungen, und nach seiner Rückkehr wurde er 1867 ungarischer Ministerpräsident. Ihm und Elisabeth gelang die zeitweise Aussöhnung zwischen den Ungarn und den Habsburgern, und ihm verdankte Elisabeth das besondere Privileg, in derselben Zeremonie wie der König zur Königin von Ungarn gekrönt zu werden.
Die Krönung von Karl und Zita am 30. Dezember 1916 war die letzte große Zeremonie der sterbenden Donaumonarchie. Die bei beiden Krönungen zur Schau gestellte Prachtentfaltung ist uns in zahlreichen Gemälden bzw. (1916) Fotos und sogar Filmen überliefert. Der ungarische Adel, durch seine großen Ländereien und die billige Arbeitskraft der Bauern für heutige Begriffe unermeßlich reich, liebte es, dies auch zu zeigen. 1945 war es damit zu Ende. Wie klangvoll die Namen waren, können wir an den Wappentafeln im Kirchenmuseum lesen. Hier finden wir auch Darstellungen der erwähnten Krönungen und Erinnerungsstücke, so die Krönungsstühle von Franz Joseph und Elisabeth und ein Meßornat, das aus Elisabeths Brautkleid gefertigt ist. In dieser Schatzkammer sind auch zahlreiche Meßgeräte von Wiener Goldschmieden zu sehen. Für die Krönung Franz Josephs hatte Franz Liszt die Krönungsmesse komponiert, durfte sie aber nicht selbst dirigieren. Er konnte der Aufführung seines Werkes zwar vom Chor der Matthiaskirche aus beiwohnen, aber da man ihn nicht offiziell zu den Krönungsfeierlichkeiten eingeladen hatte, verließ er die Kirche noch vor deren Ende. Der Legende nach soll die vor der Kirche auf den König wartende Volksmenge Liszt lauter zugejubelt haben als später dem König…
Gehen Sie nicht achtlos an der Hotelfassade neben der Kirche vorbei; auf ihrem alten Teil, dem Rest des seinerzeitigen Dominikanerklosters, ist die Kopie eines Denkmals für König Matthias Hunyadi, das im Ori-

ginal in Bautzen/Sachsen steht, angebracht: 1486 herrschte Hunyadi auch über die Steiermark, Klagenfurt und Österreich – deren Wappen finden wir links unten bzw. rechts oben, neben der Statue.
In der *Országház utca* gehen wir am Gebäude Nr. 28 vorüber, das Joseph II. vom Wiener Hofbaumeister Franz Anton Hillebrandt (er baute in Wien das Palais Dietrichstein am Minoritenplatz und die heutige Ungarische Botschaft in der Bankgasse) als Landhaus errichten ließ; die heute am Gebäude angebrachten Gedenktafeln erinnern daran, daß es in unserem Jahrhundert als Polizeiquartier diente und zahlreiche politische Gefangene hier einsaßen. Die Gasse endet am Kapisztrán tér. Der Turm hier ist der Rest der Margarethenkirche, in der Kaiser Franz II. 1792 zum König von Ungarn gekrönt wurde. Das 1922 errichtete Denkmal des Johannes Capestrano erinnert an den bei uns als Johann von Capistran bekannten Franziskanermönch (1386–1456), der in Wien das erste Franziskanerkloster gründete und so überzeugende Predigten hielt, daß er wegen des großen Zulaufs vor den Kirchen predigen mußte. Seine in Stein nachgebaute Kanzel wurde 1752 an der Nordseite des Chores der Wiener Stephanskirche angebracht. In Budapest gelang es ihm so zu überzeugen, daß ein Kreuzfahrerheer aufgestellt wurde, das die Türken 1456 bei Belgrad besiegte. Eine Episode aus dieser Schlacht stellt das Denkmal dar. Das Gebäude dahinter war einst die Ferdinandskaserne und ist heute das *Hadtöténeti Múzeum/Kriegshistorische Museum.* Während sich aber das Wiener Heeresgeschichtliche Museum auf die Siege der österreichischen Heere konzentriert – es war ja als Ruhmeshalle der kaiserlichen Armee konzipiert –, stellt das Budapester Museum eher den Alltag der Soldaten in den Vordergrund. Als Beispiel soll auf das militärische Erziehungswesen, dem hier einige Räume gewidmet sind, hingewiesen werden: Wir erfahren von den Militär-Unterrealschulen in Enns, Fischau, St. Pölten, Straß in der Steiermark, den Militär-Oberrealschulen in Kismarton/Eisenstadt und den Militärakademien in Wiener Neustadt, Traiskirchen und Mödling. Die Maria-Theresianische Militärakademie hatte übrigens in Budapest ein Gegenstück: die von Maria Ludovika, der dritten Gattin von Kaiser Franz I., als Offiziersschule für die ungarischen Honvéd-Truppen gegründete »Maria-Ludovika-Akademie«. Das Gebäude steht heute noch am Ludovika tér im Stadtteil Józsefváros, eine Statue davor erinnert an die Gründerin. Die Beschriftungen im Museum sind zwar nur ungarisch, aber viele Dokumente sind deutsch, so daß wir doch einiges verstehen können. Brei-

ter Raum ist auch dem Aufstand gegen die Habsburger 1848/49 gewidmet – der für die Ungarn bis heute den Stoff für viele Heldenlegenden birgt. Die deutsche und die russische Besetzung werden nur gestreift. Daß die heutige ungarische Armee wieder an die k.u. Traditionen anzuknüpfen sucht, zeigen die Uniformen, die viel mehr an die der k.u.k. Armee erinnern als die des österreichischen Bundesheeres.

Inzwischen wird es Abend geworden sein, und wir verlassen durch das *Bécsi kapu/Wiener Tor* die Burgstadt. Links abwärts kämen wir durch die Várfok utca – in der Paul Hörbiger (1894–1981) und Attila Hörbiger (1896–1987) als Söhne eines damals in Ungarn arbeitenden Wiener Technikers aufgewachsen sind – zur Metro-Station Moszkva tér; rechts kommen wir durch ein Viertel alter Villen zum *Batthyány tér*. Als Nr. 4, heute in der Straße fast versunken, wartet der ehemalige Gasthof »Zum weißen Kreuz« auf einen Retter. Hier kamen einst die Postkutschen aus Wien an, hier stiegen die vornehmen Gäste ab: z. B. Joseph II., angeblich auch Casanova. Die Nordseite des Platzes nimmt das ehemalige Elisabethinenkloster und -krankenhaus ein; auch dieses ist mit Wien verbunden: Joseph II. übergab es 1785 dem Krankenpflegeorden der Elisabethinen aus Wien. Am anderen Ufer der Donau zieht das im neugotischen Stil errichtete Parlament mit seiner 268 m langen Fassade, einst das größte Gebäude der Welt und absichtlich großartiger als das Wiener Parlament erbaut, unsere Aufmerksamkeit auf sich; hätten wir ein Fernglas zur Hand, könnten wir wir im reichen Figurenschmuck einige Habsburgerherrscher, bis hin zu Kaiser Ferdinand (der nach der ungarischen Zählung König Ferdinand V. war) erkennen.

Vom Batthyány tér könnten wir mit der Metro ans andere Donauufer zurückkehren oder, wenn wir noch etwas über die gemeinsame revolutionäre Vergangenheit erfahren wollen, durch die Fö utca zum *Bém Jozséf tér* wandern. Das vor der ehemaligen Radetzky-Kaserne, befindliche Josef-Bem-Denkmal erinnert an den in Tarnow geborenen Anführer der Wiener Revolution von 1848, der nach deren Niederschlagung in Wien ein Führer der ungarischen Revolutionäre wurde. Nachdem auch diese Rebellion erfolglos war, flüchtete er ins Osmanische Reich, wo er bei den regulären Truppen des Sultans an der Niederwerfung von Aufständen mitwirkte. Von hier bringt uns eine der über die Margarethenbrücke fahrenden Straßenbahnen auf das östliche Donauufer zurück, wenn wir nicht noch die Margaretheninsel besuchen.

Unser zweiter Spaziergang durch Budapest führt uns durch *Pest*, durch einen Teil der am östlichen Donauufer gelegenen Stadtviertel. Wir beginnen ihn am Múzeum körút, im *Magyar Memzeti Múzeum/Ungarischen Nationalmuseum.* Das Gebäude wurde von dem in Wien geborenen und im österreichischen Mailand ausgebildeten Architekten Michael/Mihály Pollack um 1840 im neoklassizistischen Stil errichtet. Büsten des Architekten und von Erzherzog Joseph, der zur Zeit der Eröffnung des Museums Palatin war, befinden sich in der Eingangshalle, ein vom Wiener Maler Johann Ender gemaltes Bildnis von Ferencz Széchenyi, einem der Mäzene des Museums, ist in der Bibliothek des Erdgeschosses zu sehen, ein vor Wien 1683 erbeutetes Türkenzelt im ersten Stock. Die bedeutendsten Ausstellungsstücke sind die ungarischen Krönungsinsignien mit der Stephanskrone. Die Herkunft der Stephanskrone ist ungeklärt: Es dürfte nicht die Krone sein, die Papst Sylvester II. im Jahre 1000 an König Stephan den Heiligen gesandt hatte, sondern könnte sich um eine im 13. Jh. aus zwei Teilen zusammengefügte Krone handeln, die teils aus Byzanz (mit den Emailplatten des Christus Pantokrator und von Kaiser Michael VII.), teils aus Ungarn (mit den Darstellungen von acht Aposteln und Christus) stammen. Das charakteristische schiefe Kreuz entstand durch eine Beschädigung während einer der Vergrabungen der Krone.

Die heilige Stephanskrone ist mehr als das Symbol eines Königs. Der Überlieferung nach gilt der sie Besitzende als Herrscher Ungarns. Die Krönungsinsignien stehen mit Österreich mehrfach in Verbindung: Nicht nur weil mit der Stephanskrone österreichische Habsburger als Könige von Ungarn gekrönt wurden, u. a. Albrecht II. (1437), Maria Theresia (1741 in Preßburg, s. S. 113), Franz I., Ferdinand, Franz Joseph und Karl, sondern auch weil sie mehrmals in Österreich aufbewahrt war. Erstmals kam die Krone nach Österreich, als Elisabeth, die schwangere Witwe des 1439 verstorbenen Albrecht II. (der in der Basilika in Székesfehérvar/Stuhlweißenburg begraben liegt), die Krone für das von ihr erwartete Kind entführen ließ. Dieses Kind, Ladislaus Postumus, wurde im Alter von drei Monaten mit der Stephanskrone gekrönt, starb aber schon mit 17 Jahren und ohne Nachkommen. Die Krone ging an Kaiser Friedrich III., der sie in Wiener Neustadt aufbewahrte, doch nach mehreren Niederlagen gegen Matthias Corvinus – der von den Adeligen Ungarns als Gegenkönig gewählt worden war und während seiner kurzzeitigen Besetzung Wiens (1485) dem Stephansdom zu seinem rotweißgrünen Dach verhalf – diesem die Krone zurückgeben mußte, allerdings um den damals sagenhaften Betrag von 80 000 Dukaten. Während der Besetzung des Großteils Ungarns durch die Türken wurden die Reichsinsignien in der Wiener Schatzkammer aufbewahrt und jeweils nur zur Krönung nach Preßburg gebracht. Im 18. Jh. kam die Krone nach Preßburg, bis sie von Joseph II. – der sich nicht zum König von Ungarn krönen ließ – wieder in die Wiener Schatzkammer gebracht wurde. Von 1790 bis 1944 verblieb die Krone in der Burg zu Buda, von eigens bestellten hochadeligen »Kronwächtern« behütet. Noch Reichsverweser Horthy übte seine Herrschaft zwar in einem Königreich ohne König, aber »im Namen der Heiligen Krone« aus. Ende März 1945, als die Sowjetarmee Budapest von den Deutschen befreite, flüchtete die ungarische Regierung mit der Krone und den anderen Reichsinsignien in einer Eisenkiste auf den Semmering. Doch die Russen rückten nach; die nunmehrige ungarische Exilregierung »regierte« wenige Stunden im ehemaligen kaiserlichen Jagdschloß in Mürzsteg und hielt ihre letzte Sitzung am 25. April 1945 in Schloß Kammer am Attersee ab. Hier beschloß man, die Krone in elf Teile zu zerlegen; jeder Minister sollte bis zum »Endsieg« einen Teil aufbewahren. Diesen Befehl verweigerte der letzte Kronwächter, er lud die Eisenkiste mit den Insignien auf einen Lastwagen und fuhr ins Kloster Mattsee. Hier übergab er am 3. Mai 1945 die Kiste Offizieren der 3. US-Armee. Als die Kiste mit den drei seit Jahrhunderten getrennt aufbewahrten Schlüsseln geöffnet wurde – fehlte die Stephanskrone. Erst als der Sieg der USA feststand, gestand der letzte Kronwächter, er habe die Krone am Ufer des Mattsees vergraben; die Krone wurde gefunden (heute erinnert ein Gedenkstein nahe der Schmalstelle des Mattsees daran) und nach Fort Knox in Kentucky gebracht. 20 Jahre bemühte sich die kommunistische Regierung um die Rückgabe, und am 6. Jänner 1978 übergab ein Beauftragter des Präsidenten Jimmy Carter die Krone der ungarischen Regierung; Einwände der Exilungarn, die in der Übergabe der Krone eine Legitimierung der kommunistischen Regierung sahen, waren erfolglos geblieben.

Vom Múzeum körüt kommen wird durch die Ferenczy István utca zur *Károlyi Mihály utca.* An der Ecke erinnert eine Gedenktafel an die Gefangennahme des Grafen Batthyány durch die Österreicher im Januar 1849; im Haus, dem ehemaligen Palais Károlyi, in dem heute das Petöfi-Literaturmuseum untergebracht ist, residierte 1849 der kaiserliche General Julius Haynau, der nach Niederschlagung der Revolution Un-

garn mit eiserner Faust regierte. Er hatte sich bereits im österreichischen Lombardo-Venetien besonderen Ruf erworben, als er 1848 in Brescia Frauen auspeitschen ließ. Gegenüber dem Palais Károlyi erhebt sich die schönste Barockkirche von Budapest: die um 1770 von dem aus Salzburg stammenden Architekten Andreas Mayerhoffer erbaute Egyetmi templom/Universitätskirche. Die Deckenfresken, eine Verherrlichung der Muttergottes, stammen von Johann Wenzel Bergl, geboren 1718 in Königinhof/Böhmen und Schüler Paul Trogers, dem wir in Österreich die Fresken in Kleinmariazell und die der Bergl-Zimmer in Schönbrunn verdanken. Die Budapester Universität wurde übrigens 1635 in Tyrnau (heute Trnava in der Slowakei) gegründet und 1777 von Maria Theresia nach Pest verlegt.
Durch die Károlyi utca kommen wir zur Kossuth utca, die von der Erzsébet hid herführt und sich in der Rákóczi ut fortsetzt, eine Hauptverkehrs- und -einkaufsader der Stadt. Humanic, Julius Meinl, Kleider Bauer, Kaindl, Volksbank, Bank Austria mit ihrem »Váci Utca Center« (Váci utca Nr. 81) zeigen Eroberungsversuche der heutigen österreichischen Wirtschaft. Die Kossuth utca überquerend, biegen wir in die *Városház utca* ein, die von der 190 m langen Fassade des heutigen Rathauses beherrscht wird. Das Gebäude wurde um 1730 im Auftrag Kaiser Karls VI. als Invalidenhaus vom Wiener Baumeister Anton Erhard Martinelli erbaut (in Wien ist das Deutschordenshaus in der Singerstraße von ihm); der Entwurf stammt von Joseph Emanuel Fischer von Erlach. Später diente es der k.u.k. Armee als Kaserne. Die allegorischen Figuren über den Seitenportalen sollen Kaiser Karl VI. und Prinz Eugen verherrlichen, sie wurden von Johann Christoph Mader gestaltet, der in Wien Plastiken in der Karls- und der Piaristenkirche schuf.
Die Bécsi utca/Wiener Straße überquerend, kommen wir zur *Váci utca*, Fußgängerzone und erste Einkaufsstraße von Budapest. Links, in der Deák utca, sehen wir das »Vigado«, die im Stil des Historismus auf den Trümmern eines von den Österreichern 1848 zerschossenen Theaters errichtete Pester Redoute, in der die berühmtesten Komponisten und Dirigenten ihrer Zeit auftraten: Johann Strauß, Liszt Ferencz, Richard Wagner, Johannes Brahms. Das Haus Váci utca Nr. 11a ist eines der wenigen hier, das den Zweiten Weltkrieg unversehrt überstand; es wurde um 1900 für die Budapester Filiale des Wiener Möbelerzeugers Thonet erbaut und glänzt noch heute in seiner Art-deco-Pracht. Am Ende der Váci utca, am Vörösmarty ter, lädt die größte Konditorei Budapests, Ger-

beaud, ein. 1884 wurde sie von einem Genfer gegründet. Am Platz dahinter, dem József nádor ter, wird es wieder österreichisch: Das Denkmal in des Platzes Mitte stellt Erzherzog Joseph im Ornat des Stephansordens und mit dem Goldenen Vlies dar. Er war ein Bruder von Kaiser Franz I., Begründer der ungarischen Linie des Hauses Habsburg-Lothringen und von 1796 bis zu seinem Tod 1847 Palatin von Ungarn. Die Verehrung des Volkes zeigt sich darin, daß sein 1858 errichtetes Denkmal das einzige aller Habsburger-Denkmäler war, das alle Umstürze an seinem Platze überlebte. Sogar bei der Entfernung der Inschrift machte man sich nicht viel Mühe – noch heute ist unschwer »Archidux Austriae« zu entziffern.

Wir gehen die Nádor utca weiter und kommen zum *Szabadság ter* (und in der Folge zum Országház/Parlament, in dessen Kuppelsaal sich auch Statuen der habsburgischen Könige Ungarns, aber nur bis zu Leopold II., finden). Dieser »Freiheitsplatz« hat nur im Sinne von »Befreiung« mit Österreich zu tun: Nach der Revolution hatten hier die Österreicher eine festungsartige Kaserne, um ihre neugewonnene Macht zu demonstrieren. Um 1900 wurde sie abgerissen und der Platz Freiheitsplatz benannt. Gebäude im schönsten Ringstraßenstil traten an die Stelle der Kaserne, um zu zeigen, daß Budapest Wien mindestens ebenbürtig sei. Daß nach 1945, nach der »Befreiung« und Besetzung durch die russische Armee, ausgerechnet hier das Ehrenmal der Sowjetarmee errichtet wurde und heute noch mit goldenen Sowjetsternen glänzt, zeigt, daß auch Freiheit oft nur ein Wort ist. (Ein weiteres Befreiungsdenkmal, das heute an die Helden des Aufstandes 1956 gegen die Sowjetarmee erinnert, finden wir auf dem Platz hinter dem Parlament.) Im Osten des Platzes hat in einem schönen Jugendstilgebäude die Botschaft der USA ihren Sitz. Eine Gedenktafel erinnert daran, daß in ihr nach der Niederschlagung des Aufstandes im November 1956 der seit 1949 nach einem Schauprozeß inhaftierte Primas von Ungarn, Kardinal Mindszenty, bis 1971 in der Botschaft im Exil lebte. Erst nach 15 Jahren konnte er Ungarn verlassen, wohnte dann in Wien und wurde nach seinem Tode 1975 in Mariazell begraben, bevor sein Leichnam 1991 nach Esztergom (s. S. 145) überführt wurde. Wenn wir durch die Aulich utca bis zur Báthory utca gehen, sehen wir ein »Ewiges Licht«, das an die Hinrichtung von Lajos Graf Batthyány am 6. Oktober 1849 durch die Österreicher erinnert. Auf dem Rückweg durch die Hercegprimas utca sehen wir die 1900 im floralen Jugendstil erbaute Budapester Postsparkasse (Nr. 4)

und müssen anerkennen, daß sie ebenso schön ist wie die Wiener. Dafür kann die um 1900 erbaute *Szent István Bazilika/Stephanskirche* nicht mit ihrem Wiener Pendant mithalten. Allerdings wird in der Szent Jobb Kápolna eine einzigartige Relique aufbewahrt: die unversehrte rechte Hand des hl. Stephan, die über Veranlassung von Maria Theresia von Ragusa, dem heutigen Dubrovnik, nach Ofen gebracht wurde und 1945 mit den Kroninsignien nach Österreich kam. Ihre Rückgabe an die ungarische Kirche erfolgte allerdings bereits 1946 – durch den Salzburger Erzbischof Andreas Rohracher.
Eine Gedenktafel am Haus *Andrássy út* Nr. 2 enthält den Namen des Österreichers Alois Mock. Im Sommer 1989 durchschnitt er als Außenminister gemeinsam mit seinem ungarischen Kollegen Gyula Horn bei Sopron/Ödenburg symbolisch den Stacheldraht. Der Eiserne Vorhang und die Stacheldrähte und Minenfelder wichen einer zunächst für jeden überschreitbaren Grenze – bis Österreich zum Schutz vor Flüchtlingen die Grenzbewachung wieder einführte. Die Öffnung der Grenzen zwischen Österreich und Ungarn im August 1989 für die nach Ungarn geflüchteten DDR-Bürger machte Weltgeschichte: Es war der Anfang vom Ende der kommunistischen Regime in Osteuropa. Die hier 1990 vom österreichischen und vom ungarischen Außenminister enthüllte Gedenktafel erinnert aber auch an Gróf Andrássy Gyula, dem ersten ungarischen Ministerpräsidenten Franz Josephs und Verfasser des »Ausgleichs«. Während des nun schon der Geschichte angehörenden Zwischenspiels der kommunistischen Ära hieß »die« Prachtstraße Budapests »Népköztársaság utca/Straße der Volksrepublik«, heute heißt sie wieder »Andrássy ut«.
Bevor wir auf ihr zur Oper flanieren, noch ein kleiner Umweg: Von der Bajcsy-Zsilinszki út zweigt ein »Anker« benanntes Gäßchen ab: Es ist tatsächlich nach der Wiener Anker-Versicherung benannt, die hier ihr ungarisches Direktionsgebäude im eklektisch-historisierenden Stil erbaut hatte, das auch heute noch in Kaiser-, pardon, Königsgelb glänzt. Die zweite Parallelgasse zum Károly körút ist die Rumbach utca, in der die »Kleine Synagoge« nicht erkennen läßt, daß sie eines der Jugendwerke Otto Wagners (1879) ist. Die Rumbach utca führt bis zur Wesselényi utca. An der Ecke steht der »Heldentempel«, 1930 zur Erinnerung an die gefallenen Soldaten mosaischen Bekenntnisses der k.u.k. Armee errichtet, daneben das Holocaust-Denkmal. Auch die daneben befindliche »Große Synagoge«, heute mit 6000 Plätzen die größte Eu-

ropas und seit 1996 wieder benützt, hat einen österreichischen Architekten: Ludwig Förster, der in Wien die Ringstraße plante. Erbaut wurde die Synagoge 1854 bis 1859 von der Baufirma Wienerberger. Neben der Hauptfront der Synagoge stand das Haus, in dem am 2. Mai 1860 Theodor Herzl geboren wurde. Berühmter denn als Korrespondent und Redakteur der Wiener »Neuen Freien Presse« wurde er allerdings als Verfasser der programmatischen Schrift »Der Judenstaat« (1896), die er am ersten Zionistischen Weltkongreß in Basel vorstellte und die zur geistigen Keimzelle des Staates Israel werden sollte. Herzl starb 1904 in Edlach an der Rax, seine Gebeine ruhen heute in einem Ehrengrab in Jerusalem.

Durch eine der schmalen Gassen des Budapester Judenviertels, dessen Bevölkerung durch die Nazis wie die österreichischen Juden fast zur Gänze deportiert und ermordet wurde, gehen wir zur Andrássy ut zurück. Diese Gassen zeigen uns, daß es in Budapest trotz vieler Renovierungen in den letzten Jahren noch Jahrzehnte dauern wird, bis nicht nur die Schauseiten der Stadt, sondern auch die Hinterhöfe wieder glänzen. 50 Jahre staatliche Bevormundung und Verbot jeder privater Betätigung lassen sich nicht in fünf Jahren ungeschehen machen; die Privatinitiative kehrt langsam zurück, man kann Wohnungen und Häuser kaufen, und ausländische Firmen nützen die Möglichkeiten – die meisten Budapester sind noch zu arm, um die Renovierungen selbst in Angriff zu nehmen.

Unter den Bauten der Andrássy út glänzt vor allem die *Oper,* schon in kommunistischen Zeiten innen und außen im alten Stil renoviert (allein deswegen lohnt ein Opernabend hier!). Erbaut wurde sie 1875–1884, die Bauzeit wurde durch den nachträglichen Einbau von Brandschutzeinrichtungen verlängert, die nach den Erfahrungen des Wiener Ringtheaterbrandes (1881) als notwendig angesehen wurden. Auch Geldmangel verzögerte die Fertigstellung; schließlich mußte Franz Joseph, der wirklich kein Opernliebhaber war, den Bau aus seinen Privatmitteln ausfinanzieren. Die Anleihe des ungarischen Architekten Ybl bei der Wiener und der Pariser Oper ist offensichtlich, und bis zum Zweiten Weltkrieg pendelten viele Sänger und Dirigenten zwischen den Häusern am Ring und an der Andrássy út. Einer von ihnen war Gustav Mahler, der hier, nach seinen Engagements am Prager Ständetheater und in Leipzig, 1888, im Alter von 28 Jahren, Direktor wurde. Eine seiner ersten Entscheidungen war, daß künftig alle Opern auf ungarisch

Der Wiener Ringstraßenarchitekt Ludwig Förster plante die Große Synagoge von Budapest, erbaut wurde sie von der österreichischen Baufirma Wienerberger; daneben wurde Theodor Herzl geboren, Redakteur der »Neuen Freien Presse« und geistiger Vater des Staates Israel.

gesungen werden sollten. Die Ausführung dieser Entscheidung begann mit Aufführungen von »Rheingold« und »Walküre«. Mahler war als Operndirektor sehr erfolgreich. Die Uraufführung seiner ersten Symphonie kam beim Publikum allerdings weniger an. Johannes Brahms lernte Mahler hier kennen. Die von ihm besuchten Opernaufführungen beeindruckten Brahms so sehr, daß er sich später für die Ernennung Mahlers zum Wiener Hofoperndirektor einsetzte. Als Mahler in Budapest ein künstlerischer Leiter beigeordnet wurde, löste er seinen Vertrag auf und ging 1891 als Erster Kapellmeister ans Hamburger Stadttheater; von 1897 bis 1907 war Mahler Direktor der Wiener Hofoper.

Wir können zwei Stationen mit der ersten U-Bahn des Kontinents bis Vörösmarty tér fahren. Sie wurde 1896 von Ferencz József kiraly mit seinem Gast Kaiser Wilhelm II. von Deutschland eröffnet und ist heute noch sehr effizient. Oder wir spazieren – in Anbetracht des historischen Glanzes der Bauten ist das Wort »flanieren« dem Ambiente entsprechender – auf der Andrássy út weiter, bis wir zum *Liszt Ferencz Emlékmúzeum/Franz Liszt Gedenkmuseum* im Eckhaus zur Vörösmarty utca kommen. War Franz Liszt Österreicher, oder war er Ungar? Für die Ungarn jedenfalls letzteres, auch wenn er der ungarischen Sprache kaum mächtig war, wie wir aus seinen hier ausgestellten Briefen, die alle nur in deutscher oder französischer Sprache verfaßt sind, erkennen können. Geboren 1811 in Raiding/Doborjan (damals Ungarn, heute Burgenland) als Sohn einer Kremserin und eines Verwalters auf einem Esterházyschen Gut, erhielt das Wunderkind in Wien ersten Unterricht von Mozarts Gegenspieler Antonio Salieri. Als Pianist begeisterte er bald in Preßburg, Wien, Pest und Paris. Er begann ein Reiseleben, das ihn von Erfolg, ja von Triumph zu Triumph führte – im Konzertsaal, in den Salons und bei Frauen (letzteres, bis er 1865 in Rom die niederen Weihen der katholischen Kirche empfing). War Liszt in Wien, so wohnte er meist bei seinem Onkel Eduard von Liszt, Generalprokurator am Obersten Gerichtshof, im zweiten Stock des Schottenhofes. Bei seinen jährlichen Aufenthalten in Budapest lebte er von 1881 bis 1886 in dieser nun zu einem Museum umgestalteten Wohnung. Wir finden in ihr neben vielen biographischen Erinnerungsstücken ein Klavier, auf dem Beethoven spielte, Flügel der Wiener Firmen Streicher und Bösendorfer und einen Komponier-Schreibtisch, ein Geschenk Ludwig Bösendorfers an Franz Liszt, mit dessen Klaviatur eben entstandene Kompositionen über drei Oktaven hin leise ausprobiert werden konnten. Und wenn Sie während des Besuches Musik hören: Neben dem Salon der Wohnung ist noch heute ein Konzertsaal, und das Gebäude wieder ein Konservatorium. Die Wohnung ist so rekonstruiert, wie Liszt sie verlassen hat, als er zu seiner letzten Reise aufbrach, bei der er in der Pariser Kirche St. Eustache am 25. März 1886 einer Aufführung seiner »Graner Krönungsmesse« beiwohnte und im St. James Palace in London einer Aufführung seiner Legende von der »Heiligen Elisabeth«. Sie fand in Anwesenheit des Thronfolgers, des Prince of Wales, statt und wurde von den begeisterten Zuhörern umjubelt. Am 31. Juli 1886 starb Franz Liszt in Bayreuth, im Haus Wahnfriedstraße Nr. 9; begraben ist er am Bayreuther Stadtfriedhof, sein Mausoleum wurde 1945 zerstört, sein Grab ziert heute nur mehr eine schlichte Grabplatte.

Wieder steigen wir, erneut nur wenige Stufen, in die Métro und fahren, Richtung Mexikói ut, bis Hösök tere. Wir sind am *Millenniums-Denkmal* mit dem Museum der bildenden Künste (links) und der Kunsthalle (rechts). Sogar die Ungarn geben zu, daß der Platz nach dem Vorbild der um das Maria-Theresien-Denkmal gruppierten beiden Wiener Hofmuseen gedacht war. 1881 begann man mit der Planung, man wollte zum ungarischen Millennium 1896 fertig sein, aber erst 1929 war es soweit, nach 1945 erfolgten weitere Umgestaltungen. Wer als »große Gestalt« der ungarischen Geschichte die Ehre erhielt, am Milleniumsdenkmal verewigt zu werden, das änderte sich je nach herrschendem Regime: Bis 1918 waren es auch die Habsburger Ferdinand I., Karl III. (als Kaiser: Karl VI.), Maria Theresia, Leopold II. und Franz Joseph, dieser in Generalsuniform. Deren Statuen wurden 1919 von der kurzlebigen kommunistischen Räterepublik entfernt, die von Ferencz József sogar zerstört. Aber als Nikolaus Horthy 1921 sein königloses Königreich einrichtete, erhielten auch die Habsburger wieder ihren Denkmalsplatz, Ferencz József wurde neu modelliert, diesmal im Krönungsmantel. Damit war, wenigstens am Denkmal, 1929 die alte Ordnung wiederhergestellt. 1945 hatte Ungarn wieder einen Krieg verloren, und nun wurde das Denkmal nachhaltig umgestaltet: Anstelle der Könige fanden die Revolutionäre Platz: István Bocskai, der anfangs des 17.Jh.s gegen die Habsburger gekämpft hatte, anstelle Ferdinands I., Karl III. wurde durch Gabriel Bethlen ersetzt, Maria Theresia durch Emmerich Thököly, Leopold II. durch Ferencz Rákóczi und Franz Joseph durch Lajos Kossuth, den Anführer der Revolution von 1848, der ins Ausland flüchten konnte, 1852 in Pest in effigie hingerichtet wurde und bis zu seinem

Tod 1894 ein erbitterter Gegner Franz Josephs blieb. Heute nichts mehr Österreichisches am Millenniums-Denkmal? Doch: Unter der Statue von König Karl Robert (aus dem Hause Anjou) soll uns eine Szene aus der Schlacht bei Dürnkrut 1278 daran erinnern, daß es Rudolf von Habsburg nur mit Hilfe des Ungarnkönigs Ladislaus IV. gelang, Ottokar II. von Böhmen zu besiegen und danach die österreichischen Lande zu erwerben und König zu werden. Bis 1945 erklärte eine Inschrift dieses Relief. Da man für ein neues Relief kein Geld hatte, entfernte man 1946 nur die Inschrift; Schlachtenszenen sind ja vielseitig verwendbar.
Im *Szépmüvészeti Múzeum/Museum der bildenden Künste* wollen wir unseren zweitenWeg durch Budapest abschließen: Dieses, mit einer der baulich und inhaltlich schönsten Gemäldegalerien Europas, geht im Kern auf die Sammlung der Fürsten Esterházy zurück, die zunächst in deren Landschlössern aufgestellt war und ab 1814 im Palais Kaunitz-Esterházy in Wien-Mariahilf. (Wo heute das Amerling-Gymnasium ist, stand bis 1970 jenes Palais, das von Canaletto in einem Gemälde, das sich hier in Budapest befindet, festgehalten wurde.) 1866 verkaufte Nikolaus III. Fürst Esterházy seine Sammlung mit 637 Gemälden dem ungarischen Staat – nicht nur aus Patriotismus, sondern auch, um die Finanzen des Fürstenhauses zu sanieren. Berühmtestes Gemälde war und ist die »Esterházy-Madonna«, ein Frühwerk von Raffael, an dem nicht nur die Jungfrau Maria bezaubert, sondern auch das Spiel von Jesus und Johannes. Österreichische Barockmaler sind im Museum reichlich vertreten: Gemälde von Angelika Kauffmann, Johann Kupezky, Martin Johann Schmidt, Franz Anton Maulpertsch, Daniel Gran, Martin Altomonte, Paul Troger füllen den Saal XXI; im Erdgeschoß ist ein halber Saal österreichischen Gemälden des 19. Jh.s gewidmet: Ferdinand Georg Waldmüller (Der bettelnde Knabe, Laterna magica), Friedrich Gauermann (Almhütte im Regen u. a.), Rudolf von Alt (Venedig), Johann Ender (Metternich), Johann Matthias Ranftl (Dienstmädchen), Friedrich von Amerling, Johann Baptist Reiter (Die Juwelenverkäuferin), Friedrich Heinrich Füger (Kaiserin Maria Ludovika), Josef Danhauser, Hans Makart. In einem kleineren Saal im Tiefgeschoß ist unser 20. Jh. mit Aquarellen Egon Schieles und mit Oskar Kokoschkas »Veronika mit dem Schleier« vertreten. Es handelt sich um ein 1909 in Wien gemaltes Gemälde eines Mädchens, das bei Kokoschkas Eltern die Fenster putzte und Veronika hieß. O.K. verstand dieses Gemälde auch als religiöses Bild. Im Tiefgeschoß befindet sich eine Sammlung barocker Pla-

stik: Ein Terrakotta-Relief von Johann Bernhard Fischer von Erlach »Die Pest in Wien« zeigt uns hinter dramatischem Vordergrund eine Stadtansicht des späten 17. Jh.s, Georg Raphael Donner, Johann Christoph Mader, Franz Xaver Messerschmidt (mit seinen einzigartigen Charakterköpfen) sind weitere österreichische Vertreter.

Austriaca sind noch in anderen Museen Budapests zu finden, z. B. im *Közlekedési Múzeum/Verkehrsmuseum* in dem jenseits des Millenniums-Denkmals beginnenden Stadtwäldchen und im *Kiscelli-Museum* in Óbuda, das in einem ehemaligen, von Joseph II. aufgehobenen Kloster untergebracht ist. Benannt ist es als »Klein-Zell« nach Mariazell; es beherbergt nicht nur die Kopie des Gnadenbildes von Mariazell, sondern auch ein Portal, das 1910 aus dem ehemaligen Wiener Kriegsministerium am Hof hierher versetzt wurde.

Von den Ausflügen in die nähere Umgebung ist der nach Gödöllö, auf den im vorigen Kapitel eingegangen wurde, ein »Muß«. Ein zweiter wäre nach *Ráckeve*, 30 km südlich von Budapest auf der Donauinsel Csepel, mit der stündlich von Közvágohíd abfahrenden Vorortebahn oder dem Auto (Straße Nr. 51, Richtung Baja) leicht zu erreichen. In dem Dörfchen an einem stillen Arm der Donau ist eine Kirche serbischen Ritus (Görögkeleti Szerb templom) mit bemerkenswerten Fresken aus dem 15. bis 17. Jh. und – ein Schloß des Prinzen Eugen von Savoyen (Kastélyt Savoyai Jenö Herceg) zu besichtigen. Nach dem Sieg über die Türken bei Zenta ließ sich unser Prinz Eugen hier ein Jagdschloß erbauen, das mit seiner geschwungenen Fassade und der Mittelkuppel schon sehr an das Wiener Belvedere erinnnert. Fast scheint es, als hätte der Architekt beider Schlösser, Johann Lukas von Hildebrandt, in Ráckeve um 1700 geprobt, was er dann um 1720 in Wien größer vollendete. Die Kriege im Dienste dreier Kaiser ließen Prinz Eugen das Schloß jedoch nicht genießen. Es kam dann in habsburgischen Besitz, in den achtziger Jahren unseres Jahrhunderts versuchte man, es als Hotel zu reaktivieren. Nun dämmert es an den Donauauen wieder vor sich hin, seiner Inneneinrichtung und seines einst gerühmten Parkes beraubt, nur das Savoysche Wappen unter dem Giebel vor der Kuppel zeugt noch von seinem Erbauer.

Ein dritter Ausflug, der nach *Martonvásár*, läßt sich ebenfalls leicht mit Bahn oder Auto (Straße Nr. 70 oder Autobahn M 5), 30 km Richtung Székesfehervár/Stuhlweißenburg, machen (mit dem Auto läßt sich der Ausflug nach Ráckeve leicht mit dem nach Martonvásár verbinden, wenn man bei Ercsi die Fähre über den Hauptarm der Donau benützt). In Martonvásár erwartet uns in einem weiten englischen Garten mit künstlichen Gewässern ein im 19. Jh. neugotisch umgebautes Schloß, das an jenes von Grafenegg in Niederösterreich erinnert. Historisch wenig bedeutsam, ist es musikgeschichtlich umso interessanter: Ludwig van Beethoven war hier öfter Gast der gräflichen Familie Brunswick, und hier soll er Teile der Mondschein-Sonate und der »Appassionata« geschrieben haben. Und daß Josephine von Brunswick, die verwitwete und rasch wieder verheiratete Tochter des Hauses die »unsterbliche Geliebte« Beethovens war, vermuten viele Beethovenforscher. Ein kleines Beethoven-Museum ist sonntags geöffnet, und im Sommer werden auch Konzerte veranstaltet.

Für die Fahrt von Wien nach Budapest (260 km) empfehlen sich die Eisenbahn oder der Linienbus, weniger der eigene Pkw. Es gibt ab Wien täglich sieben EC- oder Schnellzugsverbindungen, die die Strecke in 2¾ bis 3¼ Stunden zurücklegen. Abfahrts- bzw. Ankunftsbahnhof sind in Wien unterschiedlich: in Wien der Süd- oder der Westbahnhof, in Budapest der Ostbahnhof (Keleti pu., am Ende der Rákóczi út in Pest). Dazu gibt es im Sommer drei tägliche Linienbus-Verbindungen (ab Wien-Mitte, an Budapest beim Erzsébet tér, im Zentrum von Pest). Die Fahrt mit Zug oder Bus ist bequem, man hat keine Parkplatzsorgen und wird durch die häufigen Staus an den Straßengrenzübergängen nicht aufgehalten. In Budapest ist von Fahrten mit dem Pkw abzuraten, es gibt im Stadtzentrum kaum Parkplätze und nur wenige Garagen. Das Netz öffentlicher Verkehrsmittel ist dicht und deren Intervalle sind kürzer als in Wien. Einzelfahrscheine (je nach Fahrtlänge unterschiedliche Preise) für die öffentlichen Verkehrsmittel sind an Zeitungskiosken oder an den Stationen der drei Métro-Linien erhältlich; empfehlenswert ist eine Ein- oder Dreitagesnetzkarte, die zu unbeschränkten Fahrten im ganzen Stadtgebiet berechtigt (außer der Standseilbahn am Burgberg). Eine Eintageskarte kostet 400 Forint, eine Dreitageskarte 800 Forint (Herbst 1996, bei 1000 Forint = 70 öS). Ab dem Frühjahr 1997 wird eine um ca. 200 öS erhältliche »Budapest-Card«, die drei aufeinanderfolgende Tage gültig ist, unbegrenzte Fahrten mit den öffentlichen Verkehrsmitteln und freien Eintritt in 55 Museen ermöglichen. Geldwechsel ist in Budapest nicht nur bei Banken und Postämtern, sondern auch bei zahlreichen Wechselstuben und Geschäften möglich; die Kurse sind denen in Wien gleich. Kreditkarten werden in den meisten Geschäften und Hotels bereits angenommen.

Hotels gehobener Klassen gibt es in Budapest zwar ausreichend, doch sind sie auch entsprechend teuer (1 Zweibettzimmer mit Frühstück ca. DM 250,– bis 500,–), Hotels der Mittelklasse (1 Zweibettzimmer mit Frühstück ca. DM 80,– bis 200,–) im Stadtzentrum selten und in unterschiedlicher Qualität; auch hier wird die Berechnung in Devisen vorgenommen. Es gibt an den Stadteinfahrten und im Stadtzentrum mehrere Zimmervermittlungen, die auch Privatzimmer und -pensionen vermitteln.

Die offizielle ungarische Touristeninformation ist in der Sütö utca Nr. 2 (beim Deák tér; geöffnet tgl. 8–20 Uhr, von Oktober bis März an Wochenenden nur bis 15 Uhr; Tel. 0036 1/117 9800, Fax /117 9578; Postanschrift: Hungarian Tourist Office, H-1364 Budapest, PO Box 185); in Österreich: 1010 Wien, Parkring 12/III, Tel. 513 91 22. Wer hinsichtlich Fahrt und Unterkunft auf Nummer Sicher gehen möchte, dem sei ein Arrangement Zugsfahrt + Hotel empfohlen, das bei Rail Tours Austria ab ca. S 1800,– (für zwei Nächtigungen) kostet. Verpflegungsmöglichkeiten gibt es zahllose, von einer großen Variation an Fastfood-Lokalen bis zum Luxusrestaurant; als besonderer Tip sei das »Literaten-Cafe-Restaurant« »Hungaria« am Erzsébet körút Nr. 9 empfohlen, in dem Franz Molnar seine Komödien geschrieben haben soll; noch ist das Ambiente dort historisch. Eine Besonderheit Budapests sind die zahlreichen »Steh-Konditoreien«, z. B. Szabad sajto út am Ferenciek tére, wo man sich um den Preis, den bei uns ein Zuckerwürfel kostet, von feinsten Mehlspeisen verführen lassen kann, allerdings nur im Stehen.
Die Museen haben meist dienstags bis sonntags von 10 bis 18 Uhr geöffnet, von Oktober bis März meist nur bis 17 Uhr (außer das Museum der bildenden Künste). Das Liszt-Museum hat von Montag bis Freitag von 10 bis 18 Uhr geöffnet und am Samstag von 10 bis 17 Uhr. Durch das Parlament gibt es täglich, außer an Sitzungstagen, um 11 Uhr eine deutschsprachige und um 10 Uhr eine englischsprachige Führung.
Ein Besuch von Budapest ist das ganze Jahr über möglich; wegen der oft heißen Sommer, in denen der starke Autoverkehr zur Luftverschmutzung beiträgt, werden der Herbst und das Frühjahr empfohlen. Jeder der oben beschriebenen Wege beansprucht einen Tag; da die öffentlichen Verkehrsmittel sehr gut sind, können die vorgeschlagenen Besichtigungen – die im übrigen alle Hauptsehenswürdigkeiten Budapests umfassen – auch nur teilweise durchgeführt werden.

Schloss Eszterháza in Fertöd am Neusiedler See

Wo Joseph Haydn vor Maria Theresia dirigierte

Weniger als 10 km von der österreichischen Grenze entfernt, liegt beim südöstlichen Ende des Neusiedler Sees (ungarisch »Fertö«) die Ortschaft *Fertöd*, deren Schloß Eszterháza als das ungarische Versailles gerühmt wird. Erbaut wurde das Rokokoschloß um 1760 von Fürst Nikolaus (Miklós) I. Esterházy, dem der Beiname »der Prachtliebende« gegeben wurde. Er wurde 1714 in Wien (Palais in der heutigen Wallnerstraße) geboren und entstammte einem Adelsgeschlecht, das seine Wurzeln in dem jetzt slowakischen Galanta hatte. Die Esterházys machten sich an des Kaisers Seite im Kampf gegen die Türken und gegen ungarische Insurgenten verdient und reich und wurden 1687 von Kaiser Leopold I. in den Fürstenstand erhoben (deswegen auch das »L« in der Mitte des Familienwappens). Nikolaus war einer der begeisterten Parteigänger Maria Theresias am Preßburger Reichstag (s. S. 112); er kämpfte für sie 1757 siegreich in der Schlacht von Kolín und wurde dafür mit dem eben geschaffenen Maria-Theresien-Orden ausgezeichnet. 1762 wurde er Majoratsherr (d. h. Alleinerbe der zu einem »Fideikommiß« zusammengefaßten Güter) und war 1765 Krönungsbotschafter für Joseph II. in Frankfurt (wo Johann Wolfgang Goethe in »Dichtung und Wahrheit« seine Prunkentfaltung als über der aller anderen Fürsten pries und den Ausdruck vom »Esterházyschen Feenreich« prägte). 1765 wurde ihm der Orden vom Goldenen Vlies verliehen. 1790 starb der Fürst in Wien; er liegt in der Gruft des Franziskanerklosters in der Eisenstädter Haydngasse begraben.

Sein Name lebt fort in dem von ihm erbauten Schloß Eszterháza. Bis zu Fürst Nikolaus residierten die Esterházys in Galanta, auf Burg Forch-

tenstein und in ihrem Schloß in Kismarton/Eisenstadt. Auf seinen Reisen im Auftrag Maria Theresias hatte Fürst Nikolaus die Höfe Europas kennengelernt, war auch in Versailles gewesen und wollte sich gleiches schaffen. Geld spielte keine Rolle, konnte er doch auf die Einkünfte aus 530000 Hektar zählen! (Damit Sie eine Vorstellung haben: Das Bundesland Burgenland ist ca. 400000 Hektar groß.). Süttor, wie die Herrschaft damals hieß, erhielten die Esterházys 1681 als Nachfolger des wegen einer Verschwörung gegen den Kaiser hingerichteten Franz Nádasdy. Es wurde an die Benediktiner in Mariazell verpachtet und kam 1719 wieder in den Besitz der Esterházys. Das danach vom Wiener Baumeister Anton Erhardt Martinelli erbaute Jagdschloß ersetzte Fürst Nikolaus um 1760 durch das heute noch bestehende Schloß, dessen dreigeschossiges Hauptgebäude einen ovalen Hof abschließt; sein Architekt ist unbekannt. Ergänzt wurde der Hauptbau, bei dem durch ein Jahrzehnt 20000 Arbeiter beschäftigt waren, durch ein Operntheater, ein Marionettentheater und einen nach Trockenlegung von Sümpfen 300 ha großen Garten – für den die Damen, die sich darin verlustieren wollten, einen Fächer mit einem eingezeichneten Plan bekamen, damit sie sich nicht verirrten.
Vom Park ist heute nur mehr der Blick auf das Schloß erhalten, von den Schloßgebäuden haben das Hauptschloß, die Wachgebäude (heute ein Souvenirgeschäft und eine Bar) und das »Musikhaus« überdauert. An ihm (westlich des Schlosses, an der Straße von Sopron/Ödenburg gelegen) ist eine Gedenkplakette angebracht: Joseph Haydn hatte im ersten Stock dieses Hauses von 1766 bis 1790 die Eckwohnung. Geboren 1732 im niederösterreichischen Rohrau, wurde Joseph Haydn zunächst Sängerknabe in St. Stephan, kam mit Gesangslehrern und Komponisten in Kontakt und erhielt 1759 sein erstes Engagement beim Grafen Morzin in Schloß Lukavec (südlich von Plzeň/Pilsen in Böhmen, heute: Dolní Lucavice). Als Morzin wegen wirtschaftlicher Schwierigkeiten sein Orchester entlassen mußte, schloß Fürst Paul Esterházy mit Haydn 1761 einen Vertrag, nach dem er sich als Vizekapellmeister verpflichtete, täglich dem Fürsten zur Verfügung zu stehen, jedes vom Fürsten verlangte Musikstück zu komponieren, sich nüchtern und ehrenwert zu verhalten, eine Livree zu tragen sowie Orchester, Instrumente und Sänger in Ordnung zu halten. Das Jahresgehalt von zunächst 400 Gulden war zwar nicht fürstlich, aber dafür durfte er an der Offizierstafel speisen. Fürst Nikolaus übernahm Haydn. Zunächst war sein Dienstort

Kismarton/Eisenstadt, das damals ja auch noch zu Ungarn gehörte (s. S. 135), aber nach der Fertigstellung von Schloß Eszterháza übersiedelten der Fürst und sein Hof 1766 dorthin. Fortan kam Haydn, der nun Erster Kapellmeister war, nur mehr selten nach Eisenstadt und noch seltener nach Wien; in den folgenden 24 Jahren leitete er nicht nur das fürstliche Orchester und bildete Sänger und Musiker aus, sondern komponierte auch ca. 100 Symphonien, mehr als 30 Opern und Singspiele und Hunderte kleinere Musikstücke, u. a. für das Baryton, ein siebensaitiges Cello, dessen Besonderheit eine zweite Saitenreihe ist und das der Fürst leidlich spielte. Haydn wurde berühmt, doch glücklich war er in Eszterháza nicht: In der tiefen Provinz festgehalten, von seiner Frau unverstanden (die aber die Geliebte des fürstlichen Malers Ludwig Guttenbrunn gewesen sein soll, dem wir einige Porträts Haydns verdanken), wandte er seine Gefühle der Sängerin Luigia Polzelli zu, die zwar mit einem Geiger verheiratet war und keine herausragende Stimme hatte, aber nun im fürstlichen Opernensemble Karriere machte. Die Musikliebe des Fürsten machte Haydn zu schaffen: Ab 1776 gab es in der Oper und im Operettentheater von Eszterháza fast täglich Musikaufführungen; 14 Jahre hindurch mußte Haydn jeden dritten Tag dirigieren und »nebenbei« rastlos komponieren. Nur wenn Fürst Nikolaus auf Reisen war, durfte Haydn Eszterháza verlassen und – den Fürsten begleiten, der sich aber sogar in Wien nicht wohl fühlte und frühzeitig wieder nach Eszterháza zurückkehrte, das er bald auch im Winter bewohnte und gegenüber dem 35 km entfernten Eisenstadt bevorzugte.
Eine Besichtigung des Schlosses von Eszterháza läßt uns trotz der kaum mehr vorhandenen Einrichtung erahnen, wie gut man auf dem Land leben konnte, wenn man Geld und Hundertschaften von Dienern sowie ein eigenes Husarenregiment hatte, das man dem Kaiser zur Verfügung stellen konnte, wenn dieser Krieg führte. Allein in der fürstlichen Zuckerbäckerei waren sieben Personen angestellt sowie eigene »Zuckerbäckermaler«, die für die Bemalung des Konfekts zuständig waren. Fürst Nikolaus lud sich gerne Gäste ein, man jagte, dinierte, visitierte (etwa die Galerie, zu der Gemälde von Rembrandt und Raffael gehörten – sie befinden sich heute in der Budapester Gemäldegalerie, s. S.173), musizierte. Heute sehen wir nur mehr eine umfangreiche Dokumentation von Haydns Leben, einige Wohnräume und den Prunksaal mit dem Fresko »Apollo auf dem Sonnenwagen« von Joseph Ignaz Milldorfer (der in Wien das Deckenfresko der Maria-Theresien-Gruft in

Zwischen Versailles und Schönbrunn: Die Fürsten Esterházy konnten es sich leisten, an den Bauten von Kaisern und Königen Vorbild für Schloß Eszterháza zu nehmen.

der Kapuzinergruft ausmalte). In diesem Prunksaal werden im Sommer heute noch fallweise Konzerte veranstaltet, damals spielten hier – wenn der Fürst in Gesellschaft war – oder im Musiksalon nebenan, wenn sich der Fürst nur en famille zu entspannen suchte, täglich Haydn und seine ca. 20 Musiker, und für die waren die Sommer lang, denn nur Haydn war es erlaubt, seine Frau bei sich zu haben. Und nun erwartet der Leser die Anekdote von der Abschiedssymphonie (Symphonie Nr. 45, in fis-Moll), deren letzter Satz von nur zwei Geigern in kläglichem Ton con sordino zu Ende geführt wird. Ein Biograph berichtet:

> »1772 wurde die berühmte Abschiedssymphonie komponiert. Die Anekdote, die sich daran knüpft, ist oft ungenau erzählt worden. Dieses sind die Tatsachen: Wir wissen, daß die Unterkunftsräume für die Musiker und Sänger der fürstlichen Kapelle in Eszterháza zu beschränkt waren, um die ganzen Familien, Frauen und Kinder dort unterzubringen. So ergab sich für die Verheirateten außer dem Schmerz der Trennung noch die Notwendigkeit, einen doppelten Hausstand zu bestreiten. Die häufigen und legitimen Besuche der Ehefrauen mit ihren zahlreichen Kindern ärgerten den Fürsten. Er gab im Januar 1772 bekannt, daß er künftig keine Ehefrauen und Kinder der Musiker in Eszterháza anzutreffen wünschte; er erlaubte nicht einmal Besuche für vierundzwanzig Stunden. Diejenigen, denen dieser Beschluß nicht passe, könnten um ihre Entlassung bitten. … Der Fürst gestattete Familienfreuden nur in der Zeit, wenn er nicht in Eszterháza residierte und das Orchester folglich Urlaub hatte. Es wurde Herbst; aber der Fürst dachte nicht daran, abzureisen. Ohne Worte machte sich die wachsende Aufsässigkeit beim Musizieren fühlbar. Bei Haydn liefen alle Beschwerden zusammen! Er half sich mit dem berühmten, kecken Einfall, symbolisch darzustellen, welche Serie von Entlassungen infolge dieser unhaltbaren Lage zu befürchten war. Er komponierte eine Symphonie, in deren letztem Satz die Musiker nacheinander ihre Pulte verlassen mußten, bis nur noch zwei übrigblieben. Am Abend der ersten Aufführung wurde der traurige Eindruck noch dadurch verstärkt, daß die Spieler beim Verlassen des Pults ihre Kerze auslöschen mußten. Haydn riskierte mit diesem Streich seine Stellung; aber glücklicherweise war der Fürst guter Laune und verstand den Scherz. Nach dem Konzert näherte er sich ihm und sagte: ›Ich habe verstanden: Ihre Musikanten wollen nach Hause. Morgen packen wir unsere Koffer.‹« (1)

Einige Zimmer weiter sehen wir ein Gemälde, das Maria Theresia als ungarische Königin darstellt. Ihr Besuch in Eszterháza anfangs September 1773 war der Höhepunkt des »Esterházyschen Feenreichs«: Maria Theresia kam mit ihrem jüngsten Sohn, Erzherzog Maximilian Franz, und dreien ihrer Töchter, den Erzherzoginnen Maria Anna, Maria Elisabeth und Maria Christine, nach Eszterháza.

Gerne fuhr Maria Theresia nicht, vor ihrer Abreise aus Wien schrieb sie an Marie Antoinette: »... ich gehe nach Esterházy zum Fürsten dieses Namens. Ich gestehe, daß mir diese Vergnügungsreise sehr schwer fällt, weil sie nichts mehr für mich ist.«
Es war dies eine der wenigen Einladungen, die die Kaiserinwitwe nach dem Tod ihres Gatten Franz Stephan, 1765, annahm, und Fürst Esterházy hatte sie mehrmals bitten müssen. Er bot alles auf, um seine Königin zu beeindrucken: Nach dem festlichen Déjeuner und der Besichtigung des Parks wohnte die ungarische Königin mit ihren Kindern und 400 anderen Gästen einer Aufführung der Oper »L'infedeltá delusa« bei, die von Haydn für diesen Anlaß komponiert und auch selbst dirigiert wurde; das Opernhaus war im Stile Ludwigs XV. à la rocaille mit unzähligen Muscheln dekoriert, womit das Parterre einer Grotte ähnelte. Anschließend besichtigte man das Chinesische Lusthaus. In dessen vierzig Meter langem, von sechshundert Kerzen erleuchtetem Saal, deren Schein von allen an den Wänden befindlichen Spiegeln widerstrahlte, fand ein weiteres Konzert statt. Haydn dirigierte hier wahrscheinlich seine Symphonie Nr. 48, die den Beinamen »Maria Theresia« trägt. Der Mode der Zeit entsprechend, waren die Musiker in chinesische Festgewänder gekleidet. Auch am nächsten Abend dirigierte Haydn im Marionettentheater sein Singspiel »Philemon und Baucis«. Maria Theresia war begeistert, es wird ihr der Ausspruch zugeschrieben: »Wenn ich eine gute Oper hören will, muß ich nach Esterház kommen.« Dieser Abend wurde mit einem Feuerwerk fortgesetzt, bei dem die Illumination des Himmels mit dem ungarischen Wappen und einem »VMT« (für »Vivat Maria Theresia«) der Höhepunkt war; die Nacht klang aus mit Folklore-Darbietungen im durch bunte Lampions beleuchteten Park. Der Fürst, der ja auch Feldmarschall war, hatte das Fest generalstabsmäßig geplant, und daß es genau nach Plan ablief, soll ihn mehr gefreut haben als eine gewonnene Schlacht. Noch eine Anekdote wird vom Besuch Maria Theresias erzählt: Die Monarchin fragte nach dem Besuch des Chinesischen Lusthauses den Fürsten, was denn das Lusthaus gekostet habe. Der Fürst antwortete mit einer wegwerfenden Handbewegung: »Majestät, nur eine Bagatelle.« Davon leitete sich der spätere Name »Bagatelle« für diesen Schloßteil ab.
1790 starb Fürst Nikolaus. Sein Sohn, Fürst Anton, erbte zwar das Majorat, doch auch 3,8 Millionen Gulden Schulden. Das fürstliche Orchester wurde aufgelöst, Eszterháza verlassen. Haydn, der testamentarisch

von Fürst Nikolaus jährlich 1000 Gulden zugesprochen erhalten hatte, war, mit 58 Jahren, frei. Er blieb zwar formell noch weitere 15 Jahre im Dienst der Esterházys, doch hatte er daraus kaum mehr Verpflichtungen. Haydn reiste zweimal nach England, wo er Gast am Londoner Hof war, umjubelte Konzerte gab und Doktor der Musik der Universität Oxford wurde. In England war er vom »God save the King« so beeindruckt, daß er danach das »Kaiserquartett« schrieb und Kaiser Franz II. widmete – es wurde bald zur »Kaiserhymne«, und die Melodie ist heute die der deutschen Hymne. 1809 starb Joseph Haydn in Wien; auch die Generäle der französischen Besatzungsmacht gaben ihm die letzte Ehre.
Die weitere Geschichte von Eszterháza ist schnell erzählt: Im 19. Jh. wird das Schloß baufällig, das Opernhaus, die Bagatelle und das Marionettentheater sind dem Verfall preisgegeben. Dem vorletzten Fürsten, Nikolaus IV., gelingt es um 1900, die Finanzen des Hauses wieder in Ordnung zu bringen, und er restauriert das Hauptgebäude von Eszterháza. Nach seinem Tod, 1920, nimmt auch der letzte Fürst, Paul V., Residenz in Eszterháza. Durch die Übergabe von großen Teilen Westungarns als »Burgenland« an Österreich kommen von den jetzt 187000 Hektar Besitz 60000 zu Österreich. Paul V. bleibt Ungar, verliert 1946 sein gesamtes ungarisches Vermögen und wird 1948 nach einem Schauprozeß zu 15 Jahren Haft verurteilt. Während der Revolution im Herbst 1956 befreit, lebt er bis zu seinem Tode 1989 in der Schweiz. Seiner Witwe gehören heute noch ca. 50000 Hektar in Österreich, darunter das Schloß in Eisenstadt.
Im März 1945 war Schloß Eszterháza Sitz des Kommandos der Heeresgruppe Süd der Deutschen Wehrmacht, die Österreich verteidigen sollte. Nach Kriegsende retten ehemalige Angestellte des Fürsten das Schloß vor der Zerstörung; nach 1957 wird es restauriert. Vom Opernhaus (einst im Garten in Richtung »Musikhaus« gelegen) und der Bagatelle findet sich kein Stein mehr.
Österreichische Gegenwart finden wir im südlichen Nachbarort von Fertöd, Petöháza: Die Eisenbahnlinie ist seit den zwanziger Jahren österreichisch-ungarisches Kondominium (»GySEV«), und die Zuckerfabrik neben der Bahn ist eine von sieben ungarischen Zuckerfabriken, die im Mehrheitseigentum der Agrana AG stehen, die wiederum zum österreichischen Raiffeisenkonzern gehört.
Mit dem Besuch von Eszterháza könnte ein Besuch im Thermalhallenbad von Balf (15 km westlich, Richtung Sopron/Ödenburg) oder des

Schlosses von *Nagycenk* mit Schloßhotel, -restaurant und -museum verbunden werden. Uns interessiert natürlich letzteres: Es erzählt die Lebensgeschichte von István (Stephan) Graf Széchenyi, dem dieses Schloß gehörte. Geboren wurde er 1792 in Wien, gestorben ist er 1860 daselbst, aber dazwischen war er »der größte Ungar« – so behaupten es die ungarischen Schulbücher. In der Völkerschlacht von Leipzig 1813 war er Ordonnanzoffizier des Fürsten Schwarzenberg und für die schlachtenentscheidende Verbindung zu Marschall Blücher verantwortlich. Danach machte er Bildungsreisen nach England und suchte die dabei gewonnenen Eindrücke technischen Fortschritts in Ungarn zu verwirklichen: Er war der Bauherr der ersten Budapester Donaubrücke, der Kettenbrücke, regulierte die Donau und die Theiß und führte in Budapest die Gasbeleuchtung ein. 1848 stand er auf der Seite der Revolutionäre – die Niederschlagung des Aufstandes führte zum Ausbruch einer Geisteskrankheit. Er blieb für den Rest seines Lebens in einer Anstalt in Wien-Döbling (heute: Obersteinergasse – ob er geheilt wurde und trotzdem freiwillig blieb, ist unklar; 1860 beging er Selbstmord, als ihn die österreichische Polizei beschuldigte, Autor eines den Kaiser kritisierenden Buches zu sein. Begraben ist Széchenyi in einem Mausoleum in der Nähe des Schlosses von Nagycenk.

Auch *Sopron/Ödenburg* lohnt einen Spaziergang, nicht nur zum Besuch einer Konditorei oder zum Einkaufen: Die Stadt war königlich ungarische Freistadt (wie Rust und Eisenstadt) und Hauptstadt eines Komitates, dessen Obergespan (etwa: Landeshauptmann) meist ein Fürst Esterházy war. An dessen Stadtresidenz in der Templom utca 2 (heute das Bergbaumuseum) sehen wir über dem fürstlichen Wappen eine Kopie der Mariazeller Gnadenstatue. Im Haus daneben (Templom utca 4) wurde am Abend des 14. Dezember 1921 über die Staatszugehörigkeit von Ödenburg entschieden: Hier wurden die Stimmen nach dem Referendum ausgezählt, dem Österreich in den »Venediger Protokollen« vom 13. Oktober 1921 für das Gebiet von Ödenburg bei der Abtretung Westungarns an Österreich zustimmen mußte. Es drohte damals auch die Alternative eines »slawischen Brückenkopfes«: Um Österreich von Ungarn zu trennen, erwog man zwischen Preßburg und Varaždin einen Korridor einzurichten, der zwischen Neusiedler See und Plattensee eine Verbindung der beiden slawischen Staaten Tschechoslowakei und Jugoslawien geschaffen hätte. Obwohl damals im Ödenburger Abstimmungsgebiet 27300 Deutsche, 17400 Magyaren und 2600 Kroaten wohnten, ergab die Volksabstimmung für Österreich nur 8227 Stimmen und für Ungarn 15334. Die Aufsicht über die Volksabstimmung führten Italiener; sie tolerierten die fiktive Belebung Verstorbener und die Fälschung von Stimmen; vielleicht waren die Österreicher bei der Vorbereitung der Volksabstimmung zu naiv gewesen ... Trotz der Bestimmungen des Friedensvertrags von Trianon (4. Juni 1920) mußte Ödenburg am 1. Jänner 1921 Ungarn zurückgegeben werden. Wenn man heute in Sopron »civitas fidelissima« liest (z. B. am »Treuetor« des Stadtturms), ist diese Volksabstimmung gemeint, vorher war die Stadt den Habsburgern treu: den Stadtturm krönt ein Doppeladler, in der Benediktinerkirche an der Südseite des Hauptplatzes (Fö tér) wurde Ferdinand III. 1625 zum König von Ungarn gekrönt, im Kossow-Haus am Fö tér Nr. 4 wurden mehrere Kaiser gastlich aufgenommen (u. a. Leopold I.). Die Westungarn orientierten sich auch kirchlich, soweit sie Katholiken waren, immer nach Österreich: In der »Wiener Vorstadt« von Ödenburg (nordwestlich der Altstadt) gibt es an der Kreuzung Bécsi út (Wiener Straße)/Bástya út seit dem Mittelalter das »Mariazeller Kreuz«: Hier versammelten sich die ungarischen Pilger vor ihrer Wallfahrt ins steirische Mariazell. Ödenburg war natürlich auch Garnison der k.u.k. Armee, und besonders für Erzherzöge gern gewählter Standort am Beginn ihrer militärischen Karriere: Nicht weit von Wien, aber doch in Ungarn. Auch das »Tornisterkind« Franz Lehár (s. S. 132) lebte während des unsteten Lebens seines Offiziersvaters (22 Garnisonwechsel!) einige Jahre in Ödenburg (in der heutigen Lehár Ferencz utca Nr. 5).

Für die Autofahrt von Wien nach Fertöd gibt es zwei Möglichkeiten: Auf der Ostautobahn bis zur Ausfahrt Gols/Weiden und dann durch den Seewinkel zum Grenzübergang Pamhagen/Pomogy, dann noch 8 km (90 km von Wien); oder über die Südautobahn und dann über die A 3, vorbei an Eisenstadt, vom Grenzübergang Klingenbach sind es durch Sopron/Ödenburg – Balf noch 30 km (von Wien 95 km). Da es am Grenzübergang Klingenbach morgens öfter Staus gibt, sollte man »antizyklisch« fahren: Hinfahrt über Pamhagen, Rückfahrt über Sopron. Will man nur nach Eszterháza, reicht ab Wien ein halber Tag; wer auch Nagycenk und Sopron besuchen will, braucht einen Tag. Wer mehrere Tage bleiben will, findet Hotels in Fertöd (sogar im Schloß oder im Gasthaus-Restaurant »Joseph Haydn« in einem Nebengebäude), in Nagycenk (Schloßhotel) und in Sopron.
Die Route kann auch mit der Eisenbahn gemacht werden: Fertöd liegt an einer von Neusiedl über Pamhagen nach Nagycenk – Sopron führenden Bahnlinie; Sopron ist von Wien über Ebenfurth bzw. Wiener Neustadt leicht erreichbar. Die Bahnstrecken gehören übrigens der »Raab-Ödenburg-Ebenfurther Eisenbahn« (GySEV), einem

seit 1920 österreich-ungarischen Kondominium, das zu 30% der Republik Österreich gehört. Schließlich kann die Route in den Sommermonaten auch per Fahrrad gemacht werden: Als Rundtour ab Mörbisch – mit dem Schiff nach Illmitz – entlang der Grenze nach Pamhagen – Fertöd – Hidegség – Balf – Fertörakos – Mörbisch; da es kaum Steigungen gibt, sind die 60 km inkl. Besichtigung und Mittagessen an einem Tag zu bewältigen; man fährt auf asphaltierten, schwach befahrenen Straßen. Besucht man auch Sopron und Nagycenk (wo es im Sommer auch eine Museumseisenbahn gibt), muß man zwei Tage kalkulieren.
Schloß Eszterháza ist vom 15. April bis 15. Oktober von 10 bis 17 Uhr geöffnet, vom 16. Oktober bis 14. April von 10 bis 16 Uhr, jeweils dienstags bis sonntags.

LAIBACH

Ein Graz an der Ljubljanica

Vielleicht ergeht es Ihnen bei einem Besuch von Ljubljana/Laibach wie mir: Für mich gleicht Laibach Graz: Mitten durch die Stadt rauscht ein Fluß; über der Stadt eine Burg, in der Stadt eine Mischung barocker Häuser und Kirchen in schmalen Gassen, die sich manchmal zu eindrucksvollen Plätzen weiten, im Mittelbereich geplante Straßen, von ärarischen Bauten im franzisko-josephinischen Einheitsstil bestimmt. Den Baustilen der Gegenwart ist es kaum gelungen, ins Zentrum vorzudringen, erst am Stadtrand stehen Hochhäuser, wurden gesichtslose Wohnsiedlungen und Industrieanlagen errichtet, knapp bevor die Stadt in ein teils agrarisches, teils gebirgiges Umland übergeht. Und auch das Treiben in den Straßen der Stadt gleicht dem an der Mur: geschäftig, aber doch nicht zuviel, südlich, aber nicht zu sehr. Die Menschen erkennen einander, grüßen, plaudern. Auch Laibachs Altstadt ist gepflegt, und auch Laibach ist Hauptstadt: Die Hauptstadt des 1335 gemeinsam mit Kärnten nach dem Tod des Grafen Meinhard von Görz durch Belehnung an die Habsburger gekommenen Herzogtums Krain wurde 1919 dem Südslawischen Königreich zugeschlagen, 1941 von Italien besetzt und bis 1945 mit einem 30 km langen Stacheldrahtverhau vom Umland abgetrennt; dann war es wieder Teil des formal föderalistischen Jugoslawiens. Im Dezember 1990 sprachen sich 88% der gut 2 Millionen Slowenen in einer Volksabstimmung für die Trennung von Jugoslawien aus, am 25. Juni 1991 erklärte man die Unabhängigkeit. Die Panzer der jugoslawischen Armee rollten aus den Kasernen, doch gelang es der slowenischen Territorialverteidigung, sie mit Partisanentaktik so zu blockieren, daß Belgrad nach zehn Tagen Krieg am 7. Juli einen Waffenstillstand schloß, um sich auf den Kampf in Kroatien, das sich am selben Tag für unabhängig erklärt hatte, konzentrieren zu können. Der Krieg forderte Tote und kostete Verluste (auch ein Österreicher war unter den Toten: Der Reporter Nick Vogel starb am Laibacher Flughafen Brnik); Flugzeugen der slowenischen Fluggesellschaft »Adria Airways« erlaubten wir, den Flughafen Klagenfurt anzufliegen, womit sie vor der Zerstörung gerettet wurden. Auch das österreichische Bundesheer wurde in Einsatzbereitschaft versetzt, auch an unserer Südostgrenze fielen Schüsse. Hier war der Kampf bald vorüber – doch 150 Kilometer südlich von uns herrschen noch immer kriegsähnliche Zustände. Österreich hatte einen neuen Nachbarn; nach Deutschland und dem Vatikan anerkannte Österreich am 15. Jänner 1992 die Republik Slowenien. Zu dem nur 20000 km^2 großen Slowenien (etwa so groß wie Niederösterreich und Wien) gehören auch die bis 1919 steirischen Regionen von Maribor/Marburg, Celje/Cilli und Slovenj Gradec/Windisch Graz (wo am Oberen Stadtplatz am Haus, in dem der Komponist Hugo Wolf 1860 geboren wurde, eine Gedenktafel angebracht ist) und das bis dahin kärntnerische Mießtal bis Dravograd/Unter Drauburg sowie Teile des damaligen Kronlandes »Küstenland«. Slowenien steht an der Spitze der Reformstaaten, das Durchschnittseinkommen ist mit etwa S 10000,–/Monat je Beschäftigten dreimal so hoch wie in Ungarn oder der Slowakei, Arbeitslosigkeit und Inflationsrate sind niedrig, Anträge auf Aufnahme in die Europäische Union und in die Nato gestellt.

Da die Hauptstadt des Kronlandes Krain nie Residenzstadt war, sind die Spuren, die Österreich in Laibach hinterlassen hat, nicht die der Weltgeschichte, der ganz berühmten Künstler oder Adelsfamilien. Aber das Herzogtum Krain war ein den Habsburgern stets treu ergebenes Gebiet, auf dem keine großen Schlachten geschlagen oder Frieden geschlossen wurden. Napoleon weckte es 1809 aus dem Dornröschenschlaf, und Laibach wurde für vier Jahre Hauptstadt der Illyrischen Provinzen (daran erinnert ein mit einem vergoldeten Halbmond mit drei Sternen gekrönter Obelisk am Trg francoske revolucije; eines der seltenen Napoleon-Denkmäler außerhalb Frankreichs!).

Laibach hat zwar heute ca. 340000 Einwohner, aber das Stadtzentrum ist überschaubar und leicht zu Fuß zu besichtigen. Wir beginnen unseren Weg durch die Stadt an dessen unstrittigem Mittelpunkt, dem *Prešernov trg*, und könnten ihn mit einem Blick von der Laibacher Burg (Grad) beenden. Am Prešernov-Platz fällt sofort »das« Wahrzeichen Laibachs ins Auge, die drei Brücken (»Tromostovje«) über die Ljubljanica. Die mittlere trägt seit 1842 die Widmung der Stadt Laibach an Erzherzog Franz Karl (den Vater Kaiser Franz Josephs, der damals Thronfolger war), das heutige Ensemble wurde 1929–1931 von Jože Plečnik gestaltet. Dieser Architekt ist der wahrscheinlich bekannteste slowenische Kunstschaffende: Geboren 1872 in Laibach, ging Plečnik wie fast alle Slowenen zum Studium nach Graz und Wien, wo er 1895 bis 1900 Schüler von Otto Wagner und Mitarbeiter in dessen Atelier war. Er arbeitete an den Stationen der Gürtellinie der Wiener Stadtbahn und am Karl-Borromäus-Brunnen in Wien-Landstraße mit, löste sich aber bald vom Stil seines Lehrers und entwickelte eine eigenständige Architektur, von der wir in Wien einige bemerkenswerte Bauten haben: das sogenannte »Zacherl-Haus« mit seiner Granit-Fassade am Bauernmarkt 7, die Heiliggeist-Kirche in der Herbststraße in Ottakring und Wohnhäuser in Hietzing (Hietzinger Hauptstraße 6, Beckgasse 30). Jedem Autofahrer, der auf der Westeinfahrt in Wien in einen Stau gerät, fällt im 5. Bezirk das Dreieckshaus Rechte Wienzeile 68/Steggasse 1/Hamburger Straße 16 mit seinem Fassadenschmuck auf. In Melk wurde die sogenannte Loos-Villa von Plečnik geplant. Der Thronfolger Erzherzog Franz Ferdinand lehnte Plečniks Stil ab und verhinderte, daß er Nachfolger Wagners an der Akademie der bildenden Künste wurde. Plečnik ging nach Prag und war nach 1920 »Hofarchitekt« des ersten tschechoslowakischen Staatspräsidenten Masaryk (s. S. 60). Zurückgekehrt nach Laibach, machte sich Plečnik die Neugestaltung seiner Heimatstadt zum besonderen Anliegen, doch konnte er davon nur wenig verwirklichen: Neben dem erwähnten Brückenensemble plante er die Marktkolonnaden, die Universitätsbibliothek, die wir auf unserem Rundgang sehen werden, sowie den Städtischen Friedhof und einige Kirchen (in der Črna vas 48 in Barje im Süden von Laibach die Michaelskirche, die ebenso wie die nahe der österreichischen Grenze, 22 km östlich von Bad Radkersburg, gelegene Kirche von Bogojina Elemente der klassischen Architektur mit solchen des bodenständigen Kunsthandwerks vereint). Das letzte Werk Plečniks, der 1952 Ehrendoktor der Wiener Technischen Universität wurde und 1957 in Laibach starb, war ein Pavillon für Präsident Tito auf Brioni.

Das Denkmal am Prešernov trg erinnert an France Prešeren (1800–1848): Er wurde nach dem Studium der Rechte in Wien slowenischer Nationaldichter. Über das zu seiner Zeit zweisprachige Laibach schrieb er etwa:

»Deutsch sprechen in der Regel hierzulande
Die Herrinnen und Herren, die befehlen,
Slowenisch die, so von dem Dienerstande.« (1)

Die Filiale einer österreichischen Bank und die Lichtreklame einer japanischen Uhrenfirma sind nicht zu übersehen, aber unser Blick sollte an dem Jugendstil-Haus mit der Merkur-Figur am Dach haften bleiben. Als Kaufhaus wurde es 1903 vom Grazer Architekten Friedrich Siegmundt gebaut – er war auch der Architekt des bekanntesten Grazer Kaufhausgebäudes in der Sackgasse. Wir gehen durch die *Miklošičeva cesta*, gestaltet im Jugendstil vor dem Ersten Weltkrieg als neuer Weg zum Hauptbahnhof (dessen Renovierung – zurück zur Gestalt des Gebäudes von 1895 – eben abgeschlossen wurde, aber nichts daran ändern wird, daß auch in Slowenien der Zug der Zeit Fahren mit Bus oder Pkw bedeutet). Am Hotel Union, gleich links in der Miklošičeva, erinnert nichts mehr daran, daß hier 1915/16 auf Kartentischen über das Leben und Sterben Hunderttausender österreich-ungarischer Soldaten entschieden wurde: Hier befand sich das Kommando der Isonzofront, wo in 12 Schlachten gegen Italien gekämpft und gestorben wurde (s. S. 206 ff.); Armeekommandant war der spätere Feldmarschall Svetozar Boroević von Bojna, der 1920 im Klagenfurter Krankenhaus verarmt starb und in einem Ehrengrab am Wiener Zentralfriedhof bestattet ist. Das auffallendste Haus der Miklošičeva ist jenes mit Nr. 8, 1926 in einem farbenfrohen nationalen Stil für eine Bank gestaltet. Wir gehen bis zur Tarvčajeva, wo ein vom Wiener Architekten A. von Spindler erbautes Gerichtsgebäude ebensolchen in vielen anderen Städten der Monarchie gleicht. Am Denkmal in des Platzes Mitte huldigen nun eine schleierbewehrte Dame und ein Arbeiter Franz Miklošić (1813–1891), der 1849 erster Professor der Slawistik an der Wiener Universität wurde und 1854 deren Rektor war. Es ist ein »Recycling-Denkmal«: Bis 1919 wurde von denselben Gestalten Franz Joseph gehuldigt!
Wir sind hier in jenem Viertel, das 1895 von einem Erdbeben besonders schwer in Mitleidenschaft gezogen wurde.

»Eingestürzte Stiegen, Zimmerdecken, gewaltige Sprünge in den Wänden, schiefgerückte Mauern, Trümmer und Schutt überall. Die Geschäfte geschlossen, die Gasthäuser menschenleer. Kommissionsbeamte, die den Schaden prüften, Feuerwehrmänner, Arbeiter, die Stützbalken einsetzten, belebten einzig die Räume. Die Fenster der verlassenen Häuser waren halb offen, man sah hinein, man sah an den

Wänden die Kästen, die Bilder, scheinbar in bester Ordnung und daneben die geborstene Mauer. Mehrere Paläste, darunter die Burg, Ruinen, die nur noch auf das Wegräumen zu warten schienen. Die Gärten waren überfüllt mit Zelten, Nothütten wurden aufgeschlagen. Unter Bäumen standen Altäre, an welchen Gottesdienste gehalten wurden, denn die Kirchen waren verschlossen. Unmittelbar nach den Erdstößen trugen Priester die Hostie umher und erteilten dem Volk Generalabsolution, denn man glaubte, der Jüngste Tag sei gekommen. Gerüchte hatten sich erhoben: das in Laibach sei noch nichts. Innsbruck sei zerstört, Troppau brenne, Triest liege im Schutt, Venedig wäre im Sinken … Man glaubt es nicht, wie rasch sich die Menschen den Verhältnissen anzubequemen wissen, wenn es sein muß. Frauen, die nur mit modernster Toilette auf die Gasse zu gehen pflegten, saßen hier in dürftigem Nachtgewande. Männer, die man sonst kaum ohne Frack und Glacéhandschuhen zu sehen bekam, liefen barfuß umher. Mancher hatte nichts als eine Bettdecke um den Leib geschlagen. Einen Herrn sah ich in bloßer Gattie und auf dem Kopf einen Zylinder. So viel Trauriges und Trolliges durcheinander!« (2)

Der Name des Reporters: Peter Rosegger.

Links durch die Tavčarjeva kommen wir bald zur heutigen Hauptgeschäftsstraße Laibachs, der Slovenska cesta (einst: Wiener Straße). Wenn wir hier nach rechts gingen, bis zur Bahnunterführung der Dunajska cesta, und dann gleich links, so kämen wir in der Kurilniška 3 und in der Parmova 35 zu einem neu eröffneten *Železniški muzej/Eisenbahnmuseum,* in dem mit in österreichischen Fabriken erzeugten Lokomotiven, mit k.k. Uniformen u. v. a. die Erinnerung an die alte Südbahn bewahrt wird.
Unser Hauptweg führt uns nach der Überquerung der Slovenska in der Gosposvetska cesta bis zur Župančičeva ulica, in die wir nach links abbiegen. Das gegliederte, baufällige Gebäude an der Ecke, Kolizej/Kolosseum genannt, wurde 1847 als Wohnblock für Armeeangehörige vom Grazer Architekten Josef Benedikt Withalm gebaut. Vor der Oper biegen wir nach rechts und kommen in der Cancarjeva 20 zur *Narodna galerija/Nationalgalerie.* Diese könnten wir kurz besuchen, birgt sie doch einige Gemälde vom Kremser Schmidt und Friedrich Gauermann.
Einem Höhepunkt unseres Spazierganges nähern wir uns, wenn wir die Umfahrungsstraße und die Bahn (ein Teil der alten Südbahnstrecke Wien – Semmering – Graz – Marburg – Steinbrück/Zidani Most – Laibach – Postojna/Adelsberg – Triest, die Laibach 1849 erreichte) unterqueren und durch die übrigens auch von Plečnik umgestaltete, mit kleinen Säulen geschmückte Allee zum *Tivoli-Schlößchen* gehen. Im 18. Jh. erbaut, wurde es um 1850 von Franz Joseph Feldmarschall Radetzky als

Schloß Tivoli im Norden Laibachs gehörte Feldmarschall Radetzky; die Allee davor gestaltete Jože Plečnik, ein Schüler Otto Wagners.

Sommerfrische zur Verfügung gestellt, der es in seiner heutigen Form gestalten ließ. Der Feldmarschall, der 72 Jahre unter fünf Kaisern diente, konnte hier zwischen seinen zahlreichen Schlachten ein wenig Ruhe finden. Radetzky hatte auch wirtschaftliche Interessen in der Krain, er gründete eine Sensenfabrik, die allerdings bald wieder in Konkurs ging. Im Schlößchen selbst sind heute eine Graphikschule und eine Graphikgalerie untergebracht. Vor dem Schlößchen wachen vier Hunde. Wenn Sie diese furchtlos aus der Nähe betrachten, wird Ihnen auffallen, daß sie zwischen den bleckenden Zähnen keine Zunge haben. Ihrem Schöpfer, dem Bildhauer Anton D. Fernkorn, fiel dies zu spät auf. Fernkorn, der in Wien u. a. die beiden Reiterdenkmäler auf dem Heldenplatz geschaffen hatte, soll aus Scham über diesen Fehler geisteskrank geworden sein und sich erschossen haben.

Wir gehen durch die Allee, die einen ersten schönen Blick auf den Burgberg bietet, wieder zurück und schwenken nach der Bahnunterführung nach rechts, wo wir gleich beim *Nationalmuseum* (Muzejska 1) sind. Sehenswert ist für uns die Eingangshalle: Gedenktafeln erinnern in deutsch und slowenisch daran, daß Franc Josip I., cesar avstrijski, 1883 persönlich den Grundstein zu legen geruhte. Der Bau, 1881 beschlossen, sollte der bleibenden Erinnerung an die Hochzeit des Kronprinzen Rudolf mit Prinzessin Stephanie dienen und wurde daher zunächst »Rudolfinum« genannt. Bezahlt hat den Bau die Krainische Sparkasse, die 1820 als »zweite österreichische Sparkasse« nur ein Jahr nach der »Ersten« und nach deren Vorbild gegründet worden war. Er beherbergt noch heute, wie ähnliche Museen in anderen Kronländern (z. B. das Mährische Landesmuseum in Brünn) naturgeschichtliche Sammlungen (Flora, Fauna, Mineralogie). Sie stammen aus der Vor-Fernseh- und Prä-Automobilzeit, als ein solches Museum mangels Mobilität und Kommunikation vielfach der einzige Weg war, um Naturformen kennenzulernen.

Wer ein weiteres ärarisches Gebäude aus der Monarchie sehen möchte, folgt der Prešernova cesta noch ein Stück und kommt bald (Nr. 8) zum *Vladna palaca.* Ehemals Sitz des kaiserlichen Statthalters, ist es auch heute Regierungsgebäude und Sitz des Ministerpräsidenten. Erbaut wurde es im Stil der italienischen Neorenaissance 1895 von Emil Förster, der in Wien die Fassade der Neuen Hofburg und das Dorotheum schuf. Das »Drama« in der zur Slovenska cesta zurückführenden Erjavčeva cesta wurde um 1910 als »Deutsches Theater« vom Wiener Architekten Alexander Graf erbaut. In Wien baute Graf die Volksoper.

Die Slovenska cesta wieder überquerend, kommen wir zum *Kongresni trg,* dem größten Platz der Stadt. Im Norden wird er von der mächtigen Front der barocken Ursulinenkirche (erbaut um 1720) beherrscht, im Süden vom Gebäude der Slowenischen Philharmonie begrenzt.

Laibach hatte ein reges Musikleben: Ludwig van Beethoven und Johannes Brahms waren Ehrenmitglieder des Slowenischen Philharmonievereins, in dessen Archiv noch heute eine eigenhändige Abschrift von Beethovens »Vierter Symphonie« aufbewahrt wird. 1881/82 war Gustav Mahler, nach seinem ersten Engagement beim Kurorchester von Bad Hall, in Laibach Dirigent für alles – Oper, Operette, Ballett, Konzert –, bevor er nach Olmütz ging.

Der Name des Platzes erinnert daran, daß Laibach einmal für einen kurzen Augenblick Mittelpunkt Europas war: Im Mai 1821 traf hier der von Fürst Metternich begleitete Kaiser Franz I. Zar Alexander von Rußland sowie einige italienische Regenten und Diplomaten aus den anderen europäischen Monarchien. Diese »Heilige Allianz« beschloß das Prinzip der Intervention in Staaten, die sich liberalen oder nationalen Ideen zuwenden wollten. So wurde Österreich ermächtigt, mit einer Armee von 80000 Soldaten in Neapel einzumarschieren, um die dortige liberale Verfassung wieder abzuschaffen. Lange hielt dieses Prinzip der konservativen Intervention nicht; in den Revolutionen von 1848 und den folgenden Kriegen brach das von Metternich konstruierte System des europäischen Konservativismus zusammen. Wo heute das Universitätsgebäude steht (1895 als Landtags-Gebäude vom Wiener Architekten Josef Hudetz erbaut), stand bis zum Erdbeben 1895 der Bau, in dem Kaiser Franz während des Laibacher Kongresses residierte.

Durch die Vegova ulica (rechts auf Nr. 4 das 1874 vom Wiener Architekten Alexander Bellon erbaute erste Laibacher Gymnasium) kommen wir zur Universitätsbibliothek, dem eigenartig-imposanten Hauptwerk von Plečnik. Vorbei an deren Hauptfront gehen wir zur Gosposka ulica. Hier steht auf Nr. 4 das Geburtshaus von Konstantin Ritter von Wurzbach, Edler von Tannenberg, des bedeutendsten österreichischen Lexikographen (1818–1893): »Gottlob, das große Werk ist nun zu Ende, es war daran, daß ich es nicht vollende – Ich ganz allein schrieb diese sechzig Bände! Lexikonmüde ruhen aus die Hände«, schrieb Wurzbach-Tannenberg 1891 beim Abschluß seines sechzigsten Bandes des »Biographischen Lexikons des Kaisertums Österreich«, in dem 24254 Biographien von Österreichern vereinigt sind. Der Lebensweg dieses unermüdlich Fleißigen führte über Graz – Wien – Krakau – Lemberg nach Berchtesgaden, wo wir sein Grab an der Mauer das Alten Friedhofes finden und eine Gedenktafel an seinem letzten Wohnhaus in der Salzburger Straße.

An der nächsten Ecke (Gosposka 15) befindet sich das *Mestni muzei/Stadtmuseum* im ehemaligen Barockpalais der Fürsten Auersperg. Es enthält eine für unsere Verhältnisse bescheidene Möbelsammlung, Porträts von Maria Theresia und Joseph II., eine Sammlung von Schützenscheiben (»Aus Anlaß der höchst beglückenden Anwesenheit Ihro Majestäten Kaiser Franz Joseph I. und Kaiserin Elisabeth zu Laibach am 19. November 1856«). Die bemerkenswertesten Exponate finden sich aber im Hof, zwischen Bauschutt und Surfbrettern: eine Büste und ein Denkmal (von Anton Fernkorn) des Feldmarschalls Radetzky. Die Denkmäler (vom Kongresni trg und im Tivoli-Park) wurden zwar 1919 zerstört, doch nicht vernichtet. Vielleicht träumen sie hier der Wiedererrichtung entgegen. Radetzky befindet sich in nicht so schlechter Gesellschaft: hier sind auch Statuen des jungen Kaisers Franz Joseph (s. S. 190) und von Josip Broz Tito abgestellt (auch er war ja ein Altösterreicher: 1892 in Kumrovec/Kroatien geboren, erlernte er das Soldatenhandwerk in der k.u.k. Armee; auch seine Denkmäler gibt es in Slowenien nun nicht mehr).

Einige Schritte weiter nach Süden, in der Križevniska, erinnert die an einer Hauswand angebrachte Büste an Fritz Pregl. Pregl wird zwar auf der Inschrift als »slovenskemu kemiku« bezeichnet, aber ihn dürfen wir ohne schlechtes Gewissen für Österreich reklamieren: Er wurde in diesem Haus am 3. September 1869 in eine deutschsprachige Bankbeamtenfamilie geboren, studierte an der Grazer Universität Medizin und wurde Professor für medizinische Chemie, 1910 bis 1913 in Innsbruck und dann bis zu seinem Tod 1930 an der Grazer Universität. Pregl war Erfinder der quantitativen organischen Mikroanalyse, die chemische Analysen bei kleinsten Stoffmengen ermöglicht und tägliche Anwendung in Medizin, Chemie und Kriminalistik findet. 1923 erhielt Pregl den Nobelpreis für Chemie.

Zwei weitere berühmte Österreicher wurden in Laibach geboren: 1806 Anton Alexander Graf von Auersperg, liberaler Politiker und Dichter (letzteres unter dem Pseudonym Anastasius Grün), gestorben 1876 in Graz, und 1892 Bruno Brehm, bis zum Ende des Ersten Weltkriegs Berufsoffizier, später Schriftsteller, der u. a. die später unter dem Sammeltitel »Die Throne stürzen« bekannte Trilogie über Ausbruch und Ende des Ersten Weltkriegs schrieb; gestorben ist Brehm 1974 in Bad Aussee.

Gestorben ist in Laibach 1857 Joseph Ressel. Den Erfinder der Schiffsschraube für unser heutiges Österreich zu reklamieren ist gewagt: Geboren wurde er 1793 im böhmischen Chrudim (südlich von Hradec Králové/Königgrätz), und seit seinem siebenundzwanzigsten Lebensjahr lebte er in Krain, als Forstmeister, und später als Intendant der Kriegsmarine in Triest, wo auch 1827 das erste Schiff mit einem Schraubenantrieb fuhr. Während der Fahrt explodierte ein Dampfrohr, und die Versuche mußten abgebrochen werden. Die Schiffsschraube trat ohne Ressel den Siegeszug um die Welt an – daher ein typisch österreichisches Schicksal? Eine zweite Rechtfertigung gäbe es, Ressel als Österreicher zu reklamieren: Immerhin studierte er an der Universität Wien – bevor er das Studium aus finanziellen Gründen abbrechen mußte. In Laibach gibt es nicht nur eine nach Ressel benannte Straße, sondern auch ein Denkmal (vor der Technischen Fakultät in der Aškerševa cesta, die die Slovenska cesta an deren südlichem Ende kreuzt, also gar nicht weit von der Büste für Fritz Pregl). Aber der Zustand des Denkmals erinnnert mich an Sät-

ze von Sir Winston Churchill: »Denkmäler sind die Rache der Nachwelt an großen Männern: Dem Unwetter preisgegeben, von Tauben beschmutzt und am Sockel von Hunden angepinkelt, müssen sie ihre Zeit in starrer Haltung verbringen.« (Geht es dem Wiener Denkmal von Joseph Ressel, vor der Technischen Universität am Karlsplatz, besser?)
Auf dem Weg hinunter zum Fluß überqueren wir die Ljubljanica über die Šentjakobski most und kommen zum Levstikov trg, an dessen rechter Seite das ehemalige Palais Gruber eine barocke Kapelle beherbergt, die der Kremser Schmidt mit Wandgemälden, Szenen aus dem Marienleben, ausgestattet hat. Links liegt der Stari trg, wo die Abhänge des Burgberges nah zum Fluß reichen. Durch die Reber erreichen wir einen Weg, der uns in einigen Serpentinen auf die *Hrad/Burg* führt. Den ersten Bau errichteten die Kärntner Grafen Spanheim im 12. Jh. Kaiser Friedrich III., der auch das Bistum Laibach gründete, ließ den heutigen Bau als Festung errichten und bestimmte ihn zum Sitz des Landeshauptmannes. Wenn wir genau hinsehen, können wir an dem der Altstadt zugewandten Tor dieses Kaisers Wahlspruch »AEIOU« erkennen. Sehenswert ist die gotische Burgkapelle, in deren Gewölbe wir die Wappen der Krainer Landesfürsten bis 1742 sehen; das letzte ist das Maria Theresias.
Vom Turm der Burg schweift der Blick nach Norden, wo wir zwischen der Bahnlinie und der Altstadt die zahlreichen Rechteckbauten erkennen können, die einst der großen Laibacher Garnison der k.u.k. Armee dienten (um den heutigen Tabor- und damaligen Radetzkyplatz) und logistisch günstig in der Nähe des Bahnhofes gelegen waren. Den Horizont bilden die Karawanken – die österreichische Grenze, die Berge oberhalb des Bärentales bei Bad Vellach, ist ja von Laibach nur knapp 30 km entfernt.
Zurück in die Stadt wählen wir entweder den gleichen Weg wie den Aufstieg oder, etwas kürzer, den nördlich durch die Studenovska, durch die wir ins kirchliche Viertel der Stadt gelangen. Die barocke St.-Nikolaus-Kathedrale ist des Verweilens wert. Im benachbarten Bischofspalais (Ciril Metodov trg 4), dem repräsentativsten Gebäude Laibachs, nahmen gekrönte Häupter Aufenthalt in der Stadt: Leopold I. (1660), Karl VI. (1728), Zar Alexander I. (1821); auch Napoleon zog 1797 das Palais dem Feldzelt vor. Daß auch für das tägliche Leben der gemeinen Bevölkerung notwendige Gebäude ästhetisch sein können, zeigt uns wiederum Jože Plečnik: Die von ihm am Ufer der Ljubljanica geschaf-

fenen Kolonnaden dienen nicht nur der Promenade, sondern bis heute an werktäglichen Vormittagen auch als Schauplatz eines farbenfrohen Marktes, der sich bis hin zur *Zmajski most/Drachenbrücke* erstreckt, einer originell verzierten Brücke, die ab 1888 zum vierzigsten Regierungsjubiläum Kaiser Franz Josephs erbaut wurde. Wir überqueren auf ihr die Ljubljanica, gehen aber nicht gerade in die Resljeva cesta weiter (die an Ressel erinnert), sondern nach links, wo wir durch die Trubajeva cesta bald wieder zu unserem Ausgangspunkt, dem Preschern-Platz, zurückkommen. Das Haus Trubajeva 5 war im 19. Jh. als Hotel »Zum österreichischen Kaiser« das erste Haus am Platz.
Haben Sie ein Auto und eine gute Straßenkarte zur Verfügung, so wäre noch eine biedermeierliche Idylle in der Umgebung Laibachs einen Besuch wert: Von Ljubljana Richtung Maribor fahrend, zweigen wir schon vor oder in Domžale nach Süden ab, Richtung Litija – Krško (aber keine Angst, wir nähern uns dem von Österreich bekämpften Atomkraftwerk kaum); unser Ziel, *Dol pri Ljubljani*, liegt 15 km östlich von Laibach. In der Pfarrkirche ist ein Gemälde vom Kremser Schmidt (Martyrium der hl. Margarethe) zu bewundern; am östlichen Ortsausgang haben zwei klassizistische Pavillons des Schlosses Lustthal, das im 18. und 19. Jh. ein Treffpunkt der Krainer Gesellschaft war, überdauert. Schloß und französischer Garten wurden um 1760 vom Oberösterreicher Matthias Persky gestaltet. Der letzte des Geschlechts der hier beheimateten Barone Erbach, Joseph Kalasanza (gest. 1843), war ein Kunstsammler und Schöngeist ersten Grades. Für seine Sammlungen und zur Meditation ließ er sich um 1830 die beiden Pavillons erbauen, deren Säulenportika Darstellungen der Musen und Wissenschaften schmücken. Es sind in Terrakotta-Farbe gestrichene Steinplastiken des Tirolers Martin Kirschner. Die Pavillons sind frisch renoviert. Nicht weit von ihnen steht in einer Wiese ein Empiredenkmal, dessen Medaillons entfernt wurden und dessen Inschrift kaum mehr zu entziffern ist: Es sollte an den Besuch Kaiser Franz' I. und seiner Gattin Karoline erinnern, die sich während des erwähnten Kongresses der Heiligen Allianz 1821 in Lustthal aufhielten.

Ljubljana/Laibach ist mit dem Flugzeug von Wien und mit Auto und Eisenbahn auch von anderen Städten Österreichs aus leicht erreichbar; von der Grenze bei Spielfeld sind es 145 km (allerdings über stark befahrene Straßen), vom Loiblpaß oder dem Karawankentunnel ca. 60 bzw. 80 km (auf allen diesen Straßen gibt es mautpflichtige Abschnitte). Damit ist von Graz oder Kärnten ein Tagesausflug möglich. In der

Stadt ist wegen des Einbahnsystems und des Parkplatzmangels vom Autofahren abzuraten, es ist wegen der kurzen Entfernungen auch nicht notwendig (der hier beschriebene Rundweg, der alle wesentlichen Viertel der Altstadt berührt, ist in einem guten Halbtag leicht zu bewältigen; unter der Burg, im Bereich Mestni trg/Stari trg gibt es reichlich Lokale zur Stärkung). Die Stadt Laibach bietet keine großartigen Sehenswürdigkeiten, sie ist ganz einfach nett und nostalgisch. Auch die Einkaufsmöglichkeiten – für die es für Österreicher noch die Möglichkeit der Mehrwertsteuerrückvergütung (»Tax Free«) gibt – sind bescheiden (abgesehen vom Benzin, das 60% des österreichischen Preises kostet, und den noch bis ca. 1998 bestehenden Dutyfree-Shops zwischen der österreichischen und der slowenischen Grenzkontrolle, für Zigaretten und Alkoholika), vielleicht lohnen sich Lederwaren italienischer Provenienz und handwerkliche Volkskunstartikel, die man bei einem Spaziergang über den reichlich bestückten Markt (s. o.) erwerben kann..
*Hotelzimmer gibt es in Laibach ausreichend (wie in allen Hauptstädten des neuen Europa auch solche österreichischer Patronanz, hier: »Austrotel«), wenngleich meist nur solche in höheren Kategorien. Diese gleichen unserem ***-Standard (ein Doppelzimmer mit Frühstück für umgerechnet S 1000 bis 1500). Empfehlenswert ist es, einen eintägigen Besuch Laibachs mit einem Aufenthalt in Bled (ca. 65 km westlich) zu verbinden, dem wunderschön an seinem See gelegenen alten Veldes, das wie der 25 km weiter gelegene Bohinjsko jezero/Wocheinersee zu den schönsten Flecken der Alpen gehört und vom Massentourismus und Durchgangsverkehr völlig unberührt ist. Wer höher hinaus will, findet in den östlichen Julischen Alpen sehr lohnende Ziele für Wanderungen und Bergtouren in einem gut erschlossenen Gebiet, bis hinauf zum Triglav, den mit 2864 m höchsten Berg Sloweniens im 85 km² großen Nationalpark. Ein Besuch in Laibach kann leicht mit einer Fahrt nach Triest oder mit der Route durch das Isonzotal (s. S. 199 und 217) verbunden werden.*
Ein Besuch Laibachs ist an keine Jahreszeit gebunden; die erwähnten Museen sind ganzjährig dienstags bis sonntags geöffnet (meist bis 18 Uhr). Die Reste des Schlosses von Dol pri Ljubljana sind frei zugänglich.

Von Tarvis bis Miramare

Zur Adria abseits der Autobahn: durch das Isonzotal, über den blutgetränkten Karst zu Traumschlössern am Meer im ehemals österreichischen »Küstenland«

Der schnellste Weg von der österreichischen Grenze bei Tarvisio/Tarvis zur östlichen Adria, nach Triest, führt zwar in zwei Stunden über die Autobahn, doch er ist reizlos. Haben wir einen Tag Zeit und vermutet die Wettervorhersage Sonnenschein, so sollten wir eine viel reizvollere Straße wählen: über den Passo di Predil/Predilpaß, durch das Isonzotal, vorbei an Gorizia/Görz, über die Hügel des Karstes nach Duino und zum Schloß Miramare vor Triest. Wir werden, auch im Hochsommer, bis zur Küste fast allein unterwegs sein, da das westlichste Tal des heutigen Slowenien noch ein Geheimtip ist, besucht fast nur von Wildwasserpaddlern und Bergsteigern. An Erlebnissen wechseln Naturschönheiten und Reminiszenzen an geschichtliche Ereignisse, meist an Schlachten und Sterben, einander ab.

Von der Süd- oder Tauernautobahn kommend, fahren wir in *Tarvisio/Tarvis* von der Autobahn ab, folgen nach links dem Wegweiser »Slovenia/Krajnska Gora« und biegen schon nach 100 m wieder nach links in die Via Bamberga ein (der Name erinnert übrigens daran, daß Tarvis ebenso wie das benachbarte Arnoldstein bis 1759 dem Bischof von Bamberg unterstand, bevor es bis 1919 österreichisch war), und folgen ihr bis zum Haus Nr. 51. Es war einmal ein Wächterhaus an der Strecke der k.k. österreichischen Staatsbahn Tarvis – Laibach und wird bald wieder an einer Bahnlinie liegen: Hier wird zügig am Bahnhof Tarvisio der Hochleistungseisenbahn »Pontebbana« gebaut, die die altehrwürdige Eisenbahn durch das Kanaltal 1998 gänzlich ersetzen und noch vor Thörl-Maglern in unserer alten Südbahn enden wird. Wir parken unser Auto und spazieren zwei, drei Minuten links einen Waldweg hinauf und

– stehen am Fuße eines mächtigen Denkmals: Ein Posten stehender Soldat blickt wachsam gen Süden. Die Jahreszahlen (1797, 1809, 1813), die Ortsangaben (Malborghet, Möllbrücke, Mauthen, Velden, Klagenfurt, St. Veit, Friesach …) und die Namen der Regimenter am Sockel sollen an die Gefechte erinnern, die Österreich in Kärnten gegen Napoleon kämpfen mußte und verlor. Aber wer findet schon den Weg hierher? Zu sehen ist das Denkmal auch für den Bahnreisenden, wenn sein Zug am heutigen Bahnhof von Tarvis hält (von Österreich kommend: linker Hand) und für den Autofahrer, der auf der Bundesstraße nach Italien fährt (knapp nach der Vorbeifahrt am Bahnhof Tarvis). In der Umgebung gibt es noch einige Kapellen, die an gefallene Österreicher erinnern, so am Wanderweg von Rutte nach Boscoverde südlich von Tarvis.
Wir verlassen Tarvis in Richtung Passo di Predil, kommen bald nach Cave del Predil/Raibl, wo es einen für Österreich-Ungarn sehr wichtigen Zink- und Bleibergbau gab. Die Wunden, die dieser 1993 eingestellte Bergbau der Natur schlug, werden nicht so bald verschwinden. Am Ende des unansehlichen Ortes liegt rechts der erste österreichische Kriegerfriedhof und nach eineinhalb Kilometern die erste Naturschönheit, der Lago del Predil/Raibler See. Vielleicht rasten wir hier und fahren dann die wenigen Kehren hinauf zum *Passo di Predil/Predel/Predilpaß*. Seine beiden Seiten waren bis 1919 österreichisch; die Reichsgrenze zu Italien verlief über die Sella Nevea, südlich des Raibler Sees. Da der österreichische Generalstab im Kriegsfall einen italienischen Vorstoß in Richtung des Verkehrsknotens Villach befürchtete, wurde auch der Predilpaß befestigt: Wir können noch heute vor der Paßhöhe, rechts, die Reste eines österreichischen Forts aus den letzten Jahren des 19. Jh.s sehen, Blumen blühen nun aus den Ruinen. Am Paß verläuft heute die italienisch-slowenische Grenze, und knapp darunter sind die Reste einer weiteren österreichischen Festung, diesmal aus Napoleonischer Zeit, zu sehen. Wie in Malborghet im Kanaltal erinnert auch hier ein tödlich getroffener Löwe an den Heldentod der gesamten Besatzung am 18. Mai 1809, gemeinsam mit ihrem Hauptmann Ing. Johann Hermann von Hermannsdorf.
Der erste Weiler ist Strmec na Predelu. Auch in dieser kleinen Ortschaft forderte der Krieg Opfer: Als nach einem Partisanenangriff im Zweiten Weltkrieg ein deutscher General starb, übte die Deutsche Wehrmacht Vergeltung: Die 16 männlichen Einwohner von Strmec wurden erschossen, die Häuser niedergebrannt.

Im nächsten Ort, *Log pod Mangartom/Mittelbreth* steht in einem österreichisch-ungarischen Soldatenfriedhof (rechts der Straße) ein eindrucksvolles Denkmal: Zwei k.u.k. Soldaten blicken spähend zum Gipfel des nahen Rombon, der 1915–1917 gegen zahlreiche italienische Angriffe gehalten werden konnte. Der eine Soldat ist ein Tiroler Kaiserjäger, der andere ein Bosniak. Die beiden Figuren und die so unterschiedlichen Namen, viele nur mehr schwer zu entziffern, auf den schlichten Grabkreuzen sind Symbole für das Vielvölkerheer des alten Österreich, das hier in elf Schlachten einen Einbruch Italiens abwehrte, bevor es in der XII. Isonzoschlacht im Oktober 1917 zwischen Flitsch/Bovec und Tolmein/Tolmin den fast nicht mehr erhofften Durchbruch in die Ebenen Friauls erreichte, wo die Italiener erst am Piave eine neue Front aufbauen konnten. Dort kam ein Jahr später das Ende Österreich-Ungarns.

Am 23. Mai 1915 erklärte Italien Österreich-Ungarn den Krieg. Wenig vorbereitet – der größte Teil der mobilisierten Streitkräfte kämpfte seit Monaten in Galizien (s. S. 95) und gegen Serbien – überließen die Österreicher den Italienern kampflos das Flitscher Becken; dessen Einwohner hatte man meist nach Wagna bei Leibnitz, Gmunden und Bruck an der Leitha evakuiert. Die Verteidigungslinie legte man auf die Bergkämme östlich des Isonzotales. Gehalten wurden der Rombon, das Nordende des Flitscher Beckens und Mittelbreth. Versorgt wurde dieser Frontabschnitt von Raibl aus, durch einen Bergwerkstunnel, in den eine Schmalspurbahn eingebaut wurde. Den Italienern gelang es zwar, den Krn östlich des Isonzotales zu erobern, doch blieb dieser Gipfel ihr östlichster Punkt. Weiter südlich wurde um Tolmin/Tolmein gekämpft. Einziger großer Erfolg der Italiener war die Eroberung von Görz in der VI. Isonzoschlacht anfangs August 1915. Auf den Hügeln des Karsts bis zum Meer wurde weiter gestorben, doch »das« Ziel der Italiener, Triest zu erobern, gelang erst nach Kriegsende.

Heute hat die Natur die einst von Artilleriesalven zerschossene, aufgerissene Landschaft wieder mit üppigem Grün überzogen. Damals soll der Isonzo von Blut oft rot gewesen sein, heute strömt er in tiefem Türkis vom Vrsic-Paß (die von Krajnska Gora/Kronau über diesen Paß führende Straße wurde von russischen Kriegsgefangenen ab 1914 gebaut) durch eines der schönsten Flußtäler der Alpen in die Friauler Ebene, die er bei Görz erreicht. Erinnerungen an das Grauen sind Friedhöfe, Stellungsreste, einige Denkmäler und neu eingerichtete, objektive Mu-

seen – die Slowenen kämpften damals für Österreich-Ungarn und gegen Italien (zu dem 1920 ein guter Teil des heutigen Westslowenien sowie Istrien kamen, bevor 1947 die heute bestehende Grenze zugunsten Jugoslawiens/Sloweniens festgeschrieben wurde).
Unser nächster Halt könnte bei der *Kluže pri Bovcu/Flitscher Klause* sein. Hier entstand die erste (venezianische) Festung im 16. Jh., 1797 wurde sie, schon österreichisch, von den Truppen Napoleons zerstört. Den Ersten Weltkrieg überstanden die beiden österreichischen Festungswerke (das obere im Wald ist von der Straße her kaum sichtbar) fast unversehrt, da sie im schußtoten Winkel lagen. Heute gibt es im unteren Fort fallweise Ausstellungen.
An der Straßengabelung zum Vrsic-Paß erinnern wieder ein österreichisches Denkmal und ein Kriegerfriedhof an jenen Krieg, den man später den Ersten Weltkrieg nannte. Wir folgen der Straße Richtung »Nova Gorizia« und kommen nach ca. 500 m zu einem kleinen Parkplatz (links), von wo ein Weg in einigen Minuten zu einem wieder in Stand gesetzten Frontabschnitt führt. Heute ein Spaziergang, damals das Inferno. Für uns unvorstellbar, daß 1915 bis 1917 in diesen Erdlöchern Menschen winters wie sommers kraft eines Befehles ausharrten, immer vom Tod durch Granaten, Hunger oder Durst bedroht.
Nach einem halben Kilometer gelangen wir nach *Bovec/Flitsch* und erreichen das eigentliche Soča/Isonzotal. Nach dem Krieg Ruinen, heute ein kleiner Fremdenverkehrsort für Rafting, Paddeln, Kajak. Gleich jenseits des Dorfzentrums sind in einem kleinen privaten Kriegsmuseum vor allem Funde aus den Bergen ringsum zu sehen. In der Einsamkeit dort finden sich noch immer Überreste aus den Kampftagen.
Wir fahren weiter nach Südwesten, Richtung Nova Gorizia, und kommen durch Žaga und Srpenica. Danach, beim Kilometerstein 3, links, ein schlichtes Steinkreuz. Die Inschrift läßt sich kaum mehr entziffern, aber das Schicksal des Menschen, einer Frau, die hier starb, soll vor dem Vergessen bewahrt werden: Lucy Gräfin Christalnigg, Gattin eines k.u.k. Oberleutnants, war wahrscheinlich die erste Tote des Ersten Weltkriegs. Am 10. August 1914 fuhr sie, ihr Auto selbst chauffierend, von Klagenfurt über den Predilpaß nach Görz, um dort ihren Pflichten als Rot-Kreuz-Schwester nachzukommen. Die Gendarmerie des Küstenlandes – so hieß damals dieses österreichische Kronland von den Karawanken bis Istrien – hatte zuvor eine geheime Nachricht erhalten, daß eine größere Geldsumme in Gold von Frankreich über Österreich-Ungarn

nach Serbien befördert werden sollte. Die Straßen wurden daher – der Krieg mit Serbien und Rußland hatte gerade begonnen – überwacht. Die Gendarmen gaben ein Haltesignal, Gräfin Christalnigg stoppte im Vertrauen auf ihren durch die Landesregierung ausgestellten Fahrtauftrag nicht. Ein Gendarm schoß und traf tödlich.
Im übernächsten Ort, *Kobarid/Karfreit/Caporetto*, sollten wir das »Museum des Ersten Weltkriegs« besuchen. Es befindet sich in einem historischen Gebäude, gleich nach dem Ortseingang, und wurde 1993 eröffnet. Die Dokumentation ist objektiv und didaktisch modern, der Krieg wird nicht verherrlicht, sondern Heldentaten, Kriegsalltag und -greuel werden uns als solche nahegebracht. Die Ausstellungsstücke stammen überwiegend aus der österreichisch-ungarischen Armee, die Erklärungen sind auch in deutscher Sprache abgefaßt.
Auf der Weiterfahrt nach Süden zweigen wir Richtung *Tolmin/Tolmein* ab und fahren im Ort vor der »Posta« nach links, an der Kirche vorbei, nach Zatolmin. Hier weiter (rechts) Richtung »Javorka«, kommen wir in den südlichsten Teil des Triglav-Nationalparks. Eine schmale, nicht für Sonntags- oder Sternfahrer geeignete Kriegsstraße führt uns nun ca. 6 Kilometer weiter zur Alpe Polog, wo sich einstens ein Versorgungszentrum der k.u.k. Armee mit Schlachthaus, Bäckerei, Schuster, Munitionslager und Kriegsgericht befand – heute Ruinen. Wir sind in ca. 600 m Seehöhe, die Berge des Talschlusses überragen uns um gute 1000 m; der damals von den Italienern gehaltene Krn (links) ist 2244 m hoch. Wo das Sträßchen endet, bei der ersten Ruine, sollten wir den Wagen parken und zu Fuß noch 15 Minuten nach links aufsteigen. Nach einer Kurve erblicken wir die Kirche auf der Javorka. Eine steinerne Treppe führt zu ihr empor. Der Weg lohnt. Diese Kirche, 1916 durch die gemeinsame Arbeit von 1000 Soldaten der 3. Gebirgsbrigade an einem vom Feind uneinsehbaren Standort errichtet und von drei Frontabschnitten gleich weit entfernt, bewahrt die Erinnerung an das alte Österreich in den südlichen Julischen Alpen: Außen sind die Wappen Österreichs und Ungarns mit dem »Indivisibiliter ac Inseparabiliter« (Unteilbar und Untrennbar) unter der Mahnung »Pax« (Friede) und die Wappen der Kronländer, beginnend mit dem niederösterreichischen, angebracht. Neben dem Eingang gibt eine Tafel Aufschluß über die komplexe Hierarchie der k.u.k. Armee: vom Allerhöchsten Kriegsherrn über den Armeeober-, den Armee-, den Korps- und den Divisions- bis zum Brigadekommandanten. An die Gefallenen werden wir im Inneren der Kirche

erinnert: Ihre Namen, von Beer über Klestil und Meier bis zu Svoboda und Žlunka sind in Holz eingebrannt. Da Ordnung auch hier sein mußte: gereiht nach Truppenkörper und Dienstgrad.
Heute kann man diese gut erhaltene Kirche, der man nicht ansieht, daß sie vor 80 Jahren vollendet wurde, als Muster des sakralen Jugendstils werten. Lesen wir nach, was in einer Publikation 1917 im Stil der Zeit geschrieben wurde:

»Betritt man das geräumige Innere der Kirche zu Javorca durch den von zwölf Holzsäulen getragenen Vorbau und das mit schön geschnitzten Flügeln versehene Haupttor, fühlt man sich sogleich von einer feierlich-ernsten Stimmung umfangen; einer Weihestimmung, deren starke Wirkung hervorgerufen wird durch die zu einem vollen Zusammenklang vereinigten beherrschenden Farben: Schwarz, Blau, Gold und ein wenig Weiß. Diese vier Farben, von welchen jede nur in einem Ton angewendet ist, hat bewußt ein Künstler gewählt, der ebensosehr Maler wie Architekt ist und als Raumgestalter die Natur und Wirkung der Farben genau kennt, die spezifische Stimmungen im Menschen erzeugen. Unter diesen vier Farben ist keine, die nicht seit jeher von Baumeistern mit Bedacht und Absicht in der kirchlichen Kunst angewendet worden wäre, aber ihre Wirkung ist in diesem Kirchenraum besonders gesteigert durch die Beschränkung auf den ernsten Vierklang und das Mengenverhältnis der vier Farben zueinander. Als einziger neutraler Ton kommt zu dieser musikalisch-ernsten Vierfarbigkeit, die sich am Altar aufhellt, in ein gleichsam überirdisch strahlendes Weißgold verfeinert, der von schwarzen Granitbändern eingefaßte stumpfgraue Terrazzofußboden, dessen Felderstreifen in der Höhe von den Dachbindern, den Deckenbalken, gewissermaßen wiederholt werden, was dem ganzen Raumgebilde die Festigkeit einer auch optisch geschlossenen Konstruktion verleiht. Über dem Altartisch aus poliertem schwarzen Kunststein befindet sich der originelle, streng architektonische Tabernakelschrein, dessen Türflügel von Anton Perathoner, einem als Offiziersdiener bei der Brigade dienenden Holzbildhauer aus St. Ulrich im Grödnertal, nach einem künstlerischen Entwurf sehr ausdrucksvoll in Lindenholz geschnitzt ist. Darüber, als einziger starkfarbiger Fleck im ganzen Innenraum, leuchtet und glitzert, in vielfarbigem Glasmosaik die stilisierte Darstellung des Heiligen-Geist-Symbols. Die Wandflächen, die an den Außenseiten der Kirche die Kronländerwappen aufweisen, sind im Kircheninnern mit 5 cm dicken Eichentafeln verschalt, in die, wie in den an ihnen in Angeln drehbar angebrachten Flügelteilen aus dem gleichen Holz, die Namen der gefallenen Helden eingebrannt sind, denen zu Ehren diese Kirche erbaut ist. Es sind der Namen so viele, daß die Buchdrucker, welche die in einem Klammerrahmen zu einem Namen zusammengesetzten und glühend gemachten Buchstaben mittels einer Presse in die harten Eichentafeln brannten, mit ihren Gehilfen in wechselnden Arbeitsschichten während dreier Monate ununterbrochen Tag und Nacht mit dem Einbrennen zu tun hatten.
Ebenso wie diese Gedenktafeln, die das besondere Merkmal dieser Kirche bilden,

Jugendstil aus dem Ersten Weltkrieg: Detail des Innenraumes der Kirche in der Javorka, gestaltet vom Ausstattungschef des Wiener Burgtheaters, Remigius Geyling.

wurden auch alle übrigen Einrichtungsstücke und Geräte der Kirche unter Aufsicht des Oberleutnants Jablonsky am Bauplatz erzeugt. Die Soldaten hobelten das Holz, rieben die Farben, sotten den Leim, schliffen den Stein, schmiedeten das Eisen …; und im ›Atelier‹, einer kleinen schlichten Bretterbude, in der Oberleutnant Geyling und Oberleutnant Jablonsky alle Pläne und Werkrisse für die Kirche und deren Ausstattung zeichneten, werkten neben ihnen der Holzbildhauer, die Maler, Tapezierer und sonstigen an der Inneneinrichtung arbeitenden Handwerker emsig und freudig an die Arbeit hingegeben. Die in der Bauhütte herrschende eifrige Geschäftigkeit mutete so wesenhaft friedlich an, daß man des Krieges schier vergessen haben würde, wenn nicht zeitweilig verirrte feindliche Geschosse splitternd Vor- und Rückwände der Werkstatthütte durchschlagen hätten. Es waren das kleine Drohungen, denen oft auch gröbere folgten, die energische Abwehr herausforderten. An solchen Tagen verließ mancher Handwerker den Bauplatz und war wieder für einige Zeit oben in den Stellungen Schütze. Trotz dieser zeitweiligen kurzen Unterbrechungen schritt die Arbeit am Kirchenbau rüstig vorwärts, denn nie war es nötig, alle Tätigen vom Werke abzuziehen; die Kameraden in den Stellungen hielten gute Wacht, doppelt achtsame, seitdem es galt, neben allem anderen Gut auch noch dieses selbstgeschaffene Heiligtum zu schützen. Und so steht nunmehr seit dem 1. November 1916 die zu Ehren und zum Dank von so vielen gefallenen Helden errichtete Gedächtniskirche zu Javorka vollendet da. … Es wird in ihr Messe gelesen und alle Soldaten, die Stellungen auf den ringsum befindlichen Berghöhen beziehen und von dort abgelöst in die Reservestellungen zu Tal wandern, besuchen sie auf beiden Wegen, es mögen Angehörige welcher Religionsgemeinschaft immer sein. Katholiken und Protestanten, Orthodoxe sowie Juden und Mohammedaner, ja auch einige kirchlich ungebundene, gehen einträchtig in diese Kirche, die für die einen ein wahrhaftes Gotteshaus, für die andern eine erhabene Weihestätte, ein Heiligtum ist, in dessen Stille und Stimmung sich jeder auf sich selbst besinnen, an Gefühle und Gedanken hingeben kann, die ihn wenigstens für eine Weile über den Krieg hinausheben.« (1)

Remigius Geyling, der die Kirche künstlerisch gestaltete, war vor und nach dem Ersten Weltkrieg Ausstattungschef des Wiener Burgtheaters und entwarf die Ausstattung von mehr als 400 Theaterproduktionen; in der Kirche Otto Wagners Am Steinhof gestaltete er das Altarmosaik; er starb 1974 mit fünfundneunzig Jahren in Wien.
Wir fahren nach Tolmein zurück und können noch am verfallenen Kriegerfriedhof von Loče oder am Denkmal des XV. Armeekorps beim Bahnhof von Most na Soče der hier gefallenen Österreicher gedenken, bevor wir weiter nach Nova Gorizia fahren. Uns begleitet nun nicht nur der immer türkiser werdende Soča/Isonzo, sondern auch eine Bahnlinie. Es ist dies ein Stück der letzten in der Monarchie fertiggestellten großen

Eisenbahnstrecke, der Tauern/Wocheiner-Bahn: Von Schwarzach-St. Veit in Salzburg über Gastein und den Tauerntunnel führte sie über Villach, den Karawankentunnel und vorbei am See von Veldes/Bled durch den Wocheiner Tunnel, das Isonzotal und über Görz nach Triest. 1914 fuhren täglich fünf Schnellzüge von Wien bzw. München über die Wocheinerbahn nach Triest, heute fahren nur noch drei Lokalpersonenzüge und fallweise ein Dampf-Nostalgiezug. Eisenbahnliebhaber werden sich beeilen müssen, wollen sie diese Bahn, eine der schönsten Alpenbahnen, noch in Betrieb sehen, ist doch der Finanzmangel auch der Slowenischen Eisenbahn notorisch …

Knapp vor Nova Gorizia überquert diese Bahn zum letzten Mal den Isonzo (weiter führte sie aus strategischen Gründen von der seinerzeitigen Reichsgrenze entfernt über Šempeter/St. Peter – Štaniel/St. Daniel – Opicina/Opčina im heutigen Slowenien nach Triest, wo sie im seinerzeitigen »Staatsbahnhof« südlich des alten Hafens, heute ein Eisenbahnmuseum, s. S. 224, endete). Diese letzte Brücke vor der Ebene war im Ersten Weltkrieg mehrmals zerstört und heftigst umkämpft. Wir folgen nicht dem Wegweiser »Italia«, sondern bleiben noch in Slowenien. Links würde sich eine Auffahrt zum Wallfahrtsort Sveta Gora/Monte Santo lohnen, von wo der Ausblick weit auch über das südliche Friaul reicht, und ein weiteres Kriegsmuseum besichtigt werden kann. In Nova Gorizia, dem modernen slowenischen Teil des alten Görz, könnten wir noch nach links abzweigen, zum Schloß (Grad) *Kromberk/Cronberg*, einem alten Adelssitz inmitten von Weinbergen. Leider ist die ursprüngliche Einrichtung durch Zerstörungen in den beiden Weltkriegen (auch im Zweiten war hier Front) stark dezimiert, doch das Provinzmuseum im Schloß birgt noch einige Reminiszenzen an die Monarchie, so ein »klassisches« Staatsporträt Kaiser Franz Josephs.

Wenn ich Ihnen im übernächsten Ort, *Vogrsko/Ungersbach* (von der Straße Richtung Postojna/Adelsberg – Ljubljana/Laibach nach ca. 5 km nach Süden abzweigend), noch ein Schloß empfehle, so hat dies einen anderen Grund: Es ist 1996 aus Ruinen auferstanden und könnte zu einem Geheimtip für Schloßhotels werden. Als sein Architekt ist Nicolo Pacassi genannt – derselbe, der in Wien in Schönbrunn das Werk Fischer von Erlachs als Hofarchitekt fortsetzte.

Auf der Rückfahrt nach Nova Gorizia überqueren wir beim Autobahngrenzübergang die Grenze nach Italien und verlassen die Autobahn gleich danach. *Gorizia/Görz* hatte in der Monarchie den Beinamen »das österreichische Nizza« und war ein Zentrum der Seidenraupenzucht und des Weinbaus; heute sind seine Plätze mit den Bauten des Grafen Attems (u. a. von Nicolo Pacassi) und das Museum in der Burg sehenswert. Richtung Monfalcone (Straße Nr. 55) fahrend, kommen wir in den nördlichen Teil des Karstes, wo 1915 bis 1917 in elf Isonzoschlachten ca. 800 000 Soldaten starben. Um jeden Fußbreit wurde gekämpft, jeder namenlose Hügel (»Kote« genannt) mußte verteidigt bzw. erstürmt werden. In der Steinwüste war es besonders schwer, Deckungen zu bauen. Die Steine verstärkten noch die Geschoßwirkung, Hunger und Durst in der sommerlichen Hitze erhöhten die Qual der Soldaten hier. Doberdo, San Martino, Monte San Gabriele, Monte San Michele waren Orte und Berge des Todes. Heute gelten sie als »Zona sacra« für Italien, fast vergessen sind die Opfer Österreichs. Vom *Monte San Michele* – auch hier gibt es ein kleines, rein italienisches Museum und einen Gedenkstein für das Kärntner Infanterieregiment (Khevenhüller) – läßt ein Blick über Görz auch den Nicht-Strategen erkennen, daß nach dem Fall des Monte San Michele am 6. August 1916 und dem Scheitern der Wiedereroberung durch ein Honvedregiment die Aufgabe von Görz nur eine Frage von Tagen sein konnte. Am 8. August mußte sich die k.u.k. Armee aus Görz zurückziehen.

Österreich reichte bis zum Ersten Weltkrieg noch über Görz hinaus: Das Flüßchen Natissa bildete die Grenze, Grado und Aquileia gehörten ebenso zum Kronland »Küstenland« wie Gradisca und Cormons. In *Cormons* steht am Stadtplatz ein Denkmal Kaiser Maximilians I.: Ende des 19. Jh.s. erinnerten sich die Bürger von Cormons noch immer daran, daß ihnen dieser Kaiser 400 Jahre vorher Steuerprivilegien gegeben hatte. Und auch heute ist diese von Gourmets und Gourmands geschätzte Gegend noch ziemlich kaisertreu: Jährlich findet am Geburtstag von Imperatore Francesco Giuseppe (18. August) ein Festzug statt.

Das monumentalste Kriegerdenkmal des faschistischen Italien finden wir in *Redipuglia*, am westlichen Fuß des Monte San Michele. Mussolini weihte es ein, alle Gefallenen der dritten italienischen Armee wurden als Anwesende (»Presente« = Hier!) aufgerufen. Gegenüber, hinter einem weiteren Museum, sind viele italienische und wenige österreichische Geschütze zu sehen; 400 m nördlich, westlich der Staatsstraße, liegt ein »kleiner« österreichischer Soldatenfriedhof, auf dem ca. 10 000 Gefallene ihre letzte Ruhe fanden.

Von hier zur Stätte der Poesie, dem Rilke-Schloß Duino, sind es nur 15

km. In *Monfalcone* befand sich zur Zeit der Monarchie eine Schiffswerft; heute wird hier Öl vom Schiff in die Adria-Wien-Pipeline umgepumpt, um über die Raffinerie Schwechat seinen Weg in die österreichischen Tankstellen zu finden, außerdem liegen hier etliche Yachten (reicherer) österreichischer Freizeitkapitäne vor Anker. Fährt man Richtung Triest weiter, erblickt man an der Staatsstraße ein Denkmal zweier aggressiver Wölfe: Sie stehen wütend an der Stelle, wo die italienische Armee 1916 zum Halten gebracht wurde; ihr Ziel Triest konnte sie erst nach dem Krieg erreichen. In *Duino* biegen wir von der Hauptstraße zum Meer ab. Heute wie in der Monarchie ein Fischerort, eine Bucht am Meer, einige Hotels, gute Fischrestaurants, kein Sandstrand, ein Schloß, etwas abgerückt und vom Ort selbst bis auf die Pforte kaum zu sehen. Es war das Schloß Rainer Maria Rilkes. Erbaut im 14. Jh., unterstellten es die Herren von Walsee 1395 dem Schutz der Habsburger; später wurden die Fürsten Thurn und Taxis/Torre e Tasso und Hohenlohe Eigentümer des Schlosses. Marie Fürstin von Thurn-Taxis und Hohenlohe war eine Bewunderin der frühen Gedichte Rilkes und machte im Dezember 1909 in Paris die Bekanntschaft des Dichters. Die Fürstin war zwanzig Jahre älter als Rilke und eine Vertreterin der mitteleuropäischen Hocharistokratie, begütert in Venedig, Wien (in der Viktorgasse), Duino und Lautschin in Böhmen (heute: Loučeň, Kreis Nymburk, nordwestlich von Prag). Rilke hatte noch nicht die Muße und die Muse gefunden, die er zum Dichten brauchte. Die Fürstin lud Rilke nach Duino ein, doch der erste Aufenthalt im April 1910 befriedigte ihn wenig: zu viele Gäste, zu große Gesellschaft. Rilkes ideale Lebensumstände beschrieb sein Biograph D. A. Prater so: »Gast zu sein ohne Gastgeber, die Verpflegung in eleganter Umgebung sichergestellt, dazu die Freiheit, die Einsamkeit so zu gestalten, wie er wollte, in dem Bewußtsein, daß er zumindest für den Augenblick nicht weiter zu suchen brauchte.«
Im Oktober 1911 stellte die Fürstin ihrem »Dottor Serafico« ihren Wagen mit Chauffeur zur Verfügung, und Rilke reiste von Paris über Avallon, Juan-les-Pins und Bologna nach Duino. Nach den herbstlichen Soiréen leerte sich das Schloß, und Rilke blieb, mit einigen Dienern, allein; er wohnte in einem Eckzimmer, dessen Fenster nach Triest und Grado schauten:

»… ich bin: bei meinen Freunden, in diesem immens ans Meer hingetürmten Schloß, das wie ein Vorgebirg menschlichen Daseins mit manchen seiner Fenster … in den offensten Meerraum hinaussieht, unmittelbar ins All möcht man sagen

... während innere Fenster ... in still eingeschlossene uralte Burghöfe blicken ... Dahinter aber, wenn man aus allen den sicheren Toren austritt, hebt sich, nicht weniger unwegsam denn das Meer, der leere Karst, und das so von allem Kleineren ausgeräumte Auge faßt eine besondere Rührung zu dem kleinen Burggarten ... und der Wildpark, der den nächsten Ufervorsprung für sich ausnutzt, kommt zur Bedeutung; an ihm liegt, verstürzt und hohl, der noch ältere Burgbau, der diesem schon unvordenklichen Schloß noch voranging, und an dessen Vorsprüngen, der Überlieferung nach, Dante verweilt haben soll.« (2)

Bei einem Spaziergang am Meer, an einem Tag, an dem es trotz der Wintersonne durch die Bora kalt und stürmisch war, kam für Rilke die Sternstunde, und die erste der »Duineser Elegien« wurde rasch geschrieben:

»Wer, wenn ich schriee, hörte mich denn aus der Engel
Ordnungen ? und gesetzt selbst, es nähme
einer mich plötzlich ans Herz: ich verginge von seinem
stärkeren Dasein.
Denn das Schöne ist nichts
als des Schrecklichen Anfang, den wir noch grade ertragen,
und wir bewundern es so, weil es gelassen verschmäht,
uns zu zerstören. Ein jeder Engel ist schrecklich.« (3)

Im Mai 1912 verläßt Rilke Duino, die erste und die zweite Elegie sind geschrieben, aber bis zur Vollendung des Programms von allen zehn Elegien sollte noch mehr als ein Jahrzehnt vergehen. Rilke suchte die Stimmung von Duino zeit seines Lebens und fand sie erst wieder im Turm von Muzot oberhalb von Sierre/Siders im schweizerischen Wallis, kurz vor seinem Tod. Mit Fürstin Marie verblieb der Wechsel ungezählter Briefe, doch nach Duino kehrte Rilke nie mehr zurück. Im Ersten Weltkrieg wurde Schloß Duino beschädigt, doch heute ist es wiederhergestellt und noch immer in fürstlichem Besitz. Eine Besichtigung ist daher kaum möglich.

Aber seit einigen Jahren gibt es den »Sentiero Rilke«, einen Spazierweg, der gleich am südlichen Ortsende von Duino an der Staatsstraße beginnt und 2 km über der Küste entlang führt. Ausblicke zum Schloß von Duino wechseln mit solchen über den Golf von Triest. Wenn dazu der Ginster gelb blüht, die Sonne scheint und das Meer tief unten bleigrau ruht, wird uns dieser Spaziergang in Erinnerung bleiben. Die Stimmung der ersten Elegie werden Sie aber an einem Wintertag mit Bora erleben, wenn das Meer aufgewühlt ist und sogar das Schloß kalt und abweisend wirkt.

Schloß Duino, gesehen vom Spazierweg »Sentiero Rilke«.

Duino, Sistiana, Grignano waren in der Monarchie Orte an der »k.u.k. Riviera«, die von Grado bis Abbazia reichte. Man kam nicht zum Baden hierher oder um sich von der Sonne bräunen zu lassen, sondern wegen der guten Luft. Hochsaison waren daher der späte Frühling und der frühe Herbst. Im September 1906 war einer der Kurgäste Ludwig Boltzmann, »wohl der größte Denker, den Österreich hervorgebracht hat«, wie sein Biograph Engelbert Broda 1986 schrieb. Der 1844 in Wien geborene Ludwig Boltzmann war als theoretischer Physiker einer der Begründer der modernen Atomphysik; die Republik Österreich ehrte ihn in den siebziger Jahren durch die Stiftung mehrerer theoretischer Forschungsinstitute, die heute seinen Namen tragen. In seinen letzten Lebensjahren war Ludwig Boltzmann Professor für theoretische Physik an der Universität Wien. Er erhängte sich am 5. September 1906 in einem Hotelzimmer in Duino. Der Grund seines Selbstmordes waren vermutlich Depressionen nach dem Ausbruch einer schweren Krankheit.
10 km südlich von Duino liegt *Grignano* mit seinem Schloß *Miramare*. Vor 150 Jahren war hier nur eine felsige, öde Halbinsel. Erzherzog Ferdinand Maximilian, seit 1854 als Kommandant der österreichischen Kriegsflotte in Triest stationiert, suchte nach einer stürmischen Segel-

fahrt im Hafen von Grignano Schutz, war von der Landschaft begeistert und kaufte und bepflanzte die Halbinsel. 1832 geboren, wurde dieser jüngere Bruder Kaiser Franz Josephs zeit seines Lebens als der begabtere angesehen. Schon früh machte er weite Reisen (er bezeichnete sich als »Reisemonomanen«), baute sich im Park von Schönbrunn eine eigene Villa (»Maxing«, an die noch die Maxingstraße erinnert), heiratete 1857 Charlotte, die Tochter des belgischen Königs, und – suchte nach einer Lebensaufgabe. 1857 ernannte ihn Franz Joseph zwar zum Generalgouverneur von Lombardo-Venetien, doch ohne militärische Befugnisse und mit strikten Weisungen aus Wien. Da der Erzherzog den Lombarden zu sehr entgegenkam, wurde er im April 1859 wieder seines Amtes enthoben – vier Monate später verlor Österreich nach der Schlacht von Solferino die Lombardei.
Ferdinand Maximilian zog sich nach Triest zurück und widmete sich zur Gänze dem Bau von Miramar. Fertiggestellt wurde zunächst das »Castelleto« im oberen, Grignano zugewandten Parkteil, von wo aus der Erzherzog den Bau überwachte. Die Pläne entwarf der 1827 in Saubersdorf (Bezirk Neunkirchen, NÖ) geborene Architekt Carl Junker, die Ausführung oblag der Grazer Baufirma Anton Hauser. Die zahlreichen Holzarbeiten führten die Österreicher Franz und Julius Hofmann aus. Sie übernahmen später für König Ludwig II. von Bayern die Ausgestaltung seiner Königsschlösser. Ferdinand Maximilian wollte sich mit Miramar (er, der die spanische Kultur besonders schätzte, zog diese spanische Bezeichnung dem italienischen »Miramare« vor) ein »Gesamtkunstwerk« schaffen, in das viele Eindrücke von seinen Reisen Eingang finden sollten. Das Schloß wurde im damals führenden Stil des Historismus errichtet, beeinflußt von englischen und spanischen Schlössern.
In den sechziger Jahren des vorigen Jahrhunderts waren die europäischen Großmächte noch beherrscht vom Gedanken, lokale Aufstände durch Intervention und Einsetzung eines neuen Herrschers zu lösen. Da man wußte, daß Erzherzog Ferdinand Maximilian für eine solche Aufgabe empfänglich war, trug man ihm 1862 die griechische Königskrone an, die er aber wegen der unsicheren Verhältnisse in Griechenland ablehnte. Dann gab es mit Mexiko Schwierigkeiten: Dieser unabhängige Staat konnte hohe, bei europäischen Banken aufgenommene Kredite nicht zurückzahlen, und man entschloß sich in Frankreich und England zur Intervention, auch um den demokratischen Einfluß der jungen Ver-

einigten Staaten zurückzudrängen. Man suchte einen Prinzen königlichen Geblüts, um eine konservativ-klerikale Regierung zu errichten, und Napoleon III. fragte in Miramare an.
Warum Erzherzog Maximilian dieses paradiesische Stück Erde, über das er selbst dichtete:

»Aus blauer Fluth zum Himmelsblau
im Blüthenduft emporgestiegen,
ist Miramar ein Mährchenbau,
des Dichters Herz in Lust zu wiegen« (4)

zugunsten des mexikanischen Abenteuers verließ, darüber gibt es mehrere Vermutungen: Seine durch den dominierenden Bruder verursachte Untätigkeit, der Ehrgeiz seiner Gattin Charlotte, die Überredungskunst Kaiser Napoleons III., der den französischen Einfluß gewahrt und gleichzeitig gegenüber Österreich nach dem Krieg von 1859 eine Versöhnungsgeste setzen wollte, und auch schönfärberische Berichte über die Lage in Mexiko werden als Gründe angeführt. Vielleicht war es alles zusammen. Jedenfalls nahm Maximilian, der zuvor auf seine Rechte als Erzherzog verzichtet hatte, am 3. Oktober 1863 das Anbot einer mexikanischen Delegation an, Kaiser von Mexiko zu werden. Den Tisch mit römische Ruinen darstellenden Intarsien (ein Hochzeitsgeschenk von Papst Pius IX.), auf dem er unterschrieb, sehen wir im Schloß, ebenso ein diese Szene zeigendes Gemälde. Im selben Saal befindet sich auch ein Bild der Abreise des nunmehrigen Kaiserpaares am 14. April 1864: Die rotweißrote Flagge bleibt zurück, über dem den Hafen von Miramare verlassenden Boot weht die mexikanische Flagge; im Hintergrund wartet die österreichische Fregatte »Novara« zur Fahrt über den Atlantik. Dem Ruf nach Mexiko folgten 8000 österreichische Freiwillige und einige Hundert Belgier. Das Drama, das folgte, ist heute nur mehr eine Fußnote in der Weltgeschichte: Nach der Abberufung der französischen Truppen durch Napoleon III. mußte Maximilian allein gegen den gewählten Präsidenten Benito Juarez kämpfen. Er unterlag; bis zuletzt tapfer, wurde er am 19. Juni 1867 in Queretaro erschossen (den Augenblick, wenngleich historisch nicht getreu, festhaltende Gemälde von Eduard Manet sind in der National Gallery in London und in der Kunsthalle in Mannheim). Die »Novara« fährt, nun unter Admiral Tegetthoff, nochmals nach Veracruz, um den Leichnam nach Triest zu bringen. Maximilian wird in der Wiener Kapuzinergruft begraben. In der Burg Hardegg/NÖ erinnert ein Museum an diesen Kaiser und seine österreichischen Soldaten. Charlotte, die schon 1866 geisteskrank geworden war, als sie auf einer Reise zu den Souveränen Europas Hilfe für Maximilian erflehte, starb erst 1927 auf Schloß Bouchoute bei Brüssel.

Maximilian sah sein Schloß nie vollendet; erst nach seinem Tod wurde der nach seinen Anweisungen – noch von Mexiko aus kümmerte er sich darum – errichtete erste Stock fertiggestellt. Im Erdgeschoß des Schlosses finden wir in den seinerzeitigen Privatgemächern vor allem persönliche Erinnerungen an den Erzherzog und sein Leben vor dem mexikanischen Abenteuer. So ist das Arbeitszimmer der Offiziersmesse der österreichischen Fregatte »Novara« nachgebildet, auf welcher der Erzherzog seine ersten Seereisen unternahm (der Name der Fregatte erinnert übrigens an einen Sieg der Österreicher über das Heer von Piemont bei Novara, 25 km westlich von Mailand, am 23. März 1849; heute erinnert nur mehr die Novaragasse im 2. Wiener Gemeindebezirk daran). Im Treppenhaus stehen zwei Sänften, die Maria Theresia gehört haben sollen. Der erste Stock sollte mehr sein als eine Galerie der zeitgenössischen europäischen Souveräne. Im Audienzsaal sehen wir etwa Kaiser Franz Joseph I. und Kaiserin Elisabeth; über den Türen sind die Habsburg (bei Baden) in der Schweiz, die Wiener Hofburg und die Villa Maxing bei Schönbrunn abgebildet; im »Historischen Saal« zeigen Gemälde den Besuch Kaiser Leopolds I. in Grignano und eine Ankunft der Kaiserin Elisabeth. Auch die beiden erwähnten Bilder über den Beginn der mexikanischen Episode sind hier ausgestellt. Der Thronsaal sollte nach den Vorstellungen Maximilians Schauplatz seiner eigenen Apotheose, der Verherrlichung Mexikos und der ruhmreichen Geschichte der Habsburger werden. Wir sehen darin Porträts der bedeutendsten Habsburgerkaiser, einen Stammbaum der Familie (unten mit Rudolf I. beginnend und oben mit Maximilian und Charlotte endend) und eine Allegorie auf das Weltreich Kaiser Karls V., in dem bekanntlich die Sonne nicht unterging; am Rad eines Pfaus sind die Wappen der von den Habsburgern beherrschten Länder zu sehen (wobei Niederösterreich als »Alt«-Österreich bezeichnet ist, da es historisch früher in habsburgischem Besitz war als Oberösterreich = »Neu«-Österreich).

Als Miramare vollendet war, nahm im Schloß niemand mehr Residenz. Im September 1882 wohnten Kaiser Franz Joseph mit Gattin und Sohn eine Woche hier, nach dem Tod von Kronprinz Rudolf suchte seine Wit-

we, Stephanie, hier Ruhe und Vergessen, am 22. März 1900 heiratete sie in der Schloßkapelle den Grafen Lonyay (s. S. 126). 1913/14 empfing Erzherzogin Elisabeth, die Tochter des Kronprinzen Rudolf, in Miramare ihren Geliebten, den U-Boot-Kommandanten Anton Lerch (der bald darauf von einer Feindfahrt nicht mehr zurückkehrte und nun am Friedhof von San Michele in Venedig begraben liegt), im April 1914 hielten sich der Erzherzog Thronfolger Franz Ferdinand und sein Gast, Kaiser Wilhelm II. von Deutschland, einige Tage im Schloß auf, dann einmal Kaiser Karl und Kaiserin Zita. Im Ersten Weltkrieg wurde das Mobiliar nach Wien ausgelagert, nach Kriegsende aber wieder zurückgegeben. Zwischen den Weltkriegen war Miramare Wohnsitz des Herzogs von Aosta, der, nachdem er Vizekönig von Äthiopien geworden war, dort in Gefangenschaft starb; 1943 bis 1945 war im Schloß eine deutsche Offiziersschule untergebracht.
Nach der Besichtigung des Schlosses sollten Sie auch die Gärten genießen, die immer wieder neuen Ausblicke auf das Schloß, das Meer, auf Statuen, auf das nur mehr 5 km entfernte Triest bieten.

Die Strecke von Villach über Tarvisio/Tarvis über den Passo di Predil/Predilpaß, durch das Tal des Soča/Isonzo, vorbei an Gorizia/Görz nach Miramare vor Triest ist 180 km lang und, einschließlich des Abstechers in die Javorka, in einem Tag zu befahren. Für die Besichtigung von Miramare sollte man einen weiteren Halbtag rechnen. Die Straßen sind wenig befahren und, bis auf den Abstecher in die Javorka, gut. Das Sträßchen von Zatolmin in die Javorka ist zwar nicht steil, aber sehr schmal und nicht befestigt; es sollte daher nach starken Regenfällen nicht befahren werden. Eine Alternative wäre, den Wagen in Zatolmin zu parken und in die Javorka zu wandern oder mit dem Mountainbike zu fahren (hin und zurück 13 km). Als Landkarte genügt eine 1 : 200 000 Straßenkarte von Slowenien oder Italien/Friaul. Tankstellen sind in diesem Teil Sloweniens rar, doch sind Benzin und Diesel um ca. 40% billiger als in Österreich oder Italien (die erste Tankstelle auf der Route ist südlich von Bovec). Die Grenzkontrollen sind rasch, an den Grenzen kann man slowenische Tolar eintauschen; bei den meisten slowenischen Grenzstellen gibt es auch noch Dutyfree-Shops.
Unterkunft ist in Bovec/Flitsch, Tolmin/Tolmein, Gorizia, Nova Gorizia und – zahlreicher – in Duino, Sistiana sowie in Triest zu finden. Die Preise, bei vergleichbarer Qualität, sind in Slowenien niedriger als in Italien.
Diese Route kann von April bis November gemacht werden. Das Museum in Kobarid/Karfreit (ul. Gregorčičeva 10) ist ganzjährig täglich von 9 bis 19 Uhr geöffnet; Schloß Miramare ist ebenfalls ganzjährig täglich geöffnet (9–17 Uhr); an Sommerabenden (nach 21 Uhr, je nach Monat, Information: Tel. 0039 40 679 6111) wird vor dem Schloß mit »Son et Lumière« die Geschichte des Schlosses und seiner Bewoh-

ner, unterstützt durch Lichteffekte, dargestellt. Die Burgschauspieler Fred Liewehr, Johanna Matz, Albin Skoda, Susi Nicoletti und Heinz Moog haben den historischen Persönlichkeiten die Stimmen geliehen.
Nach der Besichtigung von Miramare sollte man auch Triest besuchen (s. S. 217ff.); für die Rückreise empfehle ich die Fahrt durch Friaul oder über Laibach (s. S. 187ff.).

TRIEST

Eine Ringstraße am Meer

Wohl keine Stadt außerhalb des heutigen Österreich erinnert sich so gerne an das Zusammensein mit Österreich wie Trieste/Triest. Alexander Roda Roda hat die Gefühle der Triestiner satirisch schon in den zwanziger Jahren beschrieben:

> »Den Habsburgern ist es in 550 Jahren nicht gelungen, Triest gutösterreichisch zu machen. Die Italiener haben es in drei Monaten fertiggebracht.« (1)

Am 30. September 1382 nahm Herzog Leopold III. in Graz die ihm von drei Abgesandten der Stadt Triest erbetene Schutzherrschaft über Stadt und Hafen an. Triest wollte dem Einfluß Venedigs entgehen. 1506 bis 1510 nochmals von Venedig besetzt, blieb die Stadt seit Kaiser Maximilian I., der das Kastell Sankt Just auszubauen befahl, endgültig habsburgisch. Von Kaiser Karl VI. 1719 mit weitreichenden Privilegien zum Freihafen erklärt, erlebte Triest seine goldene Ära in der Spätzeit der Habsburgermonarchie nach der Fertigstellung der Semmeringbahn (1857). 1829 hatte Joseph Ressel das erste Schiff mit Schiffsschraube, die »Civetta«, im Golf von Triest ausprobiert, 1836 wurde vom späteren österreichischen Handels- und Finanzminister Karl Ludwig Freiherr von Bruck der Österreichische Lloyd gegründet (später: Lloyd Triestino); 1866 trug der Verlust Venedigs für Österreich und 1869 die Eröffnung des Suezkanals zum weiteren Aufstieg Triests bei; nach der Erbauung der Tauern-Karawanken-Wocheiner-Bahn (1913, s. S. 207) sollte Triest zum Hafen auch für Bayern werden. 1913 wurden im Hafen von Triest 3,5 Mio. t Güter umgeschlagen, begünstigt durch besondere Eisenbahntarife für den Hafen-Durchgangsverkehr. Im Ersten Weltkrieg konnte Triest gegen die italienischen Angriffe in elf Isonzoschlachten verteidigt werden, 1919 erfolgte die nicht von allen Triestinern ersehnte Vereinigung mit Italien, das auch Istrien erhielt (noch 1915 wurde von österreichfreundlichen Triestinern das Verdi-Denkmal aus Protest gegen die italienische Kriegserklärung zerstört; nach dem Ersten Weltkrieg wurde es am selben Platz – der Piazza San Giovanni –, nun aus dem Metall österreichischer Kanonen, neu errichtet). 1945 sollte Triest unter Verwaltung der Vereinten Nationen gestellt oder Freistaat werden. Erst 1975 kam es wieder unter die volle Souveränität Italiens, jetzt allerdings ohne jedes Hinterland, in dem zuerst Jugoslawien und jetzt Slowenien und Kroatien ihre eigenen Häfen förderten (Koper, Rijeka). Für Österreich erlangte Triest nur mehr kurzfristig besondere Bedeutung, als nach 1945 fast die gesamten für Österreich bestimmten amerikanischen Hilfsgüter aus dem Marshallplan über Triest umgeschlagen wurden. 1995 war das slowenische Koper der wichtigste Seehafen Österreichs, Triest rangierte mit 434 000 t Umschlag für Österreich nur mehr an fünfter Stelle, nur 7% unserer Seetransporte benützten, trotz eines Präferenzabkommens, Triest. Auch für Italien hat Triest als Hafenstadt kaum mehr Bedeutung: Die politische Vereinigung mit Italien bezahlte Triest mit dem wirtschaftlichen Niedergang. Bald nach 1918 von der Vereinigung mit Italien enttäuscht, sucht die Stadt noch heute nach einer neuen Aufgabe als mitteleuropäisches Zentrum mit italienischer Sprache.

Dafür ist Triest eine altehrwürdige Stadt geblieben, in der die Bauten aus der Monarchie nach wie vor dominieren; eine große Stadt am Meer, ohne die Nachteile einer Hafenstadt zu haben (der heutige »Porto Nuovo« ist, abgelegen von der Stadt, im Süden).

Kommen wir mit der Bahn in Triest an, so empfängt uns schon in der *Stazione Centrale* (der heute der einzige Bahnhof Triests ist) k.k. Atmosphäre. Zwar gibt es von Wien nicht einmal mehr Kurswagen, wohl aber verkehren direkte Züge von Laibach, Budapest, Zagreb, Rom, Genf. Aber immerhin erinnert in der Bahnhofshalle noch eine Gedenktafel an Carlo Ghega, angebracht 1978 zum einhundertjährigen Bestehen dieses Bahnhofgebäudes der Südbahn (erbaut von Wilhelm Flattich, der auch den alten Wiener Südbahnhof erbaut hatte und die Eisenbahnbauten an der Eichenstraße in Wien-Meidling) zur Erinnerung an den genialen Ingenieur, der die Eisenbahn von der Donau über die Alpen zur Adria baute. Am Platz vor dem damaligen Südbahnhof gab es bis 1918 ein Kaiserin-Elisabeth- und ein »Austria«-Denkmal. Letzteres wurde

1889 anläßlich der fünfhundertjährigen Zugehörigkeit der Stadt zu Österreich errichtet. Gleich gegenüber dem Bahnhof stehen in der Viale Miramare zwei Palais, die auch die Wiener Ringstraße säumen könnten: der Palazzo Parisi einer durch Transporte zwischen Triest und Wien reich gewordenen Spediteursfamilie, erbaut 1885 vom Wiener Architekten Schachler mit einem Vorbau unter korinthischen Säulen, und daneben das Palais Economo.
Unser Weg durch Triest führt, meist einige Straßen landeinwärts, parallel zum Meeresufer, berührt die wesentlichen Sehenswürdigkeiten der Stadt und könnte von mehreren Punkten aus begonnen werden. Wenn wir ihn an der Stazione Centrale beginnen, gehen wir durch die Via Ghega – schon daß die Triestiner diesen österreichischen Straßennamen seit der Monarchie beibehalten haben, unterscheidet sie von anderen Italienern – zur *Piazza Oberdan*. In fast jeder italienischen Stadt trägt eine Straße oder ein Platz den Namen »Guglielmo Oberdan«, weil der Namensgeber, aus italienischer Sicht, ein Märtyrer war: Als 1888 die Feiern zur fünfhundertjährigen Zugehörigkeit Triests zu Österreich vorbereitet wurden, wurde auch der Besuch von Imperatore Francesco Giuseppe I angekündigt. Wilhelm Oberdank, ein junger Triestiner, der aus der k.u.k. Armee desertiert war, bereitete sich in Italien auf die Ermordung des verhaßten Kaisers vor. Beim Grenzübertritt nach Österreich fand man bei ihm eine selbstgebastelte Bombe – die österreichische Polizei hatte dank ihres damals gut funktionierenden und bezahlten Informantensystems die richtigen Hinweise bekommen. Oberdan gestand sofort, ihm wurde kurzer Prozeß gemacht, keine Gnade gewährt, und er wurde hingerichtet. Die italienische Sache hatte ihren Märtyrer.
An der heutigen Piazza Oberdan lag bis 1918 das österreichische Kasernenviertel. Hier befanden sich auch Todeszelle und Hinrichtungsstätte Oberdans. In der Ära des Faschismus wurden die österreichischen Bauten (bis auf den 1918 noch nicht fertiggestellten Justizpalast, der oberhalb zu sehen ist) zerstört und Monumentalbauten im neuen, faschistischen Stil errichtet. In der »Casa del Combattante« (via XXIV maggio – der Name »24. Mai« erinnert an den Tag des Eintritts Italiens in den Ersten Weltkrieg 1915) wurde ein »Museo del Risorgimento« eingerichtet, das dem Kampf gegen Österreich und insbesondere dem Leben und Sterben Oberdans geweiht ist. Viel Interesse dürfte das Museum (Eingang unter dem Torbogen) auch unter Italienern nicht mehr finden: Es ist nur mehr nach vorheriger telefonischer Vereinbarung geöffnet.

Unser Weg führt uns wieder ein Stückchen zum Meer zurück, durch die Via Galatti zur *Piazza Vittorio Veneto.* Sie ist nach dem Ort (nördlich von Treviso) benannt, bei dem die letzte Schlacht des Ersten Weltkrieges stattfand. In der Monarchie hieß der Platz »della Posta«. In der Geschichte dieses Platzes findet der Nationalitätenstreit seinen Niederschlag: 1898 wollten die kaiserfreundlichen Triestiner anläßlich des fünfzigjährigen Regierungsjubiläums von Imperatore Franceso Giuseppe I. ihren Monarchen besonders ehren. Man dachte an die Errichtung eines Kaiserdenkmals an diesem damals gerade in Gestaltung befindlichen Platz. Der Standort sollte zwischen der neuen Post und der Eisenbahndirektion sein. Die Habsburg-Gegner suchten dies zu verhindern: Sie spendeten eilig für einen Brunnen – die noch heute hier befindliche, nichtssagende »Fontana die Tritoni« – und damit war der Platz vergeben. Die Post, dem Parteienstreit entzogen, nicht privatisiert, sondern k.k., sprang für den Kaiser ein: Im neuen Hauptpostgebäude auf der Ostseite des Platzes fand seine Statue Aufstellung. Auch wenn Kaiser Franz Joseph heute nicht mehr den Briefmarkenkäufer grüßt, ist das vom Wiener Architekten F. Setz errichtete Postgebäude einen Besuch wert. Es ist das wahrscheinlich schönste unverändert aus der Monarchie noch erhaltene Postgebäude, wobei die vom Wiener Franz Lefler geschaffenen Gemälde besonders bemerkenswert sind. Lefler (1863–1919), der Ausstattungsleiter der Hofoper und dann des Burgtheaters war, schuf in Wien z. B. die Fresken im Rathauskeller.
Durch die Via Roma oder die Via Fabio Filzi (bis 1918 Via di Vienna, heute nach einem italienischen Märtyrer benannt, s. S. 259) kommen wir ins Theresianische Viertel, nach Maria Theresia *Borgo Teresiano* genannt, in deren Auftrag es planmäßig gestaltet wurde. Der »Canale Grande« ist seine zentrale Achse. Die klassizistische Kirche San Antonio Nuovo an dessen Ende wurde um 1840 vom später in Wien wirkenden Architekten Pietro Nobile erbaut. Peter Nobile, 1774 in Tesserete im Tessin geboren, war von 1807 bis 1819 Stadtbaudirektor von Triest und anschließend Direktor der Architekturabteilung der Akademie der bildenden Künste in Wien, wo er den Theseustempel, das äußere Burgtor und den Festsaal der heutigen Technischen Universität erbaute; wir finden seine Bauten in vielen Orten der Monarchie, bis zum Schloß von Teschen/Cieszyn im heutigen Polen.
Auch die zweite am Canale Grande stehende Kirche, die SS Trinità e San Spiridione geweiht ist, steht zu Maria Theresia in Beziehung: Sie

gewährte der serbisch-orthodoxen Konfession die Anerkennung, und diese Christen konnten daraufhin die Kirche errichten. Entlang des Canale Grande, der einst Handelshafen war, gehen wir zum Meer. An der Riva stehen die Gebäude der einstigen Generaldirektionen der großen Handelshäuser, Banken und Versicherungen (die größte Versicherungsgesellschaft der Monarchie, die Assicurazione Generali, hatte hier ihren Sitz). Der heute Molo Audace genannte Pier ist nach dem ersten italienischen Kriegsschiff benannt, das am 3. November 1918 in Triest anlegte; heute meist nur von Spaziergängern bevölkert, war er bis 1914 als Molo »San Carlo« (benannt nach einem Kriegsschiff, dem Kaiser Karl VI. den Namen gab) der Anlegepunkt für die nach Grado, Parenzo (das heute kroatische Poreč), Capodistria (das heute slowenische Koper) und Venedig fahrenden Dampfer.

Wir stehen vor der *Piazza Unita d'Italia*, in der Monarchie bescheidener »Piazza Grande« genannt. Mit den hier errichteten Gebäuden wollte man in Triest die Wiener Ringstraße nachahmen: Der mächtige Bau links mit der Loggia und den im Sonnenglanz funkelnden Mosaiken war die k.k. Statthalterei, 1904 vom Wiener Architekten Emanuel Artmann erbaut; es ist auch heute Sitz der Provinzregierung. Das Gebäude gegenüber war das des Österreichischen Lloyd, 1885 von Heinrich von Ferstel (dem wir in Wien viele Bauten an der Ringstraße verdanken, u. a. die Neue Universität) errichtet. Der Platz war und ist der Salon von Triest: Repräsentative Bauten umrahmen ihn, es gibt kaum Geschäfte, dafür aber Kaffeehäuser und viel Platz zum Promenieren, spielt heute auch an Sonntagvormittagen Militärmusik. Der Brunnen am Platz ist die von Maria Theresia anläßlich der Fertigstellung der Wasserleitung nach Triest 1751 in Auftrag gegebene »Fontana dei quattro continenti«. An den Ecken sind symbolhaft die damals vier bekannten Kontinente dargestellt, darüber Felsen aus dem Karst aufgetürmt. Da die Ähnlichkeit mit dem Brunnen am Brünner Krautmarkt sehr groß ist (s. S. 78), vermutet man auch für den Triestiner Brunnen einen Entwurf von Johann Bernhard Fischer von Erlach. Daneben steht auf einer Säule Kaiser Karl VI. Diesem Kaiser verdankt Triest seine Privilegien als Freihafen. Er legte damit den Grundstein für die Verlagerung des österreichischen Überseehandels von Ostende hierher und zeichnete die Stadt auch durch einen längeren Aufenthalt aus. Karl VI., dessen Denkmal alle politischen Veränderungen am selben Platz überdauerte, zeigt symbolhaft mit der linken Hand auf den von ihm geschaffenen Hafen.

Am Rathaus vorbei nach links kommen wir zur *Piazza Borsa*: An der alten Börse erinnert eine Aufschrift an ihren Erbauer, Kaiser Franz I., die Statuen stellen Flüsse und Länder dar (darunter die Donau und Österreich). Davor steht ein Denkmal für Kaiser Leopold I. Der einmündende Corso Italia ist die Hauptgeschäftsstraße Triests, doch ihr können wir uns auch abends, bis 19.30 Uhr widmen.
Für unsere weitere Besichtigung gehen wir zurück zur Piazza Unita, und dann an der Riva weiter: Das Hotel Savoia Excelsior, 1912 vom Wiener Architekten L. Fiedler errichtet, war schon damals als »Excelsior Palace« das erste Haus am Platz. Auch nun dürfte wieder ein österreichischer Architekt zur Gestaltung Triests beitragen: Gustav Peichl gewann 1995 einen Architekturwettbewerb zum Neubau eines Kongreßzentrums an der Meerseite der Riva. Bis dahin übersehen wir die dort abbruchreif stehenden Gebäude und wenden uns bei der *Piazza Venezia* wieder der Stadtseite zu. Als diese Piazza noch »Piazza Giuseppina« hieß, stand hier ab 1875 das Denkmal für Kaiser Maximilian von Mexiko. Man entfernte es zwar 1918, zerstörte es aber nicht, so daß man es 1960 im Park von Miramare wieder aufstellen konnte.
Obwohl Triest immer eine Stadt Merkurs und nicht Apolls war (also stets den Handel der Kunst vorzog), gibt es eine sehenswerte Gemäldegalerie, die aus den Sammlungen reicher Kaufmannsfamilien entstanden ist: Hinter der Piazza Venezia steht das in Anwesenheit von »Archiduca Ferdinando Massimiliano« 1858 inaugurierte *Museo Revoltella,* das nicht nur Werke italienischer Maler zeigt (so z. B. von Balestrieri »Beethovens Kreutzersonate«, 1900, impressionistisch um die Totenmaske des Komponisten gemalt), sondern auch Meisterwerke von Angelika Kauffmann (die selbst einige Zeit in der Via della Rotonda gelebt haben soll), Friedrich von Amerling (Bildnisse eines Mädchens und von Eduard Engerth) und Albin Egger-Lienz. Ein Gemälde von Cesare Dell'Acqua (1821–1905), der wesentlich an der Ausgestaltung von Schloß Miramare beteiligt war, zeigt die historische Szene, zwischen Dom und Kastell (s. u.), mit der die Triestiner 1382 ihre Stadt an die Habsburger übergeben haben: Nicht devot, sondern stolz beobachten sie den Erzherzog, der auf die Bibel schwört, die Privilegien der Stadt zu achten.
Gleich nebenan ist das *Museo Sartorio*, das uns nachempfinden läßt, wie eine reiche Triestiner Familie im 19. Jh. lebte (mit einer größeren Sammlung Wiener Porzellans!). An der heutigen Piazza A. Hortis be-

Das Gebäude der einstigen k.k. Statthalterei an der Ringstraße am Meer.

fand sich bis 1919 das deutschsprachige Staatsgymnasium, in dem der 1830 im niederösterreichischen Kirchberg/Walde (bei Gmünd) geborene Robert Hamerling klassische Sprachen unterrichtete. In seiner kleinen Wohnung in der Via Santa Caterina 2 in der Altstadt schrieb er seine wichtigsten Werke, z. B. das heute fast vergessene Epos »Ahasver in Rom« oder die »Triestiner Spaziergänge«.
Wir sind nun in dem nach Kaiser Joseph II. *Borgo Giuseppe* benannten Stadtteil und kommen, wenn wir durch die Via dell'Università weiter gehen, zur *Villa Principe Napoleone* (oder Villa Necker), in der Kaiser Napoleons jüngster Bruder, Jérome, im Exil 1820 bis 1827 en famille lebte, nachdem er als König von Westfalen vertrieben worden war. Bis 1918 hatte das k.u.k. Marinekommando Triest (Hauptkriegshafen der Monarchie war ja Pola/Pula) hier seinen Sitz, auch heute residiert ein militärisches Kommando in dem Gebäude. Einige Straßen weiter Richtung Meer, am Beginn der Passeggio di Santa Andrea, hatte in der Monarchie das Zoologische Institut der Universität Wien eine Außenstelle. Hier absolvierte Sigmund Freud 1876 sein Ferialpraktikum, u. a. sezierte er die Lappenorgane von 400 Jungaalen.

Unseren Weg durch Triest sollten wir mit einem Besuch der Kathedrale San Giusto/Sankt Justus beschließen, vielleicht durch die Via Cattedrale, vor deren Anfang der Arco di Riccardo steht, der einer Sage nach das Portal eines Turms gewesen sein soll, in dem einst König Richard Löwenherz gefangen gehalten wurde. Wahrscheinlich ist es »nur« ein Portal aus römischer Zeit. Vor der *Kathedrale San Giusto*, auf deren Platz ein römischer Jupiter-Tempel stand und 380 die erste christliche Kirche errichtet wurde, können wir die »Adlersäule« sehen, die zu Ehren Kaiser Ferdinands I. 1560 in der Altstadt errichtet und 1843 hierher transferiert wurde, um dem wachsenden Verkehr Platz zu machen. Die heutige Kathedrale stammt aus dem 14. Jh., den Kronleuchter des Mittelschiffes stiftete Erzherzog Ferdinand Maximilian, als er Marinekommandant in Triest war. Hinter der Kathedrale erhebt sich das *Kastell* von Triest, das von den Venezianern gegründet und nach Kaiser Maximilian I. ausgebaut wurde; bis 1918 war es eine österreichische Kaserne. Vom Kastell und vom Platz vor der Kathedrale hat man eine sehr schöne Aussicht auf den Golf von Triest, auf die alte und die neue Stadt, die sich auf den Hügeln bis zum Karst hinauf drängt. 1819 beschrieb Franz Grillparzer diesen Anblick:

> »Überhaupt gewährt Triest, sowohl vom Berge herab, an dem es liegt, als von der Seeseite betrachtet, einen außerordentlich schönen Anblick. Das Meer in seiner Herrlichkeit, die zahllosen Masten der Schiffe, das Gewimmel von Menschen aller Kleidung und Sprache, alles ist ansprechend und neu. Einen besonders fremden Anblick gewährt es, mitten auf den Plätzen der Stadt bedeutende Meerschiffe in den Kanälen liegen zu sehen, deren Masten die umstehenden Häuser weit überragen.« (2)

Wenn Sie noch einen halben Vormittag Zeit haben und technisch interessiert sind, empfiehlt sich ein Besuch des *Museo del Mare* mit seinen zahlreichen Schiffsmodellen auch aus österreichischer Zeit und einem Giuseppe Ressel (s. S. 195) gewidmeten Raum. Das *Museo Ferroviario* liegt ebenfalls an der Via Ottaviano Augusto im Süden des alten Hafens, am früheren Molo Santa Teresa und beim Leuchtturm. Dieses Eisenbahnmuseum ist im alten Staatsbahnhof untergebracht, wo die Tauern-Karawanken-Wocheiner-Bahn von Salzburg endete (s. u.). Es dokumentiert die gemeinsame Eisenbahngeschichte, auch mit zahlreichen in österreichischen Fabriken hergestellten Dampflokomotiven: Im Friedensvertrag von Saint-Germain hatte ja Österreich den überwiegenden

Teil seiner Lokomotiven und Waggons an die Nachfolgestaaten abtreten müssen, wo sie noch bis in die sechziger Jahre brav Dienst taten.
Noch zwei Hinweise zur gemeinsamen Industriegeschichte: In der Via Giulia, die zum Boschetto/Stadtwald führt, in dem ein »Ferdinandeo« genanntes Schlößchen an Kaiser Ferdinand erinnert, der um 1840 dieses frühere Jagdgebiet der Stadt Triest geschenkt hat, steht noch eine Miniatur-Ausgabe der Wiener Roßauer Kaserne. Das Gebäude beherbergte um 1870 die modernste Brauerei der Monarchie, einige ihrer Geräte sollen heute im Technischen Museum in Wien sein. Sie war eine Filiale der von Anton Dreher (1810–1863) gegründeten Schwechater Brauerei, die um 1890 mit ihren Filialbetrieben zu den größten Biererzeugern der Welt gehörte (Jahresproduktion ca. 1,1 Mio. Hektoliter Bier); in Norditalien gibt es noch heute die Biermarke »Dreher«. Bleiben wir beim Alkoholischen: Auch die Rum-Fabrik Stock, heute in Linz beheimatet, ist eine Triestiner Gründung. Ihre alten Gebäude sind heute noch in der Viale Miramare, nördlich der Stazione Centrale am Weg nach Miramare oder Duino, zu sehen.
Von Triest aus kann natürlich *Schloß Miramare* (s. S. 213 ff.) besichtigt werden (mit Bus Nr. 36, Auto, oder der Eisenbahn, von der Stazione Centrale bis Miramare, wo im Bahnhof noch der alte Hofwartesaal konserviert ist).
Der zweite von Triest aus zu empfehlende Ausflug kann mit dem Auto oder, teilweise, mit der von der Piazza Oberdan abfahrenden, um die Jahrhundertwende von der Wiener »Österreichischen Elektrizitätsgesellschaft Union« (bis in unsere Zeit als »Elin-Union« bekannt) erbauten Straßen- und Zahnradbahn zurückgelegt werden. Wir fahren mit einer Steigung von bis zu 25% zur Station *Obelisco* auf 343 m hoch (oder mit dem Auto durch die Via Commerciale oder die Strada del Friuli/Strada Vicentino, hier vorbei am »Faro della Vittoria«, einem leuchtturmähnlichen Bau aus faschistischer Zeit, Denkmal für die im Ersten Weltkrieg gefallenen italienischen Seeleute). Vom Obelisk, der hier 1830 zu Ehren Kaiser Franz' I. errichtet wurde, als dieser als einer der ersten Reisenden die eben fertiggestellte Reichsstraße von Wien über Laibach – Adelsberg (heute: Postojna) benützte, ist der Blick weit, ja großartig: über die Stadt, den Hafen und das Hinterland, das sich heute drei Staaten teilen (der slowenische Küstenstreifen ist nur 18 km breit).
Wer ein Auto zur Verfügung hat, kann noch einige Kilometer weiter fahren: Bei der nächsten Kreuzung nach links kommt man nach 1 km

zur Abzweigung »Monte Grisa«, nach der man beim Tempio Mariano di Monte Grisa, einem schon von Triest aus sichtbaren Bau aus dem Jahre 1967, parkt. Dessen moderne Dreiecksarchitektur verzeiht man nur, weil er der Muttergottes und den Gefallenen beider Weltkriege geweiht ist. Noch 1 km weiter nach Norden, und wir sind im Triestiner Karst. Vom nächsten Parkplatz führt ein schmaler Weg zum Aussichtspunkt »Vedetta d'Italia«. Von der heutigen Betonplattform reicht der Blick nicht nur über Triest, Miramare, Duino bis nach Monfalcone, an klaren Tagen soll man von hier aus sogar die Lagune von Venedig erkennen können. Auf dem Platz stand einst die Kaiser-Franz-Josephs-Jubliäums-Warte, 1908 vom Deutsch-Österreichischen Alpenverein errichtet. Hierher kann man vom »Obelisco« auch in ca. 40 Minuten spazieren (Weg Nr. 12). Wir befinden uns nun 350 m über Miramare und nahe des Ortes Prosecco, der einem erst in unserer Zeit berühmt gewordenen Wein seinen Namen gegeben haben dürfte. Von hier fahren wir entweder auf einer langsam abfallenden Straße wieder nach Triest zurück oder wieder zur Abzweigung bei *Villa Opicina*, als Opčina dereinst ein wichtiger Eisenbahnkreuzungspunkt: Die von Wien über Graz – Steinbrück (Zidani Most) – Laibach – St. Peter (Pivka) führende Donau-Save-Adria-Bahn (die Nachfolgerin der Südbahn) kreuzte hier ab 1913 die von Salzburg – Gastein – Villach – Karawanken- und Wocheinertunnel – Görz kommende Staatsbahnlinie. Diese führte in einem engen Bogen um Triest zum einstigen Staatsbahnhof im Süden der Stadt (heute das erwähnte Eisenbahnmuseum), jene in einem weiten Bogen nördlich ans Meer bei Aurisina zu der von Monfalcone kommenden Strecke und auf dieser nach Triest zur heutigen Stazione Centrale. Beide Linien werden nur mehr sporadisch befahren. Wir überqueren nach Villa Opicina die slowenische Grenze und fahren 4 km weiter nach Sežana, durch den außer im Frühjahr dürr-grauen Karst. Über die im Frühjahr verwandelte Landschaft dichtete Rudolf Baumbach um 1870:

»Es prangt im Maiengrüne
Der Lipizzanerwald,
Es schmückt sich die Doline
Mit Blumen mannigfalt.
Pfingstrosen purpurn winken,
So weit das Auge sieht,
Es schmettern Edelfinken
Ihr fröhlich Hochzeitslied.« (3)

Wenn wir in Sežana nach rechts abbiegen, kommen wir nach 8 km nach *Lipica/Lipizza*, einer grünen Insel. Hier gründete Erzherzog Karl, Sohn Kaiser Ferdinands I. und Herrscher in Innerösterreich, 1580 das Stammgestüt unserer Lipizzaner. Die 9 Hengste und 24 Stuten waren dafür von Fürst Khevenhüller aus Spanien gebracht worden. Ab 1590 wurden Pferde an den Kaiserhof geliefert. Einstens soll auf der Straße, die uns zum Gestüt führt, für jedes an den Kaiserhof gesandte Pferd ein Baum gepflanzt worden sein. Heute übersehen wir das Hotel, das für die Italiener erbaute Casino und den Golfplatz und reihen uns unter das mit »Deutsch« beschriebene Schild für die Gestütsführung ein. Die Gestütsgebäude wurden, wie uns eine Gedenktafel lehrt, von Kaiser Karl VI. errichtet. Die Stammtafeln der Hengste und Stuten sind das heilige Gut des Gestüts, die Namen sind uns aus Piber in der Steiermark und aus der Spanischen Hofreitschule wohlbekannt: Maestoso, Neapolitano, Conversano, Pluto ... Das Gestüt mußte mehrmals vor Kriegsereignissen in Sicherheit gebracht werden – zuletzt 1915 nach Laxenburg, von wo aus Piber in der Steiermark »besiedelt« wurde. Erst damit wurden die Lipizzaner im heutigen Österreich heimisch; im Zweiten Weltkrieg erfolgte eine Zusammenlegung aller Lipizzanergestüte in Hostau im Böhmerwald (heute Houstouš bei Horšovský Tyn/Bischofteinitz), von wo Oberst Podhajsky 1945 mit Hilfe der Amerikaner die Pferde nach Österreich zurückbrachte. Daß heute in Lipizza die Pferde auch zu pro-

Wo »echte Österreicher« herkommen: das Gestüt Lipizza östlich von Triest, heute in Slowenien.

fanen Reitstunden für jedermann, der's bezahlen kann, vermietet werden, müssen wir tolerieren – die Wiener Hofreitschule lebt vom Steuerzahler. Die Rückfahrt nach Triest (über Bazovica/Basovizza) ist nur 10 km lang. Wir können aber auch über Laibach (s. S. 187 ff.) die Heimfahrt antreten.

Wer aber weiter auf Entdeckungsreise ins alte Österreich gehen möchte, dem sei die Fahrt nach Istrien empfohlen: Das heute kroatische *Pula/Pola* (ca. 125 km von Triest) war der Hauptkriegshafen Österreich-Ungarns. Die militärischen Bauten selbst sind zwar vielfach noch erhalten, doch läßt sich hier das Österreichische nur mehr erahnen. Präsent ist es hingegen im Süden der Stadt, wo zwischen den Kasernen und Wohngebäuden der Marinebeamten die Kirche »Madonna del Mare« (Gospa od mora) und der Marinefriedhof gepflegt werden. Nirgendwo kann man die Multinationaliät der Donaumonarchie, aber auch ihre Orientierung an Hierarchien und Militärischem besser erkennen als durch das Lesen der Inschriften auf den Gräbern.

Wie Adel und reiches Bürgertum »damals« Urlaub machten, können Sie auf der nahen Insel *Brijun/Brioni* nachempfinden, von Fažana/Fasana mit dem Boot (und nur ohne Auto !) erreichbar. Der Wiener Mäzen Karl Kupelwieser (1841–1925) gestaltete die Insel und ihre Hotelbauten, die erst seit dem Zerfall Jugoslawiens wieder zugänglich sind – vorher hatte sie die jugoslawische Nomenklatura unter Präsident Josip Broz Tito für sich in Anspruch genommen.

Knapp noch in Österreich lag *Opatija/Abbazia* (das heutige Rijeka, das damalige Fiume, war bereits zur ungarischen Reichshälfte gehörig), 80 km von Pola. Fast jedes seiner Hotels und der Villen an der 12 km langen Uferpromenade zwischen *Volosko/Voloska* und *Lovran/Lovrana* wäre Persönlichkeiten der österreichischen Geschichte oder Kultur zuzurechnen: Der erste berühmte Kurgast war 1860 Kaiserin Maria Anna, die Gattin des früheren Kaiser Ferdinands, 1869 kam Kaiser Franz Joseph zum ersten Mal, bald danach Kronprinz Rudolf und Kronprinzessin Stephanie (das ihr zu Ehren genannte Hotel heißt heute »Imperijal«), und vor ihnen gab Peter Rosegger hier einen Leseabend. Im März 1894 trafen die Kaiser Franz Joseph und Wilhelm II. in Abbazia zu politischen Gesprächen zusammen. Abbazia erlebte aber nicht nur hohe Politik (habsburgische Residenz war meist die damalige »Villa Angiolina«, die heutige Bibliothek im Kurpark), sondern auch so manche erzherzogliche Liebesaffäre. Daß Abbazia so in Mode kam, war der

1873 fertiggestellten Zweiglinie der Südbahn nach Fiume zu verdanken und dem Wiener Chirurgen Dr. Theodor Billroth, der die heilende Wirkung der Seeluft propagierte. Linderung brachte sie etwa dem Wiener Bürgermeister Dr. Karl Lueger, der im Alter jährlich hier kurte. Abbazia dankte seinen Promotoren, dem Direktor der Südbahn Friedrich Schüler und Theodor Billroth (der 1894 in Abbazia starb), mit der Errichtung von Denkmälern. Wir finden sie noch heute im Kurpark.

Trieste/Triest ist von Wien ca. 500 km entfernt. Die Autofahrt über die Südautobahn – Villach – Pontebba – Udine (ab der Grenze, ca. 150 km, Maut, ca. 80 Groschen/km) ist zwar etwas länger und teurer als die »klassische Route« über Graz – Spielfeld – Ljubljana – Postojna, dafür aber angenehmer zu fahren, solange in Slowenien nur ein kurzer Teil Autobahn ist (von Ljubljana ca. 80 km, gebührenpflichtig ebenso wie die Schnellstraße Maribor – Celje). Für die Bahnfahrt ist nur mehr die Strecke über Villach praktikabel (dreimal täglich, jeweils mit Umsteigen in Udine, 8 Stunden). Das Umsteigen in Udine ist problemlos, die Anschlußzeiten sind kurz. Der letzte Zug über die klassische Strecke über Graz – Laibach – Adelsberg nach Triest, ein Triebwagenschnellzug »Miramare«, mußte in den sechziger Jahren eingestellt werden; er verkehrte nur einen Sommer lang, betrug doch die durchschnittliche Frequenz weniger als einen Passagier ...

Unterkunftsmöglichkeiten gibt es in Triest und Abbazia zahlreiche, vom Luxushotel bis zum einfachen Albergo, wobei für Besichtigungen in Triest auch eine Unterkunft in Duino, Sistiana oder Grignano gewählt werden kann, da die Entfernungen sehr kurz sind. In der Stazione Centrale gibt es ein Touristen-Informationsbüro, bei dem auch nach Unterkunftsmöglichkeiten gefragt werden kann. Auch das Parken in der Stadt ist problemlos, da fast die ganze Riva als Parkplatz (z. T. gebührenpflichtig) zur Verfügung steht. Sprachschwierigkeiten werden kaum auftreten, viele Triestiner haben Grundkenntnisse in Englisch oder Deutsch. Ein Stadtplan, für die Ausflüge auch eine Straßenkarte, wird empfohlen.

Öffnungszeiten der Museen: Museo Revoltella Montag und Mittwoch bis Samstag 10–13 und 15–20 Uhr, Sonn- und Feiertag 10–13 Uhr; die übrigen erwähnten Museen täglich außer montags 10–13 Uhr; Museo del Risorgimento nach tel. Voranmeldung: 0039 40/310 500, /308 686, /361 675. Die Geschäfte (Hauptgeschäftsviertel sind die Straßen um den Corso Italia) sind montags bis samstags von 9.30 bis 19.30 Uhr geöffnet, meist mit einer längeren Mittagspause.

Für den vorgeschlagenen Fußweg durch Triest reicht ein guter Halbtag, ein Ausflug nach Miramare (s. S. 213) benötigt einen weiteren Halbtag, ebenso der zum Obelisco und nach Lipizza. Als Kombination bietet sich für die Hinfahrt die Route »Von Tarvis bis Miramare« (s. S. 199 ff.) an, für die Rückfahrt kann ein Aufenthalt in Ljubljana/Laibach geplant werden (s. S. 187 ff.). Für diese Reise ist jede Jahreszeit geeignet, doch sollte man berücksichtigen, daß es in Triest wegen der kalten Winde (Bora!) im Winter oft empfindlich kalt sein kann.

Um die Drei Zinnen

Altösterreichische Sommerfrischen und Berge in Krieg und Frieden

Aus dieser Route kann sich jeder Leser, wie bei einer Speisekarte, je nach Geschmack und Vermögen jenen Reiseplan erstellen, der ihm zusagt. Das Gebiet ist der östlichste Teil Südtirols, beherrscht von den Sextner Dolomiten mit ihrer Schaugruppe der Drei Zinnen. Bis 1918 verlief die Reichsgrenze von den Karnischen Alpen über den Kreuzbergpaß südlich von Sexten, über die Gipfel der Drei Zinnen/Tre Cime di Lavaredo, den Monte Piano, zwischen Schluderbach und Misurina und südlich von Cortina. Wie das übrige Tirol war das Gebiet seit 1363 habsburgisch, das Ampezzaner Tal kam erst unter Kaiser Maximilian I. im 16. Jh. in habsburgischen Besitz. Nach der Niederlage Österreich-Ungarns im Ersten Weltkrieg mußte Südtirol ebenso wie das bis dahin kärntnerische Kanaltal (wo es an der Brücke in Pontebba/Pontafel noch Grenzsteine aus dem 19. Jh. gibt) im Frieden von Saint-Germain an Italien abgetreten werden. 47 000 italienischsprachige und 250 000 deutschsprachige Tiroler und Kärntner wurden Italiener. Die Forderungen Italiens im Ersten Weltkrieg erstreckten sich zwar nur bis zur Wasserscheide Schwarzes Meer/Adria – die hier mit der Quelle der Drau zwischen Toblach und Innichen verläuft –, womit Innichen und das Tal von Sexten bei Österreich verblieben wären. Ob es auf der Pariser Friedenskonferenz hätte gelingen können, Sexten und Innichen für Österreich zu behalten, konnte auch eine der rückwärtsgewandten Prophetie gewidmete Geschichtsschreibung bis heute nicht beantworten: Eine Theorie sagt, daß die Sextner sich für einige Waggons mit Lebensmitteln an Italien »verkauft« hätten – der Ort war zerstört, und die Bevölkerung hungerte im Winter 1918/19; wahrscheinlicher ist, daß Italien aus strategischen Grün-

den die Grenze noch weiter vorschieben wollte und die österreichische Delegation in Saint-Germain im Glauben, ganz Südtirol behalten zu können, mit der irrigen Taktik des »Alles oder nichts« agierte.
Wir fahren über Lienz – Sillian ins Südtiroler Pustertal, besichtigen in *Innichen* die romanische Kirche des 769 vom Bayernherzog Tassilo III. (der auch Kremsmünster gründete) gestifteten Benediktinerklosters und kommen bald nach *Toblach.* 1871, nach Fertigstellung der Bahnlinie Marburg – Klagenfurt – Lienz – Franzensfeste, wurde Toblach eine der Nobel-Sommerfrischen der Spätzeit der Monarchie, auch durch den Bau von Hotels durch die Südbahngesellschaft, die damit die Nutzung ihrer Züge zu erhöhen suchte, um »Synergien« zu erreichen, würde man heute sagen. Ihr heute berühmtester Frequentant war Gustav Mahler, an den in Toblach ein Denkmal nahe der Kirche, eine Straße und jährlich Mitte Juli eine Musikwoche erinnern. Mahler verbrachte hier nach seiner Zeit als Direktor der Wiener Hofoper, während seines Engagements in New York, die Sommermonate als »Ferienkomponist«. Er machte mit seiner Frau Alma weite Wanderungen, ja Bergtouren, auch um sich vom Tod der 1907 verstorbenen älteren Tochter abzulenken. Von 1908 bis 1910 hatte er westlich von Toblach sein drittes »Komponierhäusl«, nach denen am Attersee und in Maiernigg am Wörthersee. Wir finden es, wenn wir nach dem Ortsende von Toblach von der nach Bruneck führenden Straße links abbiegen, die Bahn unterqueren und auf einem Sträßchen einen halben Kilometer bis zum Gasthaus »Gustav-Mahler-Stube« fahren. Im ersten Stock wohnte Gustav Mahler, das einfache Komponierhäuschen stand einige Meter weit weg am Waldesrand, in der Ruhe der Natur, mit Blick auf Berge und Wiesen. Heute müssen wir uns eine Eintrittskarte in einen kleinen Tiergarten lösen, um es zu sehen. Zwischen Eulen und Rehen finden wir eine hölzerne Schrebergartenhütte, innen erzählen uns Fotos und Kopien von Dokumenten aus dem Leben des Musikers. Hier entstanden in Sternstunden der Musikgeschichte »Das Lied von der Erde« und die Grundzüge der IX. und X. Symphonie, seine letzten Werke. Die Idylle von Toblach endete abrupt: Während einer Kur in Tobelbad bei Graz begann Almas Verhältnis mit Walter Gropius. Mahler erfuhr davon, da Gropius einen an die inzwischen nach Toblach zurückgekehrte Alma geschriebenen Brief irrtümlich an ihren Gatten adressierte. Im August 1909 wurde der Aufenthalt in Toblach abgebrochen, Ende August reiste Mahler nach dem holländischen Leiden, wo er sich mit Sigmund Freud traf, um mit ihm seine Eheprobleme zu besprechen. Am 18. Mai

1911 starb Gustav Mahler in Wien, die X. Symphonie blieb unvollendet. Von den anderen Sommerfrischlern der Region sind wenigstens Arthur Schnitzler, Hugo von Hofmannsthal, Peter Altenberg und Kaiser Franz Joseph I. zu nennen. Auch Oskar Kokoschka bereiste das Pustertal: Bei einer Fahrt mit Alma Mahler 1913 mit der Pustertal-Bahn macht er im fahrenden Zug Zeichnungen von der grandiosen Bergszenerie. In *Niederdorf,* 5 km westlich von Toblach, erfahren wir im Fremdenverkehrsmuseum, nach der Ortsmitte rechts der Straße, Näheres über die Anfänge des Fremdenverkehrs hier und in anderen Orten Tirols, vom Arlberg bis nach Windisch Matrei (heute: Matrei in Osttirol), bis hin zu den heutigen Problemen des Transitverkehrs. Das Haus, in dem das Museum untergebracht ist, war durch Jahrhunderte ein berühmtes Gasthaus, in dem etwa 1760 Isabella von Parma auf der Reise zu ihrem Bräutigam, Kaiser Joseph II., nächtigte.
Der nächste Ort, *Welsberg,* ist der Geburtsort eines der bedeutendsten Maler des österreichischen Barock. Das Haus, in dem Paul Troger am 30. Oktober 1698 als Sohn des Mesners des Dorfes geboren wurde, finden wir etwas unterhalb der Dorfkirche; es trägt eine Gedenktafel. Dem Schloßherrn von Welsberg fiel auf, daß der kleine Paul gut zeichnete. Er empfahl ihn einem Verwandten, dem Grafen Firmian, der ihn als Diener nach Mezzocorona in Welschtirol mitnahm und ihm ein Malstudium in Venedig vermittelte, für das finanziell Trogers Bruder aufkam. Tiepolo und Tintoretto beeinflußten ihn, und bald malte er für den Bischof von Gurk, einen Verwandten des Grafen Firmian und nunmehrigen Dienstherrn seines Bruders, seine ersten Gemälde. Über Salzburg kam Troger nach Wien. Die Meisterwerke Trogers sind seine Fresken und Gemälde in den Klöstern von St. Andrä/Traisen, Melk, Seitenstetten, Altenburg, Göttweig und Zwettl. 1747 bis 1749 malte Troger gemeinsam mit drei Gehilfen an seinem räumlich größten Werk, dem 250 m^2 großen Gewölbefresko des Domes zu Brixen. 1762 starb Troger in Wien. Er war ein Meister der Farbe. Typisch füh ihn ist das klare »Troger-Blau« der Gewänder, meist kontrastiert mit einem roten oder grünen Farbtupfer. An den drei Altarbildern der Welsberger Pfarrkirche St. Margareth können wir diese Charakteristika Trogerscher Bilder bewundern. Troger stiftete 1741 diese Bilder dankbar der soeben gebauten Kirche seines Geburtsorts und brachte sie persönlich nach Welsberg – das Ausmalen der Kirche selbst sollen ihm die Welsberger aber nicht zugetraut haben – obwohl er es ihnen anbot. Im Pfarrhof soll es noch weitere Gemälde Tro-

Gustav Mahlers letztes »Komponierhäusel«, bei Toblach.

gers geben, dem in Welsberg zu seinem zweihundertsten Todestag auch ein Brunnen-Denkmal errichtet wurde.
Eine Gedenktafel an einem anderen Brunnen, an der Durchfahrtsstraße, erinnert an den Besuch Kaiser Franz Josephs I. im Herbst 1886; genächtigt hat der Kaiser im heute noch erhaltenen »Kaiserzimmer« des Ansitzes Zellheim, des schönsten Baus des Ortszentrums, bevor er den Kaisermanövern in Bruneck beizuwohnen geruhte.
Die Seitentäler des Pustertales sind nicht nur von besonderer landschaftlicher Schönheit, sie bergen auch so manches, auf das in diesem Buch zumindest hingewiesen werden soll: Das Schloß von *Sand im Taufers* wurde von Ludwig Lobmeyr, dem berühmten Wiener Glasindustriellen des endenden 19. Jh.s, vor dem Verfall gerettet und gelangte dann in den Besitz von DDr. Hieronymus Gassner, Mönch von Seitenstetten und Titularabt des Benediktinerordens. Geboren 1901 in Ybbsitz, trat Gassner 1920 in das Stift Seitenstetten ein, wurde dank eines brillanten Studiums Professor an der Benediktinerhochschule San Anselmo in Rom, dann Professor am Stiftsgymnasium in Seitenstetten. 1938 emigrierte er in die USA und dozierte in Shawnee (Oklahoma). Er kehrte nach Europa zurück und wurde Kurienrichter im Vatikan, bis er 1956

über einen Strohmann Schloß Taufers als Alterssitz von einer Linzerin kaufen konnte. Er ließ es aufwendig restaurieren und lebte hier bis zu seinem Tod 1976; begraben ist er im Friedhof von Sand im Taufers.

Über den Krimmler Tauern und durch das *Ahrntal* soll der Legende nach im Februar 1363 Erzherzog Rudolf von Österreich geritten sein, der damit seinen Rivalen beim Erwerb Tirols, den Brandenburgern und den Bayern, zuvorkam, die aus Angst vor dem Winter weite Umwege gewählt hatten. 1904 bestieg der aus Rovereto stammende Welschtiroler Ettore Tolomei vom Ahrntal aus den Glockenkarkopf, den er als den nördlichsten Punkt der Wasserscheide Adria/Schwarzes Meer ausgerechnet hatte. Er meißelte am Gipfel ein »I« ein und nannte in seiner Veröffentlichung der angeblichen Erstbesteigung den Berg »Vetta d'Italia« (Spitze Italiens). Die italienischen Nationalisten griffen diese Geographiefälschung gierig auf, in Karten wurde der neue Name des Berges verwendet und in Büchern gefordert, daß sich Italien bis zu dieser »natürlichen« Grenze erstrecken müsse. Es ist nicht von der Hand zu weisen, daß solche Karten mitgeholfen haben, den amerikanischen Präsidenten Woodrow Wilson zu überzeugen, Südtirol sei italienisches Sprach- und Siedlungsgebiet. Schließlich stimmte Präsident Wilson bei den Pariser Friedensverhandlungen der Abtretung Südtirols an Italien zu.

Von Welsberg zweigt nach Norden das Gsieser Tal ab: Aus *Taisten* stammt der bedeutendste Tiroler Maler der Spätgotik, Simon von Taisten, der um 1488 mit den figurenreichen »biblia pauperum«-Fresken in Obermauern im Osttiroler Virgental ein »drei Sterne« verdienendes Kunstdenkmal schuf. In *St. Martin im Gsies* erinnert eine Gedenkstätte am historischen Schießstand an die enge Verbundenheit Tirols mit den Habsburgern und ein Denkmal an den hier 1776 geborenen Joachim Haspinger. Der im Tiroler Aufstand als »Pater Rotbart« bekannt gewordene Kapuzinerpater war Agitator, »Politoffizier« würde man heute sagen, hinter Andreas Hofer. Ihm gelang es nicht nur, die Tiroler Bauern für den Kampf an der Seite Andreas Hofers zu begeistern, sondern er war auch, mit dem Kreuz als Waffe in der Hand, einer der Unterführer Andreas Hofers in der zweiten und dritten Schlacht am Berg Isel (das diese Begebenheit darstellende Gemälde ist ein frühes Hauptwerk von Albin Egger-Lienz; das Original war bis zum Ersten Weltkrieg im Gsieser Schützenhaus zu sehen und befindet sich heute in Schloß Bruck in Lienz; in St. Martin ist eine Reproduktion). Haspinger war es aber auch,

der Andreas Hofer im Oktober 1809 überredete, den Kampf weiterzuführen, nachdem dieser nach der Überbringung der Botschaft von Erzherzog Johann, daß im Frieden von Schönbrunn Tirol an Bayern abgetreten worden sei und daher die Waffen niederzulegen seien, schon zur Aufgabe bereit war. Er machte Hofer glauben, daß der Gesandte des Erzherzogs nicht die Wahrheit gesagt habe und Erzherzog Johann mit einem Entsatzheer bereits nach Tirol unterwegs sei. In der vierten Schlacht am Berg Isel am 1. November 1809 erlitten die Tiroler gegen die Bayern eine vernichtende Niederlage, Andreas Hofer mußte flüchten und wurde im Passeiertal gefangengenommen; Pater Haspinger gelang über die Tschenglsburg im Vintschgau, in der ihn ein Freund neun Monate versteckt hielt, die Flucht in die Schweiz und weiter über Italien nach Österreich; er wurde dann »Kundschafter« (Spion würde man heute sagen) für die österreichische Armee in Italien, war im hohen Alter Pfarrer in Wien-Hietzing und starb 1858 in Salzburg. Begraben ist er an der Seite Andreas Hofers in der Innsbrucker Hofkirche.
Zwischen Welsberg und Niederdorf zweigt das *Pragser Tal* nach Süden ab. Der Pragser Wildsee ist einer der schönsten Alpenseen, im Hotel am Seeufer waren gegen Ende des Zweiten Weltkrieges europäische Politiker, darunter Österreichs früherer Bundeskanzler Dr. Kurt Schuschnigg, von den Deutschen interniert, bis sie von den Amerikanern am 5. Mai 1945 befreit wurden. Am Ende des Altpragser Tales kommen wir zur Plätzwiese, auf der das gleichnamige altösterreichische Festungswerk, an einem Aussichtspunkt sondergleichen gelegen, die Weltkriege überdauert hat. Da sich der österreichische Generalstab für den Fall eines Krieges mit Italien entschlossen hatte, das nach Süden hin offene Ampezzaner Tal kampflos zu räumen, kamen der Sperre Plätzwiese und der im nächsten westlichen Tal, dem Höhlensteintal, gelegenen Sperre Landro besondere Bedeutung beim Schutz des Pustertales und seiner wichtigen Bahnlinie zu.
Wenn wir von Toblach nach Süden abzweigen, nähern wir uns durch das Höhlensteintal nun endlich den Bergen. Ein österreichisch-ungarischer Soldatenfriedhof rechter Hand ist das erste Anzeichen dafür, daß wir uns auch der Frontlinie des Ersten Weltkriegs nähern. Die Hotelsiedlung *Landro* war von den Österreichern bei Kriegsausbruch im Mai 1915 gesprengt worden, um für die Sperre Landro freies Schußfeld zu haben. Links sind, vielleicht fünfzig Meter neben der Straße, nach dem Kilometerstein 125 und noch vor dem Dürrensee mit seinem

Ansichtskartenmotiv »Drei-Zinnen-Blick« die gut erhaltenen Reste dieses Forts sichtbar. 1884 bis 1902 mit Kosten von 350000 Kronen errichtet, war es bei Kriegsausbruch so veraltet, daß seine Kanonen in Feldstellungen verbracht wurden und es nur mehr als Infanteriestützpunkt genutzt werden konnte. Das mächtige Bauwerk wurde im Krieg kaum beschädigt; einst schützten es Gräben und Stacheldrahtverhaue, heute verbirgt üppiges Tannengrün es fast unseren Blicken. Es zu umrunden ist ein historischer Waldspaziergang. In Schluderbach halten wir uns links, Richtung Misurina, und überqueren bei der »Grenzbrücke« die alte Reichsgrenze – hier steht mitten im Bachbett (rechts) ein aus dem Jahr 1753 stammender, noch die österreichische Grenze zur Republik Venedig anzeigender Stein. Am Col San Angelo zweigen wir wieder nach links ab, und nun müssen wir uns entscheiden, was wir uns und unserem Auto zumuten: Das Sträßchen zum Monte Piana/Rifugio Angelo Bosi ist eine alte (italienische) Kriegsstraße und setzt fahrerisches Können voraus, die (Maut-)Straße zum Rifugio Auronzo ist auch für Autobusse befahrbar.
Wählen wir die Auffahrt zum Rifugio Bosi (2205 m), so kommen wir zum Freilichtmuseum Monte Piano. Es wurde vor 20 Jahren auf Initiative von Walter Schaumann, damals Oberst des österreichischen Bundesheeres, gestaltet. Eine etwa zweistündige Rundwanderung läßt uns erahnen, wie hier vom Frühjahr 1915 bis zum Herbst 1917 (nach der XII. Isonzo-Schlacht, s. S. 203, mußten sich auch hier die Italiener zurückziehen) gekämpft und gestorben wurde: Über den *Monte Piano*, einem tafelähnlichen Berg mit zwei wenig ausgeprägten Kuppen und einer Scharte dazwischen, verlief die 1753 vermessene österreichisch-venezianische, dann -italienische Grenze. Bei Kriegsausbruch im Mai 1915 besetzten die Italiener die Südkuppe. Die Österreicher sahen sich mangels ausreichender Kräfte zunächst nicht imstande, den Berg zu besetzen, und zerstörten die vor dem Krieg von Pionieren erbauten Steige aus dem Höhlensteintal. Im Juni 1915 erkletterten 180 Österreicher auf den behelfsmäßig reparierten Steigen die Nordkuppe und konnten sogar bis zur Südkuppe vordringen. Da man die Versorgung von Truppen auf der Südkuppe über die von den Italienern eingesehene Hochfläche für nicht möglich hielt, wurden die Soldaten auf die Nordkuppe zurückbeordert. Die Österreicher bauten die Nordkuppe, die Italiener die etwas höhere Südkuppe (2324 m) aus, die Scharte dazwischen war Niemandsland. Bis auf wenige Meter standen sich hier sommers wie winters Sol-

Österreichisch/venezianischer Grenzstein zwischen Schluderbach und Misurina.

daten der beiden Armeen gegenüber, von Zeit zu Zeit versuchten die Österreicher die Südkuppe zu erobern (auch, da der Monte Piano ein ausgezeichneter Aussichtspunkt war), die Italiener konnten sie unter großen beiderseitigen Verlusten jeweils zurückschlagen, versuchten ihrerseits die Nordkuppe zu erobern oder mittels eines Minenstollens zu sprengen. Die Versorgung der Besatzungen war schwierig – so mußte auch das Trinkwasser von Eseln hinaufgetragen werden: Den Italienern stand zur Versorgung die auch von uns benützte Kriegsstraße zur Verfügung, den Österreichern anfangs nur zwei Felsensteige (die jetzt wiederhergestellt sind und den rüstigen Bergsteiger in 2½ bis 3 Stunden von Landro oder Schluderbach auf den Monte Piano führen, vorbei an den Resten zahlreicher Versorgungseinrichtungen der österreichischen Truppen), bis im Frühjahr 1916 eine schwere Kriegsseilbahn, deren Seile in St. Aegyd/NÖ erzeugt wurden, fertiggestellt werden konnte. Die Beförderungsleistung war 7–8 t/Nacht (ein Tagbetrieb war wegen Einsicht durch den Feind nicht möglich).
Von der Bosi-Hütte, in der ein kleines Kriegsmuseum eingerichtet ist, führt uns der gut beschilderte Rundwanderweg zunächst über die Süd-

kuppe, dann durch die Scharte auf die »österreichische« Nordkuppe: Die Aussicht zum Monte Cristallo, zu den Drei Zinnen ist großartig, die Stille heute hier oben ein Labsal. Wir sehen Stellungsreste mit Gräben, geschützt durch Schutzschilder Marke Böhler/Kapfenberg, Stacheldrahtverhaue, betonierte Unterstände, den Rest des Kaiserjägerstollens (Taschenlampe mitnehmen!), Gefallenendenkmäler, Kreuze, Grenzsteine aus der Zeit Maria Theresias. Wer sich einen kurzen Klettersteig (I) zumutet, kann auf dem »Hauptmann-Bilgeri-Steig« nachfühlen, welche Leistungen österreichische Patrouillen erbringen mußten: Der Steig wurde von dem aus Bregenz stammenden Kaiserjäger-Alpin-Referenten Hauptmann Georg Bilgeri so angelegt, daß der Zugang zur Nordkuppe vom Feind uneingesehen war.

Die Abfahrt von der Bosi-Hütte führt uns zurück ans Nordende des Misurina-Sees. 1915/16 richteten hier stationierte italienische Kanonen, deren Geschosse den Monte Piano überquerten, im 13 km entfernten Toblach schwere Zerstörungen an, der Bahnhof der Pustertalbahn wurde zerstört, und die Strecke dieser kriegswichtigen Bahn mußte in den schußtoten Winkel verlegt werden. Die Feuerleitung der italienischen Artillerie erfolgte zum Teil von Artilleriebeobachtern vom Monte Cristallo, zum Teil schon von Flugzeugen aus. Über den *Tre Croci Paß*, unterhalb dessen bis 1918 die österreichisch-italienische Grenze verlief (auch hier sind noch Reste österreichischer Sperren auszumachen), gelangt man nach dem ebenfalls bis 1918 österreichischen *Cortina*, wo Toni Sailer 1956 bei den Schirennen von den Tofanen den größten olympischen Erfolg errang, den je ein österreichischer Sportler verzeichnen konnte: 3 Goldmedaillen! Vom Tre Croci Paß schuf Oskar Kokoschka, als er sich mit Alma Mahler hier aufhielt, ein fast nur aus Grüntönen bestehendes Landschaftsgemälde (Blickrichtung Cadini-Spitzen und Marmarole). Es befindet sich heute in der Privatstiftung Leopold-Museum in Wien.

Über die drei Tofanen verlief 1915 bis 1917 die Front, ebenfalls schwer umkämpft. Würden wir auf der von den Österreichern in den Jahren vor dem Ersten Weltkrieg aus touristischen wie strategischen Gründen erbauten Dolomitenstraße (die von Cortina über Falzarego-, Pordoi- und Karerpaß nach Bozen führt) weiterfahren, kämen wir zunächst zum Falzarego-Paß (2105 m) mit dem Ausblick nicht nur zur Marmolada, sondern auch zum *Col di Lana*, auf dem 1916 der Minenkrieg begann: Ins Buchensteintal vorragend, versperrte der von den Österreichern gehaltene Col di Lana italienische Durchbruchsversuche nach Norden. Die Gipfelbesatzung hörte Bohrgeräusche im Inneren des Berges, sie wußte, daß eine Sprengung vorbereitet würde. Solange die Bohrgeräusche anhielten, war man relativ sicher, da sich die Italiener noch im Berg aufhielten. Doch auch als die Bohrgeräusche endeten, blieben die Österreicher am Gipfel. Am 18. April 1916 sprengten die Italiener den Gipfel des Col di Lana, 110 Kaiserjäger starben mit ihren Offizieren, 170 wurden gefangen. Der Frontverlauf änderte sich nur um wenige Meter, der Col di Lana ist seither eine Kraterlandschaft …

Von Misurina fahren wir die Mautstraße zum Rifugio Auronzo/Auronzohütte (2320 m) hoch. Auch wer nur eine Wanderung machen möchte, kommt auf dem breiten Weg in 1½ Stunden mit wenig Steigung über den Paternsattel zur *Dreizinnenhütte* (2438 m) den Wänden der Zinnen beeindruckend nahe. Erstbesteiger der 2999 m hohen Großen Zinne war 1869 der aus Sachsen stammende und in Wien lebende vierundzwanzigjährige Paul Grohmann – sein Denkmal steht an unserem Weg; er war 1862 einer der Gründer des Österreichischen Alpenvereins. Vor und nach den Weltkriegen sahen die Wände der Drei Zinnen so manchen Österreicher – so den Kärntner Heinrich Harrer – unter den Erstbesteigern, viele von ihnen starben später den Bergsteigertod irgendwo in den Alpen: Emil Zsigmondy (er starb am 6. August 1885 an der Meije-Südwand in den französischen Alpen und ist am Friedhof von Saint Christophe-en-Oisans südöstlich von Grenoble begraben), dessen älterer Bruder Otto Zsigmondy, Ludwig Purtscheller (er starb 1900 in Bern nach einer an der Aiguille du Dru im Montblanc-Massiv erlittenen Verletzung), Paul Preuß aus Altaussee (er starb 1913 im Gosaukamm) u. v. a.

Der Anblick der umliegenden Berge ist mit Worten nicht zu beschreiben.

Vom 24. Mai 1915 bis zum 5. November 1917 waren die Berge um die Dreizinnenhütte Kulisse zahlreicher Heldentaten und Sterbeszenen im Weltkriegsdrama. Bei Kriegsanfang herrschte hier die gleiche Lage wie in allen Teilen der Tiroler Front: Österreich-Ungarns aktive Truppen standen gegen Rußland und Serbien, so daß die Grenze zunächst nur von Standschützen und Gendarmerieeinheiten bewacht werden konnte; diese waren zu schwach, um die strategisch wichtigen Gipfel zu besetzen. Auf ihnen konnten sich die Italiener festsetzen. Sie waren zudem während des ganzen Krieges durch weniger steile Anmarsch- und Versorgungswege begünstigt, die, da südlich gelegen, auch weniger lawinengefährdet und länger schneefrei waren. Nach dem Eintreffen regulärer Truppen von den anderen Kriegsschauplätzen und bayrischer Regimenter ging die k.u.k. Armee daran, den Italienern strategisch wichtige Gipfel abzuringen; trotz todesmutigem Einsatz der bergerfahrenen Kaiserjäger gelang dies selten – auch die Italiener hatten mit den Alpini bergerfahrene Truppeneinheiten. Trotz hoher Blutopfer auf beiden Seiten veränderte sich die Frontlinie kaum – bis zum Rückzug der Italiener nach der XII. Isonzo-Schlacht im November 1917. Bis zu diesem Zeitpunkt ging die Frontlinie hier quer über das Zinnenplateau: Die Italiener hatten den Paternsattel (über den der heutige Weg von der Auronzo-Hütte zur Dreizinnenhütte führt) besetzt und den Gipfel des östlich davon gelegenen Paternkofel sowie den hinter der Hütte gelegenen Sextenstein; die Österreicher hielten den nördlich des Sextensteins aufragenden Toblinger Knoten und die Berge am nördlichen Rand der Hochfläche. Auch die Feldwachen auf den Gipfeln und Graten waren das ganze Jahr über besetzt, die Ablösen suchten in notdürftigen Verschlägen in vom Feind nicht einsehbaren Bergrücken Ruhe zu finden. Die Dreizinnenhütte war gleich anfangs des Krieges von den Italienern in Brand geschossen worden; quer über das Plateau wurden Schützengräben gezogen und durch Drahthindernisse gesichert, in den Bergen wurden in Kavernen Gebirgsgeschütze und Scheinwerfer positioniert und Versorgungslager angelegt.

Um den als Beobachtungspunkt äußerst wichtigen Paternkofel zu erkämpfen, sollten am 4. Juli 1915 die bei den Standschützen dienenden Sextener Bergführer Sepp Innerkofler und Hans Forcher durch dessen Nordwand klettern, um die italienische Gipfelbesatzung zu vertreiben. Der 1865 geborene Sepp Innerkofler war Wirt der Dreizinnenhütte und einer der legendären Bergführer seiner Zeit. Er beurteilte die Erfolgschancen des Unternehmens skeptisch, soll seinem Sohn verboten haben, daran teilzunehmen, damit die Mutter nicht um zwei weinen müsse, und stieg in der Nacht zum 4. Juli durch die Nordwand auf. Im Morgengrauen sahen die österreichischen Beobachter Innerkofler knapp unterhalb des Gipfels, er stieg weiter, fiel aber nach rückwärts und stürzte in eine Rinne. Die übrigen österreichischen Teilnehmer des Unternehmens traten den Rückzug an.

Über den Tod Sepp Innerkoflers bildeten sich bald Legenden: Die offiziöse Darstellung lautete, daß Innerkofler beim Erreichen des Gipfels

Handgranaten auf die italienische Gipfelbesatzung geworfen hätte, die aber versagten, wonach sich diese mit Steinwürfen (oder Schüssen?) gewehrt hätte. Innerkofler wurde getroffen, stürzte in die Rinne und starb. Der Italiener, der die Steine geworfen hätte, sei der Alpinikorporal De Luca, ein Bergführer aus Pieve di Cadore, gewesen, den Innerkofler (nach durch Parlamentäre überbrachte Bitten der Italiener) einige Tage vorher aus der Großen Zinne gerettet habe, als er sich dort verstiegen hatte. Eine andere Meinung sagt, daß Innerkofler irrtümlich von den Österreichern selbst erschossen worden sei, als diese von den Bödeleseen aus das MG-Feuer auf den Gipfel des Paternkofels eröffneten. Die Italiener ehrten den Gefallenen, indem sie ihm ein Grab mit Kreuz auf dem Gipfel des Paternkofels errichteten. Nach dem Abzug der Italiener wurde Innerkoflers Leichnam exhumiert und zum Sextner Friedhof gebracht.

Während der beiden folgenden Kriegsjahre versuchten die Österreicher, die Italiener vom Sextenstein und vom Toblinger Riedel zu vertreiben, die Italiener die Österreicher vom Toblinger Knoten, auf dem nun eine Kompanie des Infanterieregiments Erzherzog Rainer aus Salzburg (sein Denkmal steht im Mirabellgarten in Salzburg) stationiert war. Im Sommer bohrte man Minenstollen, im Winter schaufelte man Schneetunnel aus. Durch einen solchen Tunnel gelang es den »Rainern«, im April 1916 in das Kavernensystem des Sextensteins einzudringen, mehr als 100 Italiener gefangenzunehmen und den Sextenstein zu besetzen. Aus Munitionsmangel mußte nach wenigen Stunden der Rückzug angetreten werden – tschechische Landstürmer hatten zwar Munition durch den Schneetunnel transportiert, doch nicht weiter und die Kämpfenden nicht verständigt.

Einige der Kriegssteige wurden in den letzten Jahren wieder instandgesetzt, und man kann je nach körperlichem Vermögen die Gipfel besteigen – Schwindelfreiheit immer vorausgesetzt: Der leichteste Klettersteig ist der »Feldkurat-Hosp-Steig«, auf dem der Toblinger Knoten (2617 m) durch seine Ostflanke erstiegen werden kann. Der nicht nur für Gott streitbare Priester erkundete diesen Aufstieg im Winter 1915/16 und ermöglichte damit die Besetzung des Toblinger Knotens. Da dieser Steig vom kaum 300 m entfernten Feind eingesehen wurde, konnte er nur bei Dunkelheit benützt werden. Daher baute man im Sommer 1916 den »Leiternsteig« in der Nordwand, dessen Holzleitern Tag und Nacht benützt werden konnten. Auch er ist heute wiederhergestellt und ermöglicht mit 17 Eisenleitern einen luftigen Anstieg auf den Gipfel; Sicherung mit Karabiner und Reepschnur und Steinschlaghelm sind notwendig. Einen ähnlichen Schwierigkeitsgrad weist der »Innerkofler-De-Luca-Steig« auf, der vorbei am »Frankfurter Würstl« zur Spitze des Paternkofels (2 744 m) führt, im unteren Teil durch Kriegsstollen (Taschenlampe nicht vergessen!). Reste von Kriegsbauten sind nicht nur an diesen Steigen zu finden, sondern auf fast allen Bergen hier: so z. B. am Innichriedlknoten ein »Kaiser-Karl-Blockhaus«, am Südfuß des Morgenalpenköpfl oberhalb des Innichriedels die heute noch begehbare »Steinhartgalerie« mit Auslässen für Geschütze und einem Frontklo.

Wartet unser Auto bei der Auronzohütte, so bleibt uns nichts anderes übrig, als dorthin zurückzukehren; das schönere Dessert sind freilich die Abstiege durch das Innerfeldtal oder das Altensteintal. Wählen wir den Weg durch das Altensteintal, so kommen wir nach der Talschlußhütte in das Fischleintal und am »Dolomitenhof« vorbei – der einmal Sepp Innerkofler gehörte – nach *Sexten* an der Straße Innichen – Kreuzbergsattel, über den bis 1919 die österreichisch-italienische Grenze verlief. Auch dieses Gebiet war 1915 bis 1917 hart umkämpft. Die Italiener konnten zwar einige Gipfel der Westlichen Karnischen Alpen besetzen und erhielten damit Einblick in das Lesachtal, doch ein entscheidender Vorstoß über den Kreuzbergpaß gelang nicht. Von den von den Österreichern um 1900 errichteten Forts Haideck und Mitterberg ist das letztere, nordöstlich oberhalb von Sexten gelegen, noch einigermaßen erhalten. Da sich das österreichische Militär relativ ungeniert in Sexten und Moos aufhielt, wurden diese beiden Orte von der italienischen Artillerie im August 1915 zerstört; für den Wiederaufbau nach dem Krieg, an dem der österreichische Architekt Clemens Holzmeister leitend mitwirkte, verwendete man zum Teil Material der Befestigungsbauten. An der Mauer des Friedhofes um die wiederaufgebaute Pfarrkirche von Sexten ruht Sepp Innerkofler.

Von Sexten nach Innichen, dem Ausgangspunkt unserer Rundtour sind es nur mehr 7 km.

Von Wien sind es über die Südautobahn – Spittal/Drau – Lienz nach Innichen 530 km (etwas weiter über Linz – Salzburg – Tauernautobahn – Spittal); von Innichen bis Welsberg 15 km, von Toblach zur Auronzo-Hütte 30 km. Zur Zeiteinteilung wird vorgeschlagen, einen Tag den Besichtigungen von Innichen bis Welsberg (ohne Seitentäler) zu widmen und am zweiten Tag morgens in die Berge zu fahren. Der Besuch am Monte Piano (oder, auf italienisch: Monte Piana) verlangt einen halben Tag, auf dem Zinnenplateau könnte man, je nach Wetter, Unterkunftsmöglichkeit und Kondition mehrere Tage verbringen. Die Rundwanderung »Monte-Piano-Freilichtmuseum« und der Weg von der Auronzo- zur Dreizinnenhütte setzen nur gutes Schuhwerk voraus; auch die Abstiege vom Zinnenplateau ins Sextnertal sind problemlos. Für andere Touren ist Bergerfahrung erforderlich. Die Aufstiege von der Dreizinnenhütte zum Toblinger Knoten dauern ca. 1 Stunde, durch den Stollen über den Gamssattel zum Paternkofel 1¾ Stunden. Eine gute, auch vor Ort erhältliche Wanderkarte 1 : 25 000 oder 1 : 50 000 wird empfohlen.

Die Route kann im großen und ganzen auch mit öffentlichen Verkehrsmitteln gefahren werden: Die Orte im Pustertal haben Bahnhöfe (direkter Schnellzug »Pustertal« von Wien Süd über Bruck – Villach – Innichen nach Innsbruck und retour), und in die Seitentäler fahren die Busse des Südtiroler Verkehrsverbundes (STI), bis hinauf zur Auronzohütte. Bergsteigerischen Feinschmeckern sei vom Dürrensee im Höhlensteintal der »Pionierweg« auf den Monte Piano empfohlen und nach der Nächtigung im Rifugio Bosi der Übergang über die Rinbianco-Alm zur Auronzo-Hütte (allerdings mit 400 m Höhenverlust) – Dreizinnenhütte (Nächtigung) – Altensteintal – Sexten (oder, noch eindrucksvoller: – Büllelejoch – Zsigmondy-Comici-Hütte – Talschlußhütte – Sexten). Vom Dolomitenhof oder Sexten fahren Busse zurück nach Innichen.

Unterkunftsmöglichkeiten sind in den Talorten reichlich vorhanden; für die Hütten wird, besonders an den Wochenenden, telefonische Vormerkung empfohlen (Bosi-Hütte: 0039 435 39034, Auronzo-Hütte 0039 436 39002, Dreizinnenhütte: 0039 474 70347).

Die zu den Talorten beschriebenen Austriaca kann man das ganze Jahr über besuchen (Fremdenverkehrsmuseum Niederdorf von Mitte Juli bis Mitte September Dienstag bis Sonntag 16–19 Uhr; sonst Freitag bis Sonntag 9–12 Uhr, Samstag auch 15–18 Uhr). Das Zimmer Gustav Mahlers am oben beschriebenen Ort kann Juli und August donnerstags von 10 bis 12 Uhr besichtigt werden, das »Komponierhäusl« kann täglich besucht werden. Monte Piano und Drei-Zinnen-Plateau lassen einen Besuch nur in der schneefreien Zeit zu (Juni bis Ende September).

Von Sterzing nach Meran

»Denn alle Elemente der Schönheit sind nicht nur verteilt im Meraner Tal, sondern auch vereint. Sie hat Größe und Gewalt, diese Landschaft am Fuße der nordischen Alpen, aber eine, die nicht bedrückt und beschwert.«

Meinhard II., Graf von Görz, hatte durch seine Heirat mit der Bayernprinzessin Elisabeth 1259 Tirol in einer Hand vereinigt; die beiden gründeten das 1273 von der Abtei Kaisheim bei Donauwörth besiedelte Zisterzienserstift Stams, doch währte die Herrschaft der Görzer über Tirol nicht lange: Mit der Enkelin Meinhards II., Margarethe Maultasch, starb das Geschlecht aus, und sie übertrug das ganze »Land im Gebirge« 1363 den Habsburgern (s. auch S. 234); im Vertrag von Brünn genehmigte 1364 Kaiser Karl IV. diese Gebietsübertragung. Seit 1920, dem Frieden von Saint-Germain, ist Tirol geteilt, aber bald werden in Westeuropa die Staatsgrenzen »auf die Müllhalde der Geschichte« geworfen, wie es ein (deutscher) EU-Politiker jüngst formuliert hat, und dann wird der Verlust von Südtirol weniger schmerzlich empfunden werden. Die österreich-italienische Grenze verläuft hier am Alpen-Hauptkamm, und wenn Sie auf der Landkarte genau nachmessen, werden Sie finden, daß Meran von ihr in der Luftlinie nur 15 km entfernt ist. Von Sterzing aus wollen wir über den Jaufenpaß ins Passeiertal und in und um Meran jenen Spuren folgen, die im westlichen Südtirol an Österreich und Österreicher erinnern.

Das Städtchen *Sterzing,* 12 km südlich des Brenners und an dem seit altersher wichtigsten Alpenübergang gelegen, lohnt einen Besuch nicht nur wegen des je nach Lire-Kurs mehr oder weniger billigen Einkaufes, sondern auch wegen seiner Altstadt, die zeigt, wie reich damals Orte an einer so wichtigen Verkehrsverbindung und mit Industrie (Verarbeitung von Blei aus Bergwerken, deren Geschichte in einem Bergwerksmuseum in Schneeberg-Ridnaun erzählt wird) werden konnten. Der unter dem Habsburgerherzog Sigismund erbaute Stadtturm zwischen Alt- und Neumarkt zeigt uns den ersten Doppeladler, am »Gasthaus Krone« in der Altstadt Nr. 21 lesen wir auf einer Gedenktafel, daß hier Kaiser Franz Joseph nächtigte; Kaiser Karl V. suchte in Sterzing während des von den Protestanten 1546 begonnenen Schmalkaldischen Krieges Zuflucht, Andreas Hofer hatte an diesem günstig zwischen Nord und Süd gelegenen Ort zeitweise sein Hauptquartier aufgeschlagen.

Berühmtester Sterzinger war Michael Gaismair, der zunächst den Südtiroler Bauern Ratschläge gab, wie sie sich gegen die nach dem Tode Kaiser Maximilians I., der einen bankrotten Staat hinterließ, dramatisch erhöhten Steuern wehren könnten, und nach 1525 selbst zum Anführer der Bauern wurde, die sich in Tirol und Salzburg gegen Herzöge und Bischöfe erhoben und den Söldnern blutige Schlachten lieferten. Immer wieder gelang Gaismair die Flucht: nach Zürich, wo er mit dem Reformator Ulrich Zwingli ein Bündnis suchte, und nach Venedig. Aber 1532 ereilte ihn sein Schicksal in Montegrotto bei Padua, wo er sich einen großen Bauernhof gekauft hatte: Ein Mörder tötete ihn mit 42 Dolchstößen. Ob er von Herren, gegen die sich Gaismair immer wieder aufgelehnt hatte, gedungen worden war, wurde nie aufgedeckt. An dem Haus, in dem Gaismair 1490 in Tschöfs (nördlich von Sterzing) geboren wurde, erinnert eine Gedenktafel an den Bauernführer.

Sterzing war auch der Ort, wo im April 1809 der Aufstand gegen die Bayern ausbrach, die für das Frankreich Napoleons Tirol besetzt hielten. Die hier stationierten Bayern konnten sich zunächst mit einer Kanone gegen die heranrückenden Bauern wehren. Am nächsten Tag zeigten die Bauern, daß sie ihren Homer gelesen und aus dem Trojanischen Krieg gelernt hatten: Zwei hübsche Sterzingerinnen fuhren mit einem Wagen voll mit Heu in die Nähe der Kanone, und die im Heu versteckt gewesenen Tiroler konnten die bayrische Geschützbesatzung überwältigen. Die nächste Schlacht fand Ende Mai am Berg Isel statt, und danach konnte Andreas Hofer, inzwischen zum Anführer gewählt, in die Innsbrucker Hofburg einziehen. Der Kaiser aus dem fernen Wien übersandte ihm eine goldene Kette als Dank vom Hause Österreich.

Wir wollen den Spuren Andreas Hofers weiter folgen und fahren über den *Jaufenpaß* (2089 m), den er sommers wie winters oft begangen hat; in Kalch erinnert eine Gedenktafel an einem Haus links der Straße an ihn. Nach zahlreichen Kehren hinauf, einem schönen Blick von der hoffentlich nicht zu stürmischen Paßhöhe und vielen Kurven hinunter kommen wir ins *Passeiertal* und nach dem Ort *St. Leonhard* zum *Sandhof,* dem Gasthof Andreas Hofers. Hier wurde er 1767 geboren, lebte als anerkannter Pferdehändler und Wirt mit Frau und Kindern, bis Napoleon 1805 Tirol besetzte und den Bayern übergab. Als Kaiser Franz im April 1809 Napoleon den Krieg erklärte, erhob sich Tirol in Absprache mit Wien, und der allseits bekannte »Sandwirt« wurde zum Führer des Aufstandes erkoren, auch deshalb, weil er durch die Wirtshäuser in allen Tälern über das beste Informationsnetz verfügte. Die Tiroler siegten in Gefechten in mehreren Tälern und in drei Schlachten am Berg Isel südlich von Innsbruck. Andreas Hofer zog in die Innsbrucker Hofburg ein. Doch der Krieg wurde anderswo entschieden: Nach der schweren Niederlage von Wagram bei Wien mußten die österreichischen Generäle am 12. Juli 1809 einen Waffenstillstand schließen, in dem vereinbart wurde, Tirol und Vorarlberg von den kaiserlichen Truppen zu räumen. Im Frieden von Schönbrunn (s. S. 142) trat der Kaiser am 12. Oktober 1809 Tirol wieder an Bayern ab. Andreas Hofer wurde die Übergabe befohlen, und Erzherzog Johann sollte diesen Befehl nach Innsbruck bringen, betraute aber mit dieser Aufgabe einen seiner Offiziere. Andreas Hofer und seine Mannen konnten den Verrat des Kaisers an ihrem Land nicht glauben und nahmen den Kampf gegen die vorrückenden Bayern und Franzosen wieder auf. Am 1. November 1809 kam es zur vierten Schlacht am Berg Isel. Von Franz von Defregger wurde dieses »Letzte Aufgebot« 1874 eindrucksvoll gemalt. Die Tiroler verloren, Andreas Hofer mußte über den Jaufenpaß flüchten. In der Gaststube des Sandwirtes spielten sich im November heftige Auseinandersetzungen zwischen den Befürwortern und den Gegnern weiterer Kämpfe ab. Hin und her gerissen zwischen der nach dem Aufgreifen eines französischen Kuriers gegebenen Gewißheit, daß der Kaiser Tirol aufgegeben hatte, und der Hoffnung, daß Erzherzog Johann mit einer Armee zum Entsatz Tirols nahe, unterschrieb Andreas Hofer schließlich einen Befehl an die Bauern, die Waffen niederzulegen. Aber aufgehetzt durch den Kapuzinerpater Joachim Haspinger (s. S. 234f.), kam es in St. Leonhard und am Küchelberg bei Meran zu neuen Gefechten der Bauern gegen die Franzosen. Hofer lehnte es ab, nach Österreich zu flüchten. Auf den Bergen über dem Tal, in dem er sich auf jeden verlassen zu können glaubte, hoffte er sich vor den ihn suchenden Franzosen verstecken zu können. Einer verriet ihn. Der Bauer Franz Raffl vermutete, daß der im Gebirge aufsteigende Rauch (es war inzwischen bitterkalter Winter geworden) aus einer Hütte komme, in der sich der Gesuchte versteckte. Er führte die Franzosen in der Nacht vom 27. auf den 28. Jänner 1810 auf die verschneite Pfandleralm, um die für den Kopf Andreas Hofers ausgesetzten 1500 Taler zu erhalten; das entsprach dem Lohn für fünf Jahre Arbeit als Taglöhner.

Wenn kein Schnee liegt, ist – vielleicht nach einem Besuch des Andreas-Hofer-Gedenkraumes beim »Sandwirt« und vor einer Mahlzeit in dessen fast originalen Gastzimmern – die Wanderung auf die Pfandleralm ein Spaziergang: Im nächsten Ort, *St. Martin*, Richtung »Pfandlerhof« nach Osten abzweigend, können wir mit dem Auto noch 3 km bergauf fahren, bevor wir es beim Gasthaus »Pfandlerhof« parken. Von hier wandern wir in 30 bis 40 Minuten, im Herbst unter sich verfärbenden Lärchen, zur *Pfandleralm.* Eine Lichtung im Wald, eine vielleicht geschlossene Jausenstation (die Pfandleralm liegt am Europäischen Weitwanderweg Nr. E 5) und, noch etwas oberhalb, eine Mähderhütte mit einem Gedenkstein. Die Scheune ist nicht mehr authentisch (sie wurde 1919 von spielenden Kindern in Brand gesteckt und danach wiederaufgebaut), doch der Ort ist historisch: Hier wurde Andreas Hofer, der sich seit Weihnachten mit seiner Frau und seinem Sohn auf der Pfandleralm aufhielt, wo er von den Bauern aus dem Tal versorgt wurde, im Morgengrauen des 28. Jänner 1810 von den die Hütte umstellenden französischen Soldaten überrascht. Er ließ sich ohne Gegenwehr gefangennehmen, wurde gefesselt, und die Soldaten rissen ihm Haare aus, um eine Erinnerung an den gefürchteten »General Barbone« zu haben. Dann mußte er trotz hohem Schnee barfuß ins Tal gehen. In Meran, wo wir am Haus Rennweg 78 eine Tafel zum Andenken daran finden, wurde er erstmals vernommen und nach einem kurzen Prozeß in Mantova/Mantua wegen unerlaubten Waffenbesitzes zum Tode verurteilt. Vor der Festung Mantua wurde er am 20. Februar 1810 erschossen (Gedenkstein beim Festungstor »Porta Giulia«, links von der von Verona nach Mantua führenden Straße, vor dem Damm über den Mincio). Seine Frau und sein Sohn waren schon vorher freigelassen worden. Die Witwe erhielt vom Kaiser eine großzügige Pension und bewirtschaftete den Sandhof, bis sie 1836 starb. Die vier Töchter waren schon vorher gestorben, der einzige Sohn Johann wurde auf Kosten des Kaisers erzogen, erhielt dann von ihm ein Landgut bei Leonding in Oberösterreich und später den Tabakverlag von Fischamend bei Wien. Zwei seiner Söhne fielen für den Kaiser in den italienischen Kriegen 1848 und

1859. Franz Raffl wurde nicht glücklich: Ob er das Kopfgeld wirklich erhalten hat, ist nicht bekannt. Er mußte mit den Bayern 1814 das Tal verlassen und starb 1830 arm in Ingolstadt.
Von St. Martin sind es nur mehr 11 km nach *Meran*, das wir zum Standort für unsere folgenden Ausflüge wählen können. Kamen Habsburger als Gefürstete Grafen von Tirol nach Meran (etwa die Kaiser Maximilian I. und Ferdinand I.), so residierten sie in der Landesfürstlichen Burg, die um 1470 von Herzog Sigismund dem Münzreichen erbaut und von Friedrich von Schmidt, dem Erbauer des Wiener Rathauses, um 1875 »regotisiert« wurde. In der Kaiserstube der Burg (heutige Adresse: Galileistraße) finden wir einen zinnengekrönten Ofen aus dem Jahr 1450, ein Kaiser Maximilian und seine zweite Gattin, die aus Mailand stammende Maria Sforza, darstellendes Gemälde sowie die die österreichischen Herzogtümer repräsentierenden Wappendarstellungen. Wiederentdeckt wurde Meran als Luftkurort zu Beginn des 19. Jh.s. In der Endzeit der Monarchie war es beliebter Aufenthaltsort für die Sommerfrische, aber auch Retiro von Habsburgern, pensionierten Generälen und Beamten sowie Dichtern: Erzherzog Franz Ferdinand, Arthur Schnitzler, Franz Kafka, Stefan Zweig u. a. suchten hier Erholung bzw. Genesung. Stefan Zweig, der 1908 und 1910 im heute noch bestehenden Hotel Schloß Labers urlaubte, schrieb die im Untertitel auf S. 244 wiedergegebene Charakterisierung der Meraner Landschaft. Auch Kaiserin Elisabeth weilte öfters hier, zum ersten Mal im Winter 1870/71 mit ihren beiden Töchtern im Schloß Trautmannsdorff (gelegen in Obermais, östlich der Straße von Sinnich nach Schenna). Ihr Denkmal bei der alten Talferbrücke, das sie sinnend mit einem Buch in der Hand zeigt, wie immer überschlank, hat sich Elisabeth mit der Stiftung eines Spitals hier verdient. Meran war aber auch Zufluchtsort eines Erzherzogs, der wegen seiner nicht standesgemäßen Heirat fortan nicht mehr am Wiener Hof geduldet war: Der 1868 geborene Erzherzog Ferdinand Karl, ein Neffe Kaiser Franz Josephs und Bruder des Thronfolgers Franz Ferdinand, lebte nach seiner ohne Wissen und Zustimmung des Kaisers erfolgten Heirat mit Bertha Czuber (sie war »nur« die Tochter eines Universitätsprofessors) und Ausschluß aus dem kaiserlichen Familienverband zurückgezogen im Engadin, in München und auf Schloß Rottenstein in Obermais bei Meran, wo er auf Heilung seiner Lungenkrankheit hoffte. Er starb 1915, seine Gattin lebte auf Rottenstein bis 1979; heute verfällt das Schlößchen in der Schenna-Straße Nr. 3. *Ober-*

Am Haus Rennweg 78 in Meran erinnert eine Tafel daran, daß hier »General Barbone«, Andreas Hofer, nach seiner Festnahme auf der Pfandleralm bei St. Martin im Passeier und vor seiner Hinrichtung in Mantua verhört wurde.

mais, den Villenvorort von Meran, liebten auch Österreicher mit etwas weniger blauem Blut. Auf Schloß Rametz, heute ein Weingut an der Straße von Meran nach Schenna, lebte von 1915 bis zu seinem Tod 1954 Fritz von Herzmanovsky-Orlando, jener aus Wien gebürtige österreichische Dichter von bizarr-grotesker Prosa, der mit seinem hier 1928 geschriebenen »Maskenspiel der Genien« fast erreichte, daß Leoben in die Weltliteratur Eingang fand. Wir erinnern uns seiner Charakterisierung von Leoben und der österreichischen Eisenbahn:

»Es ist eine traurige, aber unbestreitbare Tatsache, daß die Welt dem Phänomen Österreich mit tiefem Unwissen gegenübersteht. Sie nimmt gerade noch zur Kenntnis, was ein paar im Ausland verlegte Reisehandbücher über die gängigen Touristenrouten an Falschem aussagen, und damit gut. Nicht geringe Schuld an diesem beklagenswerten Zustand tragen die internationalen Fahrplankonferenzen, die es zustande bringen, daß bedeutende Schnellzugslinien, deren Expresse unter Pomp, Gestank und Donner von irgendeiner Grenzstation abgelassen werden, im Inneren Österreichs schon nach kurzer Frist spurlos versickern, nachdem sie irgendwann auf der Strecke durch einen rätselhaften Abschuppungsprozeß den Speisewagen verloren haben. Meistens geschieht das in der Gegend von Leoben, diesem Gewitterwinkel des europäischen Reiseverkehrs. ›Leoben ..., ja, Leoben! Ein Zug, der was da drüberkummt, der is aus'n Wasser!‹ Dies ist die ständige Redensart der großen österreichischen Eisenbahnfachleute (indessen die Anteilnahme der übrigen Chargen am Bahnbetrieb hauptsächlich darin besteht, mit Kind und Kegel umsonst oder um hohnvoll kleine Beträge in der Luxusklasse der Netze spazierenzufahren). Mehr als einmal habe ich es erlebt, daß alte, erfahrene Stationschefs einem aus Leoben ausfahrenden Express lange kopfschüttelnd nachschauen, wobei sie wohl auch ein kaum hörbares ›Wieder einer ..!‹ vor sich hin murmeln. Dann gehen sie ins Dienstzimmer zurück, stellen die Telegraphenleitung ab, werfen sich seufzend aufs schwarzlederne Sofa und stöhnen noch lange: ›Jo ... jo, jo ... jo‹ ehe sie in traumgequälten Schlummer versinken.« (1)

Noch ein anderer Österreicher verbrachte in Meran seinen Lebensabend, allerdings verbittert und fast vergessen: Sir Slatin Pascha. 1857 als Rudolf Slatin in Wien geboren, wechselte er von der k.u.k. Armee in die britische und wurde in einer raschen Karriere Militärgouverneur des Sudan. Während des Mahdi-Aufstandes wurde er gefangengenommen. Erst nach zwei Jahren gelang ihm die Flucht. Königin Victoria und Kaiser Franz Joseph adelten ihn. Als der Weltkrieg ausbrach, quittierte General Sir Slatin den britischen Dienst. Er wurde zwar nicht mehr in die k.u.k. Armee aufgenommen, aber doch Kriegsgefangenenbeauftragter des Österreichischen Roten Kreuzes. Die einzige Ehre, die ihm das republikanische Österreich erwies, war, ihn in die Delegation einzuladen,

Schloß Schenna oberhalb von Meran war der Alterssitz von Erzherzog Johann; im Mausoleum darunter liegen er und seine Frau, Anna Plochl, begraben.

die den Frieden von Saint-Germain verhandeln sollte: Man erhoffte sich von Slatin eine Beeinflussung der britischen Delegation. In Saint-Germain wurde aber nicht verhandelt, sondern diktiert. Eine letzte Genugtuung erlebte Sir Slatin immerhin, als er, selbst schon todkrank, im Juni 1932 seine einzige Tochter in einer Privataudienz beim englischen Königspaar in die englische Gesellschaft einführen konnte. Am 4. Oktober 1932 starb Slatin in Wien und wurde am Ober-St.Veiter Friedhof begraben. In Meran-Obermais, in der Leichterstraße/Ecke Enge Gasse steht noch die Villa Mathilde, in der Rudolf Carl Freiherr von Slatin seinen Lebensabend verbrachte. Auf eine andere Villa sei ebenfalls aufmerksam gemacht: Die heutige Villa San Marco, in der Innerhoferstraße 1, wurde 1895 als »Schwalbenvilla« von dem Wiener Alexander Graf erbaut – in Wien war er der Architekt der Volksoper.

Schloß *Schenna,* weithin sichtbar über dem gleichnamigen Ort gelegen, 5 km von Meran entfernt, ist mit Erzherzog Johann verbunden. Erzherzog Johann, als Reichsverweser auf der Frankfurter Nationalversamm-

lung 1848 in der großen Politik wenig erfolgreich, hatte erkannt, daß sein moderner Geist mit dem Neoabsolutismus, wie er unter Metternich und während der ersten Jahre der Regierung Kaiser Franz Josephs wieder in der Habsburgermonarchie zu herrschen begann, nicht konvenierte. Er zog sich wieder in »seine« Steiermark und »sein« Tirol zurück. Fern der Intrigen des Wiener Hofes lebte er mit seiner Gattin, der Ausseer Postmeisterstochter Anna Plochl, die er erst nach längerem Kampf mit seinem Bruder Kaiser Franz I. heiraten durfte, die aber heute viel bekannter ist als alle Erzherzoginnen jener Zeit, auf dem Brandhof bei Seewiesen, auf Schloß Stainz in der Südsteiermark und eben auf Schloß Schenna. Schenna, das er 1844 gekauft hatte, wurde sein Alterssitz, vielleicht des milderen Klimas wegen. Eine Besichtigung von Schloß Schenna, heute noch im Eigentum des Grafen von Meran, eines Nachkommen des Erzherzogs, ist nicht nur für jeden Steirer ein »Muß«. In einem Habsburgerzimmer können wir an Hand einer Ahnengalerie den Geschichtsunterricht nachholen: welcher Habsburger wann Kaiser war; wie der Erzherzog lebte, was er für die Steiermark schuf, was die Steiermark für ihn bedeutete und wie er von den Steirern verehrt wurde – all das wird mit Bildern, Dokumenten und Erinnerungsstücken veranschaulicht. 1859 starb Erzherzog Johann in Graz im Alter von 77 Jahren. Er und seine Gattin sind im Mausoleum am Friedhof von Schenna begraben, einem wenig in die Gegend passenden neugotischen Bau, von dem der Blick weit über das Etschtal reicht.
Einer der Orte auf den Terrassen nördlich des Etschtales ist *Hafling*. Nach ihm ist eine österreichische Pferderasse benannt (und nach dieser wiederum ein früher in Graz von Steyr-Daimler-Puch gefertigter leichter Geländewagen). Von der anderen Seite des Passeiertals grüßen Dorf und Schloß *Tirol*, von wo aus die Grafen von Görz im 13. Jh. den Grundstein für das »Land im Gebirge« legten, das 1363 als Grafschaft Tirol an die Habsburger kam. Für die Habsburger selbst war das entlegene Schloß Tirol wenig bedeutsam, schon Herzog Sigismund der Münzreiche zog um 1470 in die Landesfürstliche Burg von Meran und dann nach Innsbruck.
Nachdem die Besitzer mehrmals gewechselt hatten, schenkte die Stadt Meran nach den Napoleonischen Kriegen Schloß Tirol Kaiser Franz I. zur Wiedervereinigung des Landes Tirol mit Österreich. Aber die Habsburger kümmerten sich weiterhin wenig um das Schloß, erst um 1890 wurde es vor dem Verfall gerettet und restauriert. Schloß Tirol ist

einen Besuch wert, wenn darin eine Sonderausstellung zu besichtigen ist.

Ein anderer Ausflug könnte uns nach *Partschins* führen, 7 km von Meran entfernt, nahe der Straße zum Reschenpaß. Dieser Ort bringt uns eine andere Seite unseres Schulbuches in Erinnerung: Peter Mitterhofer wurde hier 1822 geboren, erlernte das Tischlerhandwerk, betätigte sich als Tüftler und Bastler und – erfand die Schreibmaschine. 1866 ging er zu Fuß mit seinem ersten Modell auf dem Rücken nach Wien und erhielt vom Kaiser dafür immerhin 200 Gulden als Anerkennung und für die Unterstützung der Weiterentwicklung. 1870 kam Mitterhofer mit einem verbesserten Modell wieder nach Wien. Das k.k. Handelsministerium holte ein Gutachten einer Kommission ein. Dieses schloß damit, daß zwar der Fleiß dieses einfachen Landmannes zu loben und sein Modell originell sei, aber »daß eine eigentliche Anwendung dieses Apparates wohl nicht zu erwarten sei und daß man mit einer solchen Maschine niemals wird schneller schreiben können als mit der Hand«. Irren ist kommissionell! Immerhin geruhte Kaiser Franz Joseph das Modell Mitterhofers um 150 Gulden anzukaufen – für das Museum. Vielleicht war die Ablehnung der Bürokratie damit begündet, daß mit der Schreibmaschine ganze Berufe überflüssig geworden wären: die Kanzlisten und Schönschreiber. Enttäuscht dachte Mitterhofer nicht an die Anmeldung eines Patents und kehrte nach Partschins zurück. Er bastelte weiter, erfand noch eine Waschmaschine und starb kinderlos 1893.

Auf Mitterhofer trifft nicht einmal der Satz zu, daß der Prophet im eigenen Land nichts gilt: Für die Welt wurde die Schreibmaschine 1867 von drei Amerikanern erfunden, die ihre Patentrechte an die Firma Remington verkauften, die 1874 die ersten »Typewriter« vermarktete. Und diese Erfindung trat die Weltherrschaft an; erst jetzt wird sie von Textverarbeitungsprogrammen und dem Personal Computer abgelöst.

Der Ruhm Mitterhofers reicht hingegen von Partschins nur bis in die österreichischen Schulbücher und für eine Sonderbriefmarke der österreichischen Post. Partschins, das von Meran aus leicht erreichbar ist (man zweigt von der Straße zum Reschenpaß nach 5 km rechts ab), ist ein stiller Ort mit vielen Obstbauern, die auch Fremdenzimmer vermieten. Wir finden hier das Sterbehaus Mitterhofers, an der Wand der Dorfkirche sein Grab, vor dem Friedhof sein Denkmal im Stil des Expressionismus und, an der Abzweigung von der Hauptstraße, ein kleines Museum, das sein Schicksal vor dem Vergessenwerden zu bewahren sucht.

Von den drei Schreibmaschinen, die Mitterhofer verfertigt hat, befindet sich eine im Meraner Stadtmuseum, eine im Technischen Museum in Dresden, und der »Prototyp«, den der Kaiser zwar ankaufte, aber nur, um ihn zu den Akten zu geben, im Wiener Technischen Museum.
Da auch im Westen Südtirols, bis hinauf zum Ortler, dem damals höchsten Berg der Donaumonarchie, im Ersten Weltkrieg die Front verlief, sei des Meraner Anwalts Dr. Hugo Zuckermann gedacht, der zu Kriegsausbruch das sehr populär gewordene »Österreichische Reiterlied« geschrieben hat:

»Drüben am Wiesenrand
Hocken zwei Dohlen –
Fall ich am Donaustrand?
Sterb ich in Polen?
Was liegt daran?
Eh' sie meine Seele holen
Kämpf ich als Reitermann.

Drüben am Ackerrain
Schreien zwei Raben –
Werd ich der erste sein,
Den sie begraben?
Was ist dabei?
Viel hunderttausend traben
In Öst'reichs Reiterei.

Drüben im Abendrot
Fliegen zwei Krähen –
Wann kommt der Schnitter Tod,
um uns zu mähen?
Es ist nicht schad'!
Seh ich nur unsere Fahnen wehen
Auf Belgerad!«

Zuckermann, 1881 in Eger geboren und nach seinem Studium Rechtsanwalt in Meran, starb im Dezember 1914 an seinen in den Karpaten erlittenen Verwundungen. Sein »Reiterlied« wurde während des Krieges mehrfach, u. a. von Franz Lehár, vertont und war in jener patriotischen Zeit sehr beliebt. Noch 1935 wurde es in eine Anthologie deutscher vaterländischer Gedichte aufgenommen, als Volkslied – der jüdische Verfasser wurde verschwiegen.

Sterzing ist von Innsbruck aus auf der Brennerautobahn 53 km entfernt. Von Sterzing nach Meran sind es über den Jaufenpaß 57 km. Als Standort für die weiteren Orte bietet sich Meran an, das besonders im Herbst, wenn die Trauben reif sind und sich die Blätter der Bäume unter tiefblauem Himmel färben, einen Aufenthalt für mindestens ein verlängertes Wochenende wert ist. Wer mit der Eisenbahn nach Meran will (von Wien oder Graz über Bruck – Klagenfurt – Lienz – Fortezza/Franzensfeste – Bozen bzw. von Wien über Innsbruck – Brenner – Sterzing – Bozen), kann alle beschriebenen Orte, auch im Passeiertal, mit den Linien-Autobussen der STI leicht erreichen. Unterkunftsmöglichkeiten gibt es vom Luxushotel bis zum Privatzimmer reichlich. Eine Reservierung ist nur bei einem längeren Aufenthalt und in der Hochsaison (wozu hier der Oktober gehört) notwendig. Plant man die Fahrt über den Jaufenpaß, so muß man berücksichtigen, daß dieser von Oktober bis Mai Wintersperre haben kann. Die Wanderung auf die Pfandleralm ist, wenn kein Schnee liegt, unbeschwerlich.
Führungen durch Schloß Schenna werden von März bis Oktober, jeweils montags bis freitags um 10.30, 11.30, 14, 15, 16 und 17 Uhr veranstaltet; Schloß Tirol ist von März bis Oktober von Dienstag bis Sonntag von 9.30 bis 12.30 Uhr und von 14 – 17.30 Uhr geöffnet (bei Sonderausstellungen verlängerte Öffnungszeiten). Das Peter-Mitterhofer-Museum an der Abzweigung der Reschenstraße nach Partschins ist ganzjährig dienstags bis freitags von 15 bis 18 Uhr geöffnet. Der Andreas-Hofer-Gedenkraum beim »Sandwirt« in St. Leonhard im Passeier ist von April bis Oktober vom Montag bis Samstag von 9 bis 12 Uhr und von 13.30 bis 17 Uhr geöffnet.

Durch das Trentino bis zum Gardasee

Auf den Spuren österreichischer Dichter, Maler und verlorener Kriege durch eine der schönsten Landschaften Europas

Der Gardasee ist wegen seiner landschaftlichen Schönheiten und des milden Klimas begehrtes Ziel nicht nur für Urlauber, sondern auch zahlreicher Künstler, die, beginnend mit Goethe, vor allem in Torbole und Riva Aufenthalt nahmen. Es ist eine Ferienlandschaft par excellence, touristisch sehr gut erschlossen, leicht erreichbar und von März bis Oktober von angenehmem Klima. Der Reisende findet hier reichlich Gelegenheit zum Baden, Segeln, Surfen (die Bucht von Torbole gilt als Dorado der Surfer), er kann die sommerlichen Opernfestspiele in der Arena von Verona besuchen, in der Brenta und am Adamello bergsteigen und historische Städte wie Trient, Rovereto und Verona besichtigen. Die zahlreichen herkömmlichen Reiseführer sollen im folgenden um die in dieser Region besuchenswerten Austriaca ergänzt werden.

Das Trentino bildete bis 1918 einen Teil Tirols, das bis zum Ende des Ersten Weltkriegs bis Ala südlich von Rovereto, bis Riva und Torbole reichte. Von 1815 bis 1859 gehörten auch die Lombardei und Venetien als Königreich Lombardo-Venetien zu Österreich, bis 1866 noch dessen östlicher Teil mit dem sogenannten »Festungsviereck« (Peschiera, Verona, Legnano und Mantua) und Venetien – wir begegnen dieser mit dem Blut von Österreichern geschriebenen Geschichte noch vielerorts, da Österreich während des 19. Jh.s im ständigen Abwehrkampf gegen die Einigungsbestrebungen Italiens stand.

Das Trentino beginnt bei der Salurner Klause, wo heute noch die deutsche Sprachgrenze (und die Empfangsgrenze von Ö 3) verläuft. Wir reisen wahrscheinlich über die Brenner-Autobahn an. Um den vielleicht originellsten Tip dieses Buches zu befolgen, müssen wir sie schon bei

der Ausfahrt Bozen-Süd verlassen: In *Leifers/Láives*, 6 km südlich von Bozen an der Straße nach Trento/Trient, suchen wir das »Kleine Schiffsmuseum ›Tragödien zur See‹«, in dem wir, fern der See, die größten Schiffsmodelle Europas finden. Nicht nur die deutsche »Bismarck« und die japanische »Yamato«, sondern auch die österreich-ungarische »Viribus Unitis« wurden von Luis Clementi, Obstbauer und nach eigenen Worten »verhinderter Österreicher«, und seinen Gefährten aus Stahlblech und Polyester in je zweijähriger Arbeit zusammengebaut. Wir erinnern uns vielleicht des Schnittmodells der »Viribus Unitis« im Wiener Heeresgeschichtlichen Museum. Das Modell in Leifers ist nicht so detailgenau, aber dafür im Maßstab 1:20 mit 8 m Länge größer und – es ist seetüchtig. Ausgestattet mit einem 2000 cm^3/60-PS-Dieselmotor und drei Personen sowie 500 l Ballast schwimmt das dann 2 t schwere Schiff auf dem nahen Kalterer See. Wem der knorrige Südtiroler wohlgesonnen ist, dem führt er auch ein Video vor, in dem vier Schlachtschiffe mit 10 Knoten den Kalterer See durchpflügend bewundert werden sollen.
Seeschlachtengemälde eines eher naiven holländischen Malers in dramatischem Dunkelblau ergänzen die Schiffsausstellung und erinnern uns mit der Unterschrift »Das Ende einer See- und Weltmacht« daran, daß die nach dem Leitspruch von Kaiser Franz Joseph benannte »Viribus Unitis« am Ende des Ersten Weltkriegs am 1. November 1918 von zwei italienischen Kampfschwimmern im Hafen von Pola zum Sinken gebracht wurde, damit das letzte Flottenflaggschiff der k.u.k. Marine nicht in die Hände der Südslawen falle. Dabei fanden mehr als 400 Seeleute den Tod. Auch der Untergang des Schwesterschiffes der »Viribus Unitis«, der »Szent István«, ist auf einem Gemälde festgehalten: Am 10. Juni 1918, um 06.05 a.m. versank die »Szent István« vor der norddalmatinischen, heute kroatischen Insel Premuda (für die in den Kornaten segelnden Österreicher die Position: 44° N 16' N, 14° 13' E). Die »Szent István« war schon vor dem Versuch, aus der »Badewanne« Adria durch die Sperren von Otranto auszubrechen, um 03.30 a.m. von zwei italienischen Torpedos getroffen worden, als die Fahrt des Flottenverbandes wegen eines heißgelaufenen Lagers verlangsamt werden mußte. Das italienische Torpedoboot hätte zu diesem Zeitpunkt eigentlich auch nicht mehr an dieser Stelle sein sollen, war aber gleichfalls durch eine Havarie behindert gewesen … Da der Befehl »Schiff verlassen« rechtzeitig gegeben wurde, starben beim Untergang der »Szent Ist-

ván« 89 Seeleute, aber 950 wurden gerettet. Gegen die Schiffsführung wurde wegen mangelnder Vorbereitung der Operation ein kriegsgerichtliches Verfahren eingeleitet, das aber im November 1918 noch nicht beendet war.

Die im Geräteschuppen des Obstbauernhofes untergebrachte Schiffsmodellausstellung weckt keine heroischen Assoziationen, aber sie berührt und ist eine eindrucksvolle Reminiszenz an Österreichs Vergangenheit: In Pola, am 31. Oktober 1918, um 04.45 p.m., wurde die österreichisch-ungarische Seekriegsflagge zum letzten Mal niedergeholt.

Wir fahren weiter gegen Süden, können in *Salurn* noch einen Blick in ein Tiroler Dorf werfen, überqueren die Grenze der Provinzen Südtirol/Alto Adige und Trento und kommen nach *Trento/Trient* (50 km ab Bozen). In der Bischofs- und Konzilsstadt sollte der auf einem wunderschön geschlossenen historischen Platz gelegene Dom aus dem 13./14. Jh. besucht werden. In ihm ließ sich Maximilian I. 1508 zum »Erwählten Römischen Kaiser« ausrufen, da ihm die Truppen des Papstes vor Verona die Weiterreise zur Krönung in Rom versperrten. Im 19. Jh. wurde die Stadt von den Österreichern zur Festung ausgebaut. Sitz des Festungskommandos war das Castello del Buonconsiglio, und dieser mächtigen Stadtburg am Ostrand der Altstadt sollten wir zwei Stunden widmen. Von kunsthistorischem Interesse sind in der zwischen dem 13. und dem 18. Jh. erbauten weitläufigen Anlage der Adlerturm mit seinem um 1400 entstandenen Freskenzyklus des Jahresablaufes in der Natur, zahlreiche Repräsentationssäle mit prächtigen Decken und mit Fresken, etwa einer Porträtreihe, die Kaiser, Päpste und Trienter Bischöfe synchron bis zu Joseph II. aneinanderreiht. Doppeladler und Wandreliefs (im Renaissancehof) mit mehreren Kaisern (Maximilian I., Karl V. u. a.) sind zu bewundern.

Von den Gemälden ist hier auf einige von Michelangelo Unterperger hinzuweisen, dem 1695 im nahen Cavalese (im Val di Fiemme/Fleimstal) geborenen späteren Rektor der Wiener Akademie der bildenden Künste (gest. Wien 1758). Unterperger ist wahrscheinlich jener Maler, dessen Gemälde im Habsburgerreich die weiteste geographische Verbreitung fanden: Seine hochbarocken Darstellungen religiöser Szenen finden sich nicht nur in Trient, Brixen, Lemberg und Tîrgu Mureş/Neumarkt, sondern auch in Wien im Stephansdom (Dreifaltigkeitsaltar an der südlichen Längswand) und in der Michaelerkirche (Engelssturz, im rechten Querschiff), in Haselbach bei Korneuburg, in Aurolzmünster,

Fulpmes, Innsbruck-Wilten, in Eisenstadt, Wr. Neustadt und Schärding. Im Museum zu Cavalese gibt es eine Reihe von Gemälden Unterpergers, im Wiener Kunsthistorischen Museum hängen seine Allegorien auf die Jahreszeiten; am Prunk-Begräbniswagen für Kaiser Karl VI., heute in der Wagenburg in Wien-Schönbrunn, bemalte er die Türen. Ein weiteres Gemälde (im Vorraum der Sala Grande) aus der Mitte des 16. Jh.s zeigt inmitten der Trientiner Konzilsversammlung Kardinal Marcus Sitticus von Hohenems, als »alteps Germaniae« in vorderster Reihe sitzend. Es handelt sich um den im Vorarlberger Hohenems 1533 geborenen, in Rom als »Landsknecht im Purpur« einflußreichen Onkel der beiden Salzburger Erzbischöfe Wolf Dietrich von Raitenau und Markus Sitticus von Hohenems; in Rom ist sein Palais Altemps, gegenüber der Kirche Sant'Apollinara nahe der Piazza Navona, ebenso sehenswert wie sein und seines Sohnes Grabmal in der Kirche Santa Maria in Trastevere.

Aber wenden wir uns der jüngeren österreichischen Geschichte zu, die hier als italienische dargestellt wird: Gleich beim Eingang des Castello finden wir die allerorten in Italien anzutreffende Tafel mit dem Tagesbefehl des italienischen kommandierenden Generals Diaz vom 4. November 1918: »La guerra contro l'Austria-Ungheria … é vinta. La gigantesca battaglia … é finita«. Daneben, im *Museo di Risorgimento,* kommt Österreich nur als Negativbild vor: Welche (italienischen) Helden 1848, 1859, 1866 und schließlich 1915 bis 1918 gegen die Habsburger kämpften. Immerhin ist auch eine Büste des alten Imperatore Francesco Giuseppe ausgestellt, ein österreichischer Reisepaß, einige Waffen und Exemplare der österreichischen Festungszeitung »Il risveglio Austriaco«.

Zentraler Heros ist Cesare Battisti, ein 1875 geborener Trientiner (sein Geburtshaus an der Piazza di Duomo 36 trägt eine Gedenktafel), Österreicher und ab 1911 sozialdemokratischer Abgeordneter im Reichstag zu Wien. Bei Kriegsausbruch 1915 ging er nach Italien, wurde Alpini-Offizier und 1916 von den Österreichern am Monte Corno (heute Monte Corno Battisti, im Westen des Pasubio) gefangen. Im Castello del Buonconsigilio kam es wenige Tage später zum Kriegsgerichtsprozeß. Gegen Battisti und Fabio Filzi wurde am 10. Juli 1916 wegen der Verbrechen nach §§ 58c und 59b des in Österreich bis 1975 geltenden Strafgesetzbuches die Todesstrafe verhängt (»alla pena di morte per capestro« heißt es in der Urteilsübersetzung). Der Saal, in dem der Prozeß stattfand (Refectorio, Stua de la famea) blieb bis heute im damaligen

Zustand. Am 13. Juli 1916 fand im Graben der Festung die Hinrichtung am Galgen statt, eine für einen Offizier besonders entehrende Todesart. Vielleicht als Strafverschärfung wurde vor der Hinrichtung das »Gott erhalte, Gott beschütze« gespielt. Ein Märtyrer war geboren. Die Hinrichtung Battistis entsprach wohl dem Gesetz: Ein in einem fremden Heer gegen Österreich kämpfender Österreicher hatte Hochverrat begangen und mußte nicht als Kriegsgefangener behandelt werden. Ob sie politisch klug war, wurde viel diskutiert. In der Fossa del Martiri sind am Platz der Hinrichtungen Gedenktafeln angebracht. Fotos mit einem stolzen Battisti, beleibten österreichischen Unteroffizieren und dem Wiener Scharfrichter Joseph Lang dokumentieren das Verfahren. Das Foto mit dem erhängten Battisti und dem lachenden Henker, das als Ansichtskarte weit verbreitet wurde, fand durch eine Szene in Karl Kraus' »Die letzten Tage der Menschheit« Eingang in die Weltliteratur. Der »Nörgler« findet auf ihm ein typisches österreichisches Antlitz (IV. Akt, 29. Szene):

> »Das österreichische Antlitz ist jederlei Antlitz. Es lauert hinter dem Schalter der Lebensbahn. Es lächelt und greint je nach Wetter. ... Zumal ist es aber das des Henkers. Des Wiener Henkers, der auf einer Ansichtskarte, die den toten Battisti zeigt, seine Tatzen über dem Haupt des Hingerichteten hält, ein triumphierender Ölgötze der befriedigten Gemütlichkeit, der ›Mir-san-mir‹ heißt. Grinsende Gesichter von Zivilisten und solchen, deren letzter Besitz die Ehre ist, drängen sich dicht um den Leichnam, damit sie nur ja alle auf die Ansichtskarte kommen.« (1)

Der Vorfall war Karl Kraus so wichtig, daß er in der letzten Szene seines österreichischen Weltuntergangsdramas nochmals den »fidelen Henker« als »österreichisches Antlitz« auftreten läßt:

> »Aus Tod wird Tanz,
> aus Haß wird Gspaß ...«. (1)

Wir steigen aus dem Festungsgraben hinauf und besehen uns von der Loggia aus die unter uns liegende Stadt. Auch hier werden wir nochmals an Cesare Battisti erinnert: Jenseits der Etsch, auf dem Doss-Trento-Hügel, erhebt sich ein weißer Tempel: Dort, wo früher ein österreichisches Festungswerk stand, ist heute das in den zwanziger Jahren eilig errichtete Grabmonument Battistis.

Von Trient nach Rovereto wären es auf der direkten Straße durch das Etschtal nur 25 km. Wenn Sie aber schmale Straßen nicht scheuen und einen Tag mehr Zeit haben, so empfehle ich einen Umweg über die

Hochflächen westlich des Etschtales. Zunächst führt uns dieser in die österreichische Literaturgeschichte und in (noch) deutsche Sprachgegenwart: Von Trento auf der SS 47 Richtung Bassano und Belluno ins Valsugana fahrend, kommen wir nach 10 km nach Pergine. Hier zweigen wir nach Nordosten ab, ins Fersental, von den Italienern »Mócheni« genannt. Die Straße windet sich in 15 km auf 1400 m hoch, bis *Palú del Férsina/Palai*. Im Fersental leben ca. 1200 Menschen, von denen etwa die Hälfte noch eine altdeutsche Mundart, das Zimbrische, spricht. Es gibt Bemühungen, die auch vom österreichischen Außenminister Alois Mock unterstützt wurden, diese Sprache zu retten, doch ist die Abwanderung aus den im 13. Jh. von Bayern aus besiedelten deutschen Sprachinseln an den Rändern des Valsugana dramatisch (Reste von weiteren deutschen Sprachinseln gibt es auch noch in den sogenannten »Dreizehn Gemeinden« nördlich von Verona, in den »Sieben Gemeinden« um Asiago, westlich von Bassano, und im Sáuris-Tal, zwischen Tolmezzo und Pieve di Cadore). Als das Valsugana 1918 an Italien fiel, begann die Italienisierung, 1942 bekamen die Fersentaler im Raum von Budweis neuen Besitz zugewiesen (von dem man sie 1945 wieder vertrieb), und nun bietet das Tal auch den Bergbauern kaum noch Verdienstmöglichkeiten. In die Literaturgeschichte gingen die Menschen des Fersentals durch die Novelle »Griglia« von Robert Musil ein. Oberleutnant Dr. Robert Musil war hier ab dem Sommer 1915 in Stellung und mutierte Kriegserlebnisse in eine tragische Liebesgeschichte in einer Bergwerks-Umgebung. Dietmar Grieser führt uns in seiner jüngst erschienenen Publikation auf den Spuren von Robert Musil in das Fersental von heute.
Wir fahren entweder zurück nach Trento oder weiter auf den Spuren der k.u.k. Armee: von Pergine 10 km nach Osten an einem See vorbei nach Caldenazzo. Hier (östlich) beginnt in den Obstgärten die »Kaiserjägerstraße«, die schmal und steil, doch nun asphaltiert, in 10 km von 480 m auf 1290 m führt, an einer Gedenktafel (rechts, im unteren Drittel) vorbei zum Monte Rover am *Plateau von Lavarone*. Es war die Hauptversorgungsstraße für die auf dieser Hochfläche errichteten österreichischen Forts und Kampfstellungen, die den Durchbruch der Italiener nach Trient bis zum Kriegsende erfolgreich verhinderten. Stationiert waren in diesem für die Südwestfront des Ersten Weltkriegs kritischen Bereich die Kaiserjäger aus Tirol und Einheiten des sich aus Salzburg und Vorarlberg rekrutierenden Infanterieregiments Nr. 59, »Erzherzog Rainer«. Als der k.u.k. Generalstab für das Frühjahr 1916 von hier aus

mit dem Ziel des Vorstoßes in die venetianische Tiefebene eine Offensive plante, wurde die Zivilbevölkerung der Dörfer zu ihrem Schutz in Barackenlager nach Braunau und Mitterndorf/Stmk. evakuiert. Verpflegung für 30 Tage und 100000 t Munition wurden auf die Hochfläche transportiert, doch mußte Erzherzog Eugen (s. S. 76), der Kommandant der Tiroler Front, wegen eines erneuten Wintereinbruchs Mitte April den Angriff verschieben. Trotz größter Geheimhaltung und Scheinangriffen an anderen Fronten gelang es nun nicht mehr, den Angriffsplan geheimzuhalten; Überläufer verrieten ihn, und die Italiener zogen Reserven zu seiner Abwehr zusammen. Die österreichische Offensive war dann zwar anfangs erfolgreich, doch mußten in ihrem Verlauf auf deutschen Druck hin Truppen abgezogen und an die Ostfront verlegt werden, da die Russen dort eine Entlastungsoffensive begannen. Danach blieb auch hier die Front bis zum Herbst 1918 unverändert und von Artilleriebeschuß auf die beiderseits der Front befindlichen Sperrforts gezeichnet.
Wer Zeit, eine Wanderkarte und einen der in den letzten Jahren in Österreich wie auch hier veröffentlichten Führer hat, kann ohne Schwierigkeiten auf dieser touristisch nun sehr gut erschlossenen Hochfläche, die nach Osten und Süden steil in die venetianische Tiefebene abfällt, noch viele Festungswerke, Denkmäler, Kasernen und Kommandos, leider auch österreichische Soldatenfriedhöfe (z. B. den besonders schön gelegenen von Slaghenaufi, zwischen Monte Rover und Carbonari, nahe des Ortes Bertoldi) finden. Sie liegen meist am »Friedenspfad/Sentiero della Pace«, den in den letzten Jahren italienische und österreichische Vereine gemeinsam 470 km lang entlang der Frontlinie des Ersten Weltkrieges vom Ortler bis zur Marmolada instand gesetzt und markiert haben. In einem der Forts wachte Luis Trenker, in einem anderen war der spätere Bundeskanzler Engelbert Dollfuß Kommandant. Im *Fort Belvedere* (einst: »Gschwendt«) ist heute ein sehenswertes Museum eingerichtet. Da dieses Festungswerk noch gut erhalten ist, kann man hier Konstruktion und strategische Position dieser Anlagen studieren und einen Eindruck von den darin herrschenden Lebensbedingungen erhalten. Fort Belvedere liegt südöstlich der Ortschaft Cappella, die Zufahrt ist mit dem Pkw möglich.
Direkt unter diesem Fort liegt in der Tiefe des Astico-Tales der Ort *Lastebasse,* erreichbar über zahlreiche Kehren auf der SS 350 von Nosellari. Gleich nach dem Ortseingang von Lastebasse steht links ein Gedenkstein mit nur mehr schwer zu entziffernden Worten:

»Am 2. Mai 1916 ein Uhr
nachts überschritt hier
Seine kais. u. königl. Hoheit
Erzherzog Thronfolger
k.u.k. i. M. Cl.
Viceadmiral
Carl Franz Josef
als Kommandant
des k.u.k. XX. Korps
die italienische Grenze und
verweilte weit vor den
Drahthindernissen eine halbe Stunde
auf feindlichem Boden.«

Heute lächeln wir darüber. »Damals« war das erstmalige Betreten des Feindeslandes im Krieg durch den späteren Kaiser ein Zeichen seiner Tapferkeit und des siegreichen Vordringens unserer Truppen. Das Ereignis wurde von den Kriegsberichterstattern weithin gemeldet und war einen Gedenkstein wert. Bei einem anderen Gedenkstein mit den Worten:

»Wanderer kommst du nach Salzburg, sag ihnen dort in der Heimat
daß wir gefallen getreu unserem Kaiser und Land«

sollten wir der Toten dieses Krieges gedenken, die, jedenfalls auf österreichischer Seite, sinnlos gefallen sind.

Dieser Gedenkstein steht auf einem ehemaligen Friedhof der »Rainer«, des k.u.k. IR Nr. 59 (das Denkmal dieses Regiments steht im Garten des Schlosses Mirabell in Salzburg). Wir finden ihn an der vom Passo del Sommo (zwischen Carbonare und Folgaria) nach Süden abzweigenden Straße, nach den Ruinen des Forte Cherle/Sebastiano und nach einer starken Rechtskurve, rechts oberhalb der Straße stehend.

Am folgenden Passo di Vena zweigen wir nach rechts ab, kommen nach Folgaria und dann zurück ins Etschtal, entweder bei Colliano oder gleich nach Rovereto.

Das 1509 habsburgisch gewordene Städtchen *Rovereto* hatte den deutschen Namen Rofreit und war bis 1918 Sitz einer k.k. Bezirkshauptmannschaft, eines Kreisgerichtes und hatte nach der Gründung einer Akademie durch Maria Theresia, auch kulturelle Bedeutung. Am 25. Dezember 1769 gab Wolfgang Amadeus Mozart, der mit seinem Vater Leopold am 13. Dezember von Salzburg aus zu seiner ersten Italienreise

aufgebrochen war, hier sein erstes Konzert auf »welschem Boden«; eine Gedenktafel am Haus Via Merceria 14 erinnert daran. Am nächsten Tag spielte der dreizehnjährige Wolfang Amadeus stürmisch umjubelt auf der Orgel der San-Marco-Kirche. Einer seiner Verehrer, der aus Rovereto stammende und zeitweise in Wien als Bankier tätige Giuseppe Antonio Bridi, ließ nach Mozarts Tod sogar in seinem Garten ein imaginäres Grab für Mozart und einen »Tempel der Harmonie« errichten (heute: Viale Trento 42; nicht zugänglich). In Rovereto findet jährlich in der zweiten Septemberhälfte ein Mozart-Festival statt.
Am nahe der Via Merceria gelegenen Haus Via Tartarotti 20 treffen wir wieder auf die österreichische Geschichte: Eine Gedenktafel erinnert daran, daß sich hier Kaiser Franz I. und Zar Alexander von Rußland im Oktober 1822 auf die Prinzipien des Kongresses von Verona einigten – Festhalten an dem in den Kongressen von Wien und Laibach (s. S. 193) vereinbarten Status quo und Vorgehen gegen liberale, revolutionäre Bewegungen, z. B. in Griechenland.
An der nahen Piazza Podestá (unterhalb der Burg) stellt ein Relief Prinz Eugen von Savoyen dar, der in Rovereto 1701 und 1705 sein Winterquartier hatte. Im Mai 1701 brach er von hier auf, um in einem an den Übergang Hannibals über die Alpen erinnernden Gewalt- und Geniestreich 12000 Mann seiner Armee über noch verschneite Bergpässe in die Poebene zu führen – das Etschtal war bereits von den für den Spanischen Erbfolgekrieg rüstenden Franzosen besetzt. Bei Carpi (südöstlich von Legnano) errang er gegen die überraschten Franzosen einen leichten Sieg. Und im Mai 1705 – Prinz Eugen hatte inzwischen gemeinsam mit dem Herzog von Marlborough die Schlacht von Höchstädt (bei Ulm) gewonnen und München besetzt – erreichte Prinz Eugen im Lager von Rovereto die Nachricht vom Tode seines Kaisers, Leopold I. Die Regimenter hielten eine feierliche Trauerparade ab.
Daß Rovereto nicht nur Festungs-, sondern auch Handelsstadt war, zeigt eine in eine Hauswand der Piazza Podestá eingelassene Tafel, die eine »Umrechnungstabelle« für Wiener und welsche Maßeinheiten enthält. Gegenüber mahnt ein 30,5-cm-Mörser der k.u.k. Artillerie – die großkalibrigen Mörser aus den Pilsener Škoda-Werken waren die besten Artilleriewaffen des Ersten Weltkriegs – an die Kämpfe 1915/18. Im Kastell über dem Platz (der Zugangsweg beginnt links vom Mörser), das bis 1918 Kaserne der österreichischen Kaiserjäger war – 1918/19 brachte man darin österreichische Kriegsgefangene unter – befindet sich das

»Museo Storico Italiano della Guerra«, das wahrscheinlich größte Museum über den Ersten Weltkrieg. Es ist nicht so parteiisch gestaltet wie das Museum in Trient, hier finden auch Österreich-Ungarns Leistungen und Leiden Berücksichtigung. Porträts österreichischer Herrscher und Generäle sind ebenso zu sehen wie Waffen beider Seiten und die weiße Fahne, mit der die österreichisch-ungarischen Parlamentäre am 29. Oktober 1918 die Front südlich von Rovereto überschritten, um über einen Waffenstillstand zu verhandeln – der dann, am 3. November 1918, in der südlich von Padua gelegenen Villa Giusti von den Italienern diktiert wurde. Nach dem Ersten Weltkrieg wurden südlich von Rovereto, im »Sacrario militare di Castel Dante« 11500 italienische und 7500 österreichisch-ungarische Gefallene in einem zwar vom faschistisch-imperialen Architekturstil geprägten, aber doch eindrucksvollen Grabmal bestattet. Vom Hügel darüber mahnt die »Campana die Caduti«, eine aus dem Metall nach dem Krieg verschrotteter Kanonen gegossene Glocke mit ihren allabendlichen Schlägen zum Frieden.
Wenn Sie erahnen wollen, wo die Soldaten im Hochgebirge kämpften, litten und starben, so darf ich Bergsteigern oder Mountainbikern folgende Route zum *Monte Pasubio*, dem »Blutberg« der Tiroler Kaiserjäger, vorschlagen: von Rovereto auf der südlich des Kastells vorbeiführenden Straße SS 46 (Richtung Schio – Vicenza) 27 km bis zum Passo Pian delle Fugazze (1162 m), über den bis 1918 unsere Reichsgrenze verlief. Mountainbiker parken schon hier ihr Auto und wechseln auf ihren High-Tech-Esel. Bergsteiger fahren mit dem Pkw noch ca. 3 km bergab und biegen dann nach links, Richtung Colle Xomo ab. Nach ca. 6 km endet die schmale Straße bei einer Trattoria am Colle Xomo (1060 m), und nun parken auch sie (Mountainbiker radeln denselben Weg bis hierher ohne Schwierigkeiten). Auch weiter haben Fußgänger und Radfahrer denselben, nun geschotterten Weg: die »Strada della Scarubbi« mit einigen Serpentinen zum Rifugio (Hütte) Generale A. Papa (1935 m), 10 km in ca. 3 Stunden, Radler mit Kondition kürzer. Hier beginnt ein ca. zweistündiger Rundweg, zunächst auf den Palon (2230 m), dann auf den Dente Italiano (»Italienische Platte«), schließlich durch ein schmale Scharte auf die »Österreichische Platte« des Monte Pasubio. Wie schon die Namen sagen, war der italienische Gipfel von den Italienern, der österreichische von Kaiserjägern besetzt. Im Sommer wie im Winter, die hier besonders schneereich sind, standen einander hier, oft nur wenige Meter voneinander getrennt, vom Mai 1915 bis zum Oktober 1918

die feindlichen Soldaten gegenüber. Maschinengewehre, Handgranaten, Minenwerfer sowie Artillerie von den umliegenden Tal- und Höhenstellungen waren die Waffen; Durst, Kälte und Lawinen die Feinde beider Seiten. Perioden heftiger Kampftätigkeit wechselten mit Zeiten scheinbarer Ruhe ab, in denen die Schützengräben ausgebaut, Truppen ausgetauscht und Telefonleitungen, Versorgungswege und -seilbahnen verbessert werden konnten. Allein im Oktober/November 1916 starben hier auf beiden Seiten 12000 Soldaten, durch Waffen, Lawinen und an Erfrierungen. Später erinnerte sich ein österreichischer Oberleutnant an den Krieg im Winter:

»Bezüglich Winterausrüstung, Bekleidung, Beschuhung, Kälteschutz lebten wir damals noch in der Steinzeit. Damals gab es im ganzen Korpsbereich keine Pelzmütze, keinen Anorak oder Zeltjacke mit Kapuzze, keine Filzstiefel, keine gefütterten Fäustlinge, auch keine Schals. Man trug Sommer und Winter dieselbe Wäsche ohne Unterwäsche. Es gab auch keine Ablösung. Die Fronttruppe kam selten nach rückwärts in die Reservestellung und die war auch noch primitiv genug. Ich schrieb in dieser Zeit einmalig in mein Tagebuch: ›Heute habe ich nach zwanzig Tagen erstmals meine nassen Schuhe ausgezogen.‹ Diese konnten ja nie trocken werden, da wir in feuchten Steinmulden und Felslöchern mit Zeltplanen überdacht den Vorwinter verbrachten. Einmal im Tag warme Nahrung und das nur so lange, als die Tragtiere die noch schneefreien oder gangbaren Saumwege zur Stellung hinauf benützen konnten. Mit Ende November 1916 hörte auch das auf. Dabei wurde niemand krank, es gab weder Husten noch Schnupfen noch Erfrierungen. Es mir heute noch ein Rätsel, wie man diese Strapazen ohne Schaden aushalten konnte ...« (2)

1917/18 wurde der Krieg in den Berg verlagert. Mit Preßluftbohrern wurden Stollen unter die jeweils gegnerischen Stellungen gegraben, um diese zu sprengen. Solange die Bohrgeräusche gehört wurden, konnten sich die Soldaten darüber relativ sicher fühlen, da ja der Feind darunter noch in den Stollen arbeitete. Wenn das Bohren aufhörte, war zu vermuten, daß die Stollen zur Sprengung vorbereitet würden. Trotzdem durften die Feldwachen darüber nicht verlassen werden. Die größte Sprengung, mit mehr als 16 t Sprenggelatine, die in Packungen von je 40 kg von Trägern aus dem Tal heraufgetragen worden waren, gelang den Österreichern am 13. März 1918. Die Stichflammen, die aus dem Berg schlugen, waren bis zu 30 m hoch. 500 Italiener, aber auch einige Österreicher starben. Die Frontlinie verändert sich nicht. Am 2. November 1918 kam für die Kaiserjäger der Befehl, den Pasubio zu räumen.
Wer heute den Pasubio begeht, kann dies zum Teil in wiederhergestell-

ten Stollen tun (Taschenlampe!), wobei er Stellungsreste und die Verwüstungen sieht, die die große Sprengung am Nordrand der »Italienischen Platte« angerichtet hat. Allein der Anblick wird jeden berühren und danken lassen, daß uns seit 50 Jahren Frieden gegeben ist. Vorbei an Heldengedenksteinen (für Italiener) kommen wir zum Rifugio G. Papa zurück. Mountainbiker haben nun 10 km rassige Abfahrt vor sich: auf der »Strada degli Eroi«, einer italienischen Kriegsstraße, hinunter zum Passo Pian delle Fugazze. Aber auch die Bergsteiger können sich, wenn sie mit einer Taschenlampe ausgerüstet sind, auf ein in den Alpen kaum vergleichbares Erlebnis freuen: Auf der 6,5 km langen »Strada delle Gallerie« geht es zum Colle Xomo zurück, durch gezählte 52 Tunnel! Dieser Weg wurde von den Italienern durch den Berg gesprengt, um einen wettersicheren und von den Österreichern nicht einsehbaren, im schußtoten Bereich befindlichen Zugang zu den Höhenstellungen zu haben. Über den Passo Pian delle Fugazze fahren wir nach Rovereto zurück.

Vom nördlichen Ortsende von Rovereto (heute übrigens eine Partnerstadt von Kufstein) folgen wir dem Wegweiser *»Villa Lagarina«* nach Westen. Die Kirche dieses Ortes, Santa Maria Assunta, ist äußerlich unscheinbar, birgt aber in ihrem Inneren den Anbau einer St.-Ruperts-Kapelle, die von Santino Solari, dem in Lugano im Tessin geborenen Architekten des Salzburger Domes, und ganz in dessen Stil gestaltete wurde. In der Kapelle befinden sich die Gräber der Eltern des Erzbischofs Paris Graf von Lodron, das in ihrer Vierung angebrachte Wappen ist das Wappen Salzburgs! Da wundert es uns nicht mehr, wenn auch die gegenüberliegende Volksschule den Namen dieses bedeutenden Salzburger Bischofs trägt.

Wir folgen dem Wegweiser »Lago di Cei« und dann »Noarna«. Beim Ortsschild von *Noarna* parken wir, setzen uns auf eine Bank und genießen die Aussicht auf das unter uns liegende Etschtal, aus dem der Autobahnlärm nur mehr murmelt. Ein Blick über Österreichs Geschichte: Im Tal *Volano* – wo am 3. November 1918 das letzte Gefecht der k.u.k. Armee stattfand; Rovereto, wo am 29. Oktober 1918 die österreichischen Parlamentäre mit der weißen Fahne und mit einem den Generalmarsch blasenden Trompeter zwecks der Aufnahme von Waffenstillstandsverhandlungen die Frontlinie überschritten und trotzdem beschossen wurden; weiter im Süden *Ala* – wo von 1866 bis 1915 die Grenze und die letzte Station der Südbahn vor Italien war. Jenseits des

Tales erheben sich die im Weltkrieg umkämpften Berge um das Valarsa-Tal – dort verdiente sich bei der Wiedereroberung des Festungswerkes *Valmorbia* (dessen Besuch auch heute noch eindrucksvoll ist, 10 km von Rovereto auf der erwähnten SS 46, im Weiler Pozzacchio abzweigen, 4 km nördlich davon) am 29. Juni 1916 der Kaiserschützen-Oberleutnant Alfred Enrich das Ritterkreuz des Maria-Theresien-Ordens (nach ihm ist heute die Bundesheer-Kaserne in Kufstein benannt). Am Horizont sind der Monte Corno Battisti und der Monte Pasubio sichtbar, letzterer der oben beschriebene »Blutberg« der Tiroler Kaiserjäger. Nicht weit davon schrieb Ludwig Wittgenstein als Fähnrich eines Artillerieregiments an seinem »Tractatus logico-philosophicus«.
Heute ein Bild tiefster Ruhe und Schönheit, in das sich die inmitten von Weingärten gelegene Burg von Noarna, vor deren Tor wir rasten, harmonisch einfügt. In ihr wurde 1586 Paris Graf von Lodron als Sproß eines alten und mächtigen Trientiner Geschlechtes geboren. Nach Studien in Trient, Bologna und Ingolstadt wurde er durch den Verzicht seines Onkels bereits 1606 Mitglied des Salzburger Domkapitels; 1619 bis 1653 war er Erzbischof von Salzburg. 1623 gründete Paris Graf Lodron die Salzburger Universität, und unter seiner Regentschaft wurde der Salzburger Dom in seiner heutigen Gestalt erbaut.
Für die Weiterfahrt zum nahen Gardasee gibt es zwei Möglichkeiten: Wir fahren wieder ins Tal zurück und von Villa Lagarina am westlichen Etschufer nach Mori, wo man die Hauptstraße SS 220 nach Riva erreicht, oder wir wählen die Route über Noarna – Patone – Lenzima – Nomasino – Valle San Felice zur SS 220 bei Lobbio, eine aussichtsreiche, aber schmale Straße. Von Lobbio sind es nur mehr 5 km durch die Urlandschaft eines vorgeschichtlichen Felssturzes nach Nago. Zu Zeiten der Monarchie fuhr man mit einer Schmalspurbahn von Mori im Etschtal hinauf nach Nago und dann über Arco nach Riva hinab. Nach der ersten Fahrt 1891 übersetzte Erzherzog Friedrich (s. S. 135) die vier Abkürzungsbuchstuben »M.A.R.B« nicht mit »Mori-Arco-Riva-Bahn«, sondern mit »Mehr als reizende Bahn«. Eine Geschichte aus der Entstehungszeit dieser Bahn wird erzählt: Der Bürgermeister von Nago, ein aus der Steiermark stammender Baron Lindegg, machte im Pustertal mit seinem Backfisch-Töchterlein Urlaub. Die Baroneß verliebte sich unsterblich in einen Eisenbahnbeamten, der nichts als die Uniform sein Eigen nannte. Der Papa richtete es dem Töchterchen: Er initiierte den Bau der »M.A.R.B.«, die Bahn bekam einen Direktor aus dem Pustertal

Schloß Noarna oberhalb von Rovereto: Hier wurde der Salzburger Erzbischof Paris Graf von Lodron geboren.

und dieser seine Baroneß zur Ehegattin. Die Bahnanlagen wurden während des Ersten Weltkriegs in das galizische Kriegsgebiet transferiert, danach wieder im Trentino aufgebaut, bis sie einer Straßenverbreiterung Platz machen mußten. Erinnerungsstücke an die »M.A.R.B.« kann man heute noch im Verkehrsmuseum im oberösterreichischen Bad Neydharting finden; die einstigen Bahnhöfe in Arco und Riva sind heute Autobusbahnhöfe.

Von *Nago* aus bietet sich uns ein oft beschriebener Ausblick von seltener landschaftlicher Schönheit: links das Nordufer des Gardasees mit Torbole und Riva, rechts das Tal der Sarca mit dem Städtchen Arco, einst Sitz eines k.k. Bezirksgerichts, überragt auf steilem Fels von der Burg Arco. Sie wurde von den Franzosen im Kampf gegen die Österreicher im Spanischen Erbfolgekrieg 1703 zerstört. Wie der Ausblick 1841 war, malte Ferdinand Georg Waldmüller auf seiner Reise durch Welschtirol und Venedig mehrmals; eines dieser Gemälde befindet sich im Museum Reinhart in Winterthur. Der Monte Brione, zwischen Riva und Nago gelegen, war vor dem Ersten Weltkrieg von den Österreichern stark befestigt worden; die gut erhaltenen Reste sind noch heute einen

Rundgang wert (Auffahrt von der Straße Riva – Torbole). Auch über die Bergkämme im Westen verlief im Ersten Weltkrieg die Front; auf Fort Tombio wurde Albin Egger-Lienz als Tiroler Standschütze 1915 mit der Dramatik des Krieges konfrontiert, aus dessen Erfahrung er später seine ergreifendsten Gemälde schuf.

Auch *Torbole* gehörte bis 1918 zu Tirol und war vom Süden nur über den See erreichbar. Am Hafen steht ein kleines Zollhaus aus maria-theresianischer Zeit, am kleinen Platz dahinter haben zwei Gedenktafeln Österreich-Bezug: Eine vom Wiener Goethe-Verein gestiftete Tafel erinnert daran, daß Johann Wolfgang Goethe hier 1786 an seiner »Iphigenie« arbeitete; die zweite gedenkt eines Aufenthaltes Kaiser Josephs II. In Torbole machten österreichische Künstler gerne Ferien: Ein »Torbole« darstellendes Gemälde von Albert Paris Gütersloh gehört etwa zum Bestand der Österreichischen Galerie im Wiener Oberen Belvedere.

Arco war der Alterssitz Erzherzog Albrechts, des Siegers von Custoza (südwestlich von Verona). Sein Denkmal (bescheidener als sein Denkmal bei der Wiener Albertina) und die kaisergelbe, mit einem Türmchen versehene Villa (heute in herrschaftliche Wohnungen umgewandelt), in der er 1895 starb, stehen an der Straße nach Làghel, westlich des Burgberges. Der als Arboretum mit seltenen Bäumen vom Erzherzog gestaltete »Parco Arciducale« ist, wenngleich heute stark verkleinert, einen Besuch wert (Via del Calvario). Auch eine zweite Villa der Habsburger gab es in diesem »Nizza von Tirol«; sie liegt im Ortsteil Pomer und dient heute als Schulgebäude. Der junge Rainer Maria Rilke nahm mehrmals in Arco Aufenthalt, jeweils auf Einladung seiner Mutter, was seiner finanziell stets angespannten Lage sehr entgegenkam.

Riva war einst Sitz einer k.k. Bezirkshauptmannschaft, und hier wurde am 12. Dezember 1897 der spätere österreichische Bundeskanzler Kurt von Schuschnigg als Sohn eines Berufsoffiziers geboren.

Wir stellen unser Auto beim großen Parkplatz östlich der Altstadt, am früheren Bahnhof, ab und gehen am Seeufer zwei Minuten Richtung Osten zum heutigen Vier-Sterne-Hotel »Lido Palace«. In den ersten Jahren unseres Jahrhunderts war dieses Haus, baulich bis auf einen Glasvorbau und den Aufbau eines dritten Stockes unverändert, als »Sanatorium und Wasserheilanstalt Dr. Hartungen« ein Mekka erholungsbedürftiger Intellektueller. Christian Morgenstern weilte hier, Thomas Mann schrieb in diesem Haus die Novellen »Tonio Kröger« und »Tristan«, Heinrich Mann seinen Roman »Die Göttinnen«. Dr. Christoph von Hartungen, der Sohn des Arztes von Feldmarschall Radetzky, führte in Riva ein Sanatorium, in dem die Schulmedizin hinter ganzheitlichen Heilmethoden mit Kaltwasserkuren (Hartungen hatte auch bei Pfarrer Kneipp im bayerischen Wörishofen gelernt) und Sonnenbaden in »Lufthütten« zurücktrat. Wie heilsam solche Kuren im Zeitalter der Schnürleiber, der Culs de Paris und der gesteiften Hemdbrüste waren, kann man heute nur mehr erahnen. Auch Franz Kafka kurte zweimal in Riva: 1909, mit Max und Otto Brod; die Altstadt von Riva mit dem Hafen und dem alten Rathaus wurde zum Schauplatz der Erzählung »Der Jäger Gracchus«; ein Ausflug nach Brescia fand im Bericht »Die Aeroplane von Brescia« seinen Niederschlag. Im September 1913 kam Franz Kafka, mitgenommen und verstört nach der Entlobung von Felice Bauer, ins Sanatorium Hartungen nach Riva, wo er eine junge »Schweizerin« näher kennenlernte (deren Identität 50 Jahre nach Kafkas Tod als die der aus Lübeck stammenden Gertrud Wasner entschlüsselt wurde – Kafka hatte in seinen Aufzeichnungen die ihm von ihr auferlegte Verschwiegenheitspflicht so übererfüllt, daß er sogar Herkunft und Aussehen verschleierte). Er schrieb über diese Liebe, die er später nochmals zu treffen suchte (vergeblich):

> »Zu spät. Die Süßigkeit der Trauer und die Liebe. Von ihr angelächelt werden im Boot. Das war das Allerschönste. Immer das Verlangen zu sterben und das Sich-noch-Halten, das allein ist Liebe.«

Kafka erholte sich trotzdem gut, so gut, daß er einem Freund schrieb: »Hätte ich nur die geringste Hoffnung, daß es etwas hilft, ich würde mich an dem Pfosten der Einfahrt des Sanatoriums festhalten, um nicht abreisen zu müssen.«

Vom Hotel »Lido Palace« sind es nur wenige Minuten in die Altstadt zur kleinen Wasserburg »La Rocca«, die einst k.u.k. Kaserne war. Eine noch bis vor einigen Jahren sichtbare Gedenktafel, die an die Abwehrkämpfe der Österreicher 1866 erinnerte, ist jetzt verschwunden. 1866 versuchten die Freischaren Garibaldis durch das Ledrotal nach Südtirol einzudringen. Bei *Bezzecca*, von Riva in 15 km über die eindrucksvolle Ponale-Straße am Ledro-See vorbei zu erreichen, kam es zu einer für die Österreicher siegreichen Schlacht. Denkmäler in Bezzecca erinnern noch daran. Damit blieb Ponte Caffaro am Idriosee bis 1918 Tiroler Grenzort.

Von Riva nach Süden gab es bis zur Zwischenkriegszeit nur die Straße

ins Ledro-Tal. Die heutige »Gardesana occidentale« am Westufer nach Salò und die »Gardesana orientale« südlich von Torbole wurden erst in der Zwischenkriegszeit erbaut; bis zum Ersten Weltkrieg konnte man von Riva und Torbole zu den anderen Orten des Gardasees nur per Schiff gelangen.
Lesen wir im dritten Teil der »Zwei Schwestern« nach, wie Adalbert Stifter eine Bootsfahrt über den Gardasee beschrieb:

> »Ich beschloß, ... sofort einen beliebigen Bogen an den Riva-Ufern des Gardasees herum zu fahren ... Für Freunde landschaftlicher Natur und Entwicklung ist eine solche langsame von häufigem Anhalten unterbrochene Fahrt an den Ufern bei weitem vorzüglicher, als eine längs der Mitte des Sees, wo alles, was schön ist, nur in allgemeinen Bildern unentfaltet vorüber rückt. Wir fuhren stets an den Gestaden. Bald war es ein großer unermeßlich scheinender Fels, dem wir umschifften, und der wie ein Stück Alpe in das seichte Fahrwasser des Sees geworfen schien. An seinem Körper spielten die grauen Lichter und die violetten Schatten, und an seinem Fuße plauderten oder flüsterten die Wellchen, die unbemerkt und unablässig an seinem Korne wuschen; ein ander Mal war es wieder eine blendende Sandbank, die gegen das Dunkelblau des Wassers hinaus ging. Hinter ihr klomm das reine Grün empor, das wieder oben in Felsen überging, die dann blaulich in die noch blauere fast funkelnde Luft hinein dämmerten. Oft stach eine solche Zunge gleichlaufend mit dem Ufer weit in den See hinaus, und jenseits derselben lag das ruhigste dunkelblaueste Wasser wie ein geborgenes Band an dem Gürtel des Gestades dahin. Wenn wir dann in die Langbucht einfuhren, so entwickelte sich eine Hütte, ein Häuschen, ein Landsitz, wo wir früher nur einen mattgrauen oder schwachweißen Punkt gesehen hatten. – Oft wurde das breite Wasser des Sees ganz schwarzblau, unendlich dunkler, als die Luft, die längs des fernen Saumes glänzte, wie eine lichte Kalkwand, das Zieratenwerk der Felsen, und warf sein Gitter zauberhaft in die Fläche des schwarzen Spiegels. – Wenn wir manchmal eine Wand sahen, und meinten, sie sei weithin die glatteste, ritzenloseste Mauer, so tat sie sich, wenn wir an ihr entlang fuhren, auf einmal auf, und trug in ihrer Faltung eine niedersteigende von dichtem Buschwerke bewucherte Furche, in der das klareste glasdurchsichtigste Alpenwasser nieder strömte. Und wenn wir dann um die Sandhügel, die sich heraus schoben, herum fuhren, und in die Bucht einlenkten, die sich darstellte, so sahen wir, daß der Schauplatz sehr groß sei, und an seinem Rande, statt des grünen Wucherwerkes, welches wir erblickt hatten, riesengroße schöne Bäume trug, und in mancher Ecke noch ein aus rohen Steinen oder Stämmen zusammen gefügtes Fischerhäuschen barg...« (3)

So meisterhaft diese Schilderung des Gardasees auch ist – Adalbert Stifter hat ihn nie gesehen.
Österreichs Grenze lag bis zum November 1918 einige Kilometer südlich von Riva; Spuren Österreichs gibt es aber auch noch an den Orten

am westlichen Ufer des Gardasees: In *Porto di Tremòsine* könnten wir uns an Gustav Klimt erinnern. Er verbrachte im Sommer 1913 mit den Schwestern Flöge hier einen Urlaub und malte drei Bilder: »Kirche in Cassone« und »Italienische Gartenlandschaft« sind in Privatbesitz, »Malcesine« ist 1945 im Schloß Immendorf verbrannt. In *Gargnano* erinnern einige in den Mauern der Häuser an der Seefront steckende Kanonenkugeln an die einzige »See-«Schlacht Österreichs. Von 1859 bis 1866 war ja das Westufer des Gardasees italienisch, das Ostufer österreichisch. Als die Österreicher während des Krieges mit Piemont-Sardinien 1866 bemerkten, daß zwei italienische Schiffe den Hafen von Gargnano ansteuerten, eröffneten unsere Kanonenboote »Wildfang« und »Scharfschütze« das Feuer, steckten einige Häuser in Brand und vertrieben die Garibaldi-Freischärler vom Ufer. Ein italienisches Schiff konnte als Kriegsprise in den Hafen von Peschiera abgeschleppt werden.
Im übernächsten Ort, *Gardone Riviera*, hat sich im »Vittoriale degli Italiani« Gabriele D'Annunzio (1863–1938), Dichter, Frauenheld, Nationalherold und General (d.R.) selbst seine Apotheose zu gestalten gesucht. In die Geschichte versuchte er zweimal einzugreifen: Als er am 9. August 1918 vom Flugplatz San Pellagio bei Padua 600 km über österreichisches Gebiet flog, um über Wien nicht Bomben, sondern Flugblätter abzuwerfen, die die Bewohner der Reichs-Haupt- und Residenzstadt zum Aufgeben aufforderten. Und 1919, als er an der Spitze einiger Idealisten Fiume (das heutige Rijeka) besetzte, damit dieses nicht an das neue südslawische Königreich falle. D'Annunzio regierte Fiume auf Grund einer anarcho-syndikalistischen Verfassung, bis ein einziger Kanonenschuß dieser Episode ein Ende setzte. D'Annunzio zog sich nach Gardone zurück und bastelte fortan in einer als deutsches Eigentum beschlagnahmten Villa an seiner Legende. Das »Vittoriale« wurde zum Museum der Eitelkeiten, zum Tempel eines morbiden Ästhetizismus, zur letzten Inszenierung eines Lebens. Wir finden darin das Flugzeug, mit dem D'Annunzio über Österreich flog, einen Pfeiler einer Piave-Brücke (an diesem Fluß kam der österreichische Vorstoß im Herbst 1917 zum Stillstand), Erde und Steine von den Schlachtfeldern des Isonzo nebst einer unüberschaubaren Sammlung von Allerlei, mehr Kitsch als Kunst.
Einige Schritte westlich des »Vittoriale«, an der Ecke Via Roma/Via Hruska, hat sich ein anderer Mann einen Traum erfüllt: Dr. Anton Hruska (1880–1971), Zahnarzt in Wien und Botaniker am Gardasee, gestaltete hier um seine Villa einen Alpen- und Tropengarten. André Heller

läßt uns nun, gegen Eintrittsgebühr, an diesem Traum teilhaben: In Minuten können wir vom Edelweiß zum Biotop spazieren; die üppige Bepflanzung läßt uns kaum Platz für unsere Schritte.
Am Südufer des Gardasees könnten die aus der ersten Häfte des 19. Jh.s stammende und noch gut erhaltene österreichische Festung *Peschiera* und die Schlachtfelder von *Solferino* (1859) und *Custoza* (1848, 1866) besucht werden – aber das soll eine andere Geschichte in einem weiteren Buch werden.

Wenngleich die direkte Fahrtstrecke zwischen Bozen und dem Gardasee nur knappe 100 km beträgt, sollte man für diese Route nicht weniger als zwei Tage einplanen. Mit der Eisenbahn sind Leifers, Trient, Rovereto über Innsbruck leicht erreichbar; Arco und Riva mit Linien-Autobussen vom Bahnhof Rovereto. Dem Umweg über das Plateau von Lavarone kann man einen oder mehrere Tage widmen, je nach historischem Interesse. Für die Bergtour zum Monte Pasubio sollte man zwei Tage planen (Übernachtung am auch aussichtsreich gelegenen Rifugio Gen. A. Papa; Vorbestellung empfehlenswert, Tel. 0039 445 25 755; Post: I-36 015 Schio). Für die Orientierung reicht eine gute Autokarte, für die kriegshistorischen Wanderungen sei zusätzlich die Kompass-Wanderkarte Nr. 678 »Sentiero della Pace/Friedenspfad« empfohlen. Da es in den Orten, auch am Plateau von Lavarone, genügend Unterkunftsmöglichkeiten gibt, kann die Reise auch ohne größere Vorbereitung angetreten werden. Die Bergtour zum Monte Pasubio ist technisch leicht, setzt aber Kondition voraus (1 000 Höhenmeter!). Da die Region vom Wetter begünstigt ist, ist die Fahrt vom Spätwinter bis zum Spätherbst möglich. Eine Fahrt in der Vor- oder Nachsaison wird empfohlen, da dann die Straßen weniger befahren sind (der Monte Pasubio ist allerdings nur von Ende Mai bis Ende September zugänglich). Für die Anreise ab Innsbruck ist die Kombination mit der im Kapitel »Von Sterzing nach Meran« beschriebenen Route möglich; die Rückreise nach Ostösterreich kann über Verona – Padua – Venedig – Tarvis gewählt werden.
Das Schiffsmuseum »Tragödien zur See – Il Piccolo Museo Navale« in Leifers/Láives (Fabio-Filzi-Straße 7, am südwestlichen Ortsrand) hat vom 15. Mai bis 15. November montags bis samstags von 16 bis 21 Uhr geöffnet; telefonische Anmeldung ist empfehlenswert (0039 471 95 02 02); 1996 plante man, das Museum an den Kalterer See zu verlegen. Das Castello del Buonconsiglio in Trento/Trient hat tgl. außer an Montagen geöffnet, und zwar von 9 bis 12 Uhr und von 14 bis 17 Uhr (in den Monaten April bis September bis 17.30 Uhr); der Adlerturm ist nur mit Führung zugänglich. Das Museo storico italiano della Guerra in Rovereto hat tgl. außer montags geöffnet, und zwar von Juli bis September von 8.30 bis 19 Uhr, von März bis Juni und von Oktober bis November von 8.30 bis 12.30 Uhr und von 14 bis 18 Uhr. In Arco hat der »Parco Archiducale« von April bis September von 8 bis 19 Uhr, von Oktober bis März von 9 bis 16 Uhr geöffnet, der »Giardino Botanico« in Gardone Riviera (Auffahrt gegenüber dem »Grand Hotel«) von 15. März bis 15.Oktober von 9 – 20 Uhr.

Literaturauswahl und Quellenvermerk

Im Böhmerwald

Matz Wolfgang, Adalbert Stifter oder Diese fürchterliche Wendung der Dinge, München 1995;

Neuwirth Waltraut, Loetz Austria 1900, Wien 1986;

(1) *Stifter* Adalbert, Werke in drei Bänden. Die Tempel Klassiker, Wiesbaden, o. J., Bd. I.

Záloha Jiří, Die Landschaft der Jugend Adalbert Stifters, Vimperk 1993.

Budweis und Umgebung

České Budějovice und Umgebung. Reiseführer, České Budějovice 1991;

Knoll Helmfried, Südböhmen, Südmähren, Preßburg. Wandern im Grenzland, St. Pölten 1991;

Komlosy Andrea (Hrsg.), Industriekultur Mühlviertel, Waldviertel, Südböhmen, Wien 1995;

Kuklik – Kuklik, Český Krumlov, Praha 1992;

(2) Rilke Rainer Maria, Die Geschwister. Sämtliche Werke, hgg. vom Rilke-Archiv, Frankfurt/Main 1987;

(1) *Stifter* Adalbert, Werke in drei Bänden. Die Tempel Klassiker, Wiesbaden, o. J., Bd. II.;

Wischin Franz E., Egon Schiele und Krumau. Die Stadt am blauen Fluß, Wien 1995.

Prag

Dudák V., Der Wanderer durch Prag, Prag 1995;

(3) *Kafka* Franz, Vor dem Gesetz. Das erzählerische Werk, I, Verlag Rütten & Loening, Berlin 1988;

(5) zitiert in: Kafka und Prag, Franz-Kafka-Verlag, Praha 1991;

(7) *Kokoschka* Oskar, Mein Leben, München 1971; mit freundlicher Genehmigung von Olda Kokoschka;

(6) *Markus* Georg, Der Fall Oberst Redl, © 1984 by Amalthea in der F. A. Herbig Verlagsbuchhandlung München–Wien;

Rokyta Hugo, Prag (Handbuch der Denkmäler und Gedenkstätten europäischer Kulturbeziehungen in den Böhmischen Ländern, I), 2. Aufl. Verlag Vitalis, Prag 1995;

(1) *Torberg* Friedrich, Die Tante Jolesch, © 1974 by Langen Müller in der F. A. Herbig Verlagsbuchhandlung GmbH., München;
Trost Ernst, Das blieb vom Doppeladler, Wien 1966;
Wagenbach Klaus, Franz Kafka. Bilder aus seinem Leben, Berlin 1983;
(4) *Watzlik* Hans, Die Krönungsoper, Verlag Adam Kraft, Karlsbad 1937;
(2) *Werfel* Franz, Der Tod des Kleinbürgers. Aus: ders., Gesammelte Werke in Einzelbänden. Die tanzenden Derwische. Erzählungen. © S. Fischer Verlag GmbH., Frankfurt/Main 1989.

Brünn

Lechner Alfred, Viktor Kaplan, Wien 1936;
Rauscher Walter, Karl Renner, Verlag Ueberreuter, Wien 1995;
(1) *Rokyta* Hugo, Die böhmischen Länder, Verlag St. Peter Salzburg 1970.

Przemyśl und Lemberg

(4) zitiert in: *Basil* Otto, Georg Trakl (rororo Bildmonographien), Reinbek bei Hamburg 1965;
Bihl Wolfdieter (Hrsg.), Ukraine (Sonderheft von »Der Donauraum«), Wien 1994;
Dohrn Verena, Reise nach Galizien. Grenzlandschaften des alten Europa, Frankfurt 1991;
Forstner Franz, Przemyśl. Österreich-Ungarns bedeutendste Festung, Wien 1987;
(1) *Levy* Alan, Die Akte Wiesenthal, Verlag Ueberreuter, Wien 1995;
Lemberg/L'viv 1772–1918. Katalog einer Sonderausstellung im Historischen Museum der Stadt Wien, Wien 1993;
(5) *Roda Roda,* Das große Roda Roda Buch, © Paul Zsolnay Verlag GmbH.; Wien–Darmstadt 1988;
(2) *Roth*, Joseph, Werke, Bd. II, Verlag Kiepenheuer & Witsch, Köln 1990;
Rożański Jan, Forty Przemyskie, Przemyśl 1993;
(3) zitiert in: *Vajda* Stephan, Reisen Anno 1900. Ein Führer durch die Länder der k.u.k. Monarchie, Verlag Ueberreuter, Wien 1981.

Preßburg und die Westslowakei

Holčík Štefan, Krönungsfeierlichkeiten in Preßburg/Bratislava 1563–1830, Bratislava 1992;
Horn Alfred, Die Preßburgerbahn, Verlag Bohmann, Wien 1974;
(2) Erzählt nach: *Filip* Ota, Sisis Wandlungen, Frankfurter Allgemeine Zeitung, 28. 7. 1992;

(1) *Schiel* Irmgard, Stephanie. Kronprinzessin im Schatten von Mayerling, Deutsche Verlags-Anstalt, Stuttgart 1987.

Von Albert Kázmér Puszta nach Gödöllö

Brook-Shepherd Gordon, Um Krone und Reich. Die Tragödie des letzten Kaisers, Wien 1968;

(2) Zitiert in: *Corti* Egon Caesar Conte, Elisabeth, 30. Aufl. Graz 1948;

Elisabeth. Königin von Ungarn, Ausstellungskatalog, Eisenstadt 1991;

Franz Anton Maulpertsch und sein Kreis in Ungarn, Ausstellungskatalog, Langenargen/Bodensee 1984;

Leitner Thea, Fürstin – Dame – Armes Weib, Ueberreuter, Wien 1991;

(4) Zitiert in: Kaiserin Elisabeth, Das poetische Tagebuch, hg. von Brigitte Haman, Verlag der Österreichischen Akademie der Wissenschaften, Wien 1984;

(1) *Lenau* Nikolaus, Sämtliche Werke, Verlag Cotta, Stuttgart 1959;

(3) *Sokop* Brigitte, Jene Gräfin Larisch. Marie Louise Gräfin Larisch-Wallersee, Vertraute der Kaiserin, Verfemte nach Mayerling, Böhlau Verlag, 3. Aufl. Wien 1992;

Schiel Irmgard, Stephanie. Kronprinzessin im Schatten von Mayerling, Stuttgart 1978;

Sigmund Anna Maria, Das Haus Habsburg–Habsburgs Häuser. Wohnen und Leben einer Dynastie, Verlag Ueberreuter, Wien 1995;

Zacharias Thomas, Joseph Emanuel Fischer von Erlach, Wien 1950.

Budapest

(1) Zitiert in: Elisabeth Königin von Ungarn; Erzsébet, a magyarok királynéja. Katalog der Ausstellung Eisenstadt 1991, Böhlau Verlag, Wien 1991;

Gerö András, Der Heldenplatz Budapest, Budapest 1990;

Simontsits Attila L., The last battle for Saint Stephen's Crown, Toronto 1983.

Schloß Eszterháza in Fertöd am Neusiedler See

Bak Jolán – *Filep* István, Fertöd. Eszterházy Kastély 1996;

(1) *Barbaud* Pierre, Joseph Haydn. Aus der Serie »rowohlts monographien«, mit freundlicher Genehmigung des Rowohlt Taschenbuchverlags, Reinbek bei Hamburg 1960;

Czellár Katalin, Sopron, Budapest 1990;

Die Fürsten Esterhazy. Magnaten, Diplomaten & Mäzene, Ausstellungskatalog Eisenstadt 1995;

Joseph Haydn in seiner Zeit, Ausstellungskatalog, Eisenstadt 1982.

Laibach

Mihelič Breda, Ljubljana Stadtführer, Ljubljana 1994;

Jože Plešnik Architekt 1872 – 1957, München 1987;

(2) *Schöpfer* Gerald (Hrsg.), Peter Rosegger (Katalog der Steiermärkischen Landesausstellung), Graz 1993;

Stopar Ivan, Burgen und Schlösser in Slowenien, Ljubljana 1991;

(1) Zitiert in: *Trost* Ernst, Das blieb vom Doppeladler, Verlag Molden, Wien 1966.

Von Tarvis nach Miramare

Fabiani Rossella, Schloß Miramare. Das historische Museum, Trieste 1989;

(2) Zitiert in: *Holthusen* Hans Egon, Rilke, rororo Bildmonographien, Reinbek bei Hamburg 1958:

(1) Zitiert in: *Klavora* Vasja, Schritte im Nebel. Die Isonzofront–Karfreit/Kobarid-Tolmein/Tolmin 1915–1917, Verlag Hermagoras, Klagenfurt 1995.

(4) Zitiert in: *Niel,* Alfred, Die k.u.k. Riviera, Verlag Styria, Graz 1981;

Prater Donald A., Ein klingendes Glas. Das Leben Rainer Maria Rilkes, München 1986;

(3) *Rilke* Rainer Maria, Die Gedichte, Insel Verlag Frankfurt am Main, 1993;

Schaumann Walther – *Schubert* Peter, Isonzo 1915 – 1917. Krieg ohne Wiederkehr, Bassano del Grappa 1993.

Triest

Loseri Laura Ruaro, Guida di Trieste. La città nella storia nella cultura e nell'arte, Trieste 1985;

Mayer, Horst F. – *Winkler* Dieter, Als die Adria österreichisch war, Wien 1987;

(2) Zitiert in: *Maurer* Doris – *Maurer* Arnold, Literarischer Führer durch Italien, Insel Verlag Frankfurt am Main 1988 (Insel TB 1071);

(1) *Roda Roda* Alexander, Krokodilstränen, Zsolnay Verlag, Wien – Berlin – Leipzig, 1933.

(3) Zitiert in: *Zahorsky-Suchodolski* Anton, Triest. Schicksal einer Stadt, (Bergland Österreich-Reihe 169/171) 1962;

Rund um die Drei Zinnen

Kübler Peter – *Reider* Hugo, Kampf um die Drei Zinnen, Bozen 1992;

Kübler Peter – *Reider* Hugo, Krieg um Sexten, Bozen 1988;

Schaumann Walther, Monte Piano. Das Freilichtmuseum 1915/17, Bassano del Grappa 1995;
Schrenzel Maja, Paul Troger, Wien 1985;
Springenschmid Karl, Schicksal Südtirol, Graz 1971.

Von Sterzing nach Meran

(1) *Herzmanovsky-Orlando* Fritz von, Maskenspiel der Genien, © 1957 by Langen Müller in der F. A. Herbig Verlagsbuchhandlung GmbH., München;
Paulin Karl, Das Leben Andreas Hofers und der Tiroler Freiheitskampf 1809, 3. Aufl. Innsbruck 1959;
Scheichl Sigurd Paul, Im Abendrot kreisen Krähen, in: Die Presse, 15. 1. 1994, VI;
Vogelsberger Hartwig A., Slatin Pascha. Zwischen Wüstensand und Königskronen, Graz 1992.

Durch das Trentino bis zum Gardasee

Angermüller Rudolph, Mozarts Reisen in Italien, Bad Honnef 1994;
Grieser Dietmar, Stifters Rosenhaus und Kafkas Schloß, Wien 1995;
(2) *Lichem* Heinz von, Der einsame Krieg. Erste Gesamtdokumentation des Gebirgskrieges 1915/18 von den Julischen Alpen bis zum Stilfser Joch, Verlag Hornung, München 1974;
(1) *Kraus* Karl, aus: Die letzten Tage der Menschheit, © Suhrkamp Verlag, Frankfurt/Main 1986;
Monicelli, Die historischen Villen am Gardasee, München 1995;
Schaumann Walther, Schauplätze des Gebirgskrieges II. Pelegrinopaß – Pasubio, Cortina d'Ampezzo 1973;
Seckelmann Klaus-Dieter, Das Sanatorium Hartungen in Riva, in: Südtirol in Wort und Bild, 1970/IV;
(3) *Stifter* Adalbert, Werke in drei Bänden. Die Tempel Klassiker, E. Vollmer Verlag, Wiesbaden, o. J., Bd. I;
Tabarelli Gian Maria, I forti Austriaci nel Trentino e in Alto Adige, Trento 1990;
Zinner Robert – *Riedl* F. Hieronymus, Das Buch vom Gardasee, Wien 1955.

In jenen Fällen, in denen die Urheberrechte nicht ermittelt werden konnten, wird gebeten, sich mit dem Verlag in Verbindung zu setzen.

Ortsregister